A Restatement of the Case of Law of Real Property Right

物权法

案例重述

主　编　李显冬

副主编　孙　莉　强美英

撰稿人　姜　涛　石文墨　高　健　王　帅　李晓梅
唐荣娜　何　欢　刘志强　马贞翠　舒　翔
李志娜　高　婷　彭　民　杨兴辉　孙晓鹤
施洪新　李　淙　康淑娟　彭义刚　朱庆梅
李　艳　温宏杰　徐天静　黄　杨　李　平
武建峰　扶晴晴　于　敏　马吉亮　饶　赟
李兆军　赵珉婧　代朝霞　赵　芬　吴　蓓
孙　莉　张乾雷　邬海曼　陈　昊　杜　榕
上官腾　陈绍方　强美英　李显冬

中国政法大学出版社

2010 · 北京

案例与法
——兼论两大法系的法学方法论之异同*
（代绪论）

一、案例研究在法学教育中的地位和意义

（一）案例研究是法律学习目的所决定的不可或缺的内容

中国人历来认为，学习和研究的目的在于运用。学习法学的目的就是为了运用，对于学习法律的学生来说，欲学好法律必须有正确的方法。由于法律教育的成败和得失事关国家法治的盛衰，因而对法学教育方法的研究在法律教育中意义重大。

法学是一门实践性极强的科学。就本质而言，法无非是在人类社会中对整体秩序具有规定作用的，并以人们的外在行为作为其调整对象的一种行为规则。民法是调整平等民事主体之间的财产关系和人身关系的法律规范的总和。当某种社会关系受到民法的调整和规范的时候，这种社会关系就成为民事法律关系。

法律的适用，是指将法律规范适用于具体案件以获得判决的全过程。当某一具体的法律规范规定，具备某种构成要件的时候，就会产生某种特定的法律效果；如果待决案件的事实符合这种构成要件时，该待决案件事实就应当产生这种特定的法律效果。法律能否正确而有效地实施，取决于人们对立法意图、立法目的、立法精神和原则的正确认识和理解。具体来说，就是对案件所包含的社会关系的正确认识和理解。

因此，从某种意义上说，适用法律的过程，也就是依据法律的有关规定来分析判断案件中所包含的社会关系的过程。正因如此，在进行这种法律适用的逻辑

---

* 在我攻读研究生期间，杨振山老师是民法硕士研究生导师组的组长，我毕业留校后，他是教研室主任，我是党支部书记。在此期间，杨老师带领我们完成了《民法案例精析》和《民商法实务研究》两部著述。这篇文章就是我当时学习和研究案例教学的一点体会。1999 年我随江平老师、谢怀栻老师、杨振山老师等去台湾进行学术交流时，这篇文章是我参加交流的学术论文，杨振山老师不幸逝去的消息突然传来，思绪万千，自己写下了一首挽诗，以资怀念："扬名天下，名震四方，水长山高，鬼雄亦强。"现将此文修改补充后予以发表，以表达对杨老师的哀思。

推理之前，必须找出予以适用的法律规范。找法的结果无非有三：一是有可以适用的法律规范；二是没有可适用的法律规范；三是虽有规定，可由于其过于抽象，必须加以具体化。无论那种情况，均需对法律规范进行解释，或使之系统化；或使漏洞得以弥补；或使法律规范的价值得以补充。[1]

无论是法律的学习，还是法律的适用，都不可避免地要涉及案例研究问题。这是因为法律本身，特别是条文本身是死的东西。如果学生仅仅注重于法律注释的研究，孜孜于法律，甚至是字义的解释，而忽视了法律的运用，特别是不能以活的头脑来解释死的法律，那么其既没有把握法律学习的真谛，忘记了"法学理论的研究，乃是法律真正科学的研究"；[2] 而且又由于此种学习方法养成的动力定型，会使自己在遇到某种事实没有现成的解释例可适用时，变得迷茫不知所措。

（二）案例教学是学生在法律学习中的必不可少的方法

显而易见，一个法律院校并非只要挂一块法学院的牌子，再开几门法律课程，就意味在办法律教育。法律教育首先是为了培养法律人才，法律人才当然要掌握法律知识。而要掌握法律知识，又必须先弄懂法律是什么。在大陆法系各国，各种法学知识的学习，一般来说，要求学生掌握基本概念、基本制度和基本理论。当然，掌握了法学基本理论还是不够的，学生还要学会运用法律。

分析法学派的研究方法，旨在鉴别法律现象的共同要素，侧重于分析解剖具体法律的充分与构成；而脱离了典型案例的形象思维，学生往往难以把握抽象规定的度与量。历史法学派从法律的发源与成长中来推求其原理和原则。即使在大陆法系中，几乎每一个原理和原则都能找到其藉以发端的著名案例。哲学法学派是以抽象的伦理目光，来批判现实的法律。不通过现实的案例，何以得知现实法律的弊端？比较法学派的研究方法，是以比较各种法制之异同为方法。收集材料的标准虽有不同，但案例无疑是其重要的内容。社会法学派崛起以来，法律的研究方法，形成了重大转变，倾向于实际的、广义的、功用的研究。过去从现实法上发挥其空洞的理论，或者拿空洞的理论来解释现有的法律的学风，已经逐渐从理论研究发展为实际研究。目前各国的学者均认识到过分偏于理论，往往很难做到学以致用，导致理论脱离实际。因此，无论是大陆法系的学者，还是英美法系的学者，近世以来，在著作方面、讲授方面和课程编制方面，都以案例研究和问

〔1〕 杨仁寿：《法学方法论》，三民书局有限公司1987年版，第119～121页。

〔2〕 Gray, *The Nature and Sources of the Law*, 2nd ed. Legal Classics Library, 1985, p. 133

题为主要的研究方法。[1]

应当说，学习法律，不但要学条文，学司法解释，更要研究判例。

（三）案例分析是法科学生的基本功

无论在理论上，还是在实践中，判例对任何一个法系都具有一种不可或缺的作用。在英美法系国家，不成文的案例法，特别是一些高级法院的著名法官的判例，实际上起着法律的作用，因此判例法的学习就成了英美法系法律专业学习的主要内容，案例分析也就成了法科学生最基本的学习方法。在大陆法系国家，尽管不承认法官的造法作用，但事实上在成文法之外，依然不能完全否定判例的参考作用。大陆法系的理论抽象，讲究围绕法律关系进行法学的理论研究和学习，案例就是法律关系的现实反映，研究法律关系无疑要以案例分析为前提。

（四）正确地分析案例是法学理论学习效果的检验标准

法学与一般社会科学不同，其不但以现行法为研究对象，而且以构建对人类社会有效的规范为自己的任务。以为使现行法达到维护有利于统治阶级的社会关系和社会秩序，为立法和法律解释等法律实务提供必要技术为目的的实用法学，必须针对具体的案例事实，将判例分析作为重要的内容。

对一个真实的案例来说，搞清案情即案件的客观情况，其实是个证据问题。就课堂学习而言，学生的任务是要从案情介绍中，一步步找出案件所包含的全部法律关系。换句话说，分析一个案例时，只要学生弄清了其中所包含的法律关系，正确认定了这些法律关系的性质，就知道了各方当事人的权利和义务。

法律被正确适用的过程，是以一个具体案件得以正确分析为基础的。案例分析在实践中的重要意义，决定了其在理论学习中的重要地位。

二、案例研究在法律方法论上的意义

由于历史的原因，中国的法律现代化一开始就囿于大陆法系的巢臼之中，中国近代最早的民法和民事诉讼法都是主要模仿大陆法系国家的。众所周知，我国目前的民法和民事诉讼法在理论体系上，也都是属于大陆法系类型的。随着改革开放的不断深入和发展，我们与英美法系国家的交往日益密切。在我国诉讼法修改以后，祖国大陆的诉讼制度正在由“纠问式”向“辩论式”演化。但是，尽管诉讼程序在法律上已改为了辩论式，但实体法却依然是法典化的。故研究两大法系对案例的态度，即有了更加现实的意义。

（一）普通法系的遵循先例与大陆法系的三段论

美国法学家梅利曼说过：“两大法系在司法程序中的重大差异，并不在于两

---

〔1〕 孙晓楼：《法律教育》，中国政法大学出版社 1997 年版，第 43 页。

种法院实际上在做什么，而在于它们各自占传统地位的社会习俗观念要求法院应该做什么。"[1] 两大法系的真正差异在于法典编纂的思想、法典系统化和概念化的程度以及对待法典的态度。[2] 我国法学界的通说亦认为，两大法系的区别在于法律方法论的不同。

在普通法系国家，法院在处理具体案件的时候，首先要探讨以前类似案件的判决，并从中找出适用于所要处理的案件的一般原则。此即所谓的遵循先例原则。普通法系民法的结构，不是理性逻辑的，而是以判例法为基础的经验体系，通过一定的原理而不是概念，将主要散见于庞杂的有效判例中的规则联系起来。这一结构是一个灵活和不断发展的体系，不能依靠概念分析、演绎推理去理解和发现法律，只能从积累的经验中抽出规则以及理解它们的联系。故此，英美法系民法的体系是大陆法系所难以理解的，这个经验的体系由于无需文字表达的逻辑综合，因而在结构上看起来似乎是庞杂无章的，但在英美法律职业者看来，此种体系却是最好的，它是一个以法官的"语言"构成的体系，这个体系特别适合于社会的发展，也适合于法官发挥作用。[3]

而在大陆法系国家，对遵循先例原则却持否定态度，至少在理论上不承认任何法院的司法判例具有法律效力。下级法院在法律上不受上级法院判例的约束。大陆法系国家在处理案件时，首先考虑的是制定法所确定的一般法律准则，传统民法学运用了一个单纯的逻辑模式作为法律适用始终应遵循的方法，称之为确定法效果的三段论法。在这个逻辑推理的三段论中，一个完全的法条构成大前提，而将具体案件事实归属于法条构成之下的过程，构成小前提，最后推出结论。[4] 法官俨然像一个机器操作工，只能谨慎地活动于立法者所设定的框架之内，把法学家创造出的"系统、清晰、逻辑严密"的法典适用于具体的案件事实。

可是，任何规则总有例外。长久以来，三段论在司法实践中得到了一致应用。但是当代越来越多的法学家发现，三段论模式过分简化了法律适用的过程。在法条的构成要件和法效果相当精确的场合，三段论的清楚适用问题不大，但是，事实上法律中的多数法条是不完整的，往往要运用不确定的概念或者需要填补的标准，而这些通过归纳法抽象出来的一般原则，不论其有多大的概括性，当其适用于特殊的案件时，难免会产生不公平的结果。"当今世界法治发展的趋势

---

〔1〕［美］梅利曼：《大陆法系》，顾培东、禄正平译，知识出版社 1984 年版，第 53 页。

〔2〕［美］梅利曼：《大陆法系》，顾培东、禄正平译，知识出版社 1984 年版，第 5 页。

〔3〕龙卫球：《民法总论》，中国法制出版社 2001 年版，第 84 页。

〔4〕参见［德］卡尔·拉伦茨：《法学方法论》，陈爱娥译，商务印书馆 2003 年版，第 150 页。

表明，判例法未因成文法的发达而湮没在浩如烟海的法典及法律之中，相反，判例法在法律的创制、解释及填补法律漏洞上所发挥的作用，使其地位比以往任何时候更加突出。”[1]

(二) 务实的普通法系的法官与大陆法系抽象理论研究的传统

西方法学界有一句名言：普通法是由法官创造和建立起来的。[2] 普通法从最初创立，到后来形成和发展，都是离不开法官的贡献。正是由于法官们逐案严密地进行推论，才建立起这样一个法律体系，使以后的法官只能服从“遵循先例”的原则，依据案例处理类似的案件。而在大陆法系国家，则在理论上排斥法官对法律的解释权。大陆法的传统理论认为，法官只应当执法，不论法官对法律作何解释，都意味着“法官立法”。因此，西方的法学家说，普通法的法学家是务实的，而大陆法系的法学家只注重抽象的理论研究。

三、判例在民法渊源中的重要地位

(一) 英美法中对判例法的优先适用规则

在英美法国家，判例法居于优先适用的地位。只有在判例不敷应用之际，才适用其他法律渊源。其实，两大法系审判模式的形成，都是在各自特定的历史环境中，由政治、经济、法律文化、民族传统种种因素的相互影响，经过逐步演进，才最后形成的，而且至今仍在不断变化。学者所称的作为法律渊源的判例法，是指由法院作出的判决而形成的法律。英美法系以判例法为重要法源，故其各级法院便有系统的判例汇编向公众公布；大陆法系国家凡是承认判例有补充制定法效力者，也都有官方出版的判例集。[3] 强调“个案裁判就是法律”是英美法学家的名言。[4] 审结案例不但直接反映了法官对案件的分析能力和执法精神，而且可以直接展现法官的法律意识以及其对立法的理解；同时，案例的具体情节还反映现实的社会现象，特别是经济发展状况，以及法治建设水平。成功的优秀案例，可以使法官处理同类或类似案件时，作为重要的参考资料，对其起到示范作用。所以，案例的研究，本身就是总结法官办案经验、提高审判水平的一个有效途径。

在大陆法系，法院原则上不受自己、同级或上级法院所作出的判决的拘束，

---

〔1〕 参见王利明：《中国民法案例与学理研究（总则编）》，法律出版社1998年版，序言第1页。

〔2〕 [美] 梅利曼：《大陆法系》，顾培东、禄正平译，知识出版社1984年版，第37页。

〔3〕 大理院书记厅编，收录民国元年（1912年）七月至民国三年（1914年）七月民刑事判决。

〔4〕 陈传法：“法的移植简论”，载何勤华主编：《法的移植与法的本土化》，法律出版社2001年版，第6页。

不过这并不妨碍其同样可以产生判例法。在司法实践中，往往一项判决作出之后，再遇有同样的案件发生，只要没有特别反对的理由，必然仍会作出同样的判决。权威法学家公认，简单地去评判不同法系的优劣实际上是个愚蠢的问题。任何理论都渊源于社会实际，是社会实践的反映。在对待案例的态度上，尽管两大法系理念不同，但都不否认案例在司法审判实践中的重要作用。

（二）中国古代“律例并用、以例辅律”的案例法

1. 中国古代作为法律渊源的判例法。中国古代虽没有像古代罗马人那样，将业已存在的民事法律制度整理成逻辑严密的民法典或条例清晰的教科书，却只是本着息事宁人的宗旨，满足于合情合理的判定实际案例。[1] 但需要引起注意的是，先例一直都在中国古代法中居于一种主导地位，诸多裁判案件的汇集都可以证明这一点。[2] 恰恰就是通过审判机关所累积起来的判例，使中国固有民法同样形成了一个能够与社会生活的一切局面相对应的统一完整的规范体系。[3]

2. “律垂邦法为不易之常经，例准民情在制宜以善用”。中国固有民法的演化规律是，先是“以例辅律”，逐渐“例律并行”，最后“以例破律”。所谓“例”，即成例汇编，是在汉代“比”的基础上发展起来的一种法律形式，但明清法规以律为主，律外有例、诰、令、条例、则例、会典等；特别是经常以奏准的例来补充律文的不足。[4] 明清时期律例合编。清律继承和发展了明律的有关规定，清朝法典分为“律”与“例”两部分，律是正文，例是附例。“凡律令该载不尽事理，若断罪无正条者引律比附，应加应减，订拟罪名，议定奏闻”。“律不尽者著于例，……有例则置其律，例有新者则置其故者，律与例无正条者，得比而科焉，必疏闻以候旨。”而且《则例》又与“律令相表里”，在法源上具有统一性。[5] 以至于有学者说：“清以例治天下，一岁汇所治事为四季条例。采条例为各部署则例。新例行，旧例即废，故则例必五年一小修，十年一大修。采条例以入会典，名为会典则例，或事例。”[6] 据考证，嘉庆十六年“清厘例案之

---

〔1〕 参见童光政：《明代民事判牍研究》，广西师范大学出版社1999年版，序言。

〔2〕 王健：《西法东渐——外国人与中国法的近代变革》，中国政法大学出版社2001年版，第41页。

〔3〕 ［日］滋贺秀三：“清代诉讼制度之民事法源的概括法源——情、理、法”，载［日］滋贺秀三等编：《明清时期的民事审判与民间契约》，王亚新等编译，法律出版社1998年版，第73页。

〔4〕 张晋藩：“中国法制史发展概论”，载《中国法学》1984年第2期。

〔5〕 林乾、张晋藩：“《户部则例》的法律适用——兼对几个问题的回答”，载朱勇主编：《〈崇德会典〉·〈户部则例〉及其他》，法律出版社2003年版，第120页。

〔6〕 林乾、张晋藩：“《户部则例》与清代法律探源”，载朱勇主编：《〈崇德会典〉·〈户部则例〉及其他》，法律出版社2003年版，第121页。

时”，皇帝曾发布上谕，“著各该堂官等择其在署年久、熟谙政务、平素端谨之人，责令详慎修辑，务使义意贯通。词句明显，以便永远遵守。”[1] 嘉庆的这一上谕后被载入了《钦定户部则例》“通例”门中。而在同治四年《户部纂辑则例》中更明确规定，“旧例有与现行之案不符者，逐条逐案详查折中”；采取的办法是：“例均舍案存例，案均改例从案。”即是说，当现行之案较多，而例与之相矛盾时，将案上升到例，即所谓“新例”，而原例或删除，或作为案保留在例中，以体现不以案废例的原则。[2] 可见，到清朝业已形成一系列比附范例作为审判时所应遵循的先例。[3]

总之，例与律的地位随时代的变化而有消长，基本过程是：先是以例辅律，逐渐例律并行，最后以例破律。荀子曾说过：“有法则以法行，无法则以类举，听之尽也。”[4] 这就是荀子提出的司法审判原理，其涵义是：“在审判中，有现成的法律条文可援引的，就按法律条文定罪科刑，没有法律条文的就援引以往的判例，没有判例就依照统治阶级的法律意识、法律政策来定罪量刑，创制判例。”[5]

考证还说明，例如在清代时，习惯法和判例法都是审判机关处理案件时的重要法律渊源。由于此种“例”其实是对成案中包含的法律原则的高度抽象，而适用成案事实上又是清代法律适用的一项原则，以至于清朝号称“以例治天下”。[6]

3. “定例”是中国古代成文法的重要组成部分。中国古代同样存在着实质意义上的判例法，认为中国古代是所谓“混合法”的学者说：“中国存在着实质意义上的判例法乃至判例法体系。在清代，已经存在着一种判例法的形成机制，经过这种机制抽象出来的例，体现了若干禁止性授权性的规范，因而成为一种可以普遍适用于其他相关案件的法律原则。因此，清代不仅存在着判例（成案），也存在着判例法（定例），而且存在着判例法体系（大清例的体系）。”[7]

---

〔1〕《钦定户部则例》（同治十三年本）卷九十八，《通例》。

〔2〕 林乾、张晋藩：“《户部则例》与民事法律探源”，载朱勇主编：《〈崇德会典〉·〈户部则例〉及其他》，法律出版社2003年版，第118页。

〔3〕 张晋藩：“清律初探”，载《法学研究》1979年第1期。

〔4〕《荀子·王制》。

〔5〕 武树臣：“中国古代法律样式的理论诠释”，载《中国社会科学》1997年第1期。

〔6〕 林乾、张晋藩：“《户部则例》的法律适用——兼对几个问题的回答”，载朱勇主编：《〈崇德会典〉·〈户部则例〉及其他》，法律出版社2003年版，第108页。

〔7〕 何勤华：“清代法律渊源考”，载《中国社会科学》2001年第2期。

《大清会典则例》明文规定了各部事例，“有与律义相合者”采入律例的原则。[1] 修订律例时，事关罪罚，应入例者纂入律例。[2] 故有人认为：在封建社会后期，“律”仅规定大的原则，而“敕”、“例”等则从各个具体方面予以补充并可进行一定幅度内的修正。那些作为大原则的“律”是相对稳定的，很少进行修改，而起实际作用的那些附属立法如“例”，则会因时因地频繁修订，此即所谓“律垂邦法为不易之常经，例准民情在制宜以善用”[3]。无疑在民事法律调整中，这一特点尤为突出。

故可见，只要我们不坚持那种僵硬、狭隘和陈旧过时的实证主义的法律定义，都可以看清楚，在中国运用法律来实施统治是一种极其久远的传统，自秦汉以后，不但每个朝代都有大量的法律典章流传下来，而且这些条例随时损益，体现着有关社会变化的大量信息。[4] 所谓“有法则以法行，无法则以类举，听之尽也”在中国古代民法这个领域，难道不更是如此吗?!

（三）成文法国家判例的弥补作用

在中国这样的成文法国家，不论是民法，还是其他的一些法律，虽然可以通过立法和司法解释等手段，来不断地弥补现行立法的不足，但不论将民法的渊源扩充到何种范围，只要还没有包括判例，欲以单独一部民法就能囊括社会生活中的一切社会关系，显然是不切实际的。这就是所谓成文法的局限性。对于审判实践中遇到的属于民法调整范围，但民法又没有明文规定的社会关系，任何国家都不得不通过判例的方式来予以调整。就是成文法中的运用法律的基本原则、理解立法者的意图及法律精神、扩张解释某些条文的含义等手法，来适用法律；或者对在适用范围、条件等方面规定不明确的条文，也须运用各种法律解释学的方法对其进行解释，而这一切，其最终均需体现在审结的案例中。毋庸质疑，由此形成的案例，对司法实践有着重要的指导意义。对其进行系统的整理和研究，具有不言而喻的价值。事实上，在我国许多类似情况，就是通过最高人民法院对判例的认可，来予以规范的。

研究业已表明，中国固有民法的一个重要特点：恰恰就是包括正律在内的各种广义的法律，相互配合，才构成了调整民事关系的具体的法律制度。虽然在我

---

〔1〕《大清会典则例》卷一百二十四，《律纲》。

〔2〕林乾、张晋藩：“《户部则例》的法律适用——兼对几个问题的回答”，载朱勇主编：《〈崇德会典〉·〈户部则例〉及其他》，法律出版社2003年版，第76页。

〔3〕曾宪义：《中国法制史》，北京大学出版社、高等教育出版社2000年版，第7页。

〔4〕梁治平：《清代习惯法：社会与国家》，中国政法大学出版社1996年版，第15页。

国漫长的古代社会中，没有一部集中的民法典来调整财产关系和人身关系，但却通过各种单行的法令条例对有关物权、债权、婚姻家庭方面的各种民事法律关系进行着有效的调整。[1] 因此，中国固有民法首先并不局限于律典。

众所周知，中国古代“法外有法”，律与其他各种法律形式并行。[2] 从秦开始，法律的主要形式统称为律，如《秦律》、《汉律》、《明律》、《清律》等。但除此以外，还有其他多种法律形式。例如，汉、魏六朝，律令之外，还有“科”与“比”。科是“事条”；比是“类例”。唐代律、令、格、式并行。“律”是主要的法典，规定罪名和刑罚；“令”是皇帝的命令，规定贵贱等级方面的重要制度；“格”是关于官吏办事规则的规定；“式”是官署通用的公文程式。在这四种形式中，以律为纲，以令补律的不足，以格、式辅助律、令的施行。此外还有各种独特的形式，如宋代有《编敕》，就是帝王的诏书和命令的汇编；明、清有《例》，它是和“比”相类似的成例，但不一定有具体事例；明还有《大诰》。这些法外之法的存在，特别是它们不断增多的情况，不仅仅说明了封建法网日趋严密，封建专横的越来越苛酷和封建法制的越来越濒于崩溃。[3] 而且这对我们理解中国固有民法来说，有其更最重要的意义。以至于有学者断言，如果我们仅仅依据《大清律例》的例文那样的成文法，是不能全面了解古代相关法律的变化，甚至会出现诸多的“误读”。[4]

近年来法律史研究中对正律以外的大量史料的考证再一次说明：既然中国古代曾有辉煌的国际和国内贸易是不争的事实，且调整这些社会关系的大量的行为规则和裁判规则的存在亦不容置疑。那么，只要转换思路，从实质意义上的民法渊源的角度来看问题，就不但可以发现中国古代固有民法的实在体系，而且能够概括出其特有的调整模式，这对目前我国民法典的编纂，具有重要的现实意义。

中国古代肯定没有形式意义的民法，但“有法制必有法典”的思维定势显然有欠妥当，中国古代不可能没有实质意义上的民法。历朝法典中凡户婚钱债田土等事摭取入律，既然狭义的实质意义上的民法，其仅为私法之一部，故而从广义的实质意义的民法的角度来看，凡有法律实质者不问形式皆可谓之。据此，以成文法为表现形式的民法的直接渊源之外的民法的间接渊源，即法律之外的其他

---

〔1〕 张晋藩：“论中国古代民法研究中的几个问题”，载《政法论坛》1985年5月。

〔2〕 饶鑫贤：《中国法律史论稿》，法律出版社1999年版，第62页。

〔3〕 饶鑫贤：《中国法律史论稿》，法律出版社1999年版，第63页。

〔4〕 林乾、张晋藩：“《户部则例》的法律适用——兼对几个问题的回答”，载朱勇主编：《〈崇德会典〉·〈户部则例〉及其他》，法律出版社2003年版，第77页。

法源，是我们理解中国固有民法法律渊源的多元结构的关键。

此外，中国古代“说经解律，引礼入法”，礼作为伦理道德和社会规范的总和，是调整民事法律关系的特殊形式的法；农业社会中的家族法，无疑是稳定财产与人身关系的基本行为规范；而且这两者都是中国古代对国法的重要补充形式。主要是对民事法律关系进行调整的传统习惯法，是弥补制定法不足的固有民事法律规范；地方官对习惯的认可，使得调整利益冲突的一整套地方性的行为规范得以确立。国家对民间交易习惯的适度放任，又表明中国古代也有“凡是不违法的就是合法的”理念。特别需要注意的是，中国古代“民有私约如律令”的理念，说明当时通过惩处违法而赋予了契约以法律效力。而中国古代“律例并用、以例辅律”的案例法，使古代民事诉讼“有法则以法行，无法则以类举，听之尽也。”这不但证明“定例”是中国古代成文法的重要组成部分，而且说明中国古代存在着实质意义上的判例法。

四、判例研究是促进法律进步的必要途径

有人说，近代立法中，有一种成文法与判例法融合的趋势。在成文法系国家，需要对法律作出解释。法学家强调，解释法律，不宜拘泥于法条文字，应当找出某一规定背后的法理或一般原则，以适用于法律没有明白规定的事项，这是法学和法院的任务。即使是在成文法国家，遵循先例的原则事实上也依然是法制的重要原则之一。否则，就会出现相同案件得不到相同处理的法律后果。这将会从根本上动摇民法作为行为规范的基本意义。

中国历史上第一部民法典草案《大清民律》的诞生是中国固有民法在旧律体系外的重构，“奉夷为师”、取法日本特别是转帐誊录于德日民法典的概念与制度，不但奠定了民国初年民法近代化的规范基础，也给今天的中国民法留下了挥之不去的“潘德克顿法学”的理论印记。《民法典》的起草不但体现了一种理念的转变，而且预示着民法功能的演化。其分编起草、分别通过的潘德克顿的五编体制，适应现代社会需要的法律原则和法律规则，不但为法律的发展留下了自我开拓的空间，而且反映了当时对民法基础理论的深入研究水平。特别是《中华民国民法典》顺应当时需要，采取民商合编法典，奠定了中国“民商合一”立法模式的基础；“准诸本国习惯”来“移植西方法律”，在“移植的法”与“长成的法”之间寻求连接与交融的做法，为当今的民事立法留下了宝贵的经验。

最近，民法学者再次主张，我国所要制定的民法典应是一部开放型的民法典，而不应是一部封闭型的民法典。所有的民法学者都想要制定一部既反映中国20世纪民法的成就，又能够影响21世纪的“世纪法典”。自然人们不禁要问：

我们行将制定的《中华人民共和国民法典》与一百年前即开始起草的、集中了那么多中国人的智慧的《中华民国民法典》，两者之间到底有没有关系呢？如果有，它们又是一种什么样的关系？我以为，要解决这个问题，首先要做的事情，就是了解中国固有民法及其法典化的历史和现状。

中国古代民事法律规范系统的独到之处，如果从法律方法论的角度来考察，其最大的特点就是用负面防范的表述方法，即用“凡是不违法的就是合法的”的思维方式来界定民事法律关系的。只要我们把握了其规范民事关系的律例条文大多为禁止性的消极规范的特点，就明白了中国古代的任何社会规范，原则上只要附有了法律制裁，就变成了法律的道理。中国固有民法的本质，在于其是在成文的法典体系外来设想和构筑市场的实定秩序，故而所谓正律仅仅是一种作为民事活动底线的最基本的要求。中国古代的民法是长期积累的临时应急措施的定型化，大量民事法律规范掩藏在了律典的例文之中。中国固有民法是在一个包含有多个法律规范系统的层面之中，实施着多种法律渊源综合调整的法律规制方法，中国人是通过自觉或不自觉地应用系统论的方法，从而形成自己开放性的民事法律规范的体系。

综上所述，案例分析不仅是法学教育的重要内容和法学学习的基本方法，而且是推动整个民法发展和完善的关键环节。本人长期从事案例教学、案例研究和案例丛书的编写工作，将民法理论与真实案例相结合，目的在于让案例分析方法发挥更大的作用。

李显冬

2010年5月修改于中国政法大学
学院路校区

目录

第一章 物权法和物权概述

第一节 物权法概述

一、物权法的调整对象

物权法是调整财产归属和利用关系的法律规则，与债权法共同构成了调整民事财产法律关系的基本制度。我国《物权法》第2条第1款明确规定："因物的归属和利用而产生的民事关系，适用本法。"第3款规定："本法所称物权，是指权利人依法对特定的物享有直接支配和排他的权利，包括所有权、用益物权和担保物权。"

物的归属关系是指把对特定的物的利益归属于特定的民事主体享有的一种财产关系，实际上讲的就是所有权，这是对物进行利用的前提。物权法调整物的归属关系，就要确定物的归属原则，以达到定分止争的目的。调整物的归属关系的法律规范的总和，就是物权法中的所有权制度。物的利用是指物的所有人或其他权利人对特定物进行使用。物权法调整因物的利用而产生的相互关系，就是要确定对物进行利用的规则，包括对他人之物的使用价值和交换价值的利用，分别被称为用益物权和担保物权。物权法除调整上述物的归属和利用关系外，还调整物的占有关系。物权法保护对物的占有的事实状态，就是保护社会财产的和平秩序。

二、物权法的性质

物权法以对物的支配关系为内容，调整平等主体之间物的归属和利用关系，其目的在于明确和保护财产归属、充分发挥财产的效用及其利用秩序，维护社会所有制关系。物权法除具有私法、财产法性质外，还具有以下特性：

（一）物权法是强行法

从某种意义上说，物权法的规范实际上是国家立法政策对社会资源进行物权配置在物权法上的反映和体现，物权法其本质就是国家对社会财富进行物权配置的法。[1] 物权关系既然涉及当事人以外的第三人的利益、国家利益和社会利益，故其多数规定不许当事人任意变更，也就是说，除有少数例外，其都必须绝对予以适用。如物权法定原则、不动产物权登记制度等。

---

〔1〕 梁慧星、陈华彬：《物权法》，法律出版社2007年版，第25页。

朱甲诉村委会依村规民约打死其饲养的猪赔偿案[1]

【案情简介】

1995年9月，某村一至四组为保护庄稼不受损失，在本村村委会的主持下，由全体组干部参加，制订了一份村规民约。其中第2条规定："牛到地里罚款10元，猪、羊到地里罚款5元。"第3条规定："猪、羊在地里吃青，打死不赔偿。"该村规民约制订后，村主任李某在村里放电影时讲了此制度的内容，但没有召开村民大会宣讲此制度，亦没有抄录发给各户。

当时该村一至四组护青员为朱姓二人。因其中一人年纪大、跑得慢，村委会发给其土枪一支。1996年1月，原告朱甲家饲养的一头母猪挣脱拴养的绳索，跑到麦地里，被一护青员朱乙发现，用土枪打死。原告将死猪出卖，得款400元。原告提起诉讼，要求被告村委会和朱乙赔偿损失2100元。

【审理判析】

法院认为：被告村委会在制订村规民约时，单凭主观愿望，没有考虑到保护公民的合法财产。制度中对猪、牛、羊吃青如何处罚界限不清，没有实际操作性。对两个护青员一个发枪，一个不发枪，在实际工作中造成对同样吃青的牲畜在处理结果上悬殊极大，显失公平，以致造成混乱。且规定猪、羊吃青打死不赔偿，不利于保护公民的合法财产，与我国民法规定相悖。故村委会应对原告的损失承担主要赔偿责任。被告朱乙的行为是村委会授权，属职务行为，故对原告损失不负赔偿责任。原告朱甲饲养的猪虽属第一次跑到地内，但仍属管理不当，有一定过错，应承担一定责任。法院判决村委会赔偿原告1000元，被告护青员朱乙不承担赔偿责任，原告自己承担13只猪崽的损失。

【法理研究】

本案涉及的问题是村委会制订的村规民约可否改变民法或物权法的规定。

我国《物权法》对国家、集体、个人的物权实行平等保护的原则。村民对其饲养的牲畜享有所有权，受法律保护。村规民约不得有侵犯村民财产权利的内容。我国《村民委员会组织法》第20条规定："村民会议可以制定和修改村民自治章程、村规民约，并报乡、民族乡、镇的人民政府备案。村民自治章程、村规民约以及村

---

[1] "朱伯珍诉险峰村村民委员会以执行村规民约为理由打死其饲养的猪赔偿案"，载最高人民法院中国应用法学研究所编：《人民法院案例选》1997年第2辑（总第20辑），人民法院出版社1997年版，第125页。

民会议或者村民代表讨论决定的事项不得与宪法、法律、法规和国家的政策相抵触，不得有侵犯村民的人身权利、民主权利和合法财产权利的内容。”本案中，村规民约规定的“打死猪、羊不赔偿”，显然违反了上述法律规定，是无效的。

（二）物权法具有固有法性质

固有法是指保留了较多的国家、民族、历史传统和国民性的法律，也被称为“土著法”。各国物权法往往因国家、民族、历史传统和国民性的差异而有所不同，具有固有法属性或“土著法”属性。物权法的规定，体现一个国家的基本所有制，与一国的经济体制唇齿相依。由于各国家、各民族具有不同的历史传统、思想观念、经济制度，因此，物权法的内容具有更为浓厚的国家和民族特色，体现与自己国家和民族发展相一致的民法物权制度，尤其是关于土地和其他生产资料的规定在国与国之间更是相去甚远。虽然现代社会中，各国的物权法在很多制度上采用了相同的或相似的规定，但是，与债法和知识产权法等比较，仍有很大的差异。

（三）物权法具有公共性

物权法的公共性，就是要求所有权人在行使所有权时必须符合社会和国家的公共利益，严格遵守诚实信用原则、公序良俗原则和禁止权利滥用原则，否则其行为就会被认为违法而被禁止。我国《物权法》第7条规定：“物权的取得和行使，应当遵守法律，尊重社会公德，不得损害公共利益和他人合法权益。”

县医院诉相邻住户张某等阻止其修建取得许可证的太平间侵权案[1]

【案情简介】

某县医院计划修建的太平间坐落于新建的医疗综合大楼东南侧，东墙紧贴其界墙而与王某、张某、李某住房相邻，与医疗综合大楼东侧门相连通道即为运尸走廊。新建医疗综合大楼四周除现址外，已无其他更合适地址修建太平间。虽然医院修建太平间，事前并未告知相邻住户，但县城建局已向医院颁发了《建设项目选址意见书》、《建设用地规划许可证》、《建设工程规划许可证》。当该太平间主体结构工程基本完工之时，邻人张某等以太平间选址不当，严重影响其居住和生活，以“死人太平，活人不安”为由，阻止医院粉饰和安装其他设施。因此，医院将张某等人告上法庭。

---

〔1〕“荥经县医院诉相邻住户张仕琼等阻止其修建取得许可证的太平间侵权案”，载最高人民法院中国应用法学研究所编：《人民法院案例选》2001年第3辑（总第36辑），人民法院出版社2001年版，第84页。

【审理判析】

一审法院审理认为：太平间作为综合医院必不可少的配套设施，因用途的特殊性，建设部和卫生部对其选址设计有“隐蔽、安全、卫生”的要求。原告是在客观上没有更为恰当的地址，无法两全的条件下选定现址，并经县城建规划部门审批同意，且该太平间与被告房屋尚有一定间距，并有医院界墙相隔。加之诉讼中原告针对被告之疑虑业已进一步完善，且最大限度地削减了太平间对周围有形和无形的影响。因此，原告合法修建太平间的行为，依法应受保护，其要求被告停止侵害应予以支持。同时，原告在规划设计太平间时对相邻关系有所忽略，且有效措施之采取是纠纷发生后所补救，因此，相邻的被告在减轻对其正常生活所致影响的措施未落实之前，阻止原告修建情有可原，原告损失赔偿请求不予支持。被告“死人太平、活人不安”之说，在原告冷藏、消毒和隐蔽措施落实之后已不成立。

二审期间，上诉人向地区建设委员会申请行政复议，地区建设委员会作出行政复议决定书，撤销了县城建局颁发给县医院的所有手续，决定县医院应另行申请选址建设太平间。据此，二审撤销一审判决，驳回县医院的诉讼请求。

【法理研究】

本案焦点在于太平间选址是否恰当。

对于任何私权，尤其是像物权这样的绝对权，既要保护，也要防止权利的滥用，如果不受合理的限制，就会妨害别人行使权利。通过本案可以看出，首先，物权的取得和行使要受到公法限制。国家通过特别法，对当事人取得和行使物权进行限制，其目的是为了保障社会公共利益。“有关所有权以及所谓的限制物权内容构造的规范，不仅体现于民法中，而且越来越多体现于公法中。如果在阐述物权法时，忽视公法对所有权的入侵，则这种阐述是不完整的，甚至是脱离实际生活的。”[1] 本案中，建造太平间要经过建设行政部门的许可。其次，物权的取得和行使亦要受私法限制，必须遵循诚实信用原则，在取得和行使物权时要适当地照顾到其他民事主体的利益。“按照现代民法的思想，一切私权皆有社会性，其行使须依诚实与信用的方式为之，而不得违反公共利益或以损害他人为主要目的，否则将构成权利滥用而被禁止。”[2] 例如，本案中医院建造太平间时必须考虑到其他邻人的利益，否则要承担相应的民事责任。

---

〔1〕［德］鲍尔·施蒂尔纳：《德国物权法》（上册），张双根译，法律出版社2004年版，第4页。

〔2〕梁慧星、陈华彬编著：《物权法》，法律出版社2003年版，第119页。

第二节 物权的概念和性质

一、物权的概念

我国《物权法》第2条规定："本法所称物权，是指权利人依法对特定的物享有直接支配和排他的权利，包括所有权、用益物权和担保物权。"可见，所谓"物权"就是权利人直接支配其标的物，并享受其利益的排他性权利。它是特定社会中人与人之间对物的占有关系在法律上的表现。"对特定物"强调了物权是一种对物的支配权，而"享有直接支配和排他的权利"则强调了物权是一种人与人之间关于财产利益的关系。

韩某以虚拟财产被盗诉某公司娱乐服务合同纠纷案〔1〕

【案情简介】

2002年8月，原告韩某在被告公司经营的《热血传奇》游戏中23区注册登记，在该账户中建立"腾龙"的游戏角色。2004年9月，原告购买被告公司的产品"盛大密宝"一件，用于对其所拥有的《热血传奇》账户的保护。2005年6月，原告在《热血传奇》的账户被盗，丢失游戏装备若干。原告将此情况通知了被告，并起诉要求被告赔偿损失。

【审理判析】

法院经审理认为，原告韩某与被告公司属于娱乐服务合同关系。原告作为消费者，其权益受消费者权益保护法保护。原告韩某作为消费者通过支付对价和亲身劳动获得游戏中的相关虚拟物品，该物品系合法所得，且在游戏中能够为玩家提供使用功能和交换价值，具有财产属性。因此，运营商有义务保护消费者对该账户及账户内物品的完整和独占。被告对原告在游戏中的虚拟财产未能提供安全的防护措施，致使原告虚拟财产丢失，被告应承担相应责任。

【法理研究】

本案的焦点是原告对虚拟财产是否享有物权。

现代科技的快速发展，为人们提供了更为广阔的物质空间，而民法对于物的概

---

〔1〕"韩林以虚拟财产被盗为由诉上海盛大网络发展有限公司娱乐服务合同纠纷案"，载最高人民法院中国应用法学研究所编：《人民法院案例选》2006年第1辑（总第55辑），人民法院出版社2006年版，第212页。

念的认识也是不断扩展的。网络虚拟财产作为一种新兴事物，它是专属于网络游戏消费者的一种特定的无形财产。该种虚拟财产虽然不具有有形性，但其可为我们的感官所感知，具有法律上的排他支配可能性或管理的可能性，因而将其认定为物并不危及物权理论体系，在一般经济观念上也是可以为人们所接受的。由此，网络虚拟财产可以认定为物。韩某对其享有物权。

二、物权的性质

学者对物权性质的理解颇有分歧，主要有对物关系说、对人关系说、权利归属说等观点。

从严格意义上讲，财产关系并非完全是人与物的关系，其首先是一种人与人的关系。从民法上看，物权关系和其他法律关系一样，是人与人之间具有权利义务内容的社会关系，而且，只有具有意思能力的民事主体才能享受权利且承担义务，因而在彼此之间发生法律关系。由于物本身没有意志，自己不能与人发生法律关系，其只能作为权利义务关系的客体而存在。所以，尽管法律在给所有权和各种他物权下定义时，通常都是从人对物的支配角度出发的，但不能因此就把物权关系看作是一种人与物的关系。根据《物权法》第2条的规定可知，我国对物权概念的规定突出了物权所具有的支配性和对世性两项实质内容，采取了“权利归属说”且并不排斥“对人关系说”的观点。

三、物权制度的本质和意义

物权制度的本质和意义，简而言之，就是“定分止争”。就人类赖以生存的物质空间而言，客观物质是有限的，至少相对于一定的历史条件来讲总是有限的，而人类的需求却是无限的。相对于人们无限需求的那些有限的物质财富，在人和人之间在对其进行占有、使用、收益和处分的时候，就要发生一定的利益冲突，这样，法律就不得不把直接支配物并且享受物的特定利益规定为一种权利，这样的一种法律制度就是物权。

洪甲诉某街道办事处返还出借的空地纠纷案[1]

【案情简介】

原告洪甲之父洪乙（1975年病故）于1936年、1937年分两次购买了某区的空地一处。洪乙在该地种植了龙眼树等果树，还建有水井三口和四周围墙。解放后，洪乙未向政府申报登记该土地，1957年至1962年，该土地曾出租给园林管理处种花

〔1〕“洪绥熙诉鲤城区开元街道办事处返还出借的空地纠纷案”，载最高人民法院中国应用法学研究所编：《人民法院案例选》1993年第3辑（总第5辑），人民法院出版社1993年版，第64页。

苗。1963年至1965年为市第一中学种植实习地，1971年街长李某口头向洪乙借用该地，供原公社（现街道办事处）办厂用，公社建厂房时砍了部分果树并填平了两口水井，建成了一座仓库，二座厂房，当时洪乙并未提出异议。1980年，原公社将该厂房及设备转让给原地区教育局教学仪器生产供应站办幻灯制造厂。同年，该站未经申请批准，即在此地北面空地上建教学仪器综合楼一座，因属违章建筑被城建部门罚款。1988年，市教育局发文将幻灯厂厂房及综合楼拨归市第七中学所有和使用，作为该校勤工助学基地之用。

原告起诉，认为此地是先父遗产，出借后借用方未经同意而一再转让，请求责令被告及第三人返还借用的土地及果树并赔偿损失。

【审理判析】

法院认为讼争地虽系原告先父购置农地后种植果树所用，但自1957年后长期由他人使用。1971年出借给被告后，被告在上建了厂房，第三人市教育局又在该地上建综合楼并拨给市七中使用至今。法律规定城市土地属国家所有，现原告请求返还此地，不予支持，对地上附着物的损失，可由七中予以适当补偿。

原告不服判决，提起上诉。中级法院维持一审判决，且减少了赔偿数额。

【法理研究】

本案的焦点问题是如何认定土地所有权和土地使用权。

（1）关于本案的土地所有权关系。本案中，原告之父曾是讼争之地的合法的土地所有权人，其土地所有权受到法律的保护。但同时，当解放后新的物权制度建立时，因法律对土地所有权的主体做出了统一的规定，只能是国家或集体，从而原告之父已不具有该土地的所有权，因此，原告现以讼争地是其父之遗产为理由，要求收回讼争地，是没有法律根据的，应予驳回。

（2）关于本案的土地使用权关系。原告之父在土地收归国有时未申请办理土地使用权证书，在土地被收归国有的同时，土地使用权出让或划拨的权利也应开始由政府土地管理部门行使。故其出借土地就失去了权利依据，出借土地的关系也就不再具有法律效力。所以法院认为原告不享有土地使用权的结论正确，但理由为原告长期放弃权利导致失去权利无疑是不正确的。

原本复杂的法律关系因物权制度的建立而清晰，物权制度的本质和意义亦可见一斑。

第三节　物权的法律特征

物权的支配性和排他性均来自于物的归属，即法律将某物归属于某人支配，从而使其对物的利益享有独占的支配并排他的权利。正是物权的本质与意义决定了物权区别于其他权利的法律特征。

一、物权的核心性

所谓物权的核心性，是指物权作为规范人和人之间以及他们所赖以生活的物质财富而产生的一种法律制度，是一切社会的经济制度和政治制度的基础。

宪法中的财产分配与财产权保护制度是民法学研究的重要内容；刑法中的侵犯财产罪也不可能不涉及财产制度；至于经济法，人们亦难以否认，横向的平等民事主体之间的法律关系，也就是民事法律关系是其调整对象的重要组成部分。所以任何一个国家的财产制度，即人与人之间对物的占有、使用、收益、处分都是一个国家的政治制度和法律制度中的最核心的内容。

二、物权的直接支配性

物权的直接支配性是指权利人无须借助于他人的行为就能行使自己的权利。直接支配性强调物权人对物的处分，或者强调物权是以所有权的处分利益为中心的。具体而言，其涵义为：一是物的权利人可以依据自己的意志直接占有、使用其物或采用其他的支配方式。二是物权人对物可以自己的意志独立进行支配，无须得到他人的同意。三是物权人在无须他人的意思和行为介入的情况下就可在权利范围内直接支配其物并实现其权利。

吴某诉杨某等腾退房屋案〔1〕

【案情简介】

原告吴某于1994年购买了单位为其提供的一套集资福利房。2000年下半年，原告前夫梁某称其朋友的母亲杨某因拆迁无处居住需暂时借房周转。原告于是同意杨某等人入住该房。2001年原告离婚，双方约定该房为原告所有。自2001年底，原告多次找梁某要求杨某等搬出房屋，但梁某一直没有答复。2004年，原告直接找到杨某并要求腾退房屋，但遭到拒绝，故诉至法院。被告辩称：该房系其从原告处购买，不是借住，只是没有办理过户手续，其占有房屋是基于买卖关系合法占有，吴某的诉讼请求没有事实和法律依据，要求驳回。

【审理判析】

法院经审理认为：不动产物权的设立、变更应当进行登记，未经登记，不发生物权效力，房屋权属证书是权利人依法拥有房屋所有权并对房屋行使占有、使用、

---

〔1〕“吴茜诉杨雪梅等腾退房屋案”，载国家法官学院、中国人民大学法学院编：《中国审判案例要览》（2006年民事审判案例卷），中国人民大学出版社2007年版，第28页。

收益及处分权利的唯一凭证。诉争房屋系吴某于1994年以成本价购得，吴某于当年即取得北京市房地产管理局核发的房屋所有权证，至今该房所有权登记手续没有发生任何变动，仍在吴某名下，吴某仍为该房屋的所有权人，其有权利主张排除妨害，确保其权能的实现。故吴某要求杨某等人腾退房屋，理由充分，予以支持。

【法理研究】

本案充分体现了物权的权能。作为一种绝对权、对世权，物权具有排他效力，对物权人的物权，任何人都负有不得侵犯、干涉、妨碍的义务。本案中，吴某是房屋所有权证书记载的权利人，则其对诉争房屋享有所有权，享有自主占有、使用、收益及处分的权能，而其他任何人包括被告杨某都负有不得妨碍的义务。

本案原告同意将房屋借给被告使用的前提是被告与其前夫系朋友，后原告与其前夫离婚，并要求被告腾退房屋，此乃所有权人基于其所有权对房屋作出的自由处分。由于原被告之间就房屋借用关系并未订有任何书面的契约，未约定借用时间，在得知原告让其退房的要求后，被告理应自觉腾退房屋，归还原告，否则其占用原告房屋的行为即构成对原告所有权的侵犯。

三、物权是直接支配特定的独立的物的权利

由于物权是对于物的权利，物权关系在性质上是民事主体对物质资料的占有关系，因此，物权的客体只能是物而不是行为或精神财富。物权作为直接支配的权利，为明确其直接支配的范围，物权的客体必须是特定的、独立的物。这不仅是物权的经济属性决定的，也是物权区别于知识产权等权利的一个重要标志。

四、物权是直接支配物并享受物之利益的权利

物权作为财产权的一种，以直接享受物的利益为内容。物权所体现的利益一般可分为三种：一是所有权人所享有的利益是物的全部利益，包括了物的最终归属及占有、使用、收益和处分物的利益；二是用益物权人享有的利益是物的使用价值或利用价值；三是担保物权人所享有的利益，是物的交换价值。

赵女诉前夫要求腾退离婚后单位协调居住的住房纠纷案〔1〕

【案情简介】

赵女和陈男原来同属省畜牧产品进出口公司职工。1988年年底，二人婚后共同

〔1〕“赵峰瑛购得单位出售的公房后诉陈志明腾退离婚时由单位协调居住使用的房屋案”，载最高人民法院中国应用法学研究所编：《人民法院案例选》2000年第1辑（总第31辑），人民法院出版社2000年版，第81页。

居住使用由该单位分配的一套房子。1993 年省畜产品进出口公司分立为省畜产品进出口公司和省地毯进出口公司，赵女被分到畜产品进出口公司，陈男则被分配到地毯进出口公司，共同居住的房屋产权则归畜产品进出口公司所有。1994 年，赵女、陈男经法院调解离婚，但对双方居住的房屋未作处理。后经产权人畜产品进出口公司协调，房屋的大间由赵女居住，小间由陈男居住。1996 年，赵女参加本单位房改，以标准价优先购买此套房屋。陈男也参加本单位的房改，单位给他分了一套房。据此，赵女要求陈男搬出小间，但陈男拒绝腾房。赵女遂诉至法院。

【审理判析】

法院经审理认为：所涉房屋，是原告单位畜产品进出口公司的合法财产。赵女在 1996 年单位房改时，用标准价购得此房，取得该房的居住使用权。原告要求被告腾房，其理由正当，应予支持。被告在自己单位也购得住房，拒不腾出原告的房屋，显属无理，是一种侵占行为，不受法律保护。判决被告腾退房屋。

被告不服，提起上诉。市中院认为：赵女根据国家房改政策参加房改购得房屋，已取得对该套房屋的相关权益。要求陈男腾房，理由正当，符合法律规定，其诉求应当支持。原审判决处理正确，应予维持。

【法理研究】

本案的关键问题在于确认房屋的产权问题。谁拥有产权，谁就有居住该房的权利，本案双方当事人结婚后居住在单位分配的公房内，只有居住权，没有所有权。双方离婚后，经产权人协调，双方各住一间，这是产权人行使房屋所有权的一种合法行为，有利于离婚后双方生活的稳定。同样，此时，双方仍未取得该房屋的所有权。该房产权人畜产品进出口公司在进行住房改革时，将该房屋出售给赵女是合法的。依此事实和房改政策，赵女已依法取得该房屋的部分所有权，即有限产权。因双方已解除婚姻关系，陈男已有房屋居住，赵女让陈男腾房的理由正当合法，应予支持。

五、物权是一种对世权，其保护具有绝对性

物权是典型的对世权，只有物权的主体才对该物享有支配权，而权利人以外的社会上的第三人都不得干扰其行使权利。任何人侵害物权时，物权人得行使物上请求权，以排除他人的侵害并恢复物权应有的圆满支配状态。所以，物权的保护具有绝对性。

父亲强收业已分家的儿子的责任田里的庄稼纠纷案[1]

【案情简介】

被告何甲系原告何乙之父，何乙独身。1987 年，由何甲主持，何乙与弟弟何丙分家别居。何乙奉养母亲肖女，经营管理自己和母亲的两份责任地，同时承担二人相应的农业税、提留、统筹等法定义务。何丙奉养父亲何甲，经营管理自己一家和何甲的五份责任地，也承担五人相应的农业税、提留、统筹等法定义务。何甲对何乙、何丙兄弟二人具体经营管理的责任地的位置和面积指划明确，何乙、何丙无异议。1995 年肖女病亡，何甲要求耕种肖女的那份责任地，何乙未同意，并按有关规定将肖女的责任地退还给所在三社集体。何甲对此不满，与何乙发生纠纷。1996 年收获季节，何甲先后强收何乙种植在承包责任地里的庄稼。何乙诉至法院。

【审理判析】

法院经审理认为：原告与被告系父子关系，当和睦相处。争议之地长期由何乙耕种，他人无异议，何甲也无异议，该地的经营管理权应属何乙。何甲所持争议之地的经营管理权属自己的理由与事实不相符合，不予采纳。被告强收原告种植的庄稼，无法定理由，属侵权行为，应予赔偿损失。

【法理研究】

物权是一种对世权、绝对权，因此属于侵权行为法所保障的对象。当发生侵害物权的情形时，权利人不仅可以行使物上请求权，而且可以基于侵权行为提起诉讼。本案中，原告对争议之地的承包经营权属于集体所有土地上的他物权，可以对抗权利人以外一切不特定的义务人。除物权人以外，其他任何人都对物权人的权利负有不可侵害和妨碍的义务。即使原告的父亲，也不得任意侵犯。

第四节　物权的效力

物权的效力，是指物权基于对物的支配权性质而产生的特定保障力。“物权的效力论题说明的问题是，同一物上一项确定的物权与其他权利（包括他人的物权、债权、及非权利的占有）发生支配冲突时，确定物权能否排斥其他权利以及如何排斥

〔1〕“何代常诉何玉明强收分家后其责任地里的庄稼侵犯财产权案”，载最高人民法院中国应用法学研究所编：《人民法院案例选》1998 年第 2 辑（总第 24 辑），人民法院出版社 1998 年版，第 68 页。

的问题。”[1] 就物权制度的结构体系而言，物权的其他问题如物权的保护、物权的设定、物权的公示公信及物权的变动等，或从此衍生、展开，抑或与之有密切关系。正是基于这些缘由，物权的效力问题遂于整个物权法上占据极其重要的地位。

一、物权的优先效力

物权的优先效力是指，同一标的物上有两个或两个以上不同内容或性质的物权存在，或者该物权的标的物也为债权给付的标的物时，成立在先的物权有优先于成立在后的物权的效力，物权有优先于债权的效力。物权的优先效力表现在物权与物权之间的优先效力，以及物权与债权之间的优先效力两个方面。

（一）物权相互之间的优先效力

1. “时间在先，权利在先”原则。即同一标的物上，数个性质相容的物权并存时，成立在先的物权优先于成立在后的物权。具体为：①优先享受其权利。例如在同一法定登记的不动产上设立抵押后，再设定抵押者，设定在先的抵押权优先于后设定的抵押权受偿。②先成立的物权压制后成立的物权。此时如果后成立的物权对成立在先的物权造成损害，后成立的物权会因为先设立的物权的实施而被排斥或消灭。

任某诉某工艺厂抵押纠纷案[2]

【案情简介】

1996年1月，某工艺厂因建大厦资金不足，向任某借款17万元，约定月利率1.5%，使用期为一年。同时约定，工艺厂以正在建筑的大厦一楼6间门面房作抵押，到期不能归还借款，此房归任某所有。双方签订借款抵押协议，但对抵押物未办理登记。1996年4月，工艺厂因资金不足，又与某银行签订了最高限额为88万元的抵押借款合同，被告以大厦房地产（价值148万元）作抵押，并经房产所办理了房地产他项权证。贷款逾期后，工艺厂未偿还银行贷款，银行亦未提起诉讼。工艺厂与任某之间借款到期后，任某向工艺厂催要借款本息无果，遂以工艺厂为被告向法院提起诉讼，某银行作为第三人参加了诉讼。

【审理判析】

法院审理认为：原、被告之间借款事实清楚，证据充分，原告请求被告偿还借

---

〔1〕 孙宪忠：《中国物权法总论》，法律出版社2003年版，第44页。

〔2〕 “任红兴诉嵩县工艺厂将同一房产向其抵押后又抵押给第三人要求以抵押物清偿借款本息案”，载最高人民法院中国应用法学研究所编：《人民法院案例选》2000年第2辑（总第32辑），人民法院出版社2000年版，第93页。

款本息理由正当，应予支持。被告与原告之间签订的借款抵押协议，虽属双方自愿签订，但因未依法办理抵押物登记，不能认定。至于被告与第三人之间签订的贷款抵押合同，抵押物虽经登记，但因抵押物的价值（148 万元）远远超过所担保的70万元债权，且被告暂无其他资产可供清偿原告的借款本息，该抵押严重影响了被告履行其他债务的能力。为使原告和第三人的合法权益得到实现，被告与第三人间以抵押物担保贷款所办理的房地产他项权证应予变更，原告的债权应从被告抵押给第三人的财产价值余额部分中清偿。

【法理研究】

本案涉及的问题是工艺厂与任某和银行之间是否均存在抵押权，以及抵押权如何实现。根据《物权法》的规定，以房地产作抵押物的，只有办理登记，才能成立抵押权。工艺厂与任某之间虽然签订抵押权合同在先，但因为未办理登记，不能产生抵押权，任某不能对房产进行优先受偿。本案只存在一个抵押权，不存在两个抵押权之间的优先效力问题。任某要为自己未经登记的抵押承担相应风险。法院无权强行要求被告工艺厂变更自己与第三人银行所签订的合法抵押协议。法院的判决实质上是将原告的风险转移给了毫无过错的第三人。法院应当驳回原告的诉讼主张，判决原告依一般债权请求被告履行债务。

2. “时间在先，权利在先”原则的例外。“时间在先，权利在先”原则的例外表现为：①定限物权优先于所有权。定限物权是在一定范围内，限制他人所有权的权利，包括用益物权和担保物权。虽然定限物权成立在所有权之后，但其却优先于所有权。②法律有特别规定的例外。即法律若对物权的顺位次序有相关规定，依其规定。基于公共政策的理由，成立在后的某些物权优先于成立在先的物权。例如我国《海商法》第25条规定：“船舶优先权先于船舶留置权受偿，船舶抵押权后于船舶留置权受偿。”

（二）物权与债权之间的优先效力

1. 物权优先于债权的效力。物权优先于债权的效力，是指同一个标的物上既有物权又有债权时，无论物权成立于债权之前还是之后，物权均有优先于债权的效力。

在“一物二卖”的场合，后买受者如果已经受让该动产的交付，或者已办理不动产登记，即可取得所有权，这时后买者对标的物的所有权就优先于先买者的债权。某特定物虽已为债权给付的内容，但该特定物上如同时有定限物权存在，则无论该定限物权成立于债权之前或之后，均有优先于债权的效力，债权人不得对物权人请求交付或移转其物，也不得请求除去该物上的请求权。共有人的优先购买权优先于承租人的优先购买权，亦是物权优先于债权的体现。

2. 物权优先于债权的例外。物权优先于债权的例外有二：①买卖或抵押不破租赁。基于租赁权的物权化性质，成立在先的租赁权，租赁物交付后，可优先于后成立的物权，即该租赁权的效力不受以后租赁物所有权的移转或其他物权设定的影响。如我国《物权法》第190条规定：“订立抵押合同前抵押财产已出租的，原租赁关系不受该抵押权的影响。抵押权设立后抵押财产出租的，该租赁关系不得对抗已登记的抵押权。”②基于社会公益或政策的缘由，法律规定某些物权不得享有优先次序。如先设定的抵押权不得优先于船长、船员的工资等劳动报酬、社会保险费等费用的给付请求权；税收债权优先于发生在其后的担保物权等。[1]

二、物权的追及效力

物权的追及效力，是指物权成立以后，不管作为物权客体的物辗转到何人之手，除法律另有规定外，物权人都可以依法向物的占有人追及其所在，主张其物权，回复对物支配的效力。任何人都负有不得妨害权利人行使权利的义务，无论何人非法取得所有人的财产，都负有返还的义务，否则，就侵犯了物权人的权利。当然，物权的追及效力并不是绝对的，追及效力要受到善意取得制度和时效取得制度的限制。

关于追及效力是否是物权的一项独立效力，有否定和肯定说之争。本书认为物权的追及效力虽然会与物权的优先效力和物权请求权效力发生重叠，但是考虑到周到保护物权的需要，以及更加彻底认识物权本质的需要，将其作为一项独立的物权效力也是可以的。正如学者所言，物权的追及效力并不能为物权请求权所全部概括：一方面，物权具有追及效力是相对于债权而言的，它是在与债权的比较中所确定的独有的效力，债权原则上没有追及效力，债权的标的物在没有转移所有权之前，由债务人非法转让给第三人占有时，债权人不能请求物的占有人返还财产，只能请求债务人履行债务或承担违约责任。另一方面，物权的追及效力需要通过行使物权请求权得以实现，但物权请求权是由物权的追及效力所决定的，追及的效力是物权请求权中返还原物的请求权产生的基础，但并不是说它应当包括在返还原物请求权中。此外，追及权只能由物权人享有，但物权请求权中的返还原物请求权，不仅仅由物权人行使，占有人也可以行使此种权利。所以，不应将追及效力概括在物权请求权之中。[2]

三、物权的物上请求权效力

（一）物上请求权的概念和性质

物上请求权是指法律为了保护物权人对物所享有的充分支配的权利，赋予物权

---

〔1〕《税收征收管理法》第45条规定：“税务机关征收税款，税收优先于无担保债权，法律另有规定的除外；纳税人欠缴的税款发生在纳税人以其财产设定抵押、质押或者纳税人的财产被留置之前的，税收应当先于抵押权、质权、留置权执行。纳税人欠缴税款，同时又被行政机关决定处以罚款、没收违法所得的，税收优先于罚款、没收违法所得。税务机关应当对纳税人欠缴税款的情况定期予以公告。”

〔2〕王利明等：《中国物权法教程》，人民法院出版社2007年版，第10页。

人当其物权被侵害或有遭到侵害可能时，向侵害人主张返还原物、排除妨碍、恢复原状等的权利。

关于物上请求权的性质，学说见解历来不一，大体有以下五种见解，即债权说、物权说、准债权说、物权效力所生请求权说、物权派生的请求权说。[1] 物上请求权的产生基础是物权，其具体的构成要件和适用方式并不同于一般的债权，这点上债权说存有不足。一方面，物权请求权是存在于物权上的独立的请求权，它由物权所派生，不能与物权分离而存在。另一方面，物上请求权又是请求权的一种，所以其可以在一定范围内，对比适用债权的有关规定。物上请求权虽不是物权的权能，却是以保障物权人对标的物的支配为出发点的。物上请求权符合物权的需要，能够对物权提供最充分的救济，是不能与物权相分离的民事权利，因此物上请求权被看成是物权所特有的效力。

（二）物上请求权的内容

物上请求权，以排除妨害及回复物权的圆满状态为目的，因此依妨害形态之不同为标准，物上请求权可分为返还原物请求权、排除妨害请求权以及消除危险请求权。

1. 返还原物请求权。他人无权占有物权之标的物而对物权产生妨害时，发生返还原物请求权。

朱某购衣后拿走摊主装有钱款的挎包盗窃案[2]

【案情简介】

被告朱某在王某摊拉上买衣服时，王某将挂在自己肩上的挎包交给朱某暂时拿着。朱某试穿衣服后付款买下，随即携包离去。王某发现后追上朱某并将朱某扭送到附近的治安办公室，治安人员当场查看，发现王某所述现金、存折及身份证件与报案的情况相符，即令朱某交出挎包，发还失主。

【审理判析】

本案在民事关系上是一起典型的有关不当得利的纠纷案。朱某买了衣服后，见王没有从她手中要回挎包，即产生非法占有的歹念，乘摊主王某不注意时带包离开了现场，使装有巨额钱款的挎包脱离了王某的控制。朱某存在非法占有的故意，使王某利益受到损害，构成了不当得利，王某可依不当得利的有关规定，向朱某请求

---

〔1〕 参见陈华彬：《物权法》，法律出版社2004年版，第101页。

〔2〕 “朱小艳购衣后拿走摊主装有钱款的挎包盗窃案”，载最高人民法院中国应用法学研究所编：《人民法院案例选》1995年第2辑（总第12辑），人民法院出版社1995年版，第46页。

返还不当得利。

【法理研究】

本案中，法院是以不当得利进行判决的。对于本案，所有人王某也可以行使返还原物请求权，这就牵涉到请求权的竞合问题。这种情形下，由于返还原物请求权行使的条件较不当得利请求权行使条件更容易满足，因此，权利人可以选择返还原物请求权维护自己的利益。

2. 排除妨害请求权。以其他的方法妨害物权的圆满状态时，发生排除妨害请求权。

大尹村五组村民诉六组丁某三兄弟侵犯土地使用权案[1]

【案情简介】

大尹村五组有一块老坟空闲地。1997年6月29日，大尹村六组村民丁某等三兄弟之父亡故，未经五组同意，三兄弟即将其父亲葬入五组的空闲坟地里，并建起了新坟。五组村民知道后，要求三兄弟拆墓还地。三兄弟以其祖坟在该地且经村委会同意为由拒绝。五组由组长为代表提起诉讼。

【审理判析】

县法院经审理认为：原、被告之间的侵占土地使用权争议，涉及殡葬管理。该县虽为火葬区，但在农村并未完全推行火化制，殡葬用地应由政府主管部门管理，故本案纠纷应由有关部门予以解决，不属于法院受理的民事案件范围。原告38户居民不服此裁定，向中级法院提起上诉。中院认为：原审裁定认定事实清楚，适用法律正确，裁定并无不当之处。上诉人的上诉理由不能成立。

【法理研究】

原被告之间发生的纠纷，是在推行火葬制度改革的过程中发生的问题。我们既要考虑到保护集体土地的权利，又要考虑到保护我国土葬制度改革的实际情况，不能够作出限期拆除坟葬的实体判决，也不能作出驳回原告诉讼请求的实体判决，只

---

〔1〕“大尹庄村五组38户村民诉六组丁国政三兄弟在五组集体土地内葬人建坟侵犯土地使用权案”，载最高人民法院中国应用法学研究所编：《人民法院案例选》2000年第1辑（总第31辑），人民法院出版社2001年版，第112页。

能从程序上驳回原告的起诉，由人民政府有关部门依据有关的法律、政策处理，解决纠纷。即使在仍然实行土葬制度的地方，殡葬人在土地权属关系明确的他人所有的或使用的土地内殡葬，侵犯他人土地使用权是毫无疑问的。原被告属于两个不同的村民小组的成员，如果两个村民小组各是其集体土地的所有人，原告的土地又未被划定是土葬区域，原告用排除妨害的救济方法向法院起诉，法院就很难以不属于法院受理范围为由驳回起诉。

3. 消除危险请求权。物权有在将来受到妨害之虞时，发生物权的消除危险请求权。

（三）物上请求权的行使

物上请求权的发生既可以针对所有权，又可针对用益物权和担保物权。物权请求权的行使有多种方式，但总体而言，可通过自立救济和公力救济两种方式进行。通过自力保护的方式行使物上请求权，并不是解决物权侵害的必经途径，实践中一般是在物权人自力保护未果情况下采取公力救济解决权利受妨碍的问题。但是，物权人可直接向法院提出诉讼，请求确权和采取其他保护措施，人民法院则通过裁判责令侵权人承担停止侵害、排除妨碍、消除危险、返还财产、恢复原状等民事责任。

杨某诉倪甲归还其拾得菜牛案[1]

【案情简介】

1990年12月，原告杨某运送20头菜牛的汽车途经倪家村附近地段时，因路面坡度较大，装运菜牛的防护设施松动，一头大牯牛从汽车上挣掉下来。倪乙发现后，随即骑自行车返回家中告诉其父倪甲。倪甲与女儿倪乙回到公路上，将大牯牛抓住后，牵回家中。在牵牛时，倪甲发现大牯牛后脚有伤，将牛牵回家中即安排治疗和饲养。牛主杨某发现汽车上一只卖价千元的黑灰色的大牯牛失落。当天下午，杨某与他人沿途寻找大牯牛无下落。当杨某来到倪甲家中认牛时，倪甲承认拣牛的事实、拣牛的时间、地点和牛的毛色等特征均与杨某所述相一致。倪甲同意杨某等人看牛。当杨某要求归还大牯牛时，倪甲拒绝，要求当场付1000元才能牵走。杨某不允，只愿给付治疗、饲养费和少量谢金。最终未能和解。为此，杨某等人当即到乡政府反映情况。乡政府领导听取反映后，先后派驻村干部等人员前往解决。但倪甲坚持当场付600元才可牵牛。同年12月30日，杨某以返还财

---

[1] “杨某诉倪某归还其拾得菜牛案”，载国家法官学院、中国人民大学法学院编：《中国审判案例要览》（1992年综合本），中国人民公安大学出版社1993年版，第789页。

物为由，提起诉讼。

【审理判析】

法院认为：被告拾得大牯牛以后，在原告发现被告拾得该牛，未提出返还要求前，被告在该期间为原告管理、饲养和治疗大牯牛，是被告为避免原告利益损失而进行管理和服务。因此，被告有权要求原告支付其从事无因管理的费用。被告拾得大牯牛，虽不属违法行为，但被告没有法律根据可以取得属于原告的大牯牛，因此，被告拾得大牯牛不归还，属不当得利，应依法返还大牯牛。

对于拾得人拒不返还以后的费用应由谁承担，法院认为，在此期间被告仍为原告管理饲养大牯牛，属于一种代管行为，原告应当适当补偿被告为此所支付的费用及劳务。

【法理研究】

拾得人拒不返还拾得物，既可以构成不当得利，亦可以构成侵权行为，从而产生了一种不当得利与侵权行为的竞合现象。那么是否应按责任竞合方式处理，即允许失主选择对其最为有利的一项请求权行使？这是一个值得探讨的问题。尽管此种行为构成竞合，但不能完全按竞合处理，或者说，应当对失主选择行使请求权作出适当的限制。这种限制表现在：在一般情况下，对拒不返还拾得物的，应按不当得利处理，而不应按侵权行为处理。但是在下列情况下，则不应按不当得利，而应按侵权行为处理：一是拾得人在失主要求返还拾得物后，不仅未及时返还拾得物，而且因其过错，造成拾得物的毁损灭失。在此情况下，拾得人应依侵权责任规定，负损害赔偿责任。二是拾得人在失主要求返还以后，故意将拾得物转让或抛弃。在上述情况下，责令拾得人依侵权行为规定负损害赔偿责任，有利于防止拾得人非法毁损他人财产或侵害他人财产所有权。

四、物权的排他效力

物权的排他效力，指于同一标的物上，依法律行为成立一物权时，不容许于该标的物上，再成立与之有同一内容的物权。物权的排他效力，依通说发端于物权对于标的物的直接支配权性质。

物权的排他效力主要表现在以下方面：其一，同一标的物上，不得同时并立两个所有权。其二，同一标的物上不得有其他同以占有为内容的定限物权存在。其三，物权的排他效力有强弱之分。所有权最强，同一物上绝不容许有多数所有权的存在。以占有标的物为内容的定限物权，如抵押权等，排他性效力最弱。

邓某诉被告某县民政局及刘某腾交预订墓穴案[1]

【案情简介】

原告邓某于1994年11月21日向被告县民政局下属的县殡葬管理所预订了县某墓园下二排第13、14、15号三个墓穴，并预交了墓穴占地费1200元，取得了上述三个墓穴的使用权。1995年8月5日，第三人刘某到该墓园要求使用15号墓穴，墓园看管人员告知其15号墓穴已被预订，不同意其使用该墓穴。刘某则设法通过他人找到了被告单位的主管人员，被告单位主管人员出具了便条使刘某在15号墓穴安葬了其亡妻的骨灰，刘某于同月17日交纳了墓穴占地费等费用。后原告得知其预订的15号墓穴已被他人使用，先后到墓园察看取证，并多次找被告解决此事，共用去交通费用489元。因未能解决，向法院起诉要求被告及刘某将墓穴腾交给原告，并要求被告赔偿损失2061.65元。

【审理判析】

法院认为：被告与第三人的行为侵害了原告对15号墓穴的使用权，依法应当承担民事责任。判决被告县民政局及第三人刘某在判决生效后10日内将其妻的骨灰从15号墓穴迁出，并恢复原状后交由原告邓某使用。并由被告赔偿原告相应的经济损失。

【法理研究】

本案中实际涉及在同一墓穴上是否可以存在两个使用权的问题。尽管不具有所有权的绝对性，但同以占有为内容的定限物权也不得在同一物上存在，这同样是物权排他性的一种表现。案中原告所获得的关于对15号墓穴的使用权虽是一种受限制的、不完整的、不全面的物权，但它仍具有物权的法律特征：①客体是特定的物质财产；②是一种支配权；③具有排他性。被告和第三人在未经原告同意的情况下擅自占用了15号墓穴，侵犯了原告对该墓穴的使用权，应当承担相应的民事责任。

当然，物权的排他性并不是指什么物权都相互排斥，不能在同一物上并存。以下几种情形，数个物权可存在于同一物上：第一，数个内容相同的地役权；第二，所有权与定限物权；第三，就不同方面对物进行支配的定限物权，如某一用益物权与某一担保物权在同一物上并存；第四，不以占有为内容的数个物权。

---

〔1〕“邓某诉被告某县民政局及刘某腾交预订墓穴案”，载国家法官学院、中国人民大学法学院编：《中国审判案例要览》（1998年民事审判案例卷），中国人民公安大学出版社1999年版，第128页。

第五节　物权的保护

为了保护所有权不受侵害，使所有权人可以排除他人的干涉，我国的法律，从不同角度对所有权进行了全方位的保护。其中既有刑事保护手段，又有行政保护手段，但使用最多的还是民事保护手段，一般而言是赋予所有人的物上请求权。《物权法》第32条规定："物权受到侵害的，权利人可以通过和解、调解、仲裁、诉讼等途径解决。"这些民事法律救济手段的实施，是通过民事诉讼来实现的，故称为各自对应的"诉"。

一、确认产权之诉

确认产权之诉，是指两个以上的民事主体对同一项财产的物权发生争议时，占有财产的人可以向人民法院提起诉讼，请求确认其对该财产享有物权。《物权法》第33条规定："因物权的归属、内容发生争议的，利害关系人可以请求确认权利。"一项财产的所有权或他物权发生争执时，会使真正的所有权人的权利处于不稳定的状态，影响其正常行使物权。只有通过法院或其他有权确认所有权的国家机关在法律上重新明确所有权后，真正的所有权人才能正常地行使所有权。因而，在某些情况下，确认所有权还是其他法律保护的前提。

马女在对方对其提起离婚诉讼后诉对方路男确认夫妻共同财产案[1]

【案情简介】

1989年，原告马女与被告路男结婚。婚前被告家有主房三间、偏房两间及一间简易房。原、被告双方婚后一直居住其中两间。1995年，路父去世，当时收礼金6800元，原、被告仍居住在原住两间房屋内，与被告家人一直未进行过析产，也未就遗产继承问题进行任何协商处理。1997年，路男向法院起诉与马女离婚，审理中马女以路男为被告、以路母为第三人向法院起诉，要求分割房产及路父去世时的6800元礼金。

【审理判析】

法院经审理后认为：被告路男并未实际取得原告要求分割的房屋，故原告起诉要求分得房屋，没有事实和法律依据，该请求不予支持。同时，路男父亲去世时获

---

〔1〕"马珂凡在对方对其提起离婚诉讼后诉对方路尧确认夫妻共同财产案"，载最高人民法院中国应用法学研究所编：《人民法院案例选》1999年第1辑（总第27辑），人民法院出版社1999年版，第48页。

取的礼金属于亲朋对死者遗属的抚慰，不能视为家庭共同财产，故原告要求分得礼金的请求不予支持，判决驳回。

【法理研究】

本案原告马女要求把讼争房产、礼金作为共同财产分割，于法无据，其诉讼请求自不能得到支持。

(1) 关于房产所有权的确认。夫妻共同财产是指夫妻婚姻关系存续期间所得的财产，它是指双方已实际取得的财产。该案被告路男对其父母所建房屋没有实际获得房产权利，且路男明确放弃主张房产的权利，因此，此房产中难以确认有属于原、被告双方所有的份额，原告的该诉讼请求难以支持。

(2) 关于礼金是否能确认为共同财产的问题。在审理时有两种意见。一种意见认为，夫妻共同财产包括一方或双方继承、受赠的财产。被告之父去世时所收受的6800元礼金属受赠范围，属家庭共同财产，原告应该分得1/3；另一种意见认为，被告父亲去世时获取的礼金属于亲朋对死者遗属的抚慰，该礼金具有特定性，应属第三人路母所有，不能视为家庭共同财产，原告无权请求分割6800元礼金。法院显然是采了后一种观点。

二、排除妨害之诉

排除妨害之诉，是指当所有人对自己的财产行使所有权受到非法妨害，或自己的财产所有权将要受到他人危害时，所有人有权提出诉讼，请求法院责令妨害人排除这种妨害。《物权法》第35条规定："妨害物权或者可能妨害物权的，权利人可以请求排除妨害或者消除危险。"这其中前一种请求于存在实际妨害之时提出，其目的在于除去已存在之妨害，可称为"请求除去妨害"；而后一种请求于出现妨害之虞时提出，其目的在于预防可能的妨害，可称为"请求防止妨害"。

村委会抢种乡政府发包给他人承包的土地侵权赔偿案[1]

【案情简介】

1989年至1991年，原告甲村开垦黄河三角滩地荒地近500亩。1991年，市政府对甲村开垦的三角滩地确定了使用权，甲村即一直耕种并每年向所在乡政府交纳滩涂管理费。1997年，市政府发文明确三角滩地由乡政府统一管理使用。1997年4月，

---

〔1〕"永宁村委会诉尊村村委会等抢种乡政府发包给其承包经营的土地侵权赔偿案"，载最高人民法院中国应用法学研究所编：《人民法院案例选》1999年第1辑（总第27辑），人民法院出版社1999年版，第74页。

乡政府将三角滩地发包，乙村村民即被告吕甲、姬乙、姬丙、姬丁、姬戊等五人以15000元中标，双方签订了承包合同并进行了公证。在此前后，甲村村民多次上访，要求乡政府退回其开垦耕种多年的三角滩地。1997年9月3日，市委发出了《乡政府与甲村关于黄河三角地带纠纷处理的会议纪要》，据此，乡政府与原承包户达成协议：终止合同，乡政府退回承包款及利息，并赔偿旋耕费、伏耕费、误工费等。被告姬乙等五人领取了上述退赔款项。9月12日，在被告的直接参与指挥下，乙村村民将三角滩地强行种上小麦，经乡政府多次做工作，未能得到解决。

原告甲村委会向法院起诉，请求依法判令被告乙村停止侵权，交回土地。

【审理判析】

法院经审理认为：乡政府与五被告在1997年4月签订的黄河滩三角地合同，已被双方于同年9月6日达成的终止合同协议解除，五被告已将15000元承包款及4640元赔偿金领取，乡政府与五被告有关滩地承包合同的权利义务即已完全消灭。9月12日，乡政府与原告签订了该滩地承包合同，原告履行了交纳承包款15000元的义务，取得了承包经营权。五被告明知乡政府已将该地承包给原告，强行组织人员耕种，已构成侵权，原告要求判令被告停止侵权的主张合理合法。考虑到五被告在诉争的滩地上已投资化肥、小麦种子等，并付出了一定劳动，可给其一定的经济补偿。法院判决被告立即停止对黄河滩三角地的侵权行为，原告依法对承包地进行经营管理，并一次性给付被告经济补偿。

【法理研究】

本案是一起土地侵权赔偿纠纷案件，被告姬乙等五人与乡政府达成终止合同协议，并领取了退款和赔偿费用。此后，乡政府与甲村委会签订了该滩地承包合同，甲村村委会履行了交纳承包款15 000元的义务，取得了承包经营权。五被告在明知乡政府已将该地承包给原告的情况下，强行组织村民耕种，显属妨害甲村承包经营权行使的侵权行为。原告有权请求排除妨害，保护其对三角滩地的承包经营权。

三、恢复原状之诉

恢复原状之诉，是指当财产受到他人非法侵害而损坏时，凡通过修复等途径可以复原的，财产所有人有权提起诉讼，要求法院责令加害人予以复原。《物权法》第36条规定："造成不动产或者动产毁损的，权利人可以请求修理、重作、更换或者恢复原状。"

开发公司诉业主在房屋装修中拆改建筑物承重结构应予以恢复案[1]

【案情简介】

1995年，王某与开发公司筹建处签订的拆迁安置居民回迁购房合同约定：王某原租住公房属于拆迁范围，开发公司于回迁楼建完后，给王某楼房一套。1998年，开发公司将回迁楼建完并交付使用。王某在没有办理回迁入住手续的情况下，私自进入小区601号房，在向开发公司的房屋物业公司缴纳了装修押金1000元后，对该房进行了装修。王某雇用没有装修资质的装修人员对房屋内部结构进行拆改，将多处钢筋混凝土结构承重墙砸毁，并将结构柱主钢筋大量截断。其间，开发公司曾多次向王发出停工通知，并委托区房屋安全鉴定站对此房屋进行了鉴定，结论为：房屋墙体被拆改、移位，已对房屋承重结构造成破坏，应恢复原状。王对此未理睬。

开发公司起诉，要求王某立即停止毁坏住宅楼主体结构的行为，排除妨害，消除危险，承担对所破坏房屋由专业施工单位进行修复的费用、鉴定费等。

【审理判析】

法院经审理认为：本案被告王某在没有办理房屋入住手续的情况下，私自进入房屋，并违反规定，未经有关部门批准，在装修过程中对房屋的主体结构及其他设施进行拆改，经开发公司多次制止后仍不停止，给整幢房屋造成严重安全隐患，应承担民事责任。

【法理研究】

本案首先涉及的法律问题为，开发公司是否具有提起侵权之诉的权利。

(1) 王某根据拆迁安置居民回迁购房合同，虽然有权购买小区601号房，但在未办理回迁入住手续之前，并不享有该房的所有权。其私自进入房屋并对该房屋进行不合理装修的行为，侵犯了原告的房屋所有权，故开发公司有权要求赔偿。

(2) 原告作为开发商，在房屋办理产权过户手续之前，应为建成房屋的所有人，同时也要对整栋建筑物的整体结构安全负责，其对建筑物质量及安全上具有法律利益。因而，即便被告合法入住及向物业管理部门交有装修押金，只要其装修行为危及到房屋的安全性能，原告作为有多种法律利益的当事人，即与被告形成房屋安全维护的法律关系，有权以自己名义提起侵权之诉，要求其恢复原状。原告的行为既可以维护自己的利益，又同时可以维护其他区分所有人或使用人的合法权益。

---

〔1〕“筑博公司诉王淑静在房屋装修中拆改建筑物承重结构应予以恢复案”，载最高人民法院中国应用法学研究所编：《人民法院案例选》2000年第4辑（总第34辑），人民法院出版社2001版，第86页。

四、返还原物之诉

返还原物之诉，是指当财产被他人不法占有时，财产所有人有权提起诉讼，要求人民法院责令非法占有人返还原物。《物权法》第34条规定："无权占有不动产或者动产的，权利人可以请求返还原物。"凡以占有作为权利内容的物权，如果物被他人无权占有，物权人都可以提起物权请求权，请求返还原物。

五、物权保护的综合法律调整

《物权法》第38条规定："本章规定的物权保护方式，可以单独适用，也可以根据权利被侵害的情形合并适用。侵害物权，除承担民事责任外，违反行政管理规定的，依法承担行政责任；构成犯罪的，依法追究刑事责任。"这无疑是对物权的综合法律调整。

宏观上来说，法律对物权的保护可以分为私法上的保护和公法上的保护。"物权的公法保护是指直接依据行政法、刑法甚至《宪法》这样的法律来追究侵权者的责任，以达到保护物权人利益的目的。物权的私法保护是指直接依据民法这样的法律，追究侵权者的民事责任，以达到恢复物权的完满状态的目的。"[1] 这两种保护方式在法律程序和责任性质上有很大的不同，公法保护主要是强制性规范的应用，具有惩罚性；私法保护则是任意规范的应用，具有补偿性质。虽然其存在不同，但两者并不相互排斥，而是相互配合、相互包容，共同对公民合法物权进行有效的保护。

孙某盗窃其质押给债权人的质物案[2]

【案情简介】

孙某与某厂职工曹某是朋友。2001年2月7日，孙某急需用钱，就向曹某去借，但曹某手头没有钱。于是孙某就对曹某说，自己有一台影碟机，可以作为抵押，让曹某帮忙向与其同宿舍的郝某借钱。曹某把孙某的意思向郝某传述，郝某同意。2月8日，郝某借给孙某人民币600元，同时孙某将影碟机作为质押物交给了郝某。郝某将该影碟机锁在了自己的床头柜中。2月10日晚，曹某上夜班，孙某借宿于曹某处，曹某下班后未回宿舍。11日上午，孙某乘郝某外出之机，将郝某存放影碟机的床头柜撬开，盗走该影碟机和一部手机。

【审理判析】

法院经审理认为：被告人孙某以非法占有为目的，秘密窃取他人所有的或保管

〔1〕 孙宪忠：《中国物权法总论》，法律出版社2003年版，第311页。

〔2〕 "孙潇强盗窃其质押给债权人的质物案"，载最高人民法院中国应用法学研究所编：《人民法院案例选》2002年第3辑（总第41辑），人民法院出版社2003年版，第62页。

的财物，数额较大，其行为已构成盗窃罪。

【法理研究】

本案虽然是一个刑事案件，但是它也从一个侧面反映了法律对物权人的保护。对物权的保护不仅仅体现于物权法中，其他法律也存在对物权的保护。例如刑法中就规定有盗窃罪、抢劫罪、侵占罪等一系列对财产权益侵害而适用的罪名。所以对他人合法的物权进行侵害，如果损害达到一定程度的话，侵权人还要承担公法上的责任。

本案中，当孙某将质物（影碟机）交于郝某时，质权就成立。郝某就享有对质物（影碟机）的占有权，当债务履行期限届满而未受到清偿时，郝某就享有依法拍卖或变卖质物而优先受偿的权利。当然，郝某在享有权利的同时，也负有一定的义务，即应妥善保管质物，因保管不善致使质物灭失或毁损时应当承担民事责任。孙某的窃取行为，构成了对郝某质权的侵害，所以其不仅要承担民法上返还原物的责任，也要受到刑法的严厉制裁。

第二章　物权法的基本原则

第一节　物权的客体与一物一权主义

一、物的概念

（一）物理意义上的物

从广义看，物泛指世界上一切物理意义上所称之物，即所有的动物、植物、矿物，甚至量子、质子、以至于黑洞，人亦包括在内。

物理上的物不仅包括一般我们所能感觉到的固体、液体或气体，还包括各种自然力，如电、热、磁力等，这些东西也符合广义的民法上物的特征，因而也是民法上的物。在民法上，物是物权的客体自不必言，物也是知识产权的客体——智慧成果的物质载体，物与债、继承部分也有着密切的联系。

家属诉医院在医疗终结时应返还在其处治疗的婴儿案[1]

【案情简介】

徐某和周某系夫妻，2001年9月3日，周某在A医院生下一对双胞胎男婴，取名大宝、小宝。因是早产又是双胞胎，故当日中午11时，转院至B医院进行护理。不料17日凌晨，该医院电话告知小宝死亡。原告得知小宝死亡后，赶到医院，要求查看小宝尸体，遭到医院拒绝。由于小宝生不见人，死不见尸，故夫妻二人请求法院判令B医院立即归还原告婴儿小宝。

【审理判析】

法院经审理认为：原告之子小宝在被告处就医过程中死亡，被告在没有通知原告及其亲属的情况下，擅自火化尸体，侵犯了原告对其子尸体所享有的管理权和处分权，被告的行为给原告造成了精神痛苦，为此，被告应当承担民事责任。今后，

---

〔1〕“徐高杰等诉郑州大学第三附属医院在医疗终结时应返还在其处治疗的婴儿案”，载最高人民法院中国应用法学研究所编：《人民法院案例选》2002年第4辑（总第42辑），人民法院出版社2003年版，第90页。

被告应当加强管理，健全制度，杜绝此类情况再次发生。但是小宝已经死亡，遂判决驳回原告要求被告返还孩子的诉讼请求。

【法理研究】

本案涉及的主要问题是自然人和其尸体可否作为物进行返还。

（1）自然人可否成为返还之诉的标的。本案中原告主张“返还婴儿”，涉及活体自然人能否作为诉讼的标的被提起诉讼的问题。对此，实践中存在否定和肯定两种意见。应当认为，二原告返还小孩的诉讼请求，实质是要求医院停止侵害两原告对小孩的法定监护权。鉴于人是法律关系的主体，而非客体，婴儿与父母之间并不能成立“所有”关系，而只能成立监护关系。故本案中，如果婴儿未死亡的话，二原告也仅能依据监护权受侵害为由要求医院承担责任，而非其对孩子的所有权受到侵害。

（2）尸体可否作为返还之诉的标的。本案中，由于医院已举出相关的书面材料证明小孩确已死亡，此时案件如何认定就涉及尸体在物权法上的地位。关于尸体是否为物，学说不一。大多学者认为尸体为物，其可以成为所有权的客体，但对其所有权的行使要受一定的限制，即不得为使用收益等处分，而只能以埋葬、管理、祭祀为其内容，且不能将其抛弃，尸体为所有继承人共有。本案中，擅自火化尸体，侵犯了原告对其子尸体所享有的管理权和处分权。

（二）民法上的物

物在民法中具有极其重要的地位，许多民事法律关系和物的关系密切，有的直接以物为客体，如所有权关系；有的虽以行为为客体，但仍与物紧密相联，如以交付物为内容的债权关系。故传统民法“抽取公因式”，将“物”放到总则中进行规定。我国《物权法》关于物权客体的规定只有一款，即第2条第2款：“本法所称物，包括不动产和动产。法律规定权利作为物权客体的，依照其规定。”

在民法上，作为物权客体的物的概念最早是基于有体物而形成的。我国现行法对物没有明确的界定，但依据法理和现行法的相关规定，民法上的物是指那些能够为人力所支配的自然力和具有独立性的空间，不但包括有体物，而且包括电、热、声、射线等其他自然力。简而言之，物就是指人们能够支配和利用的物质实体和自然力。

二、物的法律特征

（一）物必须存在于人身之外

1. 物必须是为人们的感官所感觉的客观实在。民法上的物作为人身之外的客观物质对象，在传统理论中强调其具有客观物质性。也就是说，那些能够被人们支配的自然力，如电、热、气、磁力等，由于其都具有一定的物质结构或形态，因而也被认为是物。物是指客观存在的物质实体或自然力，那些不具物质性的财产权利或智慧成果，虽然体现一定的财产利益，但其本身并不是物。

2. 人不是物，人只能作为权利的主体，而不能作为权利的客体。

（1）人体的一部分是否为物。目前世界各国法律所许可的对人体的处分，一般只限于血液和被割去的毛发，对其他人体器官的移植或捐献，只有根据主体的死因行为才能生效。随着医学的进步，在不妨害人的生命与健康的条件下，生前的器官移植与捐赠也受到法律的承认与保护。但这种做法是否使得这些人体器官也成为了民法上的物，需要认真研究。“以分离身体的一部分作为标的的契约，是否有效，应视其是否违背善良风俗而定。例如理发、拔牙，切除感染癌细胞之大肠等契约均不背于公序良俗，故为有效。”[1] 但为尊重人的价值和尊严，对于该类契约，当事人不得请求法院强制执行。一般认为，被捐赠的器官一旦脱离人体，就成为民法上的物，但是一旦重新结合于人体就不再是物。捐赠者不能对此“物”主张原物返还请求权。

（2）尸体的法律性质。身体作为身体权的客体，是人格权存在的物质基础，这意味着身体权虽然是物质性人格权，但是身体并不能成为物权的客体。然而，自然人死亡后，身体由于失去了承载身体权以及其他人格权的功能，这是否意味着其就失去了原有的伦理道德意义，而转变成物了呢?

关于尸体的法律性质，主要的观点如下：[2] ①人格利益说。自然人在其生前和死后，存在着与身体权客体即身体利益相区别的先期利益和延续身体利益，这些利益都是受法律保护的法益。其中，延续身体法益是对遗体所享有的法益，并非物质利益，而是人格利益。②权利客体说。身体权本身就是自然人对其身体的所有权。自然人死后，由其所有的身体变成遗体，而遗体本身是一种物，应当作为权利客体。此种观点认为，遗体不具有人格，而是人身之外的物质实体，具有客观物质性，并能够为人所支配。③折中说。遗体是一种特殊性质的物，但不能简单地将其作为权利客体对待。如果把遗体作为权利客体，则继承人可以使用、收益并抛弃，这是与法律和善良风俗相违背的。遗体不是财产所有权的标的，而是火化、埋葬、祭祀的标的，死者的近亲属对遗体的权利为管理权，即负责进行火化、埋葬，并保持其人格尊严不受侵犯。因而，遗体是管理权的标的。

---

〔1〕 王泽鉴：《民法总论》，中国政法大学出版社 2001 年版，第 216 页。

〔2〕 王利明：《人格权法研究》，中国人民大学出版社 2005 年版，第 359 页。

撬掘坟墓毁损尸骨赔偿案[1]

【案情简介】

某天，被告刘某、何某、徐某去山上放牛，在闲聊之中合议将李某亡夫的坟墓撬开，寻找棺材内“寿罐”中的“米酒”来喝。次日，三人继续去该坟墓刨土寻找寿罐，致使坟墓被损，棺木被掘，棺中的尸骨被抛于棺外。后李某诉至法院，诉请判令三被告恢复该坟墓原状，并赔偿买棺木、请道士、重新安葬的费用及其对死者在世亲友造成的精神损害计2900余元。

【审理判析】

法院经审理认为：被告的行为确已损害了死者在世亲人的人格尊严，给原告李某及其家人带来精神痛苦，依法应予赔偿。三被告系限制民事行为能力人，其赔偿责任依法应由其监护人承担。宣判后，三被告不服，向市中院上诉。中院认为原审法院认定事实清楚，适用法律正确，只是确定之损害赔偿额偏高。

【法理研究】

尸体寄托了死者近亲属对其的个人感情以及生者的尊严，也体现了一定的善良风俗。死者的近亲属虽然不能对尸体享有所有权，但享有对遗体的管理权。这种管理权包括对尸体的处置权（主要是指近亲属有权利将尸体火化、埋葬等）和管理权。任何人未经其亲属同意，不得擅自从遗体上摘取器官，从这个意义上来说，近亲属对遗体享有管理权。因而，在有人侵害遗体的时候，近亲属就有权请求损害赔偿。不仅如此，在符合法律规定和社会公序良俗的情况下，近亲属也可将遗体或者遗体的一部分捐给有关机关。如果有关医疗单位和研究单位在近亲属的同意下将遗体做成标本以供研究，则遗体已经转化为特殊的物。可以说，这些单位自然对遗体享有了占有、使用和依法处分的权利。

（二）物须为人力所能支配

法律十分重视物与人的关系，因此作为民法上的物还必须具有能为人所支配的可能。所谓支配，包括使用、收益及处分。

如果某一东西能给人们带来利益，但却不能被人们直接占有和支配，那并不能成为民法上的物。但是“可以由民事主体直接占有和支配”应是一个历史性的概念

---

〔1〕“李贤蔺诉刘青山等撬掘坟墓毁损尸骨赔偿案”，载最高人民法院中国应用法学研究所编：《人民法院案例选》1999年第2辑（总第28辑），时事出版社1999年版，第73页。

或标准，许多过去无法被占有和支配的东西，现在变成了可以为人所占有和支配的物。故只要能为人力所占有和支配，并且能为人带来经济效益的物质实体和自然力都是物。反过来，如果把民事主体无法支配的物质实体或自然力也规定为民法上的物，在民事法律观念中就没有任何意义了。

“月球倒爷”称月亮整个背面归其本人所有[1]

【媒体报道】

2005年12月上午，在因“卖月”闹得沸沸扬扬的“月球大使馆”所在地——北京市朝阳区深房大厦内，“月球倒爷”李捷召开了一场特殊的新闻发布会，会上，他公开宣称，“月球的整个背面归本人所有”。

“我宣布，月球的整个背面以及整个月球表层、月壤中的氦-3气体以及月球上空的轨道资源都属于我所有。”继前天在朝阳区工商分局听证会上发表了一番辩驳理论之后，8日上午李捷在其突然召集的新闻发布会上扔出又一颗“重磅炸弹”。

“我曾向联合国、美国、欧盟、俄罗斯和日本等国家及国际机构发去过书面的声明和材料，并且得到了他们的回复。”会上，李捷宣读了他致联合国秘书长安南的一封信，并解释说，他所宣布拥有的月球背面是指月球的远地面——即人类肉眼还无法看到，只有在太空中才能看到的部分，包括表层和下层的一切自然资源。

此外，李捷称，他从上月25日起正式开始发布声明的准备工作。而对于其宣称拥有的月球背面土地，他表示，目前自己还没有详细的利用计划，“可能会拿出一部分给有探月能力及愿望的国家免费利用”。

现实生活中，我们以阳光、星球为标的设立一个买卖法律关系，没有实际的意义。同时需要注意的是，随着社会的发展和人类支配能力的提高，物的范围也是不断变化的，例如过去不能被人们控制和利用的海底、地下空间等都逐渐成为人类探索、开发的范围。

(三) 物须能满足人们社会生活的需要

在民法中，物必须对人具有使用价值或交换价值。此种价值，非以金钱价值或物质利益为限，精神价值如文化价值、情感价值也包括其中。能给民事主体带来经济利益，能够满足人们的生产和生活的某种需要的物是民法上的物，某些没有经济价值和用途但能满足人的精神需要的物也是民法上的物。此外，物的有用性也是一

---

[1] “‘月球倒爷’称月亮整个背面归其本人所有”，载 http：//www. sina. com. cn，登录时间2005年12月8日。

个历史的概念，现在无用的，将来可能有用。随着科技的发展，物的使用价值也在不断变化。

三、物的分类

为了明确不同物的特点，从不同的角度和标准，可对物进行分类。民法上的物主要有以下分类：

（一）流通物、限制流通物、禁止流通物

这是以物是否能够流通，而且能在多大范围内流通为标准所进行的划分。

“流通物”，是指法律允许其在市场上自由地流通、自由地进行买卖的物品。日常生活中的一般商品都是流通物。简单言之，流通物就是国家允许按民事程序在权利主体间自由买卖的物。“限制流通物”，是指基于法律、社会公众的利益，对某种物的流通作出了限制性规定的那些物。私人收藏的文物可以通过合法途径进行交易，但文物像金银一样又都属于限制流通物，买卖文物有着严格的限制；[1] 此外，麻醉药品、运动枪支只能由国家允许的单位售购，个人不能随意售购，故这些都属于限制流通物。“禁止流通物”，是指法律不允许在市场上流通的物。例如国家专有的物资、土地、矿藏、水流、珍贵野生动物等。禁止流通物通常不能为个人合法拥有，但是不妨碍在其上设立其他可以流通的权利。

某省特大非法买卖濒危野生动物案[2]

【案情简介】

某公司自2001年11月至2002年5月间，从苏某等人手中非法收购国家二级重点保护野生动物猕猴1587只。时任该公司总经理的贾某具体负责收购猕猴工作，并将猕猴出售至北京、广东等地。贾某被该公司解聘后，又以该公司名义非法运输、收购猕猴643只。该案涉案人员共10人，非法收购、运输、贩卖猕猴总数达4828只。

【审理判析】

法院经审理，判决被告人犯非法收购、运输、出售珍贵、濒危野生动物罪，对该公司判处罚金300万元。被告人贾某、苏某分别被判处14年有期徒刑及罚金，其余8人被判处相应刑罚。

---

〔1〕《文物保护法》规定：“公民收藏的文物，不得在个人之间买卖，更不得私自售给外国人。如要出售，只能售给国家规定的文物部门。私人收藏的文物，由文化行政管理部门指定的单位许可，才能在一定范围内买卖，严禁私自将文物卖给外国人。”

〔2〕张继英、杨媛：“陕西特大非法买卖濒危野生动物案一审有果”，载《检察日报》2004年8月14日。

【法理研究】

国家对珍贵、濒危的野生动物实行重点保护。国家重点保护的野生动物分为一级保护野生动物和二级保护野生动物。禁止出售、收购国家重点保护野生动物或者其产品。需要出售、收购、利用国家二级保护野生动物或者其产品的，必须经省、自治区、直辖市政府野生动物行政主管部门或者其授权的单位批准。因此可见，本案中非法收购的国家二级重点保护野生动物猕猴属于禁止流通物，禁止猎捕、杀害，禁止非法收购、买卖、运输等违法行为，非法出售、收购、运输、携带国家或者地方重点保护野生动物或者其产品的，应根据情节轻重，承担相应的责任。

此种分类的意义在于，进行商品交换签订合同的时候，必须注意合同的标的物。按照法律行为的构成要件要求，标的物的违法性是民事行为无效的构成要件中内容违法的重要因素之一。所以民事行为之标的物若违反了法律的限制性规定，特别是禁止性规定的时候，可能导致民事行为的无效，甚至招致行政和刑事制裁。

（二）特定物与种类物

民法理论中探讨的“特定物”和“种类物”，是根据转让物是否具有独立特征或是否被权利人指定而特定化所作的分类。

“特定物”是具有单独性的特征或被权利人予以特定化而不能以其他物进行替代的物。特定物中，既包括独一无二的物，也包括特定化了的种类物。“种类物”是指不具有单独的特征，可以用其他同种类的物进行代替，并可以用度、量、衡等标准加以计算的物。种类物在一般情况下都是可以替代的。

国家储备粮库应按开票时价格付油纠纷案[1]

【案情简介】

某日，原告娄甲到被告乙国家粮食储备库购买花生油。该库花生油标价5.70元/千克，娄甲当即交款2052元，购花生油360千克，乙粮库开具了提油单据。娄甲随即持提油单到乙库提油。油库出货员说油管冻结，放不出油来，让娄甲改日再来。次日，娄甲又去提油，仍被告知油管冻结，仍未提成。月底，娄甲再次去提油，被油库负责人告知：油已涨价，没有提走的油不能再提，开过票的可按每千克加价0.20元退款。对此，娄甲不同意，坚持要求按原价提油，并起诉到法院，要求乙油库按原价给付花生油。

---

〔1〕“娄本君诉鹤壁国家粮食储备库购油应按开票时价格付油纠纷案”，载最高人民法院中国应用法学研究所编：《人民法院案例选》1994年第3辑（总第10辑），人民法院出版社1994年版，第77页。

【审理判析】

法院经审理认为：原告未及时将油提走，是因被告放油设备冻结所致，并不是原告的责任所致。被告借口油价上涨，不让原告提取所购买的花生油，显然有悖于法。法院判决被告乙粮库让原告提取所购的360千克花生油。逾期由某粮库按市场价9元/千克付给原告3240元。

【法理研究】

本案涉及诉讼标的物的性质问题，即花生油是特定物还是种类物。很明显，本案中的花生油既非独一无二的物，也未经原告特定化。在被告仍有该种类货物的情况下，应认为被告有交付该种类货物的能力，判其按提货单交付该种类货物。被告如逾期不履行，则应强制其为交付行为，只有在其不能履行的情况下，才能变更为债权方法，用给付货款替代实物交付。因此尽管本案应交付的货物不是特定物而是种类物，但出票人不能以提货时种类物已涨价为理由来对抗提货单持有人的物权权利。

种类物与特定物分类的意义在于：①债务人给付的风险负担不同。在特定物之债，一旦因事实上或者法律上的原因导致不能履行，债权人的实际履行请求权即告消灭。而种类物之债原则上不会发生事实上或者法律上的客观履行不能，即不会出现针对所有人均为履行不能的情形。②标的物所有权转移的时间不同。传统民法理论认为，特定物从订立合同时起受让人取得所有权，而种类物从交付时起受让人取得所有权，前《苏联民法典》即如此规定。但我国《民法通则》与《合同法》对标的物所有权移转的规定，未区分种类物与特定物，而都是以交付为标志。当然，当事人可以约定在合同成立时起所有权就发生转移。③此种分类对于区分民事法律关系也大有裨益。有些民事法律关系只能以特定物作为客体，而有些只能以种类物作为客体。前者如借用合同、房屋租赁合同，后者如借款合同。

（三）动产与不动产

这是根据物是否可以移动以及移动是否改变其价值为标准进行的分类。

动产就是指可以任意移动，而且不会因为移动而损害其价值的那些物。不动产就是指不能移动或者虽然能够移动，但是移动会损害其价值的那些物。不动产主要指土地以及土地上的各种附属物。[1] 民事立法上一般不对动产和不动产下明确的定义，而是采取列举和排除的方法。由于不动产相对较少，所以一般对不动产作列举

---

〔1〕 最高人民法院《关于贯彻执行〈中华人民共和国民法通则〉若干问题的意见》第186条规定："土地、附着于土地的建筑物及其他定着物、建筑物的固定附属设备为不动产。"

规定，不动产以外的物，都是动产。[1]

（四）主物和从物

这是根据两个独立存在的物在用途上客观具有的主从关系对物所进行的划分。

主物是指可以独立存在且独立发挥效用，与同属一人所有的其他独立物结合使用的过程中发挥着主要效用的物。换言之，就是不需要依附于其他物就可以独立存在的物。从物就是指在两个物结合使用中处于附属地位、起辅助和配合作用的物，也叫附属物。相对于主物而言，从物只有依附于其他的物才有存在的意义或者说使用价值，只有依附于主物才能发挥它的辅助效用。

对主物和从物的划分意义在于，从物的所有权随主物所有权的转移而转移。但此规定为任意性规定，当事人可依约定排除其适用。

卖非原装手机电池被判“退一赔一”案[2]

【案情简介】

2007年，李女士在一家电器门店购买了一部手机，随机交付两块电池板。一个月后，两块电池板相继出现了无法充电现象。李女士将电池板送至客户服务中心检测，检测结论为两块电池系假冒产品。经与该电器门店交涉无果后，李女士起诉，请求法院判令该电器公司对手机及电池“退一赔一”。

【审理判析】

法院经审理认为，手机与电池板是主物与从物关系，退赔的效力不能及于主物。电池板如有质量问题可以更换，其更换并不影响手机的使用功能。由此，法院认定原告李女士对手机“退一赔一”的诉讼请求没有事实依据，但原告要求被告对电池“退一赔一”的请求于法有据，应予支持。

【法理研究】

本案中，手机是主物，电池作为从物，离开特定的手机即无独立的经济效用，故其仅起辅助主物的效用，但其仍有独立的经济意义，出现质量问题，依然会影响其辅助主物效用的发挥，所以要求更换是合理合法的。但主物既无质量问题，也就

---

〔1〕我国《担保法》第92条规定，“本法所称动产是指不动产以外的物”，亦即动产是土地以及房屋、林木等地上定着物以外的物。

〔2〕“上海国美电器糊弄消费者吃官司”，载烟台日报传媒集团《今晨6点》2007年11月19日，第15版。

不应获赔。法院的判决是正确的。

我国民法无主物、从物的概念，仅有关于“附属物”的规定。最高人民法院《关于贯彻执行〈中华人民共和国民法通则〉若干问题的意见（试行）》以下简称《民法通则意见（试行）》第87条规定：“有附属物的财产，附属物随财产所有权移转而移转。但当事人另有约定又不违法的，按约定处理。”此处的“附属物”，即是从物，“有附属物的财产”则为主物。《物权法》也没有对主物和从物的概念进行界定，只是规定了从物随同主物转让。

（五）原物与孳息

根据两物之间存在的原有物产生新物的关系，物可分为原物与孳息。

原物，是指根据其自然属性或者法律规定而产生新物的物。孳息，是指由原物所产生的新物，依其性质其又可分为天然孳息和法定孳息。天然孳息是指物依据其自然属性产生的孳息。天然孳息是独立的物，因此，在未与原物分离之前为原物的构成部分，而不能称其为孳息。至于分离原因，无论是自然还是人为均在所不问。作为出产物的天然孳息，包括有机物的出产物，如植物的果实、鸟卵、牛奶、动物的仔等，还包括无机物的出产物，如矿物、砂石等。埋藏物，为始终独立于埋藏该物的物，不存在从中出产的问题，因此不是孳息。[1] 法定孳息是指根据法律规定而产生的孳息，即指物依法律关系而产生的收益。它们是民事主体参与某种民事法律关系应该获得的报偿。例如，承租人对出租人支付的租金。

《物权法》第116条规定：“天然孳息，由所有权人取得；既有所有权人又有用益物权人的，由用益物权人取得。当事人另有约定的，按照约定。法定孳息，当事人有约定的，按照约定取得；没有约定或者约定不明确的，按照交易习惯取得。”

由牛内脏中发现牛黄引起的争议[2]

【案情简介】

1997年，农民张某与某肉联厂口头商定：由肉联厂将其两头黄牛宰杀，宰杀后按净得牛肉以每斤2.2元的价格进行结算，由肉联厂收购；牛头、牛皮、牛内脏归肉联厂，再由张某给付宰杀费7元。在宰杀过程中，肉联厂屠宰工人王某在一头牛的下水中发现牛黄70克，告知厂长。厂长决定将这些牛黄出售，得款2100元。张某去肉联厂结算款项时，听到工人们议论此事，去厂长处证实后说，早知道牛下水中有

---

〔1〕 梁慧星主编：《中国物权法研究》（上），法律出版社1999年版，第59页。

〔2〕 “由牛内脏中发现牛黄引起的争议——不当得利还是重大误解”，载《人民法院报》2000年9月19日，第3版“疑案讨论”。

牛黄，下水就不给你们了。但之后张某并未继续问过此事，直到1999年，张某去肉联厂索要2100元牛黄款被拒绝后，即向法院起诉。

【法理研究】

本案是关于天然孳息归属的纠纷。

本案中，牛黄的分离是在宰杀生牛过程中实现的，牛黄分离出来以后，原物已不存在，而变为承揽合同的工作成果，但这并不妨碍牛黄为牛的孳息的法律性质，正如果树被砍倒以后，果实仍然是果树的孳息一样。我国法律采取孳息归原物所有人所有的原物主义原则，故牛黄在从牛身上分离出来以后，应归牛的主人张某所有，肉联厂向药厂出售牛黄的行为属于效力待定的无权处分行为。张某可以基于物上请求权提起返还原物之诉，如第三人系善意取得，张某亦有权要求肉联厂赔偿损失。

（六）可分物与不可分物

依据物能否进行分割，可以将物分为“可分物”和“不可分物”。

可分物是指可以进行分割，而且不会由于分割降低其价值或者影响其使用的物。不可分物是指依照物的性质不能分割，一旦予以分割就必然会降低其价值和实际效用的物。按照财产共有人的协议或权利的性质，在一定的时间内不得分割的物，也属于不可分物。

可分物与不可分物区分的法律意义，一是有利于指导共有财产的正确分割。共有财产是可分物，可采取实物分割的方法。共有财产是不可分物的，可采取变价分割或折价补偿的方法。二是便于明确多数人之债的债权债务。在多数人之债中，如果给付标的是可分物，多数债权人或债务人按份享有债权或承担债务；给付标的是不可分物，则多数债权人或债务人连带地享有债权或承担债务。[1]

（七）单一物、合成物与集合物

这种分类的标准是标的物是由一个还是多个独立物构成的。

单一物是指独立成一体的物，如一只牛，一块手表等。合成物是指数个单一物结合为一体的物，也叫“合一物”，如配有红宝石的钢笔等。合成物的各个组成物能够独立为一体，而且相互之间没有主物和从物的关系。合成物事实上是两个以上独立物的结合体，在作为权利标的时，从法律和交易观念上被认为是一个物。集合物是指多个单一物或合成物集合为一体作为权利标的，在交易上和法律上当作一物对待的物的总体，如一群马等。

---

〔1〕 马俊驹、余延满：《民法原论》，法律出版社1998年版，第92页。

李某诉市红旗商品住宅经营公司等案[1]

【案情简介】

某村的土地被市政府征用，市政府同时以行政划拨集体土地的形式，将部分土地返还给该村，作为村留地由其自行开发。1992年，作为该村集体企业的被告将其中一部分土地用于建造商品房，即红旗小区1、2号楼，但未办理有关土地征用手续，上述房屋1993年竣工。从1993年开始，被告即以商品房名义对外销售。1994年6月，被告将其中一套房屋出售给原告李某，双方签订了商品房订购合同。合同签订后，原告依约向被告支付了房款，被告也按时向原告交付了房屋。1997年1月2日，房管部门向原告核发了该房屋的房产证，但未办理土地使用权证书。在多次协商未果后，李某向法院起诉，要求被告办理商品房的土地使用权证书或判决被告支付相应的土地出让金。

【审理判析】

法院认为：被告的行为尚不具有明显的违法性。只要补交了土地出让金，类似的集体土地即可转为国有土地，此仅属补办手续问题。而且，房屋已经交付多年，并已办理了房屋所有权证，该房屋买卖合同应当认定为有效。由于被告是按商品房销售该房屋的，而且按当时的市场行情，每平方米956元的售价也明显包含了土地使用费。原告要求被告办理国有土地使用权证的诉请，合情合理合法，予以支持。

【法理研究】

我国目前的立法对待土地和建筑物的权利采用的是权利独立的规定，但不同于日本法上的可分别独立转让，即建筑物与土地可为不同主体所有，而是采用土地使用权与建筑物所有权的一体化的原则，即两个权利虽互为独立但必须归属同一主体。

《物权法》第146条规定："建设用地使用权转让、互换、出资或者赠与的，附着于该土地上的建筑物、构筑物及其附属设施一并处分。"147条规定："建筑物、构筑物及其附属设施转让、互换、出资或者赠与的，该建筑物、构筑物及其附属设施占用范围内的建设用地使用权一并处分。"可见，从某种意义上而言，房屋和土地可以视为一个特殊的合成物，只不过这里的土地权利是指土地的使用权。

对物作这种划分，主要是为了明确：无论属于哪种物，在作为权利标的时，在法律观念上都认为是一个完整的物。①在作为所有权客体时适用"一物一权"。合成

[1] "李建明诉金华市红旗商品住宅经营公司等案"，载国家法官学院、中国人民大学法学院编：《中国审判案例要览》（2003年民事审判案例卷），中国人民大学出版社2004年版，第3页。

物、集合物与单一物的法律性质相同，一物之上只能有一个所有权，不能认为合成物或集合物的每个独立物上都存在一个所有权。②在作为抵押权的客体时的“不可分性”。抵押人不仅不能改变抵押的各种物，而且，在法律或者合同无特别规定的情况下，还不得把已经用于抵押的单一物或者合成物、集合物的部分独立物另行抵押给其他人。③在作为债权标的物时“构成的特定性”。债务人不得改变合成物或集合物的组合状况，否则构成债的不履行。

（八）消耗物与不可消耗物

根据同一物仅能一次性使用还是可以反复使用，可把物分成消耗物与不可消耗物。

消耗物就是指那些仅能供人一次性使用的物，又被称为“消费物”。不可消耗物是指能够供权利人反复使用而不会减损或明显减损其价值的物。即那些能够供人反复多次使用的物。

消耗物与不可消耗物的不同性质决定了它们作为不同的债的标的物而存在。消耗物只能作为消费借贷、买卖等转移所有权的合同的标的物；不可消耗物则不仅可以作为转移物的所有权的合同的标的物，还可以成为使用借贷、租赁等合同的标的物。租赁合同中的标的物只能是不可消耗物。

水泥厂诉邵某侵犯采煤权损害赔偿案〔1〕

【案情简介】

邵某在颜某的授意下，未办理任何手续在某市六道坝探矿采煤。而采煤经营权人水泥厂发现邵某采煤行为时，邵某采煤已达4个月。为制止邵某的侵害行为，水泥厂多次向市矿产资源局和公安分局控告，要求制止其违法行为，未果。水泥厂向法院诉称：被告邵某在无任何手续的情况下，伙同他人，从1992年3月起，擅自在我煤井批准采煤区内掘巷探矿，非法采煤300吨，致其所属煤田井下塌陷100多平方米，损失5万余元，请求被告赔偿。

【审理判析】

法院认为：被告邵某在原告水泥厂的煤田范围开采煤炭，属于侵权行为，已造成损害事实的发生，由此产生的后果，邵某负有赔偿原告经济损失的责任。判决被告邵某赔偿原告水泥厂煤井非法采煤所得22 600元，恢复生产损失费1万元；差旅

---

〔1〕“双鸭山水泥厂煤井诉邵明坤非法开采煤炭侵犯采煤权损害赔偿案”，载最高人民法院中国应用法学研究所编：《人民法院案例选》1997年第1辑（总第19辑），人民法院出版社1997年版，第177页。

费 1500 元，技术鉴定费 1500 元。

【法理研究】

本案是采矿权侵权纠纷。

在审理中，法院认为，鉴于水泥厂煤井在取得开采许可证后未实际开采，也没有任何投入，不存在损失，因而也就不存在承担赔偿损失的责任问题，不能判处民事赔偿。被告邵某实施非法开采行为仅应受两种制裁：一是国家矿产资源管理机关的行政处罚，二是法院判令其停止侵害水泥厂煤井合法开采权。

本案判决忽视了煤作为一种矿产资源，是可消耗物。采矿权的行使过程实际上就是一个对矿产资源逐渐消耗的过程，其本质利益不在于采掘过程本身，而是体现于采掘之后获取矿产品所有权而予以商品交换所带来的实益。在其已被授予采矿权的矿产资源被盗采的情况下，采矿权人无疑丧失了对该部分矿产资源的支配和使用，相应地也会丧失该部分的可得收益。法院对此部分损失判决不予赔偿，是错误的。

（九）有主物与无主物

根据物在一定的期限内是否有所有人，可将物分为有主物和无主物。

有主物是指在特定时间内其所有人业已确定的物。无主物是指在一定期限内没有所有人或者所有人不明的物，如抛弃物，无人继承的财产等。所有人不明是指事实上无法明确所有人，需要注意的是，正在讼争的物不是所有人不明的物。

这种分类的法律意义主要在于解决无主物的归属问题，以实现物尽其用。对无主物，在法律没有明文规定其归属时，一般按先占原则解决其所有权。但在法律有专门的规定时，则依从法律的规定。[1] 在我国，《物权法》没有规定所有权的先占取得方式，但实际上，民事主体对无主物是可以因先占而取得所有权的，除非法律另有规定。

周某等不服乡政府处罚决定案[2]

【案情简介】

周某、杜某系夫妻。1995 年 1 月，周某与杜某驾驶小货车到冬笋产地余某处装

---

〔1〕《民法通则》第 79 条规定："所有人不明的埋藏物、隐藏物，归国家所有。其他有关法律规定，超过规定的期限无人认领的拾得物、漂流物等也归国家所有。"《继承法》第 32 条规定："无人继承又无人受遗赠的遗产，归国家所有；死者生前是集体所有制组织成员的，归所在集体所有制组织所有。"

〔2〕"周建红等不服建宁县溪源乡人民政府以违反禁挖冬笋规定和偷漏税费对其处罚决定案"，载最高人民法院中国应用法学研究所编：《人民法院案例选》1996 年第 4 辑（总第 18 辑），人民法院出版社 1997 年版，第 254 页。

运冬笋计32袋，并交付货款。当晚，当车行至乡政府门口时，被乡政府工作人员拦截。这些工作人员既未查验杜某装运的冬笋有无纳税和外运单据、证件，又未经任何法定程序，即强令杜某将装运冬笋的汽车开到乡政府，卸下车上32袋冬笋，予以没收。嗣后，周某、杜某多次与乡政府交涉。1月底被告以“检察院乡检察室”名义开具《罚没款收据》，以杜某“违反乡政府1994年10月关于禁挖冬笋的有关规定和私自来我乡购买冬笋无手续外运”为由，决定没收原告冬笋32袋（其中东溪村村民余某拿回16袋），计货款3021.35元。周某、杜某不服，提起行政诉讼。

【审理判析】

法院经审理认为：检察院乡检察室是检察机关的下设机构，法律、法规未授予其对行政管理相对人作出具体行政行为的职权。被告在查处杜某装运冬笋时强行作出没收处理，证据不足，适用法律、法规错误，程序违法，其具体行政行为违法，应予撤销。故判决撤销被告乡政府作出的没收原告冬笋32袋的具体行政行为。

【法理研究】

此案虽是行政诉讼，但我们关注的是其中所涉及的民法问题，也即杜某夫妇能否取得冬笋的所有权。

本案中的该批冬笋系杜某夫妇从当地村民手中收购所得，如果当地村民对该批冬笋享有合法的所有权，那么杜某夫妇通过买卖也就能合法地取得该批冬笋的所有权。问题在于，当地村民从山中采挖冬笋能否获得所挖冬笋的所有权呢？我国法律没有规定先占制度，但根据人们的生活习惯可知，诸如打猎、捕鱼、采摘野果、砍柴伐薪、拾得垃圾等是可以取得物的所有权的。所以只要法律和行政法规没有相反规定，并不排除公民通过“先占”取得物的所有权。

本案中，乡政府发布的关于禁挖冬笋的有关规定是否合法有效决定了村民是否可以合法地取得冬笋的所有权。如果该规定有效，则村民不得采挖冬笋，自然无法取得冬笋所有权；如果无效，则村民可取得冬笋所有权，并有权卖与杜某夫妇，即杜某夫妇可以通过传来取得而获得通过先占所取得的冬笋的所有权。

四、特殊的物

（一）货币

所谓“货币”，是指充当一切商品的一般等价物的特殊商品，在民法上属于种类物。

1．货币是特殊的物。货币是特殊的物主要体现在：①货币是特殊的动产。货币只能由特殊的主体制作和发行。货币的法律本质，是以国家特别认定的形式记载、确定并加以保护的债权。[1] 同时货币也是民法上的物，作为商品，其当然具有物的属性。因此，货币在法律上被认为是一种特别的动产。②货币是具有高度代替性之种类物。货币一般为种类物，可以相互替代。只有当货币成为收藏家的收藏品时，或者在其他特殊情况下，才可能转化为特定物。货币作为支付手段，当事人对货币的个性没太多的考虑，在以货币为标的的给付之债中不会出现给付不能的情况。③货币是典型的消费物。对于消费物，同一人就同一物不能再以同一目的而反复使用。货币作为支付手段，贵在流通，其所有人常常更换，不能为同一目的而反复使用。

2. 货币具有"所有权与占有的合一"的特点。货币的占有人就是货币的所有者，占有人可行使货币所有权。货币所有权与占有的合二为一性，必然导致货币所有权取得与丧失呈现若干特点：①货币所有权的让与是事实行为，不以行为人的行为能力为必要，原则上亦无间接占有的发生。这样，无行为能力人、借贷保管者、盗窃钱币者均可取得货币的所有权，原所有人仅享有债权请求权。②货币丧失占有后，不存在作为物上请求权的返还请求权，仅存在不当得利返还请求权。③因占有与所有的合一，货币不发生时效取得和善意取得。

银行诉卓某存入美元伪钞取走本息要求返还纠纷案[2]

【案情简介】

1992 年 6 月，被告委托杨某以被告的名义到原告下属的某储蓄所存入 200 美元，存期为 3 个月。该储蓄所按有关规定对两张美元作检验后，要求杨某在存款凭证上抄下了这两张美元的号码，分别为 B35590258B、L91367759A。9 月，被告到该储蓄所取回了上述存款的本息 201.64 美元。10 月，原告将存储的美元押解给香港某银行。该银行经检验发现其中号码为 B35590258B 和 L91367759A 的两张面额 100 美元的纸币是伪钞，即向原告作出书面经办报告并退回了该两张伪钞。

原告向被告索要其已提取的上述美元本息未果，遂提起诉讼，请求判令被告返还所提走的上述美元本息。

【审理判析】

法院经审理认为：被告存入的美元是伪钞，造成了原告的经济损失，责任在被告。故原告要求被告返还提取的 200 美元及其利息是合法合理的。依法判决：被告将

---

[1] 孙宪忠：《中国物权法总论》，法律出版社 2003 年版，第 135 页。

[2] "中国工商银行广州市下九路支行诉卓颖茵存人美元伪钞取走本息要求返还纠纷案"，载最高人民法院中国应用法学研究所编：《人民法院案例选》1993 年第 4 辑（总第 6 辑），人民法院出版社 1994 年版，第 82 页。

所提取的200美元及其利息退回原告。

【法理研究】

本案法院以被告存入的是伪钞为由，判令被告将已提取的美元本息返还原告，无疑是正确的。

（1）被告存取外币的行为本身不存在过错。从法院认定的事实看，没有证据表明被告及杨某明知是伪钞而故意存入银行，故应推定其行为是非故意的行为。被告的行为也非过失。对于具有专门知识的银行都无法鉴别的伪钞，没有理由要求一名普通公民应当具备这种鉴别能力。从形式上讲，被告及其受托人和原告的工作人员均依储蓄外币的规章制度办理储蓄，均无不当之处。造成银行也不能鉴别真伪的结果，只能说伪钞的伪造技术相当高超，以至于银行的普通工作人员都无法识别。在银行没有足以识别伪钞的仪器的情况下，收存了伪钞，其责任也不能归于个人。

（2）被告虽无过错，但仍应依据不当得利返还本息。这是指当原告提起诉讼后，被告应负返还所取走的本息的责任，而不是说被告对存入伪钞这一行为负有过错责任。

（二）有价证券

有价证券是指在特别的专有纸单上，通过文字及图形，表明设定并证明持券人有权取得特定的财产权利的书面凭证。

有价证券的特征如下：①权利与书面凭证具有合一性。②证券是当事人之间权利义务关系的法律凭证。③证券是可以自由流通转让的书面凭证。④证券的债务人是固定的，且对债务须无条件给付。⑤物权法上有价证券的特殊性。在物权法上，有价证券的持有人同时享有两种不同性质的权利，一方面，持有人享有对证券本身的所有权，另一方面，持有人还享有有价证券所记载的权利。有价证券本身是一种物，有价证券的持有人对之享有物权。

铝型材厂诉王某返还奖金案[1]

【案情简介】

铝型材厂从某支行储蓄所购买了面值100元的定期定额有奖储蓄存单100张，存单背面标明中奖率为100%。经公开摇奖，某市支行在当地日报上公布了中奖奖号和

---

[1] "银川铝型材厂诉王春林以工资形式发放的有奖储蓄存单中奖奖金归属纠纷案"，载最高人民法院中国应用法学研究所编：《人民法院案例选》1995年第3辑（总第13辑），人民法院出版社1996年版，第86页。

兑奖方法，规定兑奖期限为3个月，从1993年7月15日至10月15日止，逾期不兑，视为弃奖。在此期间，铝型材厂于兑奖期满的最后一天即10月15日将上述有奖储蓄存单以工资形式发给了职工。职工王某领到的存单正好中了一等奖，领取奖金1万元。铝型材厂得知后，认为1万元奖金应归厂方所有，厂方没有及时兑奖，是因为主管人员疏忽大意而未了解中奖情况所致。厂方表示愿从该奖金中按有奖储蓄的幸运奖额度赠与王某1888元，要求王某将其余部分交还厂方。王某拒绝。铝型材厂诉至法院，要求王某返还中奖的1万元奖金。

【审理判析】

法院经审理认为：对银行发行的这张有奖储蓄存单，在公开摇奖时，铝型材厂为合法持有人，该存单被确定中奖，奖金应属存单持有人的合法收益。铝型材厂因疏忽大意，不知存单中奖情况，将已中奖而升值为10 100元的存单以100元发给王某，该民事行为不是铝型材厂的真实意思表示，属于因重大误解而可撤销的民事行为。王某占有此奖金无合法根据，属不当得利，应当返还给铝型材厂。铝型材厂虽曾表示以幸运奖额度赠与王某1888元，因被其拒绝，故该赠与关系不成立。

一审判决后，王某不服，提出上诉。中院维持原判。

二审判决后，王某仍不服，向高院申请再审。高院经再审认为：铝型材厂因经济困难，欠职工的工资无法发放，就将购买的有奖储蓄存单顶替工资发给职工。该厂明知该存单中奖率为100%，在发放时未对中奖权利进行约定，致使全厂职工领取的有奖储蓄存单都含有奖金，虽数额不等，但性质相同，说明该厂已将中奖权利一同转移给了职工。王某领取的存单中了一等奖，获得奖金1万元，应归其所有。铝型材厂要求王某返还1万元的诉讼请求，不予支持。

【法理研究】

本案涉及的问题是有奖储蓄存单的性质。

(1) 有奖储蓄存单为一种无记名证券，具有无因性和文义性。从到期取款来说，银行并不问持单人取得存单的原因，只根据存单的文字记载，向持单人进行兑付。从中奖兑付奖金来说，也具有上述同样的性质。因此，谁持单向银行主张权利，谁就是该单所记载的权利的享有人，而不问其原为谁持有。所以，以公开摇奖时存单为谁持有作为认定中奖奖金归属的标准，是缺乏法理依据的。

(2) 公开摇奖时持有存单只表明当时的一种客观事实，不能说明将来的权利状态。因为，在此时持有存单，虽可以因为中奖而从原有的期待权变为既得权，即向存单发行人主张兑奖的权利，但必须有持单人向存单发行人主张兑奖的行为，这种既得权才能实现，否则，持单人在规定期间不兑奖，或者将中奖存单转让给人，或者存单在兑奖前灭失，均可以消灭其原有权利。所以，摇奖时持有存单，并不能作为兑奖时奖金归其所有的依据。

（三）企业

所谓企业，是指为实现某一经济目的所组成的人与物的结合体。属于企业所有的包括各种权利及财产，如土地、机器设备、货物、专利、商标、技术与商业秘密以及企业与其雇员、顾客的关系等。总之，企业实际上是财产的总和，性质上属于集合物。故根据一般的原则，作为财产总和的企业不是独立的权利客体，如进行处分，也只能对构成企业的各部分财产分别进行。但在现代社会中，物的支配秩序，完全由物的利用决定。由于作为集合物的企业的价值远远超过构成企业的各个物的单个价值之和，所以集合物成为交易客体在法律上是必然的，如企业抵押和财团抵押等即是适例。

五、“一物一权”的理念及其存在的基础

一物一权自罗马法以来一直为大陆法系民法所采用，并被作为物权法的一项基本原则。该原则存在的原因主要在于大陆法的所有权客体仅限于有体物，由此决定了客体的范围必须是客观的、明确的，并且必须是唯一的。所谓“一物一权主义”，又称为“物权客体特定主义”，是指一个物权的客体仅为一个独立的有体物，在同一物上不得设立两个或两个以上的不相容的物权，尤其是不能设立两个所有权。

其主要包括以下几项内容：①物权的客体仅为独立的、特定的物。②一个所有权的客体仅为一个独立物。③共有是多个所有人共同享有一个所有权。④一物之上可以存在数个相容的物权。⑤只有“独为一体”才能成立单个的所有权。

第二节　物权法定原则与物权的分类

一、物权法定原则的概念

物权法定原则，是指物权的种类和内容由法律统一规定，不允许当事人依据自己的意思自由创设。该原则在全部物权法的结构体系中处于枢纽地位。我国《物权法》第5条规定：“物权的种类和内容，由法律规定。”

物权法定原则的具体内容包括：①类型强制。当事人不得通过合同将某种权利设定为物权，其所约定的权利不产生物权的效力。②类型固定。物权的内容由法律规定，当事人不得通过协议加以改变。③效力法定。物权具有优先效力、追及效力和物上请求权效力等，这都是由法律规定的，当事人的约定与法律规定冲突的，只能在当事人之间发生效力，不能对抗第三人。④公示法定。若公示的标准可以由当事人自由约定，无疑会使第三人对于标的物的权属状况无法产生合理预期，导致商品交易窒息。

二、物权法定原则的合理性

《物权法》在制定之初，法学界对“物权法定”还是“物权自由”存在着巨大的争议。《物权法》最终采取了物权法定原则，其主要是基于以下考虑，即物权本质特征的客观要求；适应社会发展、整理物权类型的需要；有助于物权体系的统一；可保障合同自由；有利于物权的公示，确保交易安全与便捷。[1]

徐某等诉李小某出典房屋纠纷案[2]

【案情简介】

1950 年，原告徐某之夫方某（1988 年病故）与被告李小某之父李某（1961 年病故）订立循环借据，由方某将砖瓦平方南屋 4 间、西屋 2 间，借给李某居住 3 年，李某借给方某次等小麦 1300 斤。1952 年，双方将所借之房改订为典当实契，典价为小麦 1300 斤，折合当时旧币 132 600 元。同年，经市政府房地产管理局颁发了正式典当契约，为无期限典当。1958 年私房改造时，上述出典房屋作为方某自留房保留，未予改造，方某其余房产纳入改造。文革期间，当地房管部门曾发出公告，自 1966 年起停办房屋回赎手续，直至 1984 年。1980 年，出典人曾向被告之母朱某提出过回赎，因朱某称无腾房条件，回赎未成。原告起诉，要求回赎房屋。

【审理判析】

一审法院认为：双方争议之房，确系 1952 年 10 月出典，并为无期限典当。现原告主张回赎，应予支持。被告认为系有期限典当，已过回赎时效，证据不足，不予支持。被告居住期间，曾对该房进行了修缮，增添了水、电设施，原告应给予合理补偿。

宣判后，被告不服，提起上诉。二审法院认为原审判决认定事实及适用法律并无不当，应予维持。被告仍不服二审判决，以双方典当关系应认定为有期典当，出典人曾表示过放弃回赎，出典人在 1980 年没有提出过回赎要求，起诉时已超过回赎时效为理由，向高级法院申请再审，被高级法院驳回。

【法理研究】

处理本案的关键，在于把握处理房屋无期限典当关系的法律政策界限。《物权

---

〔1〕 梁慧星、陈华彬编著：《物权法》，法律出版社 2003 年版，第 39 页。

〔2〕 “徐树英等诉李金生等回赎未定期限的出典房屋纠纷案”，载最高人民法院中国应用法学研究所编：《人民法院案例选》1994 年第 2 辑（总第 8 辑），人民法院出版社 1994 年版，第 69 页。

法》立法过程中，对是否规定典权争论很大。《物权法》虽然没有规定典权，但是根据最高人民法院的有关政策文件，经济交往中存在的典权还是有效的。

本案房屋典当关系，是由借粮、借房关系改变而来的。因此，在原法律关系改变为房屋典当关系时，原约定的条件对新的法律关系就无约束力，应按新的约定条件来确定新的法律关系中双方当事人的权利义务。由于未约定典当期限，应为无期限典当关系。《关于贯彻执行民事政策法律若干问题的意见》第58条第2款规定："典期届满逾期10年或典契未载明期限经过30年未赎的，原则上应视为绝卖。"本案的回赎期限，以1952年11月24日政府颁发正式房屋典当契约为准，出典人应在1982年11月23日以前回赎，否则，应视为绝卖处理。但是，在30年期满之前，出典人于1980年曾向承典人主张过回赎，当时由于承典一方无腾房条件，而未能回赎。《关于典当房屋回赎中几个有关问题的批复》规定：在出典人有权行使回赎权期间，出典人已提出回赎要求，由于承典人的原因而逾期未能回赎的，应自出典人提出回赎之日起重新计算回赎时效。此规定是对已经过的期间按时效中断处理，即已经过的时效期间不予计算，而从中断之日起，重新计算时效。出典人在1988年向法院起诉，未超过回赎时效，其回赎请求，应予支持。

三、违反物权法定原则的效果

违反物权法定原则的效果具体为：①法律有特殊规定的，从其规定。例如，我国台湾地区"民法"第912条规定："典权约定期限不得逾30年，逾30年者缩短为30年。"依此规定，当事人约定的典权期限如果超过法定期限，并非无效，只是期限应当缩短至法定期限而已。②《物权法》或其他法律无明确规定时，违反强行性或禁止性规定的民事行为应认定无效。例如，当事人约定我国法律不承认的居住权等，这样的约定是无效的，不能够产生创设物权的效果。③所创设的物权内容违反强制性规定的，不影响其他未违法部分的效力。例如，"流质契约"的无效，并不影响抵押权、质权的有效。④产生其他法律后果。物权虽归于无效，但是其行为若具备其他法律行为的生效要件时，在当事人之间仍然产生该法律行为的效果。例如，在我国《物权法》未确认地役权之前，当事人约定的眺望地役权并不能产生物权的效果，但是当事人之间却可产生债的关系。

四、物权的分类

《物权法》使我国物权法律制度得到了完善。该法在明确物权法定原则的前提下，分编规定了所有权、用益物权、担保物权和占有，并在其分节中规定了具体物权种类。为了更全面地理解不同种类物权的特征和法律适用，下文关于物权分类的介绍既有学理层面上的，又有法律规定层面上的。

（一）自物权与他物权

根据物权的权利主体是不是财产所有人，可以把物权分为自物权和他物权。

自物权是指权利人依法对自己所有的物享有的权利。自物权就是所有权。所有权是对物的一种全面的支配性的权利，物权人可以完全地享有占有、使用、收益、处分的权利。因此，自物权又被称为完全物权。他物权是民法学对所有权之外的各种物权的总称，也就是权利人根据法律的规定或者依照合同的约定，而对他人所有之物某些方面享有的支配权，又被称为不完全物权或者定限物权。他物权有限制自物权的作用，其效力较自物权要优先。

（二）用益物权与担保物权

根据设立目的不同，他物权可分为用益物权和担保物权。

用益物权，是指权利人对别人所有的物于一定范围内所享有的使用和收益的权利。我国《物权法》第三编对用益物权作了较为全面的规定，除自然资源使用权、海域使用权、探矿权、采矿权、取水权和养殖、捕捞权外，详细规定了土地承包经营权、建设用地使用权、宅基地使用权和地役权等四种典型的用益物权，但没有规定永佃权和典权。担保物权是指为确保债务人履行债务以使债权得到清偿为目的，而于债务人或第三人的特定物或权利上所设定的一种定限物权。《物权法》在其第16、17、18章分别规定了抵押权、质权、留置权，这使得我国担保物权体系得到了完善。

（三）动产物权、不动产物权、权利物权

以标的物的种类为标准，物权可分为不动产物权、动产物权和权利物权。

三者区分的意义在于：①三种物权上可以设定的权利不同。通常在动产之上只能设立所有权和担保物权，甚至在传统的物权法中，动产只能出质而不能设定抵押，动产之上一般不能设立用益物权，而不动产则可以设立用益物权。[1] ②三种物权的公示方法也不同。动产以占有为公示，而不动产以登记为公示方法，权利物权的设置则一般需要交付权利凭证或者办理相关登记。

甲诉乙侵占宅基地案[2]

【案情简介】

甲与乙的宅基地相邻，甲居南，乙居北。甲的宅基地使用证于1989年颁发，宅基地使用证四至记载宅基北至本人立石。乙的宅基地使用证1985年颁发，宅基地使用证四至记载宅基南至甲的立石。某日，甲翻建上房时，乙提出甲的后檐水侵入被

---

〔1〕 王利明等：《中国物权法教程》，人民法院出版社2007年版，第12页。

〔2〕 “雷长立等持四至、面积记载清楚但分界标志已破坏的宅基地使用权证诉陈银良等侵占其宅基应退还案”，载最高人民法院中国应用法学研究所编：《人民法院案例选》2001年第4辑（总第38辑），人民法院出版社2002年版，第91页。

告宅基，雨水流其厦房上，阻止原告建檐水，双方发生纠纷。

甲向法院起诉称：被告乙侵占其50公分宽的水路，要求被告退出，并赔偿损失。

【审理判析】

法院在审理中经现场勘查证实，原、被告的房屋在取得宅基地使用证后，均进行过翻建，翻建后四至界石均不存在；原告宅基实占面积超出宅基地使用证的记载面积，被告宅基实占面积少于宅基地使用证记载的面积；原告上房檐水正好落入被告西厦房上。

法院经审理认为：原、被告两家虽均取得宅基地使用证，但界石在翻建房屋时灭失，四至不清。原告的宅基使用证记载面积与实占面积不符，宅基权属不清。根据《土地管理法》的规定，该宅基纠纷的主管部门为政府，而不是法院，对原告的起诉应予驳回。后原告撤回起诉。

【法理研究】

本案涉及的问题是对于宅基地这一不动产物权，应该如何确定其权利范围。

本案中原、被告双方均持有合法的宅基地使用权证，且上面四至、面积记载清楚，并未发生主管部门确权不当、发证机关填写使用权证不当（四至不清、交叉重叠）等问题，当事人也未提出这方面的争议。引起争议发生的事实，实际上是发证后当事人在翻建房屋过程中破坏了使用证上明确记载的四至分界标志（界石），从而造成使用证上记载的面积在空间上没有固定的位置，该事实不是主管机关或发证机关行为所造成，而是当事人人为的原因造成。因此，原、被告之间的宅基地使用权权属在发证时是清楚且确定的，不发生权属不清的问题。同时，原告明确提出的是被告占其50公分（宽）宅基地，就是以其持有的记载明确的使用证为依据的，此为明确的侵权之诉。经过法院现场勘查，以当事人各自翻建后的房屋现状测得，原告实占宅基地面积已超出其使用证记载的面积，这种事实只有一种解释，即原告侵占了他人的宅基地；而被告的实占宅基地面积少于其使用证记载的面积，这种事实也只有一种解释，被告根本不可能侵占他人的宅基地。在这种情况下，原告不仅不能证明其宅基地面积的四至所在，反而被证明侵占了他人宅基地，因此，原告诉被告侵占其宅基地的诉讼请求没有事实依据，应予驳回。

（四）主物权与从物权

依据一个物权是否从属于其他权利为标准，物权可分为主物权和从物权。

主物权是指独立存在，不从属于其他权利的物权，如所有权、地上权、永佃权、典权等。这些物权的取得与存在均与主体享有的其他民事权利无关。从物权是指从属于其他权利，不具有独立性，并为所从属的权利服务的物权，如抵押权、地役权等。区分二者的实益在于明确主物权能够独立存在，从物权的存在则须以它所从属的权利的存在为前提；从物权随主物权的消灭而消灭。

（五）意定物权与法定物权

根据物权的发生是否基于当事人的意思，物权可以分为意定物权与法定物权。

意定物权是指依当事人的意思而发生的物权，例如建设用地使用权，抵押权，质权等。法定物权是指非依当事人的意思，而是基于法律的直接规定而发生的物权，例如留置权。

这种分类的意义主要在于两种物权成立与效力的要件不同。第一，法定物权直接根据法律规定而产生，而意定物权则建立在当事人意思表示的基础上。例如留置权作为法定物权，只要具备了债权人合法占有他人的动产，该动产与其债权的发生有牵连关系，且其债权未受清偿等要件时即当然发生，无须当事人创设物权的意思。第二，在同一标的物上法定物权和意定物权行使发生冲突时，法律一般规定法定物权的效力优先，即法定物权能排斥意定物权而优先得到实现。[1]

（六）登记物权与非登记物权

以物权的取得是否需要登记为标准，物权可以划分为登记物权与非登记物权。

登记物权是指物权的设定、变更和终止须经登记机关登记才能产生相应效力的物权。例如不动产抵押权、建设用地使用权等。非登记物权是指无须登记即可发生物权变动效力的物权，如动产质权、留置权等。该种分类的意义在于，当事人进行物权变动时法律行为的要件不同。

银行诉航运公司未经登记的船舶抵押借款合同还款案[2]

【案情简介】

某日，银行与航运公司签订一份抵押借款合同，由银行向航运公司提供船舶专项技改贷款60万元，航运公司以其所有的“融航116号”货船作抵押。合同还约定，借款人不按期如数归还贷款本息，贷款人有权就逾期数额按中国人民银行的规定加收利息；船舶抵押期限与借款期限相同，在借款期内不能按期如数偿还贷款本息的，抵押期限顺延至还清全部借款本息及加息止。在合同订立之前，航运公司即以公司职工代表大会的名义致函银行，申请贷款60万元；同日，航运公司就此项贷

〔1〕 江平主编：《中国物权法教程》，知识产权出版社2007年版，第74页。

〔2〕 “工行福清支行诉福清市航运公司未经登记的船舶抵押借款合同还款案”，载最高人民法院中国应用法学研究所编：《人民法院案例选》1999年第3辑（总第29辑），人民法院出版社1999年版，第278页。

款向市交通局提交了“贷款抵押登记申请报告”，市交通局批复“同意抵押”。合同签订当日，银行将60万元贷款转入航运公司的帐户。此后，航运公司未履行义务。银行起诉，要求被告按合同约定还本付息，否则，要求以抵押的船舶优先受偿。

【审理判析】

法院经审理认为：原告银行与被告航运公司因借贷而签订了抵押借款合同，在市交通局同意抵押的情况下，合同约定借款抵押物为被告所有的“融航116号”船。虽然原、被告双方未在船舶登记机关办理该船舶的抵押登记手续，但根据《海商法》、《借款合同条例》、《船舶登记条例》的规定，仍应认定该抵押合同对原、被告具有法律约束力。但原告依据该合同取得的船舶抵押权不能对抗第三人。原告依合同履行了贷款义务，被告未按约定还本付息，应承担违约责任。法院判决被告航运公司应偿还原告银行贷款本金及利息；航运公司如不能清偿债务，原告银行有权申请拍卖或变卖“融航116号”船，从卖得价款中受偿，但不具有优先受偿权。

【法理研究】

本案涉及的问题是银行对船舶是否享有优先受偿权。

对于船舶抵押，《海商法》和《物权法》采取了登记对抗主义原则。本案中，交通局不具备登记主体资格，而且即使其具备登记主体资格，“同意抵押”绝非法律意义上的船舶抵押权登记。船舶抵押登记只有将抵押的事实记载于登记机关的簿册中才完成。银行与航运公司所设定的抵押是未经登记的船舶抵押，银行享有抵押权，有权申请拍卖或变卖“融航116号”船。

（八）有期限物权与无期限物权

根据物权的存续有无期限为标准，可将物权分为有期限的物权和无期限的物权。

有期限物权，指仅能于一定的期限内存续的物权，例如地役权等。以约定方式设定的定限物权，除当事人有特别约定或者法律另有规定外，一般均为有期限的物权。无期限物权，指未定存续期间，得永久存续的物权，如所有权、传统民法上的永佃权等。

二者区分的意义在于：有期限物权的存续期间届满时，即当然归于消灭；无期限物权除抛弃、标的物灭失或其他原因外，永远存在。

（九）普通物权与特别物权

以物权所依据的法律的不同为标准，物权可分成普通物权和特别物权。

普通物权，是指由民法典规定，在我国大陆尚未制定《民法典》的情况下由《物权法》及相关法律规定的物权。特别物权，指由特别法规定的具有物权性质的财产权。所谓特别法，指兼有民法规范和行政法规范的综合性法律，例如，矿产资源法、森林法、海洋法、海商法等，他们之中也包含一定的物权制度。这些特别法，相对于《物权法》优先适用。正是由于这些特别法的存在，《物权法》第8条规定："其他相关法律对物权另有特别规定的，依照其规定。"

村委会不服区政府海地、滩涂权属纠纷行政处理决定案[1]

【案情简介】

某区政府依据《市海域使用管理规定》、《市浅海滩涂水产增殖管理规定》，为解决琼头、丙州两村部分海域若干问题，决定：为确保海上航行安全，对某航道上的设网捕鱼及水产养殖进行清理，并以经纬坐标的形式确定出清理海域，要求村民在期限内自行清除规定范围内的海上水产养殖设施。某海域已被规划为水产养殖功能区，若需要开采海沙须经相关论证、申请，取得采矿许可证后，统一组织作业。

某村委会不服市区政府行政决定，向市中级法院提起诉讼。

【审理判析】

市中级法院认为被告实施行政决定时，认定事实清楚，证据充分，适用法律、法规正确，程序正当，故对于原告诉求不予支持。判决维持区政府同政（2000）综118号《关于解决琼头、丙州两部分海域若干问题的决定》。

原审原告不服一审判决，提起上诉。省高级法院经审理认为：被上诉人区政府作出的同政（2000）综118号决定的第（1）、（2）、（4）项内容，证据不足，适用法律错误，应当撤销。原审法院判决超出了上诉人琼头村委会的诉讼请求，且适用法律错误，本院应予改判。上诉人村委会认为被上诉人区人民政府适用法律不当的上诉理由成立，本院应予支持。判决：撤销一审行政判决；撤销区政府同政（2000）综118号《关于解决琼头、丙州两村部分海域若干问题的决定》第（1）、（2）、（4）项决定。

【法理研究】

本案涉及海域使用权的问题。

海域使用权所指向的客体是海域资源，其空间资源的属性，决定了海域的不动

〔1〕"琼头村委会不服厦门市同安区人民政府海地、滩涂权属纠纷行政处理决定案"，载最高人民法院中国应用法学研究所编：《人民法院案例选》2002年第3辑（总第41辑），人民法院出版社2003年版，第441页。

产属性，决定了海域使用权为不动产物权。海域应当属于物权法上“物”的范畴，海域使用权是使用海域并获得其利益的权利，属于财产权应属无疑。它作为排他的使用某一特定海域并享受其利益的权利，符合物权的直接支配性和排他性的特征，显然属于物权。[1] 海域使用权派生于海域的国家所有权而又与所有权相分离并受所有权人意志的限制，该权利的实现以对特定海域的占有为前提，以使用、收益为目的，以支付一定的海域使用金为对价，因此，其具备用益物权的基本特征，应定性为一种用益物权。《物权法》仅在第122条对海域使用权作了规定，具体内容由《海域使用管理法》等相关法律、法规规定。

（十）本权与占有

以是否有物权的实质内容为标准，可将物权分为本权和占有。本权是与占有相对而言的。

占有以对物的实际控制管领为依据，因此不论占有人在法律上有没有支配物的权利，占有均可成立。占有人基于占有制度，在事实上控制物，并在法律上享有排除他人妨害其占有的权利以及其他效力，乃是一种与物权的性质相近的权利。本权是指那些与占有相对而言的权利，凡占有事实以外的所有权、地役权、质权等，都属于本权；另外占有标的物的债权，如租赁使用权、借用权等，也是本权。区分二者的实益在于，确定有无本权的存在，以确定保护方法。

抢劫欠条如何定罪[2]

【案情简介】

甲承包的装潢工程公司与工程承包人乙签订《建筑安装工程合同》。合同签订当日，乙出资10万元作为工程质量保证金，交付给甲。后因工程未能如期施工，乙多次向甲索要保证金未果。甲因无力偿还，与丙商量对策，丙提出其认识本地小有名气的外来人员丁，可叫丁带人将事情“搞定”，甲表示同意。之后，甲、丙、丁通谋，商定由甲以还款为由，将乙骗至甲所在公司，然后由丁等人以强制手段向乙索要欠款凭证，以达到赖账目的，并许诺事成之后付给丁等其他人2万元作为酬金。次日，丁带人将乙强制隔离，将乙带入甲的办公室，责令乙交出欠款凭证。乙不从，丁纠集的同伙用玻璃杯敲击乙的脸部，致乙面部皮肤裂伤。乙无奈将欠款凭证交出

〔1〕王紫零：“我国海域使用权法律制度重新构造”，载《2004年中国法学会环境资源法学研究会年会论文集》。

〔2〕“戚道云伙同他人抢劫欠条逃债案”，载最高人民法院中国应用法学研究所编：《人民法院案例选》2002年第3辑（总第41辑），人民法院出版社2003年版，第53页。

并在由甲起草的收到10万元欠款的收条上签字。嗣后，丁等人将乙遣至野外，丁获得“酬金”。

检察院以甲、丙、丁犯抢劫罪，向法院提起公诉。

【审理判析】

法院审理认为：被告人甲、丙、丁以非法占有为目的，采用暴力、胁迫手段强行索回欠款凭证，并让债权人在已写好的10万元虚假收条上签名，以消灭债务的行为，符合抢劫罪的特征。被告人的行为均已构成抢劫罪，且系情节严重，依法应予处罚。法院判决上述三人抢劫罪成立。

宣判后，被告人提出上诉。

二审法院审理后认为，甲为消灭10万元的债务而纠集了他人携带木棍、铁管等，采用暴力手段，夺取了债权人的债权凭证，消灭了其债务，不仅侵害了债权人的财产利益，同时也侵害了债权人的人身权利。此行为已由经济纠纷转化为刑事犯罪，符合抢劫罪的特征，应以抢劫犯罪论处。判决：驳回上诉，维持原判。

【法理研究】

本案与民法有关的是被告人劫取欠条行为的定性。

本案中，甲存在非法占有的犯罪目的。所谓占有，按照民法理论，是指客观上特定的人对特定的物的事实控制，它分为有权占有和无权占有，有权占有是指合法的、受到法律保护的占有，因不法原因而取得的占有为无权占有。因犯罪行为所取得的占有为无权占有，只能达到事实上的占有目的，但不能取得所有权。本案中，甲正是依据民事合同合法地占有了乙的10万元保证金，其犯罪行为区别于一般的抢劫犯罪之处在于他所要达到的目的并不是获得事实上对财产的控制，这一状态已因合法原因而达到，其已经实际控制了该10万元，他的最终目的是为了剥夺乙的所有物返还请求权，将这10万元据为己有。所以甲非法占有的目的体现为要取得乙的10万元财产所有权，犯罪行为直接指向的对象是所有权。

第三节　物权变动的公示与公信原则

一、物权公示与公信原则的概念

（一）物权公示原则

所谓物权公示指物权享有和变动的可取信于社会公众的外部表现形式。物权公示的对象为物权的享有和变动。公示的目的在于使人“知”。物权是绝对权，具有排他性，如果没有由外界辨认其变动的表征，则会使第三人遭受不测损害。物权公示制度对于维护物权的归属秩序、占有秩序以及物权交易的安全，皆具有重要意义。一般而言，不动产物权以登记为公示方式，动产物权以占有为公示方式。

许某诉友谊公司买车付款后车被拐走赔偿案[1]

【案情简介】

某日，原告许某与其父及同村王某等5人，到被告友谊公司处购买摩托车。经看样品，许某看中五羊本田型摩托车，价格为15 800元。许某到柜台交款后随营业员到仓库提货。此时，有一男青年混迹其中，帮助营业员提货、组装。营业员认为这个青年是和许某一起的，许某则认为这个青年也是营业员。车装好后营业员叫该男青年到外面跑一下试试车。结果，该青年骑车一去不返，车被拐走。原告向法院提起诉讼，要求被告交付一辆同型号同价款摩托车，或还回价款，并赔偿其误工损失。

【审理判析】

法院经审理认为：原告用款15 800元到被告处购买摩托车是事实。被告作为出卖人，其营业员对规章制度执行不严格，没有严格执行交接手续。在机车调试阶段，所有权尚未转移，被告方工作人员由于过错，让犯罪分子将车开走，其风险责任应由被告承担。故判被告友谊公司交付原告许某质量合格的摩托车一辆，或返还车价款15 800元。驳回原告要求赔偿误工损失的诉讼请求。

友谊公司不服，上诉至市中院。中院经审理认为：标的物灭失是在买卖过程中发生的，双方都有责任，应分担损失。最终判决：撤销一审判决；对于被拐跑的摩托车，由许某与友谊公司按4∶6承担责任。

【法理研究】

处理本案的关键在于判断涉案车辆的所有权是否转移，这是确定风险责任由谁承担的前提。

依据《物权法》，动产物权的变动须进行交付。本案的特殊之处在于，其不属于一般的消费购物行为，即双方两清的法律行为，当事人购买的商品属于“大件”消

---

〔1〕“许永军诉安阳市国营华侨友谊公司买车付款后营业员让他人试车致车被拐走赔偿案”，载最高人民法院中国应用法学研究所编：《人民法院案例选》1997年第1辑（总第19辑），人民法院出版社1997年版，第103页。

费商品，其即时清结有着特殊性，即消费者一般需先交款取得发票（或提货单）后，由经营者的营业人员凭票从经营的同种类（种类物）商品中，择定（特定化）一件供购买者目测检验，如需加以现场安装、测试及启动检测的，也由营业人员完成。营业人员在购买者监督下完成这些项目，购买者满意的，才最终向购买者交付，所购商品的所有权从此时起转移。本案中，原告在交付价款后，被告并未将标的物直接交付给原告，而是交给了其“认为”与原告同属于买受人的第三者，使得原告等人并未实际取得对物的占有，因此，从事实上来说，物的交付并没有完成，所有权并未发生转移，标的物可能发生的一切风险均由被告承担。二审法院的判决值得商榷。

（二）物权公信原则

物权的存在既然以登记或占有作为其表征，则信赖该表征而有所作为者，即便其表征与实质的权利不符，对于信赖该表征的人也无任何影响，称为公信原则。公信原则，其目的在于使人“信”。按照通说，现代物权法动产公信原则系以法国“动产不许追及原则”的确立为其滥觞，而不动产物权公信原则，则以德国法为其端绪。不论动产公信原则还是不动产公信原则，均以保护交易的动的安全为其使命，并以此实现交易便捷。[1]

二、不动产物权的公示——登记

（一）除法律另有规定外，不动产物权的变动必须登记

不动产登记是指权利人申请有关机关将不动产上的物权变动事项记载于不动产登记簿上的事实。

根据《物权法》的规定，不动产物权的设立、变更、转让和消灭，经依法登记，发生效力；未经登记，不发生效力，但法律另有规定的除外。依法属于国家所有的自然资源，所有权可以不登记。不动产物权的设立、变更、转让和消灭，依法应当登记的，自记载于不动产登记簿时发生效力。不动产登记簿是物权归属和内容的根据。不动产权属证书记载的事项，应当与不动产登记簿一致；记载不一致的，除有证据证明不动产登记簿确有错误外，以不动产登记簿为准。

（二）未进行物权登记不影响合同效力

根据物权的变动与其基础行为相区分的原则，不动产过户登记只是房屋买卖合同法律上的交付要件，影响的是房屋所有权的转移，并不影响房屋买卖合同的效力。房屋买卖的合同的签订仅仅是在当事人之间产生债权关系，即合同一方根据合同可以要求房屋所有人向其转让房屋所有权。

---

〔1〕 参见梁慧星、陈华彬：《物权法》，法律出版社2007年版，第89～101页。

金某诉郑某要求确认房屋买卖有效案[1]

【案情简介】

新罗公司系被告郑某在香港注册的独资公司，该公司于1995年10月结束营业。1988年7月，新罗公司授权董某与原告金某办理其名下的某房屋买卖事宜，双方在未实地察看该房现场的情况下，签订了一份购房合同，合同约定：新罗公司将某房屋卖给金某，含附带物总价款为160万元；新罗公司同年7月28日前交房，若未如期交房，每迟一天罚违约金5‰。合同签订后，金某分次支付给董某房款，董某以新罗公司的名义开具了收据。同年10月金某拿到该房的原所有权证明后，发现该房的建筑面积实为173.55平方米，与先前协议不符，于是向董某提出异议。同年11月10日，金某开始使用管理该房至今。双方因办理产权过户手续未达成协议，金某起诉，要求确认该房归其所有，由新罗公司返还多收取的房款及承担逾期交房的违约责任。

【审理判析】

一审法院经审理认为：原告与新罗公司签订购房合同后，虽已交付了大部分房款，并实际使用和管理了讼争房屋多年，但双方至今未能前往房管部门办理产权转移过户手续，现卖方反悔，应解除原告与新罗公司之间的房屋买卖合同，双方应各自返还因此而取得的财产。双方对此均有过错，应当各自承担相应的责任。由于新罗公司系在香港地区成立的个人企业，现已结束营业，故依法应由其业主郑某行使权利、承担义务。虽然原告支付的款项凭证上均盖有新罗公司的公章，但原告与新罗公司代理人之间除该房屋买卖行为之外，还有个人的其他款项往来，在原、被告双方对款项系属购房款或个人款有异议的情况下，只有注明“香港新罗国际贸易”字样，真正用于房屋买卖和为被告支出的款项，才可确认为购房款，其余应视为董某等人与原告之间的法律行为，应依法另行处理。判决原告金某与新罗公司之间的房屋买卖关系无效；原告金某应将上述房屋及属于被告的设施归还被告郑某管理、使用。被告郑某应于原告搬迁之日返还原告金某房款107万余元。

一审宣判后，原告金某不服，提起上诉。

市中院经审理认为：房屋建筑面积为173.55平方米，系原新罗公司购买的产业。董某经新罗公司独资股东郑某授权，就该讼争房屋与金某签订的购房合同，是双方当事人的真实意思表示，买卖双方虽未办理产权过户手续，但金某已支付了大部分房款，且郑某还将房屋交付金某使用，并将房屋所有权证交付金某。现郑某又以讼

---

〔1〕“金善朝诉郑光荣房屋买卖付款后未办过户手续要求确认买卖有效案”，载最高人民法院中国应用法学研究所编：《人民法院案例选》1999年第4辑（总第30辑），人民法院出版社2000年版，第61页。

争房屋未办理过户手续为由反悔，无正当理由，由于合同尚能履行，故应当继续履行，可由双方到房地产管理部门办理产权过户手续。至于董某多报房屋建筑面积，使房价与实际情况不符，其主要责任在董某；买方未了解房屋建筑面积的真实情况，盲目签订合同，也应承担相应责任。故驳回金某请求确认“总房款”及“延期交房违约金”超出部分的诉讼请求。

【法理研究】

《物权法》通过之前，关于办理登记与房屋买卖合同、房屋所有权转移的关系，法院判决不统一。上述两个判决就说明了此问题。

本案中原告之所以要求被告协助其办理房产过户登记，是因为房产登记后所有权才能发生转移，其合同目的才能真正实现。未登记之前原告只拥有债权，即要求对方给付房产的请求权，唯有进行了变更登记后，其才真正取得了房屋的所有权，这说明了作为变动物权的法律行为，登记的内容是不动产物权设立或者变更的事实，只有将此事实记载在由国家专门机关保管的簿册上，物权变动的事实才具有法律上的公信力。

三、不动产登记的公信力

（一）物权登记公信力的概念

物权登记的公信力，指物权登记机关在其物权登记簿上所作的各种登记，具有使社会公众相信其正确、全面的效力。基于物权登记的公信力，即使登记错误或有遗漏，因相信登记正确、全面而与登记名义人（指登记簿上记载的物权人）进行交易的善意第三人，其所得利益受法律保护。法律本着交易安全和便利的考虑，自然要对善意第三人的这种合理期待进行保护。“参与交易的善意第三人，只需要了解标的变动的公示方法从事交易即可实现经济利益，不必担忧公示方法以外的物权状态会使自己遭遇不测。”[1]

不服市政府山林确权决定案[2]

【案情简介】

三门江林场与牛车坪村争议的潭冲桥一带的山林地面积约550亩左右，该片山

〔1〕 江平主编：《民法学》，中国政法大学出版社2000年版，第340页。

〔2〕 “广西国营三门江林场，柳州市郊区柳东乡牛车坪村公所不服柳州市人民政府山林确权决定案”，载最高人民法院中国应用法学研究所编：《人民法院案例选》1994年第1辑（总第7辑），人民法院出版社1994年版，第1页。

地自土改以来未经任何政府部门确定权属。1953年牛车坪村民在当时的乡长和村民组长的带领下，在该片山岭地种了松树籽，次年补种了树苗。1955年三门江林场（水冲分场）职工在当时的副场长、技术员的带领下，也在该片山岭地种植了马尾松树苗。植树后，双方都对该片山岭地树苗进行护理。

20世纪70年代后期，随着林木的成熟，双方对潭冲桥一带山林权属发生争议。市政府多次召集双方代表及有关单位进行调查、调解，均达不成协议，遂于1991年作出处理决定，决定将谭冲桥地区北面两个山岭划拨给牛车坪村委会、面积264亩，作为集体所有之山林；潭冲桥地区南面的山岭划给国营三门江林场，面积259亩，山地权属为国家所有。三门江林场和牛车坪村均不服市政府的处理决定，分别向法院提起诉讼。

【审理判析】

市中院经审理后认为：被告市政府在两原告坚持己见，争执十多年久调无效的情况下，依法有权作出行政处理决定，该决定认定事实清楚，适用法律正确，程序合法，本院依法应予支持。

两原告均不服一审判决，向高级法院提出上诉。高级法院判决驳回上诉，维持原判。

【法理研究】

本案虽然案情比较简单，但很好地反映出了不动产确权的必要性。当土地归属不明时，为了追逐经济利益，必然会发生权属纠纷。在登记制度没有发明之前，进行产权的界定和公示主要是通过占有。登记制度产生后，登记就取代占有成了不动产的公示方法，其对于界定产权、防止纠纷非常重要。所以土地归属必须明确且为公众所知，但土地的归属及其变动很难像动产那样仅仅简单地通过占有进行表彰，其必须借助程序更为复杂和繁琐的登记制度。因而现在使用登记制度对不动产进行确权已成为世界各国法律中的通行做法。不动产物权人和第三人凭借登记就可以进行交易，法律保护因相信登记而进行交易的当事人。

（二）受登记公信力保护的善意第三人

受登记公信力保护的善意第三人包括自登记名义人处取得物权的人和向登记名义人履行给付义务的人。

自登记名义人处取得所有权者，如登记名义人并非真正的所有人，取得人仍确定地取得其名义下登记的所有权。自登记名义人处取得财产所有权者，如果该财产上存在没有登记的抵押权，取得人取得不负抵押权负担的所有权。自处分权受到限制的登记名义人处（如登记名义人受有破产宣告的限制）受让物权者，如此种限制未记载于物权登记簿，受让人仍能确定地取得受让的物权。

如登记名义人并非真正权利人，然第三人基于登记，相信其享有权利而向他履行给付义务，第三人所作的履行有效，真正权利人不得再请求第三人履行，只能请求登记名义人返还不当得利。

法律赋予登记公信力，旨在保护善意第三人的利益，如错误登记使第三人不利，则此错误登记不发生公信力。

（三）第三人受登记公信力保护的条件

第三人受登记公信力的保护须具备以下条件：一是须登记之错误不能从登记簿发现。登记错误，是指登记与权利的实际情况不一致。如登记没有错误，或登记之错误能从登记簿发现，都不发生第三人受登记公信力保护的问题。二是须第三人善意。所谓善意，指第三人自登记名义人处受让权利或者向登记名义人履行义务时，不知也不应知登记错误，如第三人明知或依当时之情形应知登记错误，则为恶意，不受登记公信力的保护。

（四）对真正权利人的保护

法律赋予错误登记以公信力，旨在维护善意第三人的利益，确保交易的安全，并非将错就错，置真正权利人的利益于不顾。法律对真正权利人的利益，采取了如下保护措施：

1. 真正权利人有权申请更正登记和异议登记。善意第三人自登记名义人取得权利前，真正权利人有权向登记名义人提起诉讼，请求法院否定登记名义人的权利，确认自己的权利。诉讼获胜后，真正权利人有权以法院判决为依据，请求登记机关更正登记。不动产登记簿记载的权利人书面同意更正或者有证据证明登记确有错误的，登记机构应当予以更正。不动产登记簿记载的权利人不同意更正的，利害关系人可以申请异议登记。申请人在异议登记之日起 15 日内不起诉的，异议登记失效。异议登记不当，造成权利人损害的，权利人可以向申请人请求损害赔偿。

殷某不服县国土资源局核发土地变更登记证书案[1]

【案情简介】

1994 年，殷某之夫段某以自己的名义在县岳村乡三家庄村南取得土地一块，当年冬季开始建私房，在段某建房期间，县清查干部职工建私房办公室查到段某建房没有合法用地手续，即责令段某补办有关用地手续，段某在按规定补办了有关用地

---

〔1〕“殷领娣不服温县国土资源局核发土地变更登记证书案”，载最高人民法院中国应用法学研究所编：《人民法院案例选》2003 年第 3 辑（总第 45 辑），人民法院出版社 2004 年版，第 454 页。

手续后，县政府于1996年给段某颁发了国有土地使用证，房屋建成后，段某未领取房屋所有权证书，1998年，段某给其胞弟段小某出具证明一份，称其建房所用款项，物资是段小某所安置，同意将原证主“段某”更改为其弟“段小某”。段小某持该证明到县国土资源局请求办理土地使用权变更登记。县国土资源局在填土地登记审批表时将“变更”二字划掉，留下“初始”两字。经初审合格，同意登记，将该宗土地的使用权变更为“段小某”，同日报县政府批准。县政府的批文未送达段某本人或其家属。殷某提起诉讼，要求撤销县国土资源局将国有土地使用证上使用者由段某变更为段小某的行政登记行为。

【审理判析】

法院经审理认为：原告之夫段某所持县政府1996年6月颁发的国有土地使用证载明土地用途为住宅用地，且当时房屋已建成，但其未办理房屋产权证书。段某向第三人出具的证明材料及土地使用权转让协议从表面上看是依法转让土地使用权的行为，但其实质是转让地上建筑物一并转移土地使用权的行为。

本案中，原告殷某作为段某的妻子，于1998年对县国土资源局将该案土地使用者由段某变更为段小某的土地登记行为不服，向法院提起诉讼。涉及该案土地上的房屋究竟是原告夫妻的共同财产还是第三人所有的房产纠纷，正在诉讼中，未能确认，县国土资源局，理应在房屋权属被确认后依照有关法律规定行使职权，但被告县国土资源局却无视原告和第三人房产纠纷的存在，依照第三人的申请，实施了将该宗土地的使用者由段某变更为段小某的土地登记行为，导致了县政府为第三人段小某颁发了国有土地使用证，此次纠纷，被告县国土资源局应负主要责任。

法院判决撤销被告县国土资源局将原告爱人段某的土地使用证变更为第三人段小某的变更登记行为；撤销县政府为第三人段小某核发的2001年的国有土地使用证。

【法理研究】

本案涉及的问题是，国土资源主管部门可否仅以当事人段某与段小某之间的土地使用权转让协议就办理土地使用权变更登记。

土地使用权的取得有两种方式，一是通过出让方式取得，二是通过划拨方式取得。通过出让方式取得的土地使用权的使用者只要履行了土地使用权出让合同中的相应义务，即可转让该土地使用权；而通过划拨方式取得的土地使用权若转让，须先由土地使用人通过与国有土地管理部门签订土地使用出让合同，交纳土地出让金。此外，关于土地使用权转让和依附于土地上的房屋及其他建筑物的转让，我国法律长期确认的原则是所谓“地随房走”和“房随地走”。

本案中，殷某取得的土地是经县政府划拨方式取得的，且其使用的土地上房屋已经建成，房地产转让时应符合房地一致的原则。段某之妻殷某在得知段小某向土地管理部门申请办理土地变更登记这一事实后，向土管部门提出异议，且殷某与段小某的房屋权纠纷正在法院诉讼之中，因此，县土地管理部门不能仅依据段小某与段某之间达成的土地使用权转让协议为段小某办理土地使用权变更登记，县政府为段小某核发国有土地使用证的行为是错误的，依法应予撤销。

2. 真正权利人有权请求赔偿损失。善意第三人自登记名义人处取得权利后，真正权利人的权利虽然因此而丧失，但真正权利人有权请求登记名义人赔偿损失。因登记错误，给他人造成损害的，登记机构应当承担赔偿责任。登记机构赔偿后，可以向造成登记错误的人追偿。登记名义人的赔偿责任为民事赔偿责任，须通过民事诉讼程序来确定。登记机关的赔偿责任为行政赔偿责任，须通过行政程序来确定。

国土局因错误物权登记赔偿案[1]

【案情简介】

1995年5月，甲公司向非银行性质的某财务公司申请贷款870万元，期限3个月，月利率为9.08‰。甲公司将其工业厂房第一、第二层及其使用范围内的国有土地使用权抵押给财务公司，房地产证书编号为“深房地字第0059524号”。贷款期限届满后，甲公司未能按期偿还贷款。财务公司于1996年1月向市中院提起民事诉讼。此时，另外一个债权人某银行支行却向该中院提出，甲公司抵押给财务公司的房地产，早在1982年8月就已经抵押给该银行，并办理了抵押登记，财务公司因而未能对此房产行使优先受偿权。因甲公司破产，财务公司的债权无法得到实现，因此财务公司于1998年6月对市国土资源局提起行政诉讼，要求法院确认被告为同一房地产重复发证、重复办理抵押登记的具体行政行为违法，并赔偿由此违法行为给原告带来的870万元贷款本金以及利息损失。

【审理判析】

中院审理认定，甲公司所拥有的上述房地产的地上建筑物及国有土地使用权，在持有“深房地字第0059524号”房地产证之前，已持有“深房地字第0080978号”房地产证，且已将该证所记载的同一地块的国有土地使用权抵押给某银行支行，并办理了登记手续，这一抵押事项合法有效；而被告在甲公司仅提交“建筑许可证”、

---

〔1〕“房地产权重复抵押致登记部门赔偿巨款案”，载中国土地矿产法律事务中心、国土资源部土地争议调处事务中心编：《土地矿产争议典型案例与处理依据》，中国法制出版社2006年版，第62页。

“建筑工程开工许可证”，而未提交“国有土地使用权属证明”、“建筑竣工验收许可证”，申请不符合法定要件，且未经法定公告程序的情况下，为甲公司颁发的0059524号房地产证的行为不合法，建立在不合法的具体行为基础上的抵押登记手续亦不合法，属重复抵押。

法院判决：撤销市国土局颁发的0059524号房地产证，由市国土局赔偿财务公司870万元贷款本金以及利息损失，以及甲公司以此房地产证向财务公司贷款的抵押登记手续费。

【法理研究】

本案是一起典型的房地产错误登记行为直接导致当事人丧失优先受偿权的案例。国家实行房地产登记发证制度，目的在于保障权利人的合法权益，维护房地产市场秩序。房地产权利证书是权利人享有房地产物权的法律凭证，对于房地产权利的登记发证是对房地产物权的公示方法。

本案中登记机关违规操作，对已经登记的房地产进行重复抵押，显然属于重大过失。而抵押权人也正是基于这样的信赖，才发放了巨额的贷款。甲公司在借款时故意隐瞒其房地产已设立抵押的事实，依法依理均应由债务人以自己的财产清偿债务，但甲公司现已破产终结，财务公司对其民事权利已经穷尽了实现的途径而不能得以实现。因此，被告违法的抵押登记行为给原告造成了直接的经济损失，对此，被告登记机关需要承担责任。

四、动产物权的公示——占有与交付

（一）占有为享有动产物权的公示方法，交付是转让动产物权的公示方法

与不动产登记相对应，动产物权的公示手段便是占有和交付。占有是在物权处于静态时，即未发生物权变动的情况下发挥物权的公示作用；交付主要是在物权处于动态时，即发生变动的情况下发挥公示作用。《物权法》第23条规定：“动产物权的设立和转让，自交付时发生效力，但法律另有规定的除外。”

交付后又重新计量要求按原量货款计付欠款案[1]

【案情简介】

某日，姜某夫妇到于某家购买玉米，双方言明每斤0.463元，货拉到姜某家后付

---

〔1〕“于宝银诉姜曙光买卖交付后又重新计量要求按原量货款计付欠款案”，载最高人民法院中国应用法学研究所编：《人民法院案例选》2000年第3辑（总第33辑），人民法院出版社2001年版，第106页。

款。当时在于某家共装29袋，过秤后确定总重量为3660斤。由于姜某夫妇当时未带运输工具，即回家取车，装好袋过完秤的玉米即放在于某家由于某看着。约半个小时后，姜某与其邻居郭某带车到于某家拉玉米，共装3车。姜某拉回经卸车点数，只有27袋，姜某随即找到于某说明此情。双方经过协商，又将27袋玉米重新过秤，总重量为3396斤。因当时漏算一袋玉米（184斤），姜某只给了于某3212斤玉米的货款计1487元，于某当时未表示异议。

事后，于某向法院提起诉讼称：被告姜某购买3660斤玉米，每斤单价0.463元，但被告仅支付了1487元。请求判令被告立即给付余款210.5元。

【审理判析】

法院经审理，确认原告实际交付被告27袋玉米，重量为3396斤。该院认为：以合法方式取得财产的，财产所有权从财产交付时起转移。原告实际交付给被告27袋3396斤玉米。在被告按第二次过秤斤数付款时，原告未表示异议，可视为默认。故对第一次过秤与第二次过秤之间的差额，被告没有责任。但被告应付清3396斤玉米的货款。最后判决被告姜某于判决生效后3日内给付原告于某玉米款85.2元；驳回原告的其他诉讼请求。

【法理研究】

本案涉及的问题是标的物何时交付。

动产物权的设立和转让，自交付时发生效力。本案被告到原告家购买玉米，因是被告自带运输工具到原告家装运，故原告家为买卖标的物的交付地点。在原告家装袋过秤，确定了买卖的数量为29袋3660斤，这是为交付所作的准备。同时，因买卖标的物为种类物，一经当事人装袋计量即被特定，并由被告点收堆放，一般即可认定为是在该处向买方交付。被告回家取车的过程中，标的物仍然在卖方控制下，这时应认定为标的物尚未交付，所有权仍然没有转移。只是在被告装车时对标的物的事实管领力才发生转移，才为交付，装车完毕视为交付完毕，所有权转移。被告当时未提出数量异议，被告的装车行为即应视为是点数确认合同数量的行为，即应视为原告依约完全交付。交付后至被告运输到家卸货，中间经过了一段原告不在场的时间，货物数量减少可能是由于在运输中灭失或被告方的其他原因，在上述两种情况下，都发生应由被告自担交付后标的物灭失风险责任的问题。双方实际发生的所有权转移的数量应该以第二次为准。

（二）交付的方式

交付不仅有现实交付，还包括观念交付。现实交付是指动产物权的让与人将动产的直接管领力现实地转让给受让人。观念交付，实际上并非真正的交付，它实际上“乃占有的观念的转移，是法律为考虑交易上的便利而采取的变通办法，学说称为‘交付的替代’”。[1]《物权法》在25～27条规定了观念交付的三种方式，即简易交付、指示交付、占有改定。

简易交付，是指动产物权的受让人已经取得了对动产的占有，当事人间法律行为生效时，动产物权变动即发生效力。其实质是以当事人间生效的变更物权的合意，代替了动产的现实转移占有。指示交付，是指动产物权设立或转移时，该动产尚为第三人占有，物权让与人可以将其享有的针对第三人的返还请求权让与给受让人，以代替现实交付。占有改定是指出让人在转让物权后仍然需要继续占有出让的动产时，出让人与受让人订立合同，使出让人由原来的所有人的占有，改变为非所有人的占有。其实质是使动产物权的受让人取得对标的物的间接占有以代替物的实际交付。

第一分公司诉地材分公司购销有瑕疵钢材纠纷案[2]

【案情简介】

1996年12月初，被告地材分公司向原告第一分公司求购φ16元钢，原告表示可以找到货源，并说明货源元钢有锈蚀，被告对此未表示异议。12月3日，被告指派其工作人员拜某与原告副经理陈某共同前往货源所在的铁路材料厂看货。在拜某确认货物符合要求后，陈某即在事先加盖有被告公章和被告副经理签字的空白信纸上拟写协议书一份。协议约定由原告供给被告φ16元钢（锈）19.815吨，每吨单价2450元；原告负责运输至被告指定的工地，被告保证在3日内付款。协议写成后，拜某对元钢进行验收并在材料单上签字确认。

原告于同日租车将货物送至被告指定的工地（与被告就该钢材有购销关系），工地以钢材严重腐蚀为由，拒绝卸货。拜某随后就将元钢拉出工地并以个人名义存放于南十里铺仓库。后原告多次要款，被告一直未付。原告即以被告违约拒付货款为由，向区法院提起诉讼，要求法院判令被告给付货款并支付利息，赔偿经营损失。

【审理判析】

法院经审理认为：本案原告在被告求购时已明确告知元钢有锈蚀，并已提供机

---

[1] 梁慧星、陈华彬编著：《物权法》，法律出版社2003年版，第85页。

[2] “中原商业总公司第一分公司诉河南省建材总公司地方材料分公司购销有瑕疵钢材纠纷案”，载最高人民法院中国应用法学研究所编：《人民法院案例选》1998年第3辑（总第25辑），人民法院出版社1998年版，第142页。

会使被告对货物进行实地验收，原告已尽到出卖方所应尽的提请注意义务。被告在明知货物存在缺陷的情况下，仍派人对货物进行验收，说明购买锈元钢确系出自被告的真实意思表示。在原被告所签协议不损害国家或第三方的利益的情况下，其属有效合同，应受法律保护。

被告在收货后，不按约定给付货款，属违约行为，应承担违约责任。原告要求被告给付货款并赔偿损失的诉讼请求符合法律规定，应予支持；原告要求赔偿经营损失的诉讼请求，因未提供证据，不予支持。

【法理研究】

本案中，同一批货物，卖方出售于买方，买方又同时转售于第三方，发生的是不同的两个购销合同关系。在这种情况下，买方在合同中指示卖方交货于第三方，不仅是卖方向买方的交付，也是买方向第三方的交付，第三方接受的是买方的交付。这种情况，表明买方默示认可了卖方向第三方交货的行为是向其交付的行为，并无条件地放弃了拒绝收货的权利和授权卖方以买方名义向第三方交付。卖方向第三方交付的行为，表明卖方履行了合同义务，意味着以买方不亲自接受交付为条件而完成货物的所有权转移给买方；而第三方拒绝收货，表明货物所有权未从买方转移给第三方，第三方仍然是按照与买方签订的合同行使合同权利，其行使权利的效力只及于该合同关系，对卖方与买方的合同关系不发生影响。在这种情况下，卖方凭买方指示向第三方交付货物，该交付行为同时发生两个同种类合同的履行效果，但货物的所有权转移是基于不同的法律事实、条件基础而应分别认定的。

本案所体现的就是“指示交付”这种特殊的交付方式，买方地材公司将其对卖方第一分公司的返还请求权让与给第二个买卖合同中的买方，即被告指定的工地，当第一分公司向工地交付货物时，其就履行了与被告地材公司之间买卖合同的义务。

五、非依法律行为进行的物权变动

非依法律行为进行的物权变动不需要登记或交付，依据《物权法》的规定，这样的法律事实有以下几种：

（一）人民法院、仲裁委员会的法律文书、人民政府的征收决定

《物权法》第28条规定：“因人民法院、仲裁委员会的法律文书或者人民政府的征收决定等，导致物权设立、变更、转让或者消灭的，自法律文书或者人民政府的征收决定等生效时发生效力。”

依法院判决、政府的指令发生的物权变动，性质上是依公法发生的物权变动。这种变动形式本身就具有公开性，有较强的效力，完全能够满足物权变动对排他效力的需求，故这种变动不必进行不动产登记或动产的交付就能直接发生物权变动的效力，即物权的变动在法院的判决政府的决定生效时直接发生。

苏某诉李某离婚分割财产纠纷案[1]

【案情简介】

原告于1993年1月从台湾省回家乡探亲期间经人介绍认识被告，双方于3月登记结婚（双方均系再婚）。原告于登记结婚当天，给了被告1万美元用于购置房屋，4月4日又给了被告1000美元，用于补足购房款。被告于4月8日以其名义办理了购房手续，购得“富达花园”房屋一套（尚未交付使用），价值人民币近10万元。

另外，原告于3月还送给被告金项链、金耳环、金戒指等。婚后双方还共同购置了彩电和家具。婚后夫妻感情尚好，没有生育子女。在原告生病期间，被告陪原告上医院看病，照料原告。原告后来与被告感情不合，到法院起诉离婚。

【审理判析】

法院经审理查明上述事实后准予离婚。对财产分割如下：“富达花园”商品房一套系原告一人出资购买，应归原告所有。

原告提出婚后再次给过被告6000美元，被告提出原告于婚后向其哥借有2万元未还，均因双方不能提供足够证据，不予认定。原告称婚后给了被告金项链2条、金戒指4枚、金耳环2副，但提供不出证据证实其所述的金器数目，故只能按被告承认的数目来认定分割。据此，判决准予离婚；共同财产分割如下：“富达花园”住宅一套，金项链1条、金戒指1枚归原告苏某所有；彩电1台、金耳环1副、金戒指2枚、组合柜1个、大床1张、梳妆台1张归被告李某所有。

【法理研究】

本案是一起典型的夫妻离婚及财产分割案件。

夫妻在婚姻过程中的财产状况主要为双方共同财产及单方个人财产，但财产的边界是模糊的，因为夫妻共同生活，具体厘清财产的归属没有必要。但当婚姻关系破裂时，财产的归属必须明确化，特别是夫妻共同财产，必须通过约定或法定的方法进行析分，明确归属以减少纠纷。在双方当事人对财产分割达不成一致意见的前提下，本案法官通过判决对夫妻共同财产予以了分割，并对应当归个人所有的财产判归个人。财产归属自判决生效之日起即发生效力。

由本案可见，法院的财产分割判决是在双方无法达成协议的情况下终局性的财产归属认定，根据《物权法》的规定，判决一旦生效，即可发生物权变动的效力，

---

〔1〕“苏志学诉李玲离婚及分割财产纠纷案”，载最高人民法院中国应用法学研究所编：《人民法院案例选》1995年第2辑（总第12辑），人民法院出版社1995年版，第66页。

无须再进行一般的物权公示。

（二）继承、受遗赠

因继承或者受遗赠取得物权的，自继承或者受遗赠开始时发生效力。

被继承人死亡后，其民事主体资格消灭，被继承人对其生前财产所享有的权益也随之而消灭。若严格遵守物权登记或交付生效原则，无疑会使遗产陷入“无主”的尴尬境地，这将非常不利于对遗产的保护。因遗赠引起的物权变动，从本质上来说亦是因法律行为引起的物权变动，但就物权生效的时间而言，其也适用继承的规则。

（三）其他事实行为

因合法建造、拆除房屋等事实行为设立和消灭物权的，自事实行为成就时发生效力。事实行为发生法律效果的根本原因在于法律的规定，当事人有无发生这种效果的意愿并不起决定性的作用。因事实行为引起的物权变动主要有：自我劳动、先占、添附等。

处分非依法律行为发生的不动产物权需要先行登记。《物权法》第31条规定：“依照本法第28条至第30条规定享有不动产物权的，处分该物权时，依照法律规定需要办理登记的，未经登记，不发生物权效力。”这里的登记并无创设物权的效力，不过是将已经发生的不动产物权变动向世人宣示，称为宣示登记，该登记并非绝对必要，不经登记者，当事人仍能取得物权，只是不经登记，当事人不得处分其物权。同时，这里的处分也主要是指法律上的处分，而非事实上的处分，当事人不经登记当然可以进行正常的消费使用。

第三章 所有权概述

第一节 所有权的概念与特征

一、所有权的概念

所有权制度在近现代民法中占有重要地位，各国法律对其都有详细规定。对“所有权”的定义方式，有以法国为代表的具体列举主义和以德国为代表的抽象概括主义两种立法例。

我国《物权法》第39条规定：“所有权人对自己的不动产或者动产，依法享有占有、使用、收益和处分的权利。”可见，我国对所有权的定义采用了具体列举主义的立法方式，是基于对物的各种利用形态，以利用为中心建立起来的，即在法律规定的范围内，对物实行占有、使用、收益、处分并独立支配的权利。

二、所有权的法律特征

要真正把握一项制度的内容以及与其他制度的区别和联系，毋容置疑就得全面掌握其法律特征。所有权作为最基本的一项物权，除了具有物权的共性外，还独具以下特征：

（一）所有权的完全性

所有权的完全性，亦称所有权的“全面性”，是指所有权赋予了权利人全面支配物的一切可能性，除了法律和公序良俗的限制以外，不受任何限制。我们说“所有权具有占有、使用、收益和处分四项基本权能”，其目的是尽可能具体地描述所有权作用的全面性和完全性。当然，这种列举的方式从逻辑上说是不可穷尽所有权的一切利用方式的。

（二）所有权的恒久性

所有权的恒久性，是指所有权以永久存续为其本质特征，所有权不以期限为要件，法律不限制所有权的存续期限，当事人在取得所有权时无须设定其期限，即使设定了期限，也因违反法律规定而无效。因而所有权是效力最强的物权形态，所有权人即使长期不行使所有权的使用、收益等权能，其对物全面支配并排除他人非法干涉的权利也不因时效的经过而消灭。

当然，所有人可以通过转让等方式消灭自己的权利，而且所有权的移转还可以通过附条件或附期限的办法来控制风险，当条件成就或期限届满时才发生权利主体的变更，但无论所有权的主体如何变更，就所有权本身而言，并无影响。

张某诉甲县政府及第三人王某土地使用证纠纷案[1]

【案情简介】

张某于解放初从他人处购买位于斗门镇牛某院落南侧安房两间居住，并在牛某宅基东段无人使用处扎堵圈、推放柴草。1971年8月，斗门工商所以牛某的房屋被私改为由，持牛某房屋产权证要求张某退出其所占用牛某宅基东段的地皮。双方当时达成协议，并建成界墙。1971年10月，向阳公社革委会（现斗门镇政府）依据张某的申请，同意其继续使用原猪圈及堆放柴草的宅基地，以解决张的养猪问题。1982年张某在此地上搭建简易房，1985年又将简易房翻建为三间平板房。1994年工商局将原牛某的地皮办理了国有土地使用证。1997年，政府依据第三人王某持1968年购买牛某的房屋及附带地皮契约，给王某办理了国有土地使用证。

王某持此土地使用证，于1998年向法院提出民事诉讼，要求工商局与张某退还其宅基地，拆除地面附着物。法院裁定不予受理。王某上诉。中级法院裁定驳回上诉，维持原裁定。

1998年6月，政府注销原发给斗门工商所的国有土地使用证。王某又于同年8月向法院提起民事诉讼，要求张某排除妨碍。法院认为，王某持有政府验发的土地使用证，使用权合法，应予支持。张某虽对争议地皮使用多年，但无合法手续，且1971年张某与斗门工商所已明确了界畔，原牛某的空地皮归工商所，应属国有土地，向阳公社同意张某使用属越权行为，故判决张某在判决生效后1个月内拆除占用王某东段宅基地上的所有建筑物和附着物，土地归王某使用。张某不服，上诉至中级法院。二审以该案需以行政诉讼案立案为依据，裁定中止诉讼。二审期间，张某于1999年向法院提起行政诉讼，以侵害其宅基使用权为由，请求撤销政府给王某颁发的国有土地使用证。

【审理判析】

县法院经审理认为，被告政府在未撤销1994年国有土地使用证的情况下，对同一宅基地又向第三人王某颁发了1997年国有土地使用证，出现了部分重复确权，在颁发上述两个国有土地使用证时，四邻界畔确认不明确，事实不清，程序违法。判决撤销政府1997年国有土地使用证。

---

〔1〕“张建舟诉长安县人民政府及第三人王福慧土地使用证纠纷案”，载最高人民法院中国应用法学研究所编：《人民法院案例选》2002年第1辑（总第39辑），人民法院出版社2002年版，第413页。

一审宣判后，政府、第三人王某不服，提起上诉。中级法院二审以张某起诉超过诉讼时效为由，撤销一审判决。终审判决后，张某不服，提出申诉，中级法院通知驳回其申诉。张仍不服，向省高级法院提出申诉。省高级法院于2000年指令中级法院对该案进行再审。

法院再审认为，张某起诉未过诉讼时效，原二审裁定依法应予撤销。政府1997年国有土地使用证的颁发，系依据王某持有1968年牛某与其买卖契约及牛某1951年土地房屋所有证。1998年，1994年国有土地使用证被注销，从张某起诉时已不存在1994与1997年两证重叠的问题。而张某认为1997年土地使用证侵犯其宅基使用权缺乏证据证实。原因是：张某未取得该争讼之地的使用权，其所提交1971年向阳公社革委会的批条并不是使用该地的合法手续。从权限上看，该地属国有土地且一直在斗门工商所名下，公社革委会对此无权支配；从内容上，批条只是说明给张某解决养猪问题，而张某在此地建平板房三间，违背了批条的内容规定；从形式上，该条亦不符合同时期公社革委会审批宅基地的正式手续，该争讼地皮虽由张某一直使用，但斗门工商所一直主张权利，原一审判决适用法律有误，判处不当，应予撤销。

遂判决：撤销一审判决、二审裁定和驳回再审申请通知，维持政府1997年国有土地使用证之具体行政行为。

【法理研究】

本案是一起宅基地使用权纠纷案件，涉及的问题是权利人将所有物长期交给他人使用，是否就失去了所有权。

由于所有权以永续存在为其本质特征，故其不适用诉讼时效制度。如果在以永续存在为其基本法律特征的所有权中，引入了诉讼时效制度，就会使得所有权也会因为权利人在一段时间内不行使其权利即消灭，所有权“无期限”的特征必形同虚设，这样的权利也就难以再被称为所有权。本案中，张某虽使用该争讼之地多年，但属不当使用。因为该争讼之地，原业主为牛某，1968年牛某将该争讼之地出售给王某，土地国有后，其使用权当属王某，而张向法庭提交的批条只能证明当时该争讼之地王某未使用、属空地时让张某解决养猪问题，不符合当时审批宅基地的正式手续，不能取得宅基地使用权。

（三）所有权的弹力性

所有权是所有权人对标的物的一种全面、最终的支配力，所有人享有的每一种权能，都意味着所有人具有依法实施一类或一系列行为的可能性。所有权不是权能的机械相加，而是可以自由伸屈，所有权人可以在其所有的物上，通过设立他物权的方式，将部分权能转让给他人，同时获得相应的利益回报、承受一定的负担。

从权利外观上看，会发生所有权权能与所有权人部分分离，甚至全部分离的现象，这种分离有利于物尽其用，满足多个主体的需要。但是，只要没有发生使所有权消灭的法律事实，所有人仍享有最终的支配权。比如典权设定后，所有人此时仍然保留着一种空虚的、抽象的所有权，即回赎权。只要所有人一行使回赎的权利，就像弹簧没有了拉力一样，所有的权能就会全部回归到所有人手中。所有权的弹力性又称为所有权的"回归力"。

（四）所有权的社会性

所有权是一种民事权利，而且是其他物权的源泉，但是所有权的行使不能违反宪法和法律。《物权法》第7条规定："物权的取得和行使，应当遵守法律，尊重社会公德，不得损害公共利益和他人合法权益。"

事实上，在任何时代所有权都不是毫无限制的绝对权利，即使在极力推崇"绝对所有权"的时代亦是如此。只是在不同时代，因社会环境的不同，所有权在范围、程度、种类等方面受到的限制有所差异。在近现代社会，更是发生了从"个人所有权"到"社会所有权"的转变，即所谓"所有权的社会化"。这意味着所有权人不仅享有权利，同时也应承担兼顾国家、社会和他人利益的义务。

未经同意使用他人房产被要求迁让案〔1〕

【案情简介】

1994年9月，顾某向某房地产公司购买珠宝城商厦九单元的房产，双方约定：该物业的设计功能及用途为商业。2000年1月，公司向顾某邮寄挂号信说："珠宝城商厦五楼只能作为一个整体使用，已经长期空置，经其公司多方招商，现有投资人拟在此开办餐饮项目，请你在半个月内予以回复，否则其公司将视作你已同意并授权其公司统一出租你的九单元房产。"该挂号信因逾期无人领取于3月6日被退回公司。16日，珠宝城公司召开五楼业主会议，顾某没有参加，参加会议的业主同意将珠宝城商厦五楼中自有房产部分继续委托公司出租给第三方使用。事后，公司与某大酒店签订一份《商业用房租赁合同》，约定公司将位于珠宝城商厦的第五层和第六层的房产出租给大酒店；租赁期限为8年。顾某所有的九单元位于大酒店总台吧台位置。

顾某起诉，请求判令大酒店迁出九单元并赔偿租金1万元。

【审理判析】

法院审理后认为，珠宝城商厦系商铺，五楼各业主所有的单元房产没有进行隔

〔1〕"顾锡炎诉哈哈餐饮美食有限公司未经同意使用其房产要求迁让案"，载最高人民法院中国应用法学研究所编：《人民法院案例选》2003年第4辑（总第46辑），人民法院出版社2003年版，第122页。

断，系一个整体，无法分割使用，只有整体使用，才能发挥其最大效用。顾某购买九单元后未取得经济收益，现大部分业主同意委托第三人公司将五楼自有房产出租给大酒店。公司的出租行为符合大多数业主的利益，同时也给顾某带来了收益。故对顾某要求大酒店迁出九单元的请求不予支持。因大酒店实际使用了顾某所有的九单元房产，故对顾某主张租金的请求予以支持。

【法理研究】

本案涉及的问题就是如何理解所有权的绝对性和社会性。

承认所有权是一种绝对权和对世权并保护其合法权益的同时，也要从有利于市场经济发展、维护市场交易和正常的民事流转秩序以及保护社会公共利益出发，对所有权的行使作必要的限制，依法调节民事法律关系。在现行法律法规对此类房产尚无明确规定的情况下，考虑到珠宝城五楼商厦不能分割的特殊性，应尊重五楼大多数业主的意愿，法院依法判决驳回顾某要求迁让的诉讼请求，是正确的，也是符合市场经济发展要求的。

正确理解和适用兼顾个人利益和社会公众利益的原则也是本案需要考虑的一个问题。本案中第三人某公司开发的珠宝城商厦位于繁华闹市区，公司将其开发的商铺分割出售，从其作为商铺的特殊性来看，各业主的购买行为并非是为居住，而是为经营，期待有良好的投资回报。本案中，原告顾某如果不同意公司将其在五层九单元出租并要求大酒店迁出，很可能导致公司的招商不成功，那么珠宝城商厦五层商铺仍会继续空置下去，无法产生收益，而其他业主的利益也无法获得保障。

第二节　所有权的权能

一、所有权权能之内涵与外延

（一）所有权权能的法律外延

《物权法》第39条规定：“所有权人对自己的不动产或者动产，依法享有占有、使用、收益和处分的权利。”可见，所有权的四项权能组成了法定的所有权的法律外延。当然，应该看到，随着社会经济生活的发展，所有权的权能也在不断变化，四项权能也不一定能够完全概括所有权的所有权能。

（二）所有权权能的理论内涵

所有权的权能，从传统民法理论看，可以解释为所有权的作用，它从不同方面说明了财产所有人为实现所有权的利益对其财产可能的支配行为。所有权的权能可分为所有权的积极权能和消极权能。所有权的积极权能是所有权人积极利用所有物以实现其所有权而主动进行的行为，包括占有、使用、收益和处分四项。所有权的消极权能主要是指所有权人排除他人不当干涉与妨害的权利。

二、占有

占有，就是指对物在事实上的管领和控制。占有作为一种事实状态，是伴随人类历史而存在的一种极为悠久的社会现象。而占有权能属于所有权的内容，由所有权制度规定。民法上确立占有制度，其主要目的就在于要保护对物的事实支配状态，也即是为了谋求社会的稳定。

马男诉马女侵犯房屋所有权案[1]

【案情简介】

原、被告系同母异父兄妹。1940 年，原、被告之母孟某带着原告改嫁到马家，生育两子、两女。1966 年原告 30 岁时，作为家庭主要劳动力，与继父、母亲及四个同母异父弟妹在碾子营村建造了正房五间。1974 年，在碾子营村书记张某等人的主持下马家分家，原告马男与二弟马二各分得正房两间半，大弟马一分得树木等。1982 年前，马父去世。1982 年，马二结婚，婚后 8 个月去世，不久其妻改嫁，对马二分得的两间半房屋未提出继承主张。1994 年，大妹马女与孟某签订了赡养协议，其中约定孟某去世后其所有房产归马女所有。该协议办理了公证手续。孟某去世后，五间房屋即由马女居住使用。另查，1986 年在孟某不在家的情况下，原告马男以户主身份办理了五间房屋的宅基地使用手续。同年 5 月 27 日市政府换发了以马男为户主的建宅证。1993 年，市土地局对市区地籍调查换证时，将宅基地的户主改为孟某，但至今未换发宅基地使用证。

原告起诉，要求被告搬出，将房屋退还，并返还因出租该房取得的租金。

【审理判析】

法院审理认为：原、被告所争议的五间房屋，建于孟某夫妇与五个子女共同生活期间，所建房屋应为家庭共同财产。建房时原告马男已成年，系家庭主要劳动力，其依分家分得两间半房屋，不违反法律规定和社会公德，应予认定。原告之弟马二分得的两间半房屋，因其妻在马二去世后未提出继承主张，应由其母孟某继承。在公证的赡养协议中，孟某对自己所有的两间半房屋的处分，是合法的，应予认定。被告马女对其母亲尽了主要赡养义务，在其母去世后取得两间半房屋的所有权，于法有据。原告所提交的建宅证，不足以证明争议的五间房所有权全部归其所有。原告起诉要求被告给付房屋租金，未提供证据，不予支持。判决五间正房的西侧两间

---

〔1〕“马万良以其为建宅证上的户主为据诉马万玲侵犯其房屋所有权案”，载最高人民法院中国应用法学研究所编：《人民法院案例选》2000 年第 1 辑（总第 31 辑），人民法院出版社 2000 年版，第 90 页。

半房屋归原告马男所有，东侧两间半房屋归被告马女所有。

【法理研究】

本案的争议焦点是对五间房屋的占有和所有权归属问题。

案中争议的五间房屋，属家庭共同财产。1974年，对五间房屋进行析产，马某、马二各分得两间半房屋，致使共同“家庭财产”合法转化为个人财产。马男将原属于二弟后来又被母亲孟某继承的房屋登记在自己名下，仅仅是对孟某享有所有权房屋的占有。孟某对属于自己的两间半房屋进行遗嘱处分是合法有效的，但无权对属于马男的房屋进行处分，马女只不过是根据孟某的公证遗嘱对马男享有的两间半房屋进行事实占有而已。故法院判决马女仅继承两间半房屋，马男享有另外两间半房屋的所有权是正确的。

三、使用

使用，是指按照物的性质和用途，在不损坏物或变更其性质的前提下对物加以利用，以实现物的使用价值。使用权能是权利人对物加以使用的权利依据。权利人对物享有使用的权能表明他能够在事实上利用物，即使他在事实上没有使用，也不意味其使用权能的丧失。但是，使用须以不损害他人利益或公共利益为限。

使用分为法律上的使用与事实上的使用。法律上的使用，是指所有权人通过法律行为把事实的使用转移给他人而自己仅保留法律上的使用。出租人的使用就是法律上的使用，因为其并不直接占有、使用租赁物，而仅仅在法律上保有对该物的支配力。一般意义上的使用，都是事实上的使用，即按照物的性质和用途，在不损坏物或变更其性质的前提下对物加以利用，来实现物的功能价值。承租人对租赁物的使用就是事实上的使用，因为他实现的是租赁物的物质使用价值，实现物本身的功能。

解除条件成就提前收回出租房屋案[1]

【案情简介】

1993年8月1日，原告的前身某贸易公司作为甲方，被告作为乙方，双方签订了一份租房协议书，约定：甲方同意将空房二排共16间租给乙方使用，时间3年，到1996年7月底，每年租金5000元。乙方在租赁期间，若甲方和上级单位业务的扩大，需用租房和场地时，甲方有权提出终止合同和调整租房位置，乙方应服从甲方的意见，

---

〔1〕“南阳对外贸易基地开发中心诉南阳市经济实业开发公司解除条件成就提前收回出租房屋案”，载最高人民法院中国应用法学研究所编：《人民法院案例选》1997年第1辑（总第19辑），人民法院出版社1997年版，第87页。

不得以任何理由拖延时间，否则，乙方承担责任和损失。1994年9月，经地区对外经贸委发文，原告变更为现名。同年12月，原告以本单位欲成立一塑料包装厂，需用出租给被告的房屋为理由，要求提前终止与被告的租赁关系，双方协商未果，诉至法院。

法院以原告仅有可行性研究报告，没有相应批复同意设立此厂的文件为理由，驳回了原告的诉讼请求。1995年8月，原告以办厂的可行性报告经市外经委、市计委批复同意，申领了营业执照，并购进了设备急待安装，为尽快解决所办厂的厂房、设备安装及开工问题，以有了新的事实和证据为理由，又向法院提起诉讼，要求终止与被告的租房协议，收回出租给被告的房屋。

【审理判析】

本案在审理过程中，经法院主持调解，双方当事人自愿达成协议：原告要求终止与被告所达成的租房协议，被告同意；被告全部腾出租用的原告之房，调整到原告院内西北边12间房内，被告可以继续使用晒场。

【法理研究】

从实体上看，本案原、被告之间所签订的租房协议，应属一种附解除条件的民事法律行为。现原告出现了业务扩大，需收回出租房的情事，按双方所附条件，甲方有权终止合同，乙方应当服从。即双方约定的解除条件中的特定法律事实出现了，条件成就了，法院即应从实体上支持原告的诉讼请求。

在房屋租赁合同中，出租人提供自己享有所有权的不动产给承租人使用，而承租人支付租金作为对价，即形成了法律上的使用，而承租人则在事实上对房屋享有使用权。

四、收益

收益是指，基于对物的使用而享有利益，包括享有该物所产生孳息及利润。孳息又包括自然孳息和法定孳息。收益权能一般由所有权人行使，他人使用所有物时，除法律另有规定或者合同另有约定外，物的收益归用益物权人享有。

五、处分

处分即处置和安排。处分权能是指所有人依法对所有物及其权利进行处置的权能。处分一向被认为是拥有所有权的根本标志。

处分又可以分为事实上的处分和法律上的处分。事实上的处分，是指对物的本体进行的处置，即变更或消灭其物的行为，例如苹果被吃掉、矿产资源的消耗等。法律上的处分，是指所有人通过法律行为变更或者消灭自己所有之物的权利。例如买卖、赠与、设定他物权等。

第三节 所有权的类型

对于所有权，按照不同的标准可以划分为不同的类型，《物权法》第五章按照所有权的主体不同，将所有权划分为国家所有权、集体所有权和私人所有权。

一、国家所有权

（一）国家所有权的定义

国家所有权是指国家以民事主体的身份对国家财产享有的所有权。在我国现阶段，社会主义全民所有制采取国家所有制的形式，一切国家财产属于以国家为代表的全体人民所有。《物权法》第 3 条规定："国家在社会主义初级阶段，坚持公有制为主体、多种所有制经济共同发展的基本经济制度。国家巩固和发展公有制经济，鼓励、支持和引导非公有制经济的发展。国家实行社会主义市场经济，保障一切市场主体的平等法律地位和发展权利。"故国家所有权在我国就是全民所有制在法律上的表现。

（二）国家所有权的特征

就其本质而言，国家所有权具有以下特征：

1. 国家所有权主体的统一性和唯一性。我国《物权法》第 45 条规定："法律规定属于国家所有的财产，属于国家所有即全民所有。国有财产由国务院代表国家行使所有权；法律另有规定的，依照其规定。"

可见，中华人民共和国是国家所有权的唯一主体。国家财产是社会主义全民所有的财产，其所有权的行使必须符合全国人民的意志和利益，而只有国家才能真正代表人民的意志和利益。同时，由全民所有财产组成的全民所有制经济是国民经济的主导力量，它决定着整个国民经济的发展方向和速度，只有由国家统一行使所有权，国家才能对整个国民经济进行宏观调控，实现组织经济的职能。但是，国家是一个抽象的主体，其不可能具体行使国家所有权的各项权能，因此，《物权法》规定由国务院代表国家行使国家所有权。具体说来就是由中央政府的各个职能部门和各级地方人民政府代表国家行使所有权。

某公司诉某财政局主体不合格合同无效案[1]

【案情简介】

1994 年 3 月 17 日，原告某香港公司就收购大岗厂资产与该厂经多次协商签订意向

[1] "香港大一公司诉番禺财政局代表国有小型企业签订资产转让合同主体不合格合同无效案"，载最高人民法院中国应用法学研究所编：《人民法院案例选》1999 年第 3 辑（总第 29 辑），人民法院出版社 1999 年版，第 138 页。

书，原告法定代表人和大岗厂负责人分别在意向书上签字认可。同年3月31日，被告某市财政局委托该市会计师事务所对大岗厂资产作出评估报告，确认大岗厂到3月25日止被评估的资产完全价值为1293万余元，折余价值为981万余元。4月14日，市政府授权被告就原告收购大岗厂资产一事与原告签订转让合同，双方法定代表人分别在转让合同上签字并加盖公章。大岗厂已于1994年6月16日向该市工商行政管理局办理注销登记，员工和退休职工已由原厂安置。6月28日，原告向市工商局申请注册登记成立大岗酱油有限公司，7月12日该市对外经济贸易委员会批准，8月5日市政府颁发批准证书。

原告提起诉讼，请求法院判令被告返还已付转让款。

【审理判析】

法院经审理认为：原、被告签订的转让合同，是被告将大岗厂资产出售给原告的买卖合同。原告是在香港注册登记成立的企业法人，被告是一级专司国有资产管理的行政主管部门，被告与原告签订大岗厂资产转让合同，是经市政府批准，授权代表国家行使国有资产处分权行为，而非实施行政行为，故双方作为转让合同的出让方和受让方，均为民事法律关系的适格主体。原、被告在转让合同中的意思表示真实且内容合法，遂判决：驳回原告的诉讼请求。

【法理研究】

本案的资产转让合同是否有效，首先取决于市财政局的适格性。

大岗厂是国有小型企业，其资产转让应由代表国家行使国有资产管理权的机构进行。该市一直没有正式成立国有资产管理机构，由财政局行使其职能是符合法律和有关文件精神的，国家国有资产管理局也有正式批复。市财政局与香港某公司签订企业资产转让合同的行为，是代表国家出售国有资产，而非行使行政管理职能，从法律上说，与受让方是平等民事主体。总之，某市财政局能代表国家行使所有权，是国有企业产权转让合同的适格主体。

2. 国家所有权的客体具有广泛性、多样性。理论上讲，国家所有权的客体具有无限广泛性。国家所有权客体的广泛性，是指任何财产都可以成为国家所有权的客体，而不是说任何财产都是国家所有权的客体。这种客体的广泛性特征是与集体所有权和公民个人的私人所有权相比较而言的，并不是说集体所有的财产、公民个人所有的财产，国家可以任意取得。

《物权法》只规定了国家专属的财产范围，即：矿藏、水流、海域属于国家所有；城市的土地，属于国家所有；法律规定属于国家所有的农村和城市郊区的土地，属于国家所有；森林、山岭、草原、荒地、滩涂等自然资源，属于国家所有，但法律规定属于集体所有的除外；法律规定属于国家所有的野生动植物资源，属于国家所有；无线电频谱资源属于国家所有；法律规定属于国家所有的文物，属于国家所有；国防资产属于国家所有；铁路、公路、电力设施、电信设施和油气管道等基础设施，依照法律规定为国家所有的，属于国家所有。

无线传呼频率拍卖重拍无效纠纷案[1]

【案情简介】

1993年5月15日，管理办委托价格所拍卖“152.500MHZ”无线传呼频率。5月18日下午3时，被告市价格事务所在笑天影城歌舞厅对“152.500MHZ”无线传呼频率进行公开竞价拍卖。作为竞买人之一的市电业局认为，在其报出22万元、主拍人击锣宣布“成交”时，已取得了该拍卖频率的使用权。但由于第三人公证处越权宣布第一锣“无效”和价格所违约，使仪表公司重拍得此频率，侵犯了其合法权益。为此，市电业局提起诉讼，请求依法判令价格所履行合同，将第一锣成交的“152.500MHZ”无线传呼频率使用权判归其使用。

【审理判析】

一审法院认为：按照“拍卖规定”第4条“以叫价最高者，得主拍人击锣为此次拍卖成交定局”的规定，第一次击锣后拍卖已经成交，当事人双方应按约履行，任何一方不得擅自变更或解除。价格所在拍卖合同已经成交，频率使用权已经转移的情况下，又再次进行拍卖的行为无效，应承担民事责任。价格所就拍卖“152.500MHZ”无线传呼频率所敲的第一锣有效，拍卖成交，电业局已取得了该无线传呼频率的使用权。判决：管理办将使用“152.500MHZ”无线传呼频率的有关手续交与电业局；洛阳电业局缴纳频率使用费22万元（电业局交价格所转付管理办）。

一审宣判后，价格所不服判决，提起上诉。经二审法院调解，双方达成协议：管理办将“152.500MHZ”无线传呼频率的有关使用手续交电业局，电业局向管理办缴纳频率使用费24万元。管理办另给仪表公司一个无线传呼频率，仪表公司缴纳使用费24万元。

【法理研究】

本案是一起因无线电频谱资源使用权拍卖程序发生争议而引起的案件。

---

〔1〕“洛阳市电业局诉洛阳市价格事务所无线传呼频率拍卖重拍无效纠纷案”，载最高人民法院中国应用法学研究所编：《人民法院案例选》1994年第4辑（总第10辑），人民法院出版社1995年版，第118页。

因为无线电频谱资源稀缺性、有用性的特点，它不能任意由单位和个人所有，国家对无线电频谱资源享有所有权，这也是为了保障对这种资源的合理利用，维护良好的社会秩序。《物权法》第50条的规定："无线电频谱资源属于国家所有。"

无线传呼频率的分配和使用是由政府职能部门统管，对于无线频谱资源的使用权，也要经过特定的程序才可取得。本案中的市无线电管理办即是这种管理部门，享有在本市范围内的无线传呼频率的分配权。欲使用某种频率的人，需经该管理部门依法审批分配，取得使用权。这种审批分配使用权的关系，本属一种行政管理法律关系。但管理部门用委托拍卖的方法拍卖无线传呼频率的使用权，是对其审批分配方式的改革，用公平竞争的方式处分使用权，使分配、使用双方处于一种平等主体的法律地位，这淡化了其行政性质，使其转化为民事法律关系。无线电传呼频率的使用可适用用益物权之规定。

3. 国家作为民事主体的特殊性。国家在不同法律关系中的表现形态不同：一是国家作为公法上的主体，即行使公共管理权力的主体；二是私法上的主体，即服从交易规则，按照民商法的要求以平等的身份参与法律关系的民事主体。国家作为私法上的主体表现为国家对国家财产享有所有权，国家所有权是国家作为民事主体参与私法关系的物质基础。《物权法》第53条规定："国家机关对其直接支配的不动产和动产，享有占有、使用以及依照法律和国务院的有关规定处分的权利。"当然，国家以所有者和管理者的双重身份涉足经济生活，绝不能将行政管理职能与民事权利混淆在一起，否则极易对私权利造成侵犯。

高某诉村民委员会返还征地补偿款纠纷案[1]

【案情简介】

原、被告所处的辖区原属于苏岗村。2003年县工业园区征地，该村民按每亩18 000元领取征地补偿款。原告高某家承包的土地被征3.48亩。在领取征地款时，原告同组的村民提出异议，认为原告的儿子在1991年去服刑，应扣除其口粮田0.8亩被征土地的补偿款，分给同组的其他村民。被告村委会因解决不了这起矛盾，即扣留了原告户的0.8亩征地款未发放。原告于2005年2月诉至法院。在诉讼中另查明该0.8亩土地的补偿款应为14 400元。

---

〔1〕"高廷柱诉蚌埠市淮上区梅桥乡裔湾村村民委员会返还征地补偿款纠纷案"，载最高人民法院中国应用法学研究所编：《人民法院案例选》2006年第4辑（总第58辑），人民法院出版社2007年版，第225页。

【审理判析】

法院经审理认为，原、被告之间虽然没有签订土地承包合同，但双方对原告户所承包的土地亩数和争议的事实认定一致，法院对承包关系的存在予以确认。按照我国农村土地承包法的有关规定，农民的土地被依法征用后有权得到补偿，双方争议的0.8亩土地一直由原告户耕种，因此，被告村委会应按照国家法律的规定将原告户被征土地的征地款完全发放给原告。故本院对原告要求被告给付0.8亩的征地款14400元予以支持。

【法理研究】

本案涉及的土地是由集体所有高某使用的土地，因征收转化为国家所有时，高某有权获得补偿。我国《物权法》第42条第2款规定："征收集体所有的土地，应当依法足额支付土地补偿费、安置补助费、地上附着物和青苗的补偿费等费用，安排被征地农民的社会保障费用，保障被征地农民的生活，维护被征地农民的合法权益。"在本案中，由于法律规定征地补偿款归农村集体经济组织所有，有权参与分配的应该是集体经济组织成员。服刑人员只要符合法律和政策的规定，其合法财产权利不受剥夺，不应当以其正在服刑或服过刑为由拒绝发放征地补偿款。该条第4款规定："任何单位和个人不得贪污、挪用、私分、截留、拖欠征收补偿费等费用。"被告村委会的行为明显违反了该规定，应如数发给原告高某土地补偿费。

4. 国家所有权内容的法定性。根据《企业国有资产监督管理条例》的规定，国家实行由国务院和地方人民政府分别代表国家履行出资人职责，享有所有者权益，权利、义务和责任相统一，管理资产和管人、管事相结合的国有资产管理体制。国务院，省、自治区、直辖市人民政府，设区的市、自治州级人民政府，分别设立国有资产监督管理机构。国有资产监督管理机构根据授权，依法履行出资人职责，依法对企业国有资产进行监督管理。

《物权法》第54条规定："国家举办的事业单位对其直接支配的不动产和动产，享有占有、使用以及依照法律和国务院的有关规定收益、处分的权利。"第67条规定："国家、集体和私人依法可以出资设立有限责任公司、股份有限公司或者其他企业。国家、集体和私人所有的不动产或者动产，投到企业的，由出资人按照约定或者出资比例享有资产收益、重大决策以及选择经营管理者等权利并履行义务。"这些规定厘清了国家股东权与法人财产权的关系，抛弃了那种把企业当作国家所有权的实现方式的理论，明确了所有权和经营权各自的权限范围。

二、集体所有权

（一）集体所有权的概念

集体所有制是社会主义公有制的组成部分，特别是农村集体经济组织所有权对集体所有制起着巩固和保护作用，在我国财产所有权制度中居于重要地位。集体所有权，是指劳动群众集体组织依法对其财产所享有的占有、使用、收益和处分的权利，它是劳动群众集体所有制在法律上的表现。

《物权法》第60条规定：“对于集体所有的土地和森林、山岭、草原、荒地、滩涂等，依照下列规定行使所有权：①属于村农民集体所有的，由村集体经济组织或者村民委员会代表集体行使所有权；②分别属于村内两个以上农民集体所有的，由村内各该集体经济组织或者村民小组代表集体行使所有权；③属于乡镇农民集体所有的，由乡镇集体经济组织代表集体行使所有权。”

（二）集体所有权的法律特征

1. 集体所有权主体的广泛性与多样性。集体所有权主体的种类除了以土地公有为基础的社区性合作经济组织和乡镇集体企业外，城市大集体企业、街道小集体企业、劳动服务公司、民办科技企业等都包括在内。《物权法》第61条规定：“城镇集体所有的不动产和动产，依照法律、行政法规的规定由本集体享有占有、使用、收益和处分的权利。”

2. 集体所有权主体的团体性。集体所有权的主体，是统一的集体组织这一团体，而并非团体中的各个成员本身，所以集体所有权并非是集体经济组织全体成员共有所有权。《物权法》第63条规定：“集体所有的财产受法律保护，禁止任何单位和个人侵占、哄抢、私分、破坏。集体经济组织、村民委员会或者其负责人作出的决定侵害集体成员合法权益的，受侵害的集体成员可以请求人民法院予以撤销。”

承包鞋厂期间侵吞集体资金贪污案[1]

【案情简介】

被告人王甲于1987年底和村委会签订了承包村办第二皮鞋厂的合同，承包期为1987年12月31日至1988年12月31日。合同规定承包人王甲应向发包方村委会交纳承包利润26 000元，超利润部分实行税后二八分成，王甲得八成，村委会得二成。王甲承包鞋厂后任厂长兼会计，按合同规定向村委会上交了承包利润26 000元。

1988年4月7日，王甲采取收入不进账的手段，将某单位汇给鞋厂的25 502.7元中的10 500元据有己有。同年6月和12月，王甲分两次将鞋厂的61双皮鞋卖掉，

---

〔1〕“王剑春在承包鞋厂期间侵吞集体资金贪污案”，载最高人民法院中国应用法学研究所编：《人民法院案例选》1995年第3辑（总第13辑），人民法院出版社1995年版，第34页。

把皮鞋款2066.5元据为己有。1989年1月25日，王甲在与村委会决算之前，将鞋厂在信用社的存款3500元转出，提取现金后据为己有。此外，1987年王甲在担任鞋厂会计时，将鞋厂的砂轮机卖给赵某，得款170元据为己有。1988年4月，王甲组织鞋厂职工春游时，多报车费40元据为己有。

综上，王甲共占有鞋厂资金16 276.5元，案发后退出赃款5075.09元。

【审理判析】

法院审理认为，被告人王甲身为集体所有制企业的承包经营者，利用职务之便侵吞集体资金16 276.5元，数额巨大，其行为已构成贪污罪，应依法严惩。作出判决如下：被告人王甲犯贪污罪，判处有期徒刑6年。被告人王甲除已退赔5075.09元外，其余赃款应继续退赔。

【法理研究】

本案在审理期间，法院对于被告人王甲在担任鞋厂会计时将出卖砂轮机所得之款据为己有，以及在组织职工春游时多报车费的行为，在定性上没有异议，认为均属贪污行为。但对于王甲承包鞋厂期间，在与发包方决算之前，将鞋厂收入款16 066.5元据为己有的行为，在定性上存在着不同意见。

应当认为：王甲承包的鞋厂是村委会办的集体企业，属集体所有制性质，王甲承包该厂属于个人承包。在承包期间，王甲基本履行合同，按约交纳了承包利润26 000元。但他也违背了合同中关于超利润部分实行税后二八分成的规定，在没有和发包方村委会决算分成之前，采取收入不进账和转账提款的手段，擅自将鞋厂的收入款16 066.5元据为己有。该部分款中既有集体资金也有承包人王甲合法的承包收入。因此，将此款全部算作贪污数额不妥，全部认为是承包人合法收入也不符合法律精神，承包人王甲贪污的款项只是其中属于集体的那一部分。

3. 集体所有权客体的限定性。集体所有权客体具有限定性，这意味着，劳动群众集体所有权的客体包括除了法律规定的专属国家所有的财产以外的其他任何财产，但要比国家所有权的客体窄得多。

《物权法》第58条规定："集体所有的不动产和动产包括：①法律规定属于集体所有的土地和森林、山岭、草原、荒地、滩涂；②集体所有的建筑物、生产设施、农田水利设施；③集体所有的教育、科学、文化、卫生、体育等设施；④集体所有的其他不动产和动产。"

周某诉邱某土地承包合同案[1]

【案情简介】

原告诉称，1993 年其将承包的耕地 2.4 亩转包给被告建牛蛙池。双方口头约定，每年的承包金为 920 元。2000 年 3 月，被告擅自变更约定的土地用途，在承包地上挖石灰窑。原告得知后向被告提出了收回土地的要求，遭拒绝，请求法院判令被告返还土地，恢复原状，停止侵害。

被告辩称，其向原告承包耕地用于建牛蛙池属实，每年的承包金为 920 元，但实际承包的面积只有 1.2 亩，另外 1.2 亩属荒地。另，其虽在承包地上建牛蛙池，但并未改变承包耕地用途，承包地仍属于农用地，要求法院驳回原告的诉讼请求。

【审理判析】

一审法院审理认为：原告转包给被告的土地为耕地，双方在未经有关部门批准的情况下，口头约定将耕地改为非耕地，并由被告着手在耕地上建牛蛙池，已明显违反了国家有关保护耕地的法律、法规，该土地转包合同无效。双方均应负同等过错责任，包括承担恢复原状及分担损失的责任。

二审法院全面改判，认为：转包合同对承包期间的承包金、使用期限均作了口头约定，系双方当事人的真实意思表示，且发包人也未提出异议。养殖牛蛙从土地用途性质来看，仍属于农用地范围，故双方所约定的内容并未违反法律、法规的禁止性规定。且根据当地交易习惯，双方也履行了口头约定的事项。一审判决认定事实不清，适用法律不当，依法应予改判。

【法理研究】

被告将承包的土地改建牛蛙池是否属于改变土地用途，是本案认定事实的关键。《土地管理法》第 4 条规定：“国家实行土地用途管制制度。国家编制土地利用总体规划，规定土地用途，将土地分为农用地、建设用地和未利用地。严格限制农用地转为建设用地，控制建设用地总量，对耕地实行特殊保护。前款所称农用地是指直接用于农业生产的土地，包括耕地、林地、草地、农田水利用地、养殖水面等；建设用地是指建造建筑物、构筑物的土地，包括城乡住宅和公共设施用地、工矿用地、交通水利设施用地、旅游用地、军事设施用地等；未利用地是指农用地和建设用地以外的土地。使用土地的单位和个人必须严格按照土地利用总体规划确定的用

---

〔1〕“周霁明诉邱国兴土地承包合同案”，载国家法官学院，中国人民大学法学院编：《中国审判案例要览》（2003 年民事审判案例卷），中国人民大学出版社、人民法院出版社 2004 年版，第 32 页。

途使用土地。”第15条第1款规定：“国有土地可以由单位或者个人承包经营，从事种植业、林业、畜牧业、渔业生产。农民集体所有的土地，可以由本集体经济组织以外的单位或者个人承包经营，从事种植业、林业、畜牧业、渔业生产。发包方和承包方应当订立承包合同，约定双方的权利和义务。土地承包经营的期限由承包合同约定。承包经营土地的单位和个人，有保护和按照承包合同约定的用途合理利用土地的义务。”

据此，我国实行土地用途管制制度，依法定用途使用土地是承包经营权人的一项主要义务，违背此项义务改变土地用途，破坏地力的，按照法律规定应承担相应的责任。二审法院通过调查了解到，本案中的诉争土地不属于耕地保护区，被告养殖牛蛙，实际上也是属于大农业的范围，不属于改变土地用途。所以，原告与被告之间的合法、有效、期限尚未届满的转包合同就应当由其继续履行。这样既维护了农村土地承包当事人的合法权益，又有利于促进农村经济稳定发展。

4. 集体所有权内容的独立性。集体所有权的独立性集中体现在民主管理的原则上。集体经济组织在国家法律、政策许可的范围内，享有经营自主权，依法独立行使其所有权，自主经营，独立核算，自负盈亏。

农民集体所有权的主体不是单个的农民集体成员，而是通过一定组织形式的全体农民集体成员。一定范围的全体农民集体成员，要按照集体的共同意志，实际支配集体财产，使财产保值、增值，最终满足集体利益和个人利益需要，必须首先通过一定的组织形成集体意志，并对集体所有的财产的支配作出决策，同时，必须通过一定的组织使决策得以贯彻执行。集体组织在不改变集体所有制性质的前提下，可以采取多种形式的经济责任制，贯彻按劳付酬，多劳多得，有利生产和团结的原则。

镇政府、区工商局侵犯企业法定经营自主权案[1]

【案情简介】

甲被服厂系城镇集体所有制企业，1992年经工商核准企业法人登记，法定代表人为达某。该企业在取得企业法人资格后，经营活动正常。并即行与香港世集实业公司洽谈，拟合资兴办乙时装有限公司。同年9月，其所在镇政府以甲被服厂经营不善、资不抵债为由，向厂长达某口头宣布停业整顿。10月，又以财政、税务、物

〔1〕“胡淑英、达洪泉等诉南通市港闸区唐闸镇人民政府、港闸区工商局侵犯企业法定经营自主权案”，载最高人民法院中国应用法学研究所编：《人民法院案例选》1996年第1辑（总第15辑），人民法院出版社1996年版，第173页。

价三大检查为由，收缴了被服厂的公章及合同专用章。1993年3月，镇政府组织有关人员强行查封了被服厂的全部财产。随后，镇政府又将查封的财产平调给大东贸易公司，将被服厂的三间经营用房，调拨给大东贸易公司作为其固定资产，将生产用房四间交新华村居民委员会使用。由于甲被服厂被责令停业，经营活动无法开展，又无工资发放，工人及达某先后离厂，设法自谋生路。5月，镇政府免去达某的厂长职务，12月，甲被服厂被区工商局注销。

被服厂胡某等职工以工商局等侵犯其法定经营自主权及民主管理权为由起诉，请求撤销具体行政行为，并判令镇政府返还财产。

【审理判析】

法院经审理认为：城镇集体所有制企业依照法律规定实行民主管理，职工（代表）大会是城镇集体企业的权力机构，由其选举和罢免企业管理人员，决定经营管理的重大问题；任何政府部门及其他单位和个人不得损害集体企业的财产所有权，不得干预集体企业的生产经营和民主管理；集体企业的停业，必须符合国家的有关规定，由企业提出申请；工商行政管理机关对提供的申请资料应认真审查。被告镇政府作出的责令停业整顿、免去厂长职务的具体行政行为，超越了企业主管机关的职权；镇政府所作出的收缴企业印章、查封并平调企业财产的行为，以及被告工商局作出的注销企业登记注册的行为，均属滥用职权。因而，被告的行为侵犯了企业的法定经营自主权，原告的诉讼请求依法应予支持。

【法理研究】

本案争议焦点是镇政府的行为是否侵犯了原告的经营自主权。

对《行政诉讼法》规定的“认为行政机关侵犯法律规定的经营自主权”中“法律”的理解应作广义理解。①这里的“法律”既包括法律，也包括法规。从理论上来讲，法律一词涵盖了法律、法规、地方性法规以及民族自治区地方的自治条例，我们应当从立法目的和宗旨去理解这一概念。②集体企业的合法权益受法律保护。从立法现状来看，如果对此作狭义理解，经营自主权就仅限于受企业法、中外合资经营企业法、中外合作经营企业法、外资企业法所调整的全民所有制企业和“三资”企业，而把受国务院颁布的城镇集体所有制企业条例、乡村集体所有制企业条例和私营企业暂行条例所保护的众多集体企业、私营企业的经营自主权排除在外。这是不正确的。③这是司法实践的需要。从行政审判的实际情况来看，目前诉讼到法院的侵犯企业经营自主权案件大多是集体企业和私营企业提起的，如果作狭义理解，将使大量纠纷投诉无门，显然有悖立法本意。

三、私人所有权的同等保护

（一）私人所有权的内涵

所谓“私人所有权”，是指自然人对其合法收入和个人所有的财产包括法律允许公民所有的生产资料，依法行使的占有、使用、收益和处分的权利。《物权法》第64条规定：“私人对其合法的收入、房屋、生活用品、生产工具、原材料等不动产和动产享有所有权。”第65条规定：“私人合法的储蓄、投资及其收益受法律保护。国家依照法律规定保护私人的继承权及其他合法权益。”

1. 生产工具、原材料受法律保护。生产工具、原材料属于生产资料范畴，是公民个人及其家庭为了从事生产经营而依法占有、支配的财产。生产工具、原材料等生产资料作为自然人的私有财产同样受《物权法》的保护。

中医院名为集体实为私营资产归属纠纷案〔1〕

【案情简介】

吴某于1987年，经区卫生局审查考核取得个体行医证后，在江北区观音桥利用其私房开设个体气功骨伤诊所。1988年，吴某以个人的名义向市科技委申请建立了民间武医合璧创伤气功研究所。其资金投入、人员聘用及管理等均由吴某个人负责。此后，吴某以研究所的名义向区科委申请科技用地修建研究所，经批准征地办公室将一块面积1.3亩的土地无偿划拨给该所修建房屋。吴某为了解决建房资金，向化玻公司借款40万元。1989年新建楼房一幢，面积为2042.7平方米。吴以18 200余元卖掉原私房，研究所迁至新建楼房。

1989年，吴某又向市政府外事办公室申请创办了峨嵋武术气功国际交流中心。中心与研究所均由吴某负责管理，个人投资，自负盈亏，个人对外承担民事责任。在此期间，社会各界资助了研究所少量的医疗设备。1990年，吴某以研究所之名，以新建的楼房作抵押向银行信托投资公司贷款50万元，以其中40万元还清借款。1990年，吴某再次以研究所和中心的名义，向市中医药管理局申请成立武医合璧创伤中医院。但在开业执照的有关栏目内注明性质为集体，院长吴某。该院的医务人员和管理人员均未经过劳动管理或上级管理部门调派，由吴某自己聘请，对所聘人员未实行劳动保险及医疗保健、退休等待遇。合璧中医院成立时亦无其他资金投入，全由吴某个人负责。1993年，合璧中医院更名为重庆创伤中医院。

1994年，吴某夫妇及其子因车祸死亡，其继承人认为，吴生前创建的中医院及

---

〔1〕“肖淑贞等诉重庆市创伤中医院名为集体实为私营医院资产归属纠纷案”，载最高人民法院中国应用法学研究所编：《人民法院案例选》1996年第1辑（总第15辑），人民法院出版社1996年版，第61页。

其全部资产归吴某个人所有。

【审理判析】

法院审理认为：创伤中医院从形式上取得了集体营业执照，但实际并不具备集体所有性质的实质条件。该医院的初始资金是由个人投入并按雇工经营方式，属个人负责管理，个人承担风险的个体性质。因此，截至1994年1月31日，创伤中医院的全部资产不属集体所有，应属吴某个人所有。判决：创伤中医院位于九龙坡区的房屋一幢及室内医疗设备、物资等资产计1 058 670元属吴某个人所有。

宣判后，被告市创伤中医院不服，提起上诉。后经调解，双方当事人自愿达成协议：由创伤中医院给付原告80万元；由创伤中医院承担吴某生前的全部债务，享有全部债权。该中医院其余财产归创伤中医院所有。

【法理研究】

本案原、被告双方对创伤中医院100多万元财产所有权的归属问题发生争议，主要涉及到对该医院的所有制性质的认定。①该院初始资金的投入。其主管部门、其他单位和个人均无资金的投入，只是社会各界资助了少量的医疗设施。因此，建立创伤中医院的资金既然是由吴某个人投入，其资产亦应由其个人所有。②该院的管理经营方式。研究所、中心、医院在成立、经营的各个阶段，均由吴某个人负责管理。其主管部门市中医药管理局只负责监管，并未任命吴某为院长，医院的管理经营也由吴某自己负责，其管理经营方式仍属个人管理经营。③该院的劳动用工及分配方式。医院的劳动用工均不通过政府劳动管理部门调任或录用，吴某采用企业人员招聘方式与应聘人员签订劳动合同，所聘用的人员均属于兼职、挂职或退休人员，所有医务人员不享受劳动保险、医疗保健、退休等集体所有制的福利待遇，其用工属个人雇工制度。

综上所述，创伤中医院系名为集体所有性质，实为个人开办的医院，其资产应归个人所有。

2. 合法收入受法律保护。合法收入是指，自然人按照法律允许的方式所取得的收入，包括劳动收入、租金、利息、接受赠与的财产，等等。此处要特别强调的是，对于非法收入，即通过非法途径和形式而取得的收入，是不受法律保护的。房屋、生活用品等属于私人的生活资料，这些生活资料主要是自然人自己的合法收入所得，用于本人及其家庭的物质生活和文化生活消费需要。自然人对房屋、生活用品这些生活资料享有所有权。

兰某诉胡某确认其购买彩票归属案[1]

【案情简介】

1995年11月27日，市民政部门在人民广场公开发行即开型缝合撕开式“扑克牌”福利彩票，其中设置特等奖10名，中奖彩票标志为“方块K”，奖品为一辆“长安奥拓”轿车。同日下午2时许，原告兰某购买了一盒（100张）彩票。当原告父子和李某、陈某等4人一起撕拆彩票时，作为同村熟人的被告胡某和岳某上前帮原告兰某撕拆彩票。兰某见胡、岳二人都是同村熟人，便没有反对。在撕拆彩票的过程中，岳、陈二人看见被告胡某将一张彩票揣进了自己的衣包，撕拆完彩票后，在兰某等人清点核对中奖的彩票时，胡某匆匆离去。

胡某同岳、陈二人来到与兰某购票处相隔三十余个摊位的销售别的分组号彩票的地方时，岳提出了购买彩票的建议，胡某提出了“谁买谁拆，别人不许看”的要求。随即，胡某在购买了五张彩票后，就走到后侧蹲在地上撕拆。当撕拆完所买的彩票时，胡某一边站起来，一边掏出衣包里的那张彩票说：“我中奖了！”于是，胡某到广场台上的兑奖处领奖。因其没有足够的现金交纳个人所得税，当时没有把奖品（长安奥拓轿车）领走，仅以自己的身份证和所持的分组号为3813号“方块K”彩票在兑奖处作了登记。当广播里传出胡某中特等奖的消息后，兰某虽对胡某有所怀疑，但并未到兑奖处反映说明情况，却直接找胡某交涉，被胡某拒绝。兰某起诉，请求法院将特等奖的分组号为3813号“方块K”彩票判归还其所有。

【审理判析】

法院依法审理后，判决特等奖的分组号为3813号“方块K”的彩票及所中奖品归原告所有，由被告归还。

【法理研究】

本案涉及私人合法收入的所有权问题。

本案中，原、被告争执的是一张中奖彩票，实质上双方争执的是这张彩票所获得的一辆“长安奥拓”轿车奖品的财产所有权。所有权的取得必须符合法律规定，私人对其合法的收入享有所有权，这就意味着私人对其非法的收入是不享有所有权的，而且不受法律保护。从本案的实际情况来看，只有合法取得分组号3813号“方

〔1〕“兰发盛诉胡玉群趁帮忙之机拿走其购买的彩票确认归属案”，载最高人民法院中国应用法学研究所编：《人民法院案例选》1997年第2辑（总第20辑），人民法院出版社1997年版，第117页。

块K”彩票的人，才能取得奖品“长安奥拓”轿车的合法所有权。也就是说，如果没有购买彩票，或者虽然购买了彩票，但不是在销售3813分组号彩票的地方购买的，就不可能合法取得分组号为3813号的“方块K”彩票。

本案被告胡某提供不出合法取得3813号“方块K”中奖彩票的证据，而原告兰某购买的彩票分组号与被告胡某持有的中奖彩票的分组号相同，且证人证明胡某在帮兰某撕拆彩票时，将原告的一张彩票揣进了自己的衣包。由此可知，原告兰某才是这张彩票的真正所有者，奖品“长安奥拓”轿车也应归原告兰某所有。

（二）“私人所有权”规定的完善

我国《民法通则》第75条规定：“公民的个人财产，包括公民的合法收入、房屋、储蓄、生活用品、文物、图书资料、林木、牲畜和法律允许公民所有的生产资料以及其他合法财产。”《宪法》第13条规定：“公民的合法的私有财产不受侵犯。国家依照法律规定保护公民的私有财产权和继承权。国家为了公共利益的需要，可以依照法律规定对公民的私有财产实行征收或者征用并给予补偿。”2004年的宪法修正案用“财产权”代替原来的“所有权”，不只是规定生活资料，更主要的是生产资料，在内容上不仅包括对物的所有权，还包括知识产权、债权和因投资而得到的收益等财产权，将其范围扩展。并且明确了征收征用要给予补偿。《物权法》对公私财产实行平等保护，加强了对公民合法的私人财产权的保护力度。

罗某等五人诉吴某房屋产权、继承纠纷案[1]

【案情简介】

李某与罗某于1950年在原籍广东按习俗结为夫妻，婚后生有李甲等四个子女。70年代，李某与罗某及四个子女先后迁往香港定居，共同生活。1987年，李某在深圳购买了103号房屋一套。1989年，李某持香港律师阮某签名的在港未婚证明书和未婚声明书，与被告吴某在广西登记结婚。1990年，李某、吴某将103号房屋的另一单元租给龚某居住，由李某与吴某共同收取租金。1991年，李某死亡。原、被告为房屋产权、租金发生纠纷，诉至法院。

【审理判析】

法院经审理认为，罗某与李某之间的关系为事实婚姻关系，应按合法婚姻关系

---

〔1〕“罗绍玲等五人诉吴瑞宁房屋产权、继承纠纷案”，载最高人民法院中国应用法学研究所编：《人民法院案例选》1993年第3辑（总第9辑），人民法院出版社1993年版，第69页。

加以保护。李某在未与罗某离婚的情况下，通过提交虚假的未婚证明书和未婚声明书，取得结婚登记，违反《婚姻法》的规定，不能产生合法婚姻，构成重婚行为，其第二次婚姻不受法律保护。

【法理研究】

本案是一起因继承法律关系发生争议而引起的纠纷，涉及私人财产继承权如何保护的问题。

本案原、被告双方讼争的房屋产权的确定、双方对被继承人的继承权的有无，均取决于双方与被继承人之间的身份关系的确定。罗某与本案被继承人李某是于1950年1月在内地按当地习俗结为夫妻的，婚后先后生育四个子女即本案另4个原告，双方迁居香港后仍共同生活，直至被继承人于1991年3月在香港去世。对罗某与李某之间的这种关系，法院均确认为事实婚姻关系，并按合法婚姻关系加以保护。因此，原告罗某是本案被继承人的合法配偶，并应以配偶身份享有夫妻共同财产中应属其所有的份额和继承被继承人的遗产。依据《物权法》第65条第2款的规定："国家依照法律规定保护私人的继承权及其他合法权益。"罗某的继承权是受法律保护的。李某在未与罗某离婚的情况下，骗取与吴某的结婚登记，构成重婚行为，不受法律保护。吴某不能以继承人的身份参与被继承人的遗产分割。

第四节　所有权的特殊取得方式

一、善意取得

（一）善意取得的概念

善意取得又称即时取得，是指动产和不动产的占有人无权处分其占有的财产，而将该财产转让给第三人时，如果受让人取得该财产时是善意的，受让人即依法取得了该财产的所有权。

我国《物权法》第106条规定："无处分权人将不动产或者动产转让给受让人的，所有权人有权追回；除法律另有规定外，符合下列情形的，受让人取得该不动产或者动产的所有权：①受让人受让该不动产或者动产时是善意的；②以合理的价格转让；③转让的不动产或者动产依照法律规定应当登记的已经登记，不需要登记的已经交付给受让人。受让人依照前款规定取得不动产或者动产的所有权的，原所有权人有权向无处分权人请求赔偿损失。当事人善意取得其他物权的，参照前两款规定。"

抵押权可否善意取得[1]

【案情简介】

甲公司的下属企业乙公司从1990年起与银行发生借贷关系，乙公司与银行经协商于1998年签订了最高额抵押借款合同一份，并于同日办理了抵押登记，抵押物为乙公司设备9台，抵押期间为2年，最高抵押金额为262万元。1998年7月，双方以"借新还旧"方式就此笔贷款重新签订抵押借款合同一份，期限6个月，并以登记抵押物设定抵押担保。贷款到期后，乙公司未履行还款义务。上述抵押合同签订时，乙公司未将抵押物的权属状况告知银行。11月，乙公司办理了企业注销登记，债权债务由甲公司负责承担。另，1992年乙公司与某信托公司签订融资租赁合同，租赁物的所有权属于信托公司。乙公司用部分融资租赁设备抵押给银行时未告知信托公司。

【审理判析】

法院审理认为：依据乙公司与信托公司签订的融资租赁合同，证明大部分抵押设备属于信托公司所有，对此乙公司是明知的。如用该批设备设定抵押，依据融资租赁合同，必须征得信托公司的书面同意，但乙公司在未征得信托公司的书面同意的情况下，擅自将设备抵押给银行，侵犯了信托公司的财产权，因此给信托公司造成的损失，应由甲公司赔偿。签订抵押合同时，乙公司有义务将抵押物的权属状况告知银行，但其却隐瞒真实情况与银行订立抵押合同，诉讼中甲公司却又以此为由主张抵押合同无效，明显违背了诚实信用原则，显系恶意。但不能因此而得出银行抵押权无效的结论。基于融资租赁合同，该批设备作为动产事实上是由乙公司占有和使用，购买设备的发票也是乙公司开具和持有，且设备上也没有属于第三人的任何标识。银行与乙公司订立抵押合同时，没有理由不相信该批设备不属于乙公司所有，银行并无订约过错，因此，银行的抵押权属于善意取得，而且依法办理了抵押登记，应予保护。法院判决甲公司偿还所欠银行贷款本金及利息；银行与乙公司签订的抵押借款合同有效，银行可对抵押物行使抵押权。

【法理研究】

本案涉及的问题是抵押权可否善意取得。

---

〔1〕"天津静海农行诉瀛海公司等将向其抵押并登记但属第三人所有的抵押设备用作偿还对他人的债务借款合同还款案"，载最高人民法院中国应用法学研究所编：《人民法院案例选》2001年第3辑（总第37辑），人民法院出版社2002年版，第209页。

在《物权法》颁布之前，对抵押权能否善意取得，我国法律尚无明文规定，但有关动产善意取得和质权善意取得的司法解释，为承认抵押权善意取得提供了依据。善意取得制度是为了适应商品经济发展，维护交易安全而确立的一项交易规则，也是现代民商法的重要价值取向。《物权法》不仅对善意取得的条件予以详细规定，而且还补充了“当事人善意取得其他物权的，参照前两款规定”。本案中，银行抵押权的获得是善意的，从外观形式上看不出乙公司不是抵押财产的合法所有人，而且该抵押物依法办理了抵押登记。因此，银行的抵押权属于善意取得，应予保护。信托公司的损失应作为侵权之债，向甲公司追偿。法院的处理是完全正确的。

（二）善意取得的构成要件

善意取得应具备以下条件：①让与人须为动产的占有人或者不动产的登记权利人。善意取得的制度基础在于物权公示的公信力。这一条件是善意取得发生的前提。②让与人须无处分权。让与人无处分权有两种情形：一种是自始至终没有处分权，一种是转让时本有处分权，但嗣后因某种原因丧失了处分权。③受让人须基于交易行为支付合理的对价。非通过交易行为而以受赠、继承等方式无偿取得财产的，不能发生善意取得的效力，否则会造成利益保护上的失衡。④受让人在受让财产时须为善意。确定受让人是否为善意，应以其受让不动产或者动产当时的情况进行判定，至于其后受让人是否知晓真实情况，不影响善意取得的成立；让与人是善意还是恶意，则在所不问。⑤转让的标的物应已完成过户登记或交付。如果无处分权人与受让人双方只是达成了转让的合意而尚未办理登记或者交付，则只产生债的关系，不发生善意取得，权利人得及时阻止其交易。

金某等诉胡某等以逃避债务为目的处分房产行为无效案[1]

【案情简介】

胡某、汪甲系夫妻，汪乙、汪丙系二者之子。胡某进行民间融资活动，先后收取金某等15名原告共计12万元。后来，胡某未归还借款，金某等15人遂向法院起诉。诉讼过程中，汪甲、胡某夫妻与其子汪乙、汪丙达成分家析产协议，将属于夫妻共同财产的13间房屋分给汪乙、汪丙各5间，汪甲夫妇3间。四被告就析产协议办理了公证手续。汪甲、汪乙、汪丙分别领取了分割后的房屋所有权证。胡某欠金某等15人上述欠款纠纷案，均已分别进入执行程序。其间，法院将胡某夫妇的房屋予以扣押，并在其门上张贴了执行公告，并书面通知登记机关，要求其不得为胡某

〔1〕“金立富等诉胡道秀等以逃避债务为目的处分房产行为无效案”，载最高人民法院中国应用法学研究所编：《人民法院案例选》1998年第3辑（总第25辑），人民法院出版社1998年版，第77页。

家办理房屋过户手续。后来，汪甲父子3人与第三人李某协商买卖该栋房屋，其售价明显低于一般市场价。第三人李某明知该房已被法院扣押，仍与汪甲父子签订了房屋买卖协议。金某等15人起诉。

【审理判析】

法院认为：汪甲、胡某夫妇两次建房，都以汪甲名义申请产权登记。且汪乙、汪丙对家庭建房均未投入资金，故房屋产权属汪甲、胡某夫妻所有。汪甲夫妇在胡某欠金某等15人巨额债务未能清偿情况下，与其子汪乙、汪丙的“分家析产”行为实为财产赠与行为，侵犯了债权人的合法权益，归于无效。

汪甲、汪乙、汪丙与李某的房屋买卖行为，是在汪甲、胡某无效赠与房屋行为的基础上进行的，并且是在金某等15人诉胡某欠款案已进入执行程序后发生的，法院在执行过程中对汪甲、胡某家的房屋已予以扣押，并将扣押令、裁定书和协助执行通知书送达房地产公司。房地产公司明知该房屋被扣押，仍为该房屋买卖办理了过户手续，其行为无效。据此依法判决认定汪甲、汪乙、汪丙与李某的房屋买卖关系无效。

【法理研究】

本案四被告家庭析产和与第三人房屋买卖的行为，从形式上看是合法的，因为四被告的家庭析产协议进行了公证，汪甲父子与第三人李某的房屋买卖办理了过户手续。但实质上，四被告的共同目的是为了逃避胡某的巨额债务，主观上明显带有恶意，使债权难以实现。第三人明显低于市场价购得房屋，在经济上明显占便宜，是实际受益人；同时，第三人明知房屋被扣押，仍与汪氏父子进行房屋交易，主观上亦带有恶意。此情况下，第三人不能依据善意取得制度取得该房所有权。

（三）善意取得的法律效果

善意取得涉及三方当事人，即原所有权人，让与人和受让人。善意取得产生以下法律效果：①让与人与受让人之间。受让人依法律的直接规定取得财产所有权或者他物权，为原始取得。②让与人与原权利人之间。权利人可以基于债权请求权要求让与人承担违约责任、侵权责任或者不当得利返还的责任，并请求赔偿损失。③在原权利人与受让人之间。善意取得的发生使得原权利人的所有权或者他物权消灭，由此而生的各项请求权益一并丧失。《物权法》第108条规定：“善意受让人取得动产后，该动产上的原有权利消灭，但善意受让人在受让时知道或者应当知道该权利的除外。”

擅自处分保管的他人财物案[1]

【案情简介】

甲为公司职员，与乙同住一间宿舍。公司派甲到珠海办事处工作1年。临行前，甲将自己的一张红木桌委托给乙保管并允许其使用。后乙的朋友丙找到他，说其乡下的妹妹丁要出嫁，请乙帮忙买一张红木桌送给其妹作嫁妆。乙遂将甲的家具卖给了丙。丙为筹备妹妹的婚礼向戊借款2000元，戊要求丙提供担保，丙便与戊约定以刚买来的红木家具质押，双方立有质押字据。后来丙并未将红木家具交给戊，而是将家具作为嫁妆送给了其妹丁。借款到期，丙未能按期还款，戊要求依质押合同对红木家具行使质权。

【法理研究】

本案涉及动产善意取得的效力问题。

本案中，甲将其家具交由乙保管，其所有权没有发生转移，仍由甲享有所有权。乙在保管期间将甲的家具出卖给丙，系无权处分行为，其效力待定，取决于处分权人甲在事后的态度，即事后，若甲同意出卖，则乙与丙之间的买卖行为有效，丙基于此买卖行为而继受取得红木家具的所有权；若甲不同意出卖，则买卖行为无效，丙不能基于此买卖行为而继受取得所有权，但却可以根据动产所有权的善意取得制度而原始取得家具的所有权。可见，无论丙与乙之间的买卖行为效力如何，丙皆可以取得家具的所有权。此时，物权的追及效力受善意取得的阻断。在本案中，丙基于动产所有权的善意取得制度而取得了红木家具的所有权，甲无权要求受让人丙返还，其所受损失只能请求乙给予赔偿。丙取得家具的所有权后，与戊之间虽然立有质押字据，但丙并未将家具交付给戊，因此，质权未设定。丙将其送给其妹丁作嫁妆，丁因赠与合同而合法取得家具的所有权。

（四）我国善意取得规定适用的扩张与限制

我国善意取得制度适用的扩张与限制体现在：①善意取得的客体扩张于不动产和他物权。不动产善意取得的理论基础在于物权的公示、公信原则，现实基础在于我国目前不动产登记中的瑕疵。善意取得制度不仅适用于所有权，当事人善意取得其他物权（如不动产抵押权、动产质权、留置权、动产抵押权）的，也可以参照适用。②《物权法》对占有脱离物和占有委托物进行区别规定，明确规定了占有委托物适用善意取得，而所有权人对占有脱离物享有返还请求权，有两个限制：一是受2

---

〔1〕 杨振山主编：《民法学案例教程》，知识产权出版社2001年版，第151页。

年除斥期间的限制；二是若是在公开市场上获得，所有权人还必须偿还受让人为购买此遗失物所支付的费用，是有偿回复制度。③不适用善意取得的物。善意取得适用的物是受限制的：记名有价证券须以背书或办理过户手续予以转让，不发生善意取得；货币现金和不记名有价证券适用“占有即所有”的规则，而不适用善意取得的规则；法律禁止流通物，如毒品、枪支弹药、国家专有财产、文物及盗赃等，不能适用善意取得。

马某等诉雷某等不知是赃物在购买后被追回赔偿案[1]

【案情简介】

被告雷某等人结伙盗窃了三峰骆驼，而后销赃，将该三峰骆驼以4200元出卖给了原告马某、周某。马、周不知道该三峰骆驼系赃物，又以4500元价格将该三峰骆驼卖给了张某。不久，公安机关破获了雷某等人结伙盗窃骆驼案件，将他们抓获归案，并将张某从马某、周某手里买得的三峰骆驼作为赃物全部追缴，发还给了失主。

张某买得的骆驼被追缴，经济上受到损失，便坚决要求马某、周某退还其买骆驼所付的价款，马、周无奈，给张某退还了4500元。此后，马某、周某为挽回损失，向法院提起诉讼，要求雷某赔偿损失。

【审理判析】

法院认为：被告雷某等人将盗窃的三峰骆驼卖给原告马某、周某，该买卖无效；案发后该三峰骆驼被追缴归还失主，雷某等人应给二原告返还买骆驼款4200元，并应赔偿原告因此所受到的经济损失。

【法理研究】

本案处理涉及的一个重要问题是，当事人不知道是赃物而加以购买，能否认为是善意购买，并根据善意取得制度取得该占有物的所有权。

本案三被告结伙盗窃的三峰骆驼，无疑属于赃物。根据法律规定，赃物是属于禁止流通物。三名被告将三峰骆驼卖给本案的两名原告，原告又将该三峰骆驼卖给了张某，无论该三峰骆驼在流转中经过了几手，仍不能改变其“赃物”的性质。二原告和张某通过买卖关系占有了该三峰骆驼，尽管他们都不知道是赃物，且都付了相应的价款，但因为他们所买的是法律禁止流转的赃物，不符合“善意取得”的条件，因此他们始终没有合法取得该三峰骆驼的所有权，该三峰骆驼的所有权仍归失

[1] “马银德等诉雷桂明等不知是赃物在购买后被追回赔偿案”，载最高人民法院中国应用法学研究所编：《人民法院案例选》1997年民事·知识产权专辑（总第20辑），人民法院出版社1997年版，第121页。

主，公安机关将其追缴后发还给失主无疑是正确的。由此引起张某受到的经济损失，应由出卖骆驼给张某的二原告负责赔偿；二原告赔偿了张某的损失后，他们所受到的经济损失，可以向三被告要求赔偿。

二、拾得遗失物

（一）拾得遗失物的含义和构成要件

拾得遗失物，是指发现他人的遗失物而加以占有的法律事实。遗失物是所有人和合法占有人不慎丢失，不为任何人占有的财产。遗失物只能是动产，不动产不存在遗失问题。遗失物既不是基于所有人抛弃的意思，也不是因他人侵夺所致，亦不是无主财产，只是所有人或合法占有人偶尔丧失了占有，现在又不为任何人占有的动产。拾得遗失物，是事实行为，不以拾得人有行为能力为必要。以受他人的指示而拾得者，则以他人为拾得人。

拾得遗失物应当具备以下要件：一是须为遗失物，即他人之动产，拾得前无人占有，并且不是权利人抛弃之物；二是须有拾得并占有的事实。

（二）拾得遗失物的法律效果

我国《物权法》对“拾得遗失物”的法律后果作了详细的规定，并规定漂流物可以参照拾得遗失物的有关规定处理。

1. 权利人的追回权。所有权人或其他权利人有权追回遗失物，如果该遗失物已通过转让被他人占有的，权利人有权向无处分权人请求损害赔偿，或者自知道或者应当知道受让人之日起2年内向受让人请求返还原物。但如果受让人是通过拍卖或者向具有经营资格的经营者购得遗失物的，权利人请求返还原物时应当支付受让人所付的费用。权利人向受让人支付所付费用后，有权向无权处分人追偿。这也可以称作权利人的“回赎权”。

2. 采“不能取得所有权主义”。根据《物权法》的规定，拾得遗失物，应当返还权利人。拾得人应当及时通知权利人领取，或者在不知道权利人为何人的情况下，将遗失物送交公安部门等有关部门。有关部门收到遗失物后，知道权利人的，应当通知其领取；不知道的，应当及时发布招领公告。

王某诉龚某拾得失散的饲养动物案[1]

【案情简介】

原告王某自家圈养梅花鹿9头。1996年12月8日，一头梅花鹿从圈门挤出跑

[1] “王双诉龚富拾得失散的饲养动物拒不返还并又丢失赔偿案”，载最高人民法院中国应用法学研究所编：《人民法院案例选》1998年第3辑（总第25辑），人民法院出版社1998年版，第102页。

丢。同年12月10日早，被告龚某在自家猪圈中发现有一头梅花鹿，即将其抓住后用铁链拴在猪圈内。原告得知后，于当日到龚家辨认，认为是其丢失的，即予以索要，因当时被告不在家而未成。次日，原告与其长子及本区农民韩某再次到被告家索要丢失的鹿，龚某提出让原告王某给付拾得鹿的报酬700元，原告王某不同意，双方发生争执，龚某拒不还鹿。此后，王某又多次去龚家索要，均遭龚的拒绝。几天后，由于龚家管理不善将鹿再次丢失。原告王某向法院提起诉讼，要求龚某赔偿损失。

【审理判析】

法院审理后认为：被告龚某拾得的鹿，确属是原告王某家丢失的鹿。被告明知是原告的，自已不应获得利益，而故意获得，这种行为是不道德的，是侵权行为，应批评教育。被告拾鹿后，负有及时返还给原告的义务。虽经原告多次去被告家认领，但因拾鹿报酬双方发生争执，经被告一拖再拖拒绝返还。在此期间，由于被告对鹿管理不善，将鹿丢失，是由被告的过错所造成，负有不可推卸的赔偿责任，故被告应负主要责任。原告对鹿管理不善，发生丢失，也负有一定责任。

法院判决将原告王某的梅花鹿一头 作价4500元，扣除原告给付被告饲养管理费150元，合计4350元，由被告负80%责任。

【法理研究】

此案在审理过程中，对被告龚某的行为定性有两种意见，一种意见认为是属于不当得利，一种意见认为是属侵权损害。

结合本案的实际看，被告龚某的行为应当分成两个阶段。第一阶段，被告龚某在自己家猪圈内拾得王某家遗失的鹿，并将其拴在自家猪圈内，此时的遗失物并不是无主物，而是暂时脱离所有人王某的控制。当失主王某找到被告龚某后，可以认定龚某已明知遗失物的所有人，至此，原告与被告之间产生的民事权利义务关系符合不当得利之债的构成要件，原告王某有权要求被告龚某将拾得物予以返还。第二阶段，因拾得遗失物返还的报酬问题，原告与被告发生争执后，原告王某虽多次向被告龚某索要遗失物，但被告龚某拒不返还，这种行为便侵犯了原告王某合法财产的所有权。更为严重的是，由于被告龚某遗失物的管理不善，导致拾得的遗失物再次丢失，使原告王某合法的财产权利遭到更大的损失。至此，被告龚某的行为性质发生了转化，这种转化是由“拾得遗失物”不当得利的性质，由于“拒不返还”条件的出现，和“丢失拾得的遗失物”情况的发生，而转化为侵权行为。

依据《物权法》的规定，对于遗失物，拾得人不能取得所有权。权利人领取遗失物时，应当向拾得人支付必要的费用。拾得人无报酬请求权，除非权利人悬赏寻找遗失物。本案中，虽然拾得人的行为由不当得利转化为侵权行为，权利人仍应支付之前的饲养费用。

根据《物权法》的规定，有关部门收到遗失物，知道权利人的，应当及时通知其领取；不知道的，应当及时发布招领公告；遗失物自发布招领公告之日起6个月内无人认领的，归国家所有。这意味着，遗失物的所有人因招领期限届满未予认领即丧失了对该物的所有权，国家则因此期限的届满而依法取得遗失物的所有权。国家对无人认领的遗失物的所有权的取得属于原始取得。

3. 拾得人的轻过失免责。拾得人在遗失物送交有关部门前，有关部门在遗失物认领前，应当妥善保管遗失物。因故意或者重大过失致使遗失物毁损、灭失的，应当承担民事责任，但如果仅有一般的轻过失，可以免责。

4. 拾得人的必要费用请求权。权利人领取遗失物时，应当向拾得人或者有关部门支付保管遗失物所支出的必要费用。《物权法》中没有规定拾得人的报酬请求权，仅仅规定了拾得人有权获得必要费用的补偿，而且获得必要费用偿还请求权的前提是拾得人必须为善意，如果拾得人企图侵占遗失物，那么他就无权请求保管遗失物等所支出的费用。但是，如果权利人在寻找遗失物的过程中发布了悬赏广告的，领取遗失物时就应当按照承诺履行义务，支付报酬。

饲养拾到的家畜被认领要求给付必要费用案[1]

【案情简介】

林甲在本村附近见到一头已妊娠的母猪，遂赶回家予以饲养，并四处打听失主。饲养70天后，该母猪产下14头猪仔。被告林乙认出原告饲养的母猪是其家丢失的母猪，遂将母猪及14头猪仔全部认领回去。原告为此要求被告补偿其饲养费用，被告不同意，原告遂诉至法院，要求判令被告补偿饲养费用。

【审理判析】

法院经审理认为：原告拾到已妊娠的母猪进行饲养，后母猪生下猪仔，现原告将母猪及猪仔全部归还了被告，其行为即属于一种无因管理的行为。原告要求被告补偿在饲养期间的费用，应予以支持。被告认为原告偷赶了其家的母猪，证据不足，不予采纳。判决被告补偿原告饲养期间的费用3217.50元。

【法理研究】

拾得他人遗失的动产构成拾得遗失物。拾得遗失物的行为可产生不同的法律关

[1] "林旺根因饲养拾到的家畜被认领要求林保泉给付必要费用案"，载最高人民法院中国应用法学研究所编：《人民法院案例选》1998年第1辑（总第23辑），人民法院出版社1998年版，第67页。

系。诚实拾得人以为他人利益之意思管理的，构成无因管理，不诚实之拾得人以为自己的利益拾得以及认为是无主物拾得的，不构成无因管理。法律对遗失物拾得的规定与无因管理多有不同，因此，无因管理的规定只有补充适用的余地。拾得行为以合法为要件，不得违反法律规定。拾得人须为占有遗失物之人。依照我国法律，拾得人因拾得行为不能取得遗失物的所有权，并应当承担妥善保管遗失物的义务。但是，拾得人享有必要费用的请求权。

5. 遗失物无人认领时的处理。遗失物自发布招领公告之日起 6 个月无人认领的，归国家所有。此时，物的所有权发生了变更，由国家享有所有权。

三、发现埋藏物

埋藏物是指藏附隐匿于动产或不动产中，不知该物所有权归属为谁的财产。发现埋藏物，是指发现埋藏物并予以占有的一种法律事实，其性质与拾得遗失物相同，不以发现人具有行为能力为条件，属于事实行为。发现埋藏物应当具备以下几个要件：一是，埋藏物须为动产；二是，该物须隐匿于其他不动产或者动产之中，并非显而易见；三是，该物须为所有权不明的动产；四是，须发现埋藏物并占有。[1]

我国《民法通则》第 79 条第 1 款规定："所有人不明的埋藏物、隐藏物，归国家所有。接收单位应对上缴的单位或个人，给予表扬或者物质奖励。"《物权法》第 114 条规定："拾得漂流物、发现埋藏物或者隐藏物的，参照拾得遗失物的有关规定。文物保护法等法律另有规定的，依照其规定。"由此可见，在我国立法上埋藏物与隐藏物处于同一法律地位，对二者均采取国家所有权主义。

但是，并不是埋藏物或者隐藏物一经发现，都毫无例外的归国家所有，在埋藏物或者隐藏物被发现后，如果埋藏或者隐藏该物的人或者其继承人能够证明其所有权或者继承权的，应当将该物还给埋藏或者隐藏该物的人或者其继承人。只有在确实查证该物所有人不明时才归国家所有。

银行拒不归还银圆侵犯所有权案[2]

【案情简介】

福建某地付某三兄弟的祖父于 19 世纪末购买了土地，并由付某三兄弟的父亲于 1928 年建成了楼房。1985 年，付某三兄弟将房屋卖给了储蓄所，在改建该楼楼梯的

---

〔1〕 江平主编：《民法学》，中国政法大学出版社 2000 年版，第 377 页。

〔2〕 "付维生等诉中国工商银行泉州市鲤城区支行返还财物案"，载中国高级法官培训中心、中国人民大学法学院编：《中国审判案例要览》（1997 年民事审判案例卷），中国人民大学出版社 1998 年版，第 448 页。

时候，工人在距离地面40厘米的深处挖出银圆一瓮，就私自将银圆全部拿走。银行得知挖出银圆后，就会同公安机关将银圆追回，其中有两枚印有“中华民国二十年福建省造”字样。

付某三兄弟得知这一情况后，即以该银圆是先父遗产为由要求银行返还。银行认为银圆是无主物，故没有同意他们的请求。付某三兄弟诉至法院。

【审理判析】

法院认为：从出土的两枚钱币所铸的“中华民国二十年福建省造”字样可知，这批银圆是在1931年后才埋入的。鉴于该楼的产权人从建成后到出卖给银行前一直都是付家，可以推定银圆是付某三兄弟的先辈所埋，属其祖先所有。依据《民法通则意见（试行）》第93条“公民、法人对于挖掘、发现的埋藏物、隐藏物，如果能够证明属其所有，而且根据现行的法律、政策又可以归其所有的，应当予以保护”的规定，付某三兄弟有权依法继承作为隐藏物的这一瓮银圆，故这些银圆的所有权应属付某三兄弟所有。

【法理研究】

我国民法除了使用埋藏物的概念以外，还使用了隐藏物一词。埋藏物是埋藏于土地之中的物，而隐藏物则是隐藏于土地之外的其他包藏物中的物。如天花板上搁置的物、屏风中夹带的物，都是隐藏物。它们的共同特点是：须为动产；须埋藏或者隐藏于他物之中；须为所有人不明。它们性质上为有主物，而非无主物，只是物的所有权归属不能确定而已。所有人是否明确，应就物的性质、埋藏的状况、埋藏的时间等客观情况认定。另外，文物、古文化遗址、古墓葬等，属于国家所有，并不属于所有人不明的物。

《物权法》第114条规定：“拾得漂流物、发现埋藏物或者隐藏物的，参照拾得遗失物的有关规定。文物保护法等法律另有规定的，依照其规定。”对于遗失物，法律规定，拾得人并不能取得所有权，仍由权利人享有。本案中的银圆，系原告付某的祖传之物，由原告享有所有权。

四、添附

添附是指不同所有人之物合并或物与劳动成果结合在一起成为新物，在法律上或经济上不可分割的事实。添附又可分为附合、混合和加工三种情况。

我国《民法通则》未对添附作出规定，《民法通则意见（试行）》第86条规定：“非产权人在使用他人的财产上增添附属物，财产所有人同意增添，并就财产返还时附属物如何处理有约定的，按约定办理；没有约定又协商不成，能够拆除的，可以责令拆除，不能拆除的，也可以折价归财产所有人；造成财产所有人损失的，应当负赔偿责任。”上述规定近似于对添附的规定，但比较笼统。《物权法》亦未作规定。在有法律规定之前，司法实践应以通说性的学理规则作为法源。

长城公司诉中博公司给付承租房装修工程款并要求出租人某部队承担连带责任案[1]

【案情简介】

中博公司与某部队的北京办事处签订的合同约定：某部北京办事处将34号院楼房租给中博公司。合同终止时，中博公司装修改造部分作如下处理：因中博公司违约而解除本合同时，中博公司将该部分无偿归北京办事处，因北京办事处违约而解除本合时，该部分按10年折旧计算，北京办事处付中博公司该部分净值。某部队即将房屋交付中博公司进行装修，竣工验收后，中博公司将所租赁房屋作为技术经济研究会培训中心自行经营，但未按约向某部队交付房屋租金。因中博公司欠房租一直未付，某部队与中博公司商定暂时停止房屋租赁合同，大楼的经营使用权暂时交还部队，若中博公司在2000年7月底前将拖欠的房租付清30%，并将其余房租提出经部队认可的还款方案，则部队届时将该楼交给中博公司继续按原双方所签租赁合同使用。后中博公司仍未能给付租金，房屋租赁合同终止。

1998年，中博公司与长城公司签订了《装修工程合同》。此后，又签订了工程《结算协议书》。双方接受总参质检站验收，确定工程质量验收合格；双方确认工程结算金额为385万元整；扣除中博公司已付的34万元，中博公司还应支付长城公司装修工程费351万元，中博公司保证于12月前分三期付清，如未能付清，按应付款额每日万分之五偿付违约金。同日订立了《补充协议书》，约定：中博公司在未能给付长城公司全部工程款前，长城公司为中博公司所装修的工程财产的所有权属于长城公司所有，不发生财产所有权的转移，暂由中博公司管理使用，不得抵押、变卖和转移。同日，中博公司向长城公司出具了欠条。

长城公司因向中博公司索要装修工程款未果，提起诉讼，请求判令中博公司和技术经济研究会共同给付其工程款351万元及逾期付款的违约金；第三人某部队承担连带责任。

【审理判析】

一审法院经审理还查明：中国技术经济研究会系中博公司的开办单位，中国技

---

〔1〕“宝坻县长城公司诉中博科贸公司给付对其承租房进行装修的工程欠款并要求出租人57619部队因占有添附的装修物而对该欠款承担连带偿还责任案”，载最高人民法院中国应用法学研究所编：《人民法院案例选》2003年第3辑（总第45辑），人民法院出版社2004年版，第124页。

术经济研究会未向中博公司投入应投入的注册资金1060万元。该院认为：长城公司与中博公司订立的装修工程合同合法有效。双方于1998年8月25日订立的工程结算协议应予认定，中博公司应按双方认可的数额及还款期限给付长城公司工程费351万元和双方约定的逾期付款违约金。中国技术经济研究会应在对中博公司注册资金缴纳不实的范围内承担责任。某部队在未经法院许可的情况下，将查封装饰物的楼房租赁给案外人使用，并以此获得收益，侵犯了长城公司的合法物权，承担连带责任。判决：①中博公司给付长城公司工程费351万元。②中博公司按应付款的日万分之五给付长城公司逾期付款违约金。③中国技术经济研究会在上述一、二项确定金额范围内（不超过1060万元）承担连带责任。④某部队在326万元范围内对中博公司所欠长城公司的装饰工程费承担连带责任。

宣判后，某部队不服，提出上诉。二审法院驳回上诉，维持原判。某部队不服二审判决，向中级法院申请再审被驳回后，又向高级法院提出再审申请。

高级法院认为：长城公司与中博公司签订的《装修工程合同》系双方真实意思表示，合法有效。中国技术经济研究会作为中博公司的开办单位，应向中博公司投入注册资金1060万元，在其未投入任何注册资金的情况下，依据有关规定，应认定中博公司不具备法人资格，但其所签订的合同为有效合同，民事责任由中国技术经济研究会承担。

关于长城公司根据其与中博公司签订的《补充协议书》中装修物物权归其所有的约定，主张某部队应承担给付其工程款连带责任的问题。法院认为，根据有关法律和司法解释的精神，非产权人在使用他人的财产上增添附属物属于添附的性质。在动产与不动产附合，且不能分离或分离不符合经济原则时，依照一物一权主义，动产所有权归于消灭而成为不动产的组成部分，由不动产所有权人即某部队享有所有权。所以，长城公司与中博公司签订的内容为装修物所有权归长城公司所有的《补充协议书》应为无效协议，对长城公司的该项主张不予支持。

长城公司作为装修工程合同之债的债权人，应向特定的合同义务主体即中博公司主张权利。某部队作为房屋所有权人，虽对出租房屋的装修施工拥有监督、管理和协调各方关系的权利，但其与长城公司和中博公司之间的建筑工程装修合同欠款纠纷并无直接牵连，亦不负有给付工程款及赔偿损失的义务。最终法院判决撤销一审和二审判决，中国技术经济研究会给付长城公司工程款351万元，并支付逾期付款违约金。

【法理研究】

本案涉及的是添附物的所有权归属问题。

本案长城公司基于《装修工程合同》和《结算协议书》，对中博公司享有351万元工程欠款和逾期付款违约金的债权，是不言而喻的。同时，为该债权的实现，双方又以《补充协议书》的方式，约定了装修工程财产所有权保留作为长城公司该项债权实现的保证，从债的法理和法律规定上并无不当，对合同双方当事人也应有债上的效力。但是，由于长城公司是在某部队享有所有权的不动产（房屋）上，以其动产进行装修而发生物的添附效果，某部队并不是其合同之债的相对人，故从物权理论和法律规定上，长城公司与中博公司关于装修工程财产所有权保留作为长城公司债权实现的保证的约定，不能对抗不动产的所有人某部队，进而使该约定不具有实现的条件，该约定的目的落空。由于长城公司在本案中主张的是合同欠款上的请求权，依合同相对性的原则，其就只能向合同相对人中博公司主张；某部队占有装修成果的客观事实，不能成为其对中博公司欠付装修工程款负连带责任的根据，长城公司对中博公司所享有的合同欠款请求权不具有追及合同标的物的现实占有人的效力。而某部队与中博公司在《房屋租赁合同》中约定的在合同终止时对中博公司装修改造承租房屋部分的处理，是符合物的添附原理和《民法通则意见（试行）》第86条的规定的。从本案法律上的添附权利义务关系上，某部队基于不动产物权吸收添附的动产物权而应当进行补偿的话，其补偿的法律上的相对人应当是中博公司。

（一）附合

附合是指两个以上不同所有人的物合在一起，虽尚可区分各个不同物之所在但难以分离，而形成社会经济观念上的一个新物的法律事实。附合有两种情况：

1. 动产与动产的附合。动产与动产的附合，指属于不同人所有的两个人以上的动产相互结合，非经毁损不能分离或分离需花费过巨的法律事实。因动产附合而形成的添附物，原则上应按照各动产所有人在附合时的价值比例而共有。各动产所有人先前对其物的所有权均告消灭，在添附物上形成一个新的以按份共有为表现形态的所有权。如在附合的动产中，有明显的主次之分，其中一物在价值、效用或性质等方面居于主导的地位，那么该物的所有人应获得添附物的所有权，丧失所有权的一方向另一方要求补偿。

2. 动产与不动产的附合。动产与不动产的附合，是指动产与他人不动产相结合，前者成为后者的重要成分，从而发生的添附。所谓成为不动产的重要成分，指动产与不动产密切结合，非经毁损或变更物的性质而不能分离的情形。动产与不动产发生附合的，由不动产所有权人取得添附物的所有权。动产因丧失了其独立存在，其先前的所有权消灭。这一规则不因添附原因的不同而有所区别。当然，这一规则并非最终将经济上的损害分配给了动产所有人。事实上，丧失所有权的前动产所有人可以依据不当得利等规定向不动产所有权人要求所获利益的返还，从而使其不至于因添附而遭受损失。

终止恋爱要求返还房屋装修出资款案[1]

【案情简介】

原告王女经人介绍与被告刘男相识，而后恋爱。双方协商后，便对被告刘母朱某所有的、二被告共同居住使用的、坐落于市区的一套房屋进行装修。装修期间，因雇佣工人、购买材料等共计花费23 000元左右，其中包括原告诉请主张的18 158元支出。原告王女与被告刘男终止恋爱。原告向法院提起诉讼，要求判令两被告共同返还装修出资款18 158元。

【审理判析】

法院认为：王女以结婚后使用房屋为目的，而出资18 158元对刘母所有的房屋进行装修，其出资的价值已附着于该房屋之上，形成了附合情形的添附现象，该房屋因此形态发生变化，增加了新的经济价值。出于合理处分、避免浪费的考虑，被告刘母作为不动产的所有权人，取得了原告王女出资装修部分的所有权。

由于刘母取得该项利益并无合法根据，且与原告王女的利益遭受损失具有因果关系，因此原告王女与被告刘母之间形成不当得利之债，原告王女有权要求被告刘母返还其所得的利益。因刘男并未取得装修部分的所有权，故原告要求其共同承担返还义务，于法无据，法院不予支持。据此判决被告刘母应返还原告王女装修出资款18158元；驳回原告王女要求被告刘男承担返还责任的诉讼请求。

【法理研究】

本案涉及的是附合的法律效果问题。原告出资装修属被告所有的房屋，即属于动产附合于不动产的情形。根据附合原理，在装修他人房屋形成附合的情况下，也必然会发生债权法效果，即原告梁女与被告刘母之间形成不当得利之债。房屋所有人因附合取得附合物的所有权，但这种取得并非绝对是无偿的，因附合丧失对自己物所有权的一方，有权依据合同的约定或有关法律的规定向取得附合物的房屋所有人求偿。

（二）混合

混合是指两个以上所有人的动产互相掺杂在一起而不能识别或者识别费用过大

〔1〕“王丽青因终止恋爱关系诉朱桂英等返还其为结婚后使用的房屋装修出资款案”，载最高人民法院中国应用法学研究所编：《人民法院案例选》2000年第3辑（总第33辑），人民法院出版社2001年版，第91页。

的法律事实。如大米和沙子、汽油和酒精掺杂在一起。混合与附合的区别就在于：首先，附合可以发生于动产和动产、动产和不动产之间，混合只能发生于动产之间；其次，在附合中还可以识别原来各自的财产，而混合的情况下，已无法识别原来各自的财产。

对混合的处理与对动产与动产的附合的处理规则相类似，各国民法一般都规定，对于混合可准用动产附合的规定。即视物的价值或为共有，或是一方取得所有权，对另一方作出补偿。

（三）加工

加工是指在别人所有的动产上附加了自己有价值的劳动，而使其成为了一种新的财产的法律事实。如将他人的树根制作成根雕工艺品。加工必须具备以下要件：首先，加工的对象须为他人所有的财产；其次，所加工的财产须为动产，在他人不动产上劳作的，不构成加工，劳作人可依不当得利等规定要求补偿；最后，加工人必须在该财产上附加了有价值的劳动，加工须形成新物。

加工产生如下法律后果：当事人对加工物的归属有约定的，依照其约定；若没有约定的，一般情况下应归材料人所有，只有在因加工所增加的价值显然超过材料的价值时，加工物的所有权才能归属于加工人；如要归加工人所有，应以善意为前提条件，恶意加工的只能产生损害赔偿之债。在上述几种情况下，取得加工物的一方应对对方的劳动或者原材料价值予以补偿。

五、先占

先占是指当事人以取得所有权的意思，先于他人占有无主的动产而取得其所有权的事实。无主物的先占是一项古老的财产所有权的取得方式，在罗马法中即有先占制度。但我国《物权法》未予规定。

因先占取得动产所有权必须具备以下几个条件：①先占的标的物须为动产。土地及其定着物等不动产，不能因先占而取得所有权。但是并非所有的动产都可以因先占而取得所有权。尸体、被国家文物保护法和珍稀野生动植物保护法保护的文物和珍稀野生动植物、他人享有独占性权利的物，不得为先占的标的物。②须以所有的意思占有。该所有的意思并非取得所有权的意思，而是先占人在占有物品时有客观上足以使他人认为先占人有据为己有的表示即可。先占并非法律行为，而是事实行为，无行为能力的人亦可为先占。③须为无主物。无主物，指现为无主物，无论曾经是否有主，只要现在无主、不属于任何人所有，都可成为先占的对象。具备以上条件后，先占者即可取得无主动产的所有权，无主动产转化为有主物。

张甲等人倒卖恐龙蛋化石案[1]

【案情简介】

被告人张甲、刘某与被告人张乙的丈夫任某（在逃）在长城宾馆会面预谋：由任某回到某县组织购买恐龙蛋化石，数量不限，每枚价格暂定为200元至300元，货送到后再具体按质论价，张甲、刘某当场付给任某定金2000元。任某回去后，在其妻张乙、其弟任二某（在逃）的协助下，组织购买了156枚恐龙蛋化石。在运送恐龙蛋化石，途经收费站时被公安机关截获。

经省文物鉴定组鉴定：查获的156枚恐龙蛋化石中，有148枚属国家三级文物，8枚属一般文物。这156枚恐龙蛋化石已移交该县文管所收藏。

【审理判析】

法院经审理认为，被告人张甲、刘某、张乙以获利为目的，非法经营国家三级文物恐龙蛋化石，其行为已构成投机倒把罪。[2]

【法理研究】

根据法律的规定，文物属于国家所有。该案所涉及的恐龙蛋属于三级文物，该恐龙蛋化石属于国家所有，属于限制流通物，是有主物而非无主物。正是由于法律和行政法规有禁止性的规定，排除了公民通过“先占”可以取得恐龙蛋化石的所有权。故村民不得挖掘恐龙蛋化石，自然无法取得其所有权，因而本案三被告人也不可能通过传来取得而获得这些恐龙蛋的所有权。

---

〔1〕“张碧良等人倒卖恐龙蛋化石投机倒把案”，载最高人民法院中国应用法学研究所编：《人民法院案例选》1996年第3辑（总第17辑），人民法院出版社1996年版，第43页。

〔2〕该案发生之时尚有“投机倒把罪”的规定，在1997年《刑法》修改之后，该罪被取消。

第四章　所有权的特殊形态

第一节　业主的建筑物区分所有权

一、业主的建筑物区分所有权的概述

（一）业主的建筑物区分所有权的概念

业主的建筑物区分所有权，简称为建筑物区分所有权，是指根据使用功能将建筑物分为了具有独立用途的专用部分和共用部分，各个所有人对建筑物中有独立用途的专用部分享有一般意义上的所有权，同时各个所有人又对建筑物中的共用部分享有共有权，最后各个所有人还要对整个建筑物享有共同管理和维修的成员权。

我国《物权法》第六章专章规定了“业主的建筑物区分所有权”，其第70条规定：“业主对建筑物内的住宅、经营性用房等专有部分享有所有权，对专有部分以外的共有部分享有共有和共同管理的权利。”最高人民法院《关于审理建筑物区分所有权纠纷案件具体应用法律若干问题的解释》（法释［2009］7号，以下简称《建筑物区分所有权司法解释》）对《物权法》的规定进行了细化。

建筑物区分所有权的专有部分要成为建筑物区分所有权的客体应当满足下列条件：①构造具有独立性。即被区分的建筑物部分，在构造上应与建筑物的其他部分相互隔离，形成一个相对封闭的空间。②具有独立的用途。即被区分的各部分，可以满足居住、商业等用途。一般而言，其判断依据在于，该部分是否有独立的出入门户。

甲公司、钟某等诉乙公司房屋侵权纠纷案[1]

【案情简介】

原告甲公司、钟某等19户因与被告乙公司发生房屋侵权纠纷，向法院起诉称：原告居住的楼房，底层为被告所有，二层以上的产权为原告等所有。被告擅自在其

［1］“南京市鼓楼区房产经营公司、钟宝强等诉江苏盛名实业有限公司房屋侵权纠纷案”，载最高人民法院中国应用法学研究所编：《人民法院案例选》2000年第4辑（总第34辑），人民法院出版社2001年版，第80页。

底层拆改装潢，为架设夹层而深挖屋内地面将基础梁暴露在外，用膨胀螺栓把槽钢固定在楼房框架和四周墙体上，明显加大了楼房主体的负荷。被告的行为致使原告等的住宅墙体开裂，层面渗水，水管漏水，严重影响了原告等的居住安全。被告的行为侵犯了原告等作为产权人的合法权益。请求判令被告恢复原状，并对受损的楼房主体结构和给排水系统采取补救加固措施。

【审理判析】

一审法院认为：原告甲公司和钟某等户与被告乙公司属不动产的相邻各方，应当按照法律的规定正确处理好相邻关系，共同维护所在楼房的安全。乙公司在自己的产权范围内增建夹层，新的方案是由有资质的部门设计，并得到建设工程规划和抗震、消防等行政主管机关的审核同意。乙公司如能在严格监督下按照批准的施工质量标准组织施工，楼房的安全是有保障的。对原告的诉讼请求不予支持。

二审法院认为：讼争六层商住楼是由上诉人钟某等住户、原审原告甲公司和被上诉人乙公司区分所有。对共用部分的任何改动，应以不违背共同利益为前提，并须经全体区分所有权人同意，否则即构成对其他权利人共有权的侵害。被上诉人乙公司虽然是在其专有部分增建夹层，但是其增建夹层的行为利用了属于共用部分的梁、柱和地板以下的掩埋工程，使梁、柱的负载加大，地梁的改动是对共用部分的非正常使用，影响到全体区分所有权人的共同利益。无论上诉人钟某等住户的房屋是否损坏，无论该损坏是否与乙公司有关，乙公司在没有征得全体区分所有权人同意的情况下就利用共用部分给自己增建夹层，都侵害了其他区分所有权人的共有权。因此，改判拆除底层房屋的夹层，将下挖的部分恢复原状。

【法理研究】

建筑物区分所有权包括每一个房屋区分所有权人对特定空间的专有权、全体区分所有权人对整幢独立房屋以及房屋内所有共同设施的共有权和成员权。房屋区分所有权中的共有权，是一种不可分割、只能随同专有权的转让而转让的权利。权利人有权按照共用部分的种类、性质、构造、用途正当使用共用部分，有权分享整幢房屋或者房屋的共用部分产生的收益，有权制止对整幢房屋或者房屋共用部分的任何侵害。我国《物权法》第71条规定："业主对其建筑物专有部分享有占有、使用、收益和处分的权利。业主行使权利不得危及建筑物的安全，不得损害其他业主的合法权益。"本案中，乙公司的行为侵害了其他区分共有人的利益，应予恢复原状。

（二）建筑物区分所有权的法律特征

建筑物区分所有权人对共有部分的共有权与一般的共有权存在差异，主要表现为以下几点：①权利主体身份的复合性。建筑物区分所有权人具有专有权人、共有权人和成员权人的三重身份。②专有权的主导性。建筑物区分所有权人取得专有权的同时便取得了对共有部分的共有权和成员权；专有权的大小决定区分所有人对共有部分共有权和成员权的大小；在区分所有权的设定登记上，只需登记专有所有权，而共有部分的共同共有权和成员权无须登记。③权利客体的整体性。建筑物区分所有权是建立在建筑物上的一种所有权形式，并非专有权、共有权和管理权三种权利的简单相加，而是一个不可分割的整体。在转让、抵押、继承时，应将三者一同转让、抵押、继承。他人在受让区分所有权时，同时取得这三项权利。

曾某等15人与甲公司、乙公司财产损害纠纷案〔1〕

【案情简介】

原告曾某等15人诉称：原告系两被告共同开发的某小区的业主。原告等业主，发现两被告违反规划图纸的设计方案，在不具备合法手续的情况下，擅自将该小区B幢第12层屋顶架空层围砌围墙，违章扩建成楼房，侵害了原告等业主的合法权益。故原告请求法院判令被告立即停止侵权行为并拆除对某小区B幢第12层屋顶围筑的违章建筑物，并严格按规划部门批准的规划设计方案恢复原状。

【审理判析】

法院认为，原告以侵权角度来主张权利，其所提供的向某房地产管理局调取的房屋信息表，可以证明其系该小区B幢楼的业主，因此，原告是本案的适格主体。现被告违反规划设计，私自将该架空层部分围砌封闭墙体，侵犯了B幢业主的权益。该架空部分虽未计入业主的公摊面积，但其使用权仍属B幢的业主，被告无处分权。原告要求被告拆除私自围砌的封闭墙体合理合法，该诉求应予支持。

【法理研究】

本案争议的主要焦点在于区分所有建筑物的楼顶空间及其架空层的归属问题。

建筑物区分所有权，作为一项重要的不动产权利，是一个综合型的、复合型的权利，由对专有部分的专有所有权，对共用部分的共有所有权及区分所有人对建筑物及居住于建筑物上的人的行为的管理权所构成。建筑物楼顶空间及其架空层的所

〔1〕“曾李嵘等15人与东兴房地产开发有限公司、东淮房地产开发有限公司财产损害纠纷案”，载最高人民法院中国应用法学研究所编：《人民法院案例选》2006年第3辑（总第57辑），人民法院出版社2007年版，第171页。

有权归属于全体业主专有权之外的共有权，即全体区分所有权人所共有，房地产公司无权处置。

本案中，双方诉争的屋顶架空部分在原规划设计中并没有围砌封闭墙体，架空层的建筑面积是不计算建筑容积率的，没有包括在某B幢建筑面积中，没有计入业主的公摊面积，是整幢楼房的附属物，属于非独立的所有权空间，由某B幢楼房全体区分所有权人所共有。因此，房地产公司无权在该楼顶架空层围砌成封闭墙体占为自用。房地产公司未经该楼房的所有业主同意，擅自将该楼房第12层屋顶架空部分围砌成封闭墙体，改变该架空层的结构和用途，侵犯了该楼房全体区分所有权人的权利。15位被上诉人是该楼房的部分业主，其有权提起民事侵权诉讼，要求上诉人停止侵权行为，拆除违章建筑，恢复原状。法院判决是正确的。

二、建筑物区分所有权的内容

通说认为，建筑物区分所有权的内容包括对建筑物内专有部分的专有权、共有部分的共有权以及因区分所有权人的共同关系所生的管理权。

（一）对专有部分的专有权

建筑物区分所有人的专有权，是指区分所有权人对专属于自己的，在构造上和使用上具有独立性的封闭建筑空间所享有的占有、使用、收益、处分的排他性的支配权。对于“专有部分”，《建筑物区分所有权司法解释》第2条进行了界定，即“建筑区划内符合下列条件的房屋，以及车位、摊位等特定空间，应当认定为物权法第六章所称的专有部分：①具有构造上的独立性，能够明确区分；②具有利用上的独立性，可以排他使用；③能够登记成为特定业主所有权的客体。规划上专属于特定房屋，且建设单位销售时已经根据规划列入该特定房屋买卖合同中的露台等，应当认定为物权法第六章所称专有部分的组成部分。本条第一款所称房屋，包括整栋建筑物”。

建筑物区分所有权人的专有权，在性质上与一般的不动产所有权相同。但由于此专有部分与建筑物中其他专有部分有密切的关系，具有共同的利益，业主行使权利不得危及建筑物的安全，不得损害其他业主的合法权益。比如，业主将住宅改变为经营性用房的，除须遵守法律、法规以及管理规约外，还应当经有利害关系的业主同意。

底楼擅拆承重墙引发众怒被判复原案[1]

---

[1] 吴红兰：“底楼擅拆承重墙引发众怒被判复原”，载中国法院网 http：//www. chinacourt. org/public/detail. php? id = 208979，登录时间2006年06月20日。

【案情简介】

王先生通过中介公司购买了临街公寓房一套。后来，王先生私自将北面卧室临街的北外墙和窗户拆除，准备破墙开店。但王先生的这种行为遭到楼上所有居民的反对，他们认为，北外墙是承重墙，王先生将北外墙拆除破坏了房屋的承重结构，并对他们的居住安全构成了严重威胁。双方协商未果，楼上四户居民将王先生告上了法庭，要求王先生恢复房屋原墙体结构原状。

【审理判析】

法院经审理后认为，房屋的权利人在对房屋行使权利时必须依法、合理、适当，不得滥用权利给相邻方的生活、安全造成影响和威胁，否则，应依法承担相应的民事责任。被告王先生在对其所有的房屋行使权利时，未经批准，未听劝阻擅自拆除房屋的承重墙体，其行为客观上已对其楼上的相邻各方的生活和安全造成了现实的影响和威胁。应予复原。

【法理研究】

对于专有部分的界定标准，应满足两个条件，其一是构造上的独立性，其二则是利用上的独立性。[1] 区分所有权人在不改变建筑物之固有用途的前提下，可以自由地用益和处分。但是，由于建筑物区分所有权的特殊性，专有人在行使权利时不得违反全体建筑物所有人的利益，不得妨碍他人权利的正常行使，不得危及他人安全。本案中，王某为了开店擅自拆除北外墙和窗户，而该北外墙是承重墙，实属关涉该幢楼房整体安全的重要部分，王某破坏了房屋的承重结构对其进行非法改造会对整幢楼房的安全产生严重威胁，这就超越了王某本人得行使之权利的界限，有侵犯他人权利的危险，违反了不作为的义务，因而对其行为需要经民法予以矫正。

（二）共有部分的共有权

共有部分的所有权，指区分所有人依照法律或者管理规约的约定，对区分所有建筑物的共有部分所享有的占有、使用、收益、处分的权利。

所谓共有部分是指区分所有的建筑物及其附属物的共有部分，即专有部分以外的建筑物的其他部分。《建筑物区分所有权司法解释》第3条规定："除法律、行政法规规定的共有部分外，建筑区划内的以下部分，也应当认定为物权法第六章所称的共有部分：①建筑物的基础、承重结构、外墙、屋顶等基本结构部分，通道、楼梯、大堂等公共通行部分，消防、公共照明等附属设施、设备，避难层、设备层或

---

〔1〕 梁慧星、陈华彬编著：《物权法》，法律出版社2003年版，第162页。

者设备间等结构部分；②其他不属于业主专有部分，也不属于市政公用部分或者其他权利人所有的场所及设施等。建筑区划内的土地，依法由业主共同享有建设用地使用权，但属于业主专有的整栋建筑物的规划占地或者城镇公共道路、绿地占地除外。”

全国首例判决小区车库归业主共有案[1]

【案情简介】

A城市花园是某市的一个高档住宅小区。开发商B有限公司开始申报A城市花园的住宅工程。小区建成后，三幢楼的楼下建有连片整体地下车库，该部分建筑面积没有分摊到住宅中，在《市预售商品房备案证明》和《商品房屋登记备案平面图》中得到了反映，但未取得独立的销售许可证，也未能在商品房销售许可证中有相应的说明。开发商在住宅预售、销售时曾承诺：小区配建地下车库供业主停车。但业主们入住后却发现，开发商开始出售地下车库车位，业主只有购买车位才能取得停车权。后来，A城市花园业主委员会依法成立，以“小区地下停车库是小区配套公用设施，应属全体业主共有”为由，与开发商发生纠纷，诉至法院，请求法院判决确认A城市花园地下室停车库的占有、使用、收益、处分的权利归全体业主所有并按期移交。

【审理判析】

法院判决将A城市花园地下停车库移交给业主委员会管理，并由全体业主享有该地下停车库的权益。

【法理研究】

本案的关键在于当事人是否明确约定了车库的归属。

《物权法》第74条规定：“建筑区划内，规划用于停放汽车的车位、车库应当首先满足业主的需要。建筑区划内，规划用于停放汽车的车位、车库的归属，由当事人通过出售、附赠或者出租等方式约定。占用业主共有的道路或者其他场地用于停放汽车的车位，属于业主共有。”据此，建筑区划内的车位与车库的归属，有两种情况：①对于非占用业主共有道路或其他共有场地而用于停放汽车的车位车库有两个层次的归属顺序：其一，开发商应满足业主的需要。业主对车位、车库的基本需要

[1] 杭正亚：“全国首例判决小区车库归业主共有一案代理后的思考”，载《南方周末》2003年12月11日。

是优先于当事人的约定的，不能够以约定而排除业主对车位、车库的需要，这是法定的权利。其二，在满足了业主的基本需要以后，可以由开发商与业主或其他当事人进行约定。约定的方式可以是出售、出租或者附赠等。②对于占用业主共有的道路或者其他共有场地用于停放汽车的车位，则属于业主共有。

本案中，地下车库并未取得相应土地使用权，完全依附于作为主物的由业主住宅组成的建筑物，其不能单独从建筑物中分离出来，根据建筑物区分所有权和土地使用权一体性的原则和“地随房走”的原则，依附于该建筑物土地上的地下车库自然应该归全体业主所有，而且从本案业主双证载明的数据来看，小区的土地使用权和地下车库的面积实际上已经全部分摊到每一位业主。因而地下车库应归全体业主所共有。

区分所有人对共有部分享有以下权利：①共有部分的使用权。各区分所有人对建筑物的共有设施，均享有按照该设施的性质和作用进行使用的权利，该使用权原则上不因专有权的大小而有所区别。②共有部分的收益权。各区分所有人按照其专有权占整栋建筑的比例，对建筑物共有部分的所生利益，享有收益权。③对共有部分进行改良的权利。在不违反法律的强制性规定的前提下，区分所有人可以按照一定的方式行使其共同意志，对建筑物的共有部分进行修缮改良。④排除妨害请求权。当区分所有人或者第三人违反通常使用方法使用共有部分、损害共有部分或者对他人的共有权造成妨害时，其他区分共有人均可以请求停止侵害、排除妨碍。

（三）业主的管理权

业主的管理权是指建筑物区分所有人基于一栋建筑物构造、权利归属以及使用上的不可分割的共同关系而产生的，作为建筑物这一团体组织的成员而享有的权利及所承担的义务。

1. 设立业主大会和选举业主委员会的权利。依据《物权法》，业主可以设立业主大会，选举业主委员会。地方人民政府有关部门应当对设立业主大会和选举业主委员会给予指导和协助。业主大会和业主委员会是由房产业主选举或推举的业主代表组成的，并代表其区域内的所有业主行使业主权利，以维护业主的合法权益不受侵犯，是一种自发的群众性维权自治管理组织。业主大会或者业主委员会的决定，对业主具有约束力。业主大会和业主委员会对任意弃置垃圾、排放污染物或者噪声、违反规定饲养动物、违章搭建、侵占通道、拒付物业费等损害他人合法权益的行为，有权依照法律、法规以及管理规约，要求行为人停止侵害、消除危险、排除妨害、赔偿损失。

业主管理委员会诉通讯分公司电磁辐射损害居民健康案[1]

【案情简介】

甲房地产公司建造的三栋大楼大部分房屋出售为私人产权房。交付使用时，甲房地产公司委托被告乙物业管理有限公司进行管理。被告通信分公司根据无线电固定台（站）通信网络布局，在该地区设置数字移动通信网基站，与甲房地产公司下属的丙物业公司签订合作协议书约定：通讯分公司无偿在大楼房顶上安装数字移动通信网基站。

后来，业主依法成立了小区业主管理委员会。业主管理委员会成立后，就通讯分公司安装数字移动通信网基站后造成该楼24层以上居住人员头晕、眼花、乏力等情况，以其合法权益受到侵害为理由与两被告交涉未果，遂解聘了乙物业管理有限公司。业主管理委员会向法院起诉称：其系该楼的业主代表人，两被告未经其同意擅自在该大楼房顶上安装数字移动通信网基站，强辐射电磁波对该楼高层居民的健康造成危害，构成侵权。要求拆除该基站，排除对该楼居民合法权益的妨害。

【审理判析】

法院认为：丙物业公司既不是受托的管理者，又不是业主的代表，不具备与被告签订在该大楼房顶上设置基站协议的主体资格，损害了业主的合法利益，该协议应为无效。鉴于该基站已经设置，未见影响人体健康，拆除该基站，势必影响通信网络的布局，影响部分地区的移动电话通信。原告从实际出发，要求被告通讯分公司支付建站使用费，可予准许，判决通讯分公司支付给小区业主管理委员会该大楼房屋使用费每年6.6万元。

【法理研究】

业主委员会业主大会或业主代表大会选举产生常设代表，行使业主大会的权利，维护整个住宅小区的物业管理活动正常进行。业主委员会有权代表业主选聘或解聘物业管理公司，监督物业管理公司的工作；也可以利用物业公司广告效益或停放车辆的收费等经营活动。业主委员会是类似于居民委员会的法律授权的其他组织。它产生于业主大会或业主代表大会，受业主的委托约束，对外从事民事活动所产生的权利义务应由大会业主承担法律后果。业主委员会是法律意义上的拟制人，具有诉

---

〔1〕“虹古小区业主管理委员会诉中国联通上海分公司在其物业上设置的通讯站电磁辐射损害居民健康案”，载最高人民法院中国应用法学研究所编：《人民法院案例选》1998年第3辑（总第25辑），人民法院出版社1998年版，第106页。

讼主体资格。当然，业主委员会不具有独立财产，按现行法律尚难承担民事责任。若要进行民事活动，也只能从事纯收益性的民事活动。若要进行民事诉讼，诉讼和聘请律师等相关费用的支付，存在一些具体操作上的问题。对业主委员会的法律地位的规定需进一步完善。

2. 重大事项表决权。根据《物权法》第 76 条的规定，下列事项由业主共同决定：制定和修改业主大会议事规则；制定和修改建筑物及其附属设施的管理规约；选举业主委员会或者更换业主委员会成员；选聘和解聘物业服务企业或者其他管理人；筹集和使用建筑物及其附属设施的维修资金；改建、重建建筑物及其附属设施；有关共有和共同管理权利的其他重大事项。《建筑物区分所有权司法解释》第 7 条规定："改变共有部分的用途、利用共有部分从事经营性活动、处分共有部分，以及业主大会依法决定或者管理规约依法确定应由业主共同决定的事项，应当认定为物权法第 76 条第 1 款第 7 项规定的有关共有和共同管理权利的'其他重大事项'。"其中，决定筹集和使用建筑物及其附属设施的维修资金或者改建、重建建筑物及其附属设施的，应当经专有部分占建筑物总面积 2/3 以上的业主且占总人数 2/3 以上的业主同意。决定上述其他事项，应当经专有部分占建筑物总面积过半数的业主且占总人数过半数的业主同意。

3. 请求权。业主管理权中的请求权包括撤销业主大会或者业主委员会决定的请求权、共有资金分配请求权、建筑物收益分配请求权等。[1] 比如，根据《物权法》第 78 条的规定，业主大会或者业主委员会作出的决定侵害业主合法权益的，受侵害的业主可以请求人民法院予以撤销。《建筑物区分所有权司法解释》第 12 条对撤销权附加了 1 年除斥期间的限制。该条规定："业主以业主大会或者业主委员会作出的决定侵害其合法权益或者违反了法律规定的程序为由，依据物权法第 78 八条第 2 款的规定请求人民法院撤销该决定的，应当在知道或者应当知道业主大会或者业主委员会作出决定之日起一年内行使。"

4. 其他管理权。主要包括知情权、自主管理权、委托管理权、更换管理者的权利和监督权等。业主可以自行管理建筑物及其附属设施，也可以委托物业服务企业或者其他管理人管理。对建设单位聘请的物业服务企业或者其他管理人，业主有权依法更换。物业服务企业或者其他管理人根据业主的委托管理建筑区划内的建筑物及其附属设施，并接受业主的监督。

---

〔1〕 石春玲：《物权法原理》，中国政法大学出版社 2008 年版，第 89 页。

甲业主管理委员会诉乙房地产公司等物业管理案[1]

【案情简介】

甲房屋业主管理委员会所属各业主分别与被告乙房地产开发公司签订市内销售商品房出售合同，同时签订的房屋使用、维修、管理公约中写明：由被告乙公司指定被告丙房地产有限公司进行物业管理，公约有效期为15年，试行期为2年，业主委员会有权在试行期满后讨论并修改公约。各业主随后又分别与被告丙公司办理了入住手续，并且缴纳了装修押金、环卫费、房屋维修基金等费用。

各业主入住后，发现被告丙公司管理的小区环境脏、乱、差，即对其提出了整改的要求。后来，区房产管理局批准设立甲房屋业主委员会。原告业主委员会要求被告丙公司退还房屋维修基金、退出小区管理。被告丙公司未予答复，于是业主委员会向法院起诉，要求法院判令解除各业主与被告丙公司签订的房屋使用、维修、管理公约，并要求被告丙公司退出甲小区物业管理。

【审理判析】

法院认为：原告所属各业主与被告乙公司签订的公约系是双方真实意思表示，符合法律关于合同要件的规定，因而对双方均有约束力。公约规定的2年试用期已满，业主委员会有权选聘、解聘物业公司，故支持了原告的诉讼请求，判令合约终止履行，被告丙公司退出甲小区物业管理。

【法理研究】

本案的关键在于业主委员会有无权利代表各业主选聘、解聘物业管理公司。本案中原告业主委员会既非企业法人也非企业法人分支机构，但却是由各业主代表推荐组成，并经房产主管部门批准成立的，它有权代表全体业主行使对房屋的整体权利。《物权法》第81条规定："业主可以自行管理建筑物及其附属设施，也可以委托物业服务企业或者其他管理人管理。对建设单位聘请的物业服务企业或者其他管理人，业主有权依法更换。"

本案中，被告丙公司为被告乙公司委托的物业管理公司，在物业管理中存在管理不善之处，因而原告业主委员会有权解除各业主与乙公司签订的房屋使用、维修、管理公约。并且公约明确规定：2年试行期满，业主委员会有权讨论修改公约。因而原告业主委员会要求解除各业主与被告乙公司签订的公约，并要求被告丙公司退出

---

〔1〕"上海丽锦房屋业主管理委员会诉上海集伟房地产开发公司等物业管理案"，载中国人民大学法学院编：《中国审判案例要览》（1998年民事审判卷），中国人民大学出版社1999年版，第115页。

甲小区物业管理的请求，理由正当，应予支持。

第二节　相邻关系

一、相邻关系的概念和特征

相邻关系是指相互毗邻的不动产所有人或者使用人在行使所有权或者使用权时，因相互给予便利或者接受限制所发生的权利义务关系。通说认为，相邻关系不是与所有权、用益物权、担保物权等相互独立的物权，本质上是一方所有人或者使用人的财产权利的延伸，同时又是对他方所有权或者使用权等财产权利的限制。

不动产相邻关系具有以下法律特征：①相邻关系的主体必须是两个或者两个以上的不动产的所有人或使用人。②相邻关系的产生须基于不动产相毗邻的事实。③相邻关系的客体是利益。④相邻关系的内容包括积极的作为和消极的不作为。⑤相邻关系具有附随性。⑥相邻关系依附于相邻之不动产，无须登记。

二、处理相邻关系的原则和具体依据

《民法通则》第83条规定："不动产的相邻各方，应当按照有利生产、方便生活、团结互助、公平合理的精神，正确处理截水、排水、通行、通风、采光等方面的相邻关系。给相邻方造成妨碍或者损失的，应当停止侵害，排除妨碍，赔偿损失。"《物权法》第84条规定："不动产的相邻权利人应当按照有利生产、方便生活、团结互助、公平合理的原则，正确处理相邻关系。"这是我国司法机关处理相邻关系案件的经验总结。

相邻关系的规则一般应由法律明文规定，但是由于不动产利用关系的复杂性，法律不可能对所有的相邻关系作出明确的规定，因此，《物权法》第85条规定："法律、法规对处理相邻关系有规定的，依照其规定；法律、法规没有规定的，可以按照当地习惯。"

三、相邻关系的基本类型

根据《民法通则》、《民法通则意见（试行）》、《物权法》的相关规定，相邻关系的基本类型可以归纳为以下几种：

（一）因用水、排水产生的相邻关系

根据《物权法》第86条的规定，不动产权利人应当为相邻权利人用水、排水提供必要的便利。本条实际上是规定因水流而产生的相邻关系，主要包括两种关系，即相邻用水关系和相邻排水关系。

在我国，水流属于国家所有。在水源地、水流地的相邻各方均有权用水，但是不应影响和限制相邻使用人的用水利益。因此，多方共用一水源时，各方均应在不违反法律规定的情况下，依据习惯，合理使用水源。相邻方在需要改变水的流向并影响相邻他方用水时，应征得他方同意，并对此造成的损失给予补偿。

排水分为自然排水和人工排水。对于自然排水，不动产所有人或者使用人有容忍排水的义务；对人工排水，即如果相邻一方必须使用另一方不动产排水，应当允许；但排水一方应在必要限度内使用，并采取适当措施减小对他方不动产的影响，造成他方损失的，应当给予补偿。相邻一方在为房屋设置管、槽或者其他装置时，不得使房屋雨水直接注泄于邻人建筑物或者土地之上。相邻一方可以采取其他合理的措施排水而未采取，向他方不动产排水，毁损或者可能毁损他方财产，他方有权要求致害人停止侵害、消除危险、赔偿损失等。

擅封露台影响排水被判决排除妨碍〔1〕

【案情简介】

张某和李某所购楼房系东西相邻，均为顶层，原告居西。双方的南侧露台毗邻（中间原有铁网相隔），且均从李某一侧的雨落管排水。某日，李某在其屋顶南侧的露台上建阳光房时，在双方之间分界处隔网东侧建水泥隔板墙，该墙底部与露台地面相接触，造成张某家露台积水无法排出，物业管理公司多次出面调解未果。张某起诉要求被告将顶层露台共用雨落管保持畅通，保证原告排水。而被告认为原告的露台排水完全可以改经原告自家阳台雨落管排放。

【审理判析】

法院审理后认为，根据本案所查明的事实，原、被告所购楼房露台相邻，且从该房设计中露台的排水为共同使用的一个排水管；被告擅自将其露台封闭，致使原告露台雨水无法排放，对原告房屋露台排水已构成妨碍，该妨碍应予排除。

【法理研究】

在自然排水之情况下，由于水有就下的属性，因此在自然流水，低地所有人或使用人通常应负容忍义务，学说称为“承水义务”。此时的义务人不单单负有最基本的消极不作为的容忍义务，而在水流于低地处淤积受堵之时还附有帮助排除妨害的积极作为义务。承水义务同时也是一种法定义务，当事人不得事先约定免除。承水义务不过问义务人的主观心理状态，只要义务人的某种设施导致自然流水无法排放，义务人就要承担相应的责任，而不管义务人设置这种障碍物是出于故意、过失或其他目的。〔2〕

---

〔1〕 焦海龙：“擅封露台影响排水邻里法庭讨说法”，载中国法院网 http：//www. chinacourt. org/public/detail. php? id =91948，登录时间2003年11月24日。

〔2〕 梁慧星、陈华彬编著：《物权法》，法律出版社2003年版，第189页。

现代高层建筑物之现状使得相邻上下层之间具有相互给予排水方便的义务，并且不得擅自改变房屋结构致他人无法排水。本案中，被告擅自将其露台封闭，使两家共同使用的排水管无法为原告正常使用，致使原告露台雨水无法排放。因此被告对原告房屋露台排水的正当权利不仅没有按照《物权法》的要求提供必要的便利，反而对其构成妨碍，应当令其排除。

（二）因通行产生的相邻关系

不动产权利人对相邻方因通行等原因必须利用其土地的，应当提供必要的便利。相邻一方的建筑物或者土地，处于他人的土地包围之中，只有通过邻人的土地才能到达公用通道，或者虽然可以利用其他通道，但是费用过高或者十分不便的，可以通过邻人的土地以便通行。但是在通行时，通行一方应当选择最必要、损失最少的路线，尽量避免对相邻的不动产权利人造成损害，造成损害的，应当予以赔偿。

对于一方所有或者使用的建筑物范围内历史形成的必经通道，所有权人或者使用权人不得堵塞。因堵塞影响他人生产、生活，他人要求排除妨碍或者恢复原状的，应当予以支持。但有条件另开通道的，也可以另开通道。

通道所有权人妨碍通行权被判败诉[1]

【案情简介】

王某、夏某各自拥有位于某市一街道的房产，房产相互毗邻，中间有一条南北向夹弄。根据该市国土资源局地籍表，该夹弄的土地所有权归夏某所有。2003 年 3 月，夏某以此为由，将夹弄锁住，并堆放建筑垃圾，不让王某通行。王某认为，夹弄是到其后排小屋的必经通道，夏某封锁夹弄，致使其只得在前排房屋上凿墙洞进出后屋，妨碍其通行。在交涉不成的情况下，王某向法院提起诉讼。

【审理判析】

法院审理认为，作为不动产相邻各方，王某、夏某应当按照方便生活、团结互助、公平合理的原则，正确处理相邻关系，虽然双方毗邻的夹弄土地所有权归夏某所有，但该夹弄为王某进入其后排小屋的直接通道。夏某行使所有权时不得妨碍王某在此夹弄的通行权。法院判决夏某应当清除垃圾，让王某通行。

---

〔1〕赵晖、顾海斌：“通道所有权岂能妨碍通行权——夹弄所有者被判败诉”，载中国法院网 http：//www. chinacourt. org/public/detail. php? id = 179260& = k_ author7，登录时间 2005 年 09 月 27 日。

【法理研究】

相邻通行关系是为了满足相邻人通行的便利，而规定由通行之必要路径所属土地的所有权人或使用权人负有容忍其合理通行的义务，同时还应当积极为他人供必要的便利而不能故意阻碍以妨害他人之通行。本案中，虽然夏某是该夹弄的权利人，但是其擅自将夹弄锁住并堆放建筑垃圾不让王某通行的行为，侵犯了王某的相邻必要通行权。夹弄是到后排小屋的必经通道，夏某将其锁住而致使王某无法通过，妨碍了其正常的生活出入，负有排除妨碍的责任，因此法院判令其清除垃圾以保证王某的必要通行权是正确的。

（三）因建造、修缮建筑物及铺设管线产生的相邻关系

《物权法》第88条规定："不动产权利人因建造、修缮建筑物以及铺设电线、电缆、水管、暖气和燃气管线等必须利用相邻土地、建筑物的，该土地、建筑物的权利人应当提供必要的便利。"因建造、修缮建筑物及铺设管线产生的相邻关系，主要存在两种情况：一种是因为建造、修缮房屋需要利用相邻不动产的，相邻的另一方应当提供必要的便利；另一种是铺设电线、电缆、水管、暖气等管线必须利用相邻土地、建筑物。

需要注意的是，因建造、修缮建筑物以及铺设管线，需要利用邻人的土地或建筑物，这种利用的要求必须是合理的。根据《民法通则意见》的规定，相邻一方因施工临时占用他方使用的土地，占用的一方如未按照双方约定的范围、用途和期限使用的，应当责令其及时清理现场，排除妨碍，恢复原状，赔偿损失。

张某诉王某剪断照明、电话线案[1]

【案情简介】

原、被告两家相邻。原告家接用的照明线、电话线需经被告房后铺设、固定而引入。一日，当事人双方因琐事发生争吵，被告即将通过其房后供原告家使用的照明线、电话线剪断，造成原告家照明和通话中断。原告遂向法院起诉，称：被告将其照明线、电话线剪断，致使其家照明及通话中断，被告的行为侵犯了其合法权益。要求判令被告将照明线、电话线恢复原状，赔偿经济损失1000元、精神损失500元，并赔礼道歉。

---

〔1〕"张仁宝诉王振英剪断架设于王家房上通向张家的照明、电话线要求恢复原状、赔偿损失案"，载最高人民法院中国应用法学研究所编：《人民法院案例选》2002年第3辑（总第41辑），人民法院出版社2003年版，第164页。

【审理判析】

法院经审理确认了被告剪断了通向原告家的照明线、电话线的事实。经法庭主持调解，双方当事人达成如下调解协议：由被告当庭支付原告损失420元，并负责将电话线接通。

【法理研究】

《物权法》第87条明确规定："不动产权利人因建造、修缮建筑物以及铺设电线、电缆、水管、暖气和燃气管线等必须利用相邻土地、建筑物的，该土地、建筑物的权利人应当提供必要的便利。"根据这样一个概括性的规定，双方当事人基于相邻管线安设关系而产生的经济方面的补偿等事项，就应该本着意思自治的原则来妥善加以解决。本案中被告负有对相邻的原告行使安设权的容忍义务，其剪断原告电线和电话线的行为是欠妥当的，对此造成的损害理应赔偿。

（四）因通风、采光而产生的相邻关系

《物权法》第89条规定："建造建筑物，不得违反国家有关工程建设标准，妨碍相邻建筑物的通风、采光和日照。"相邻各方在建造建筑物时，应当与他方的建筑物保持适当距离，不得妨害邻人的通风、采光和日照。

因通风、采光、日照而产生的相邻关系的构成要件包括：第一，必须是在建造建筑物的过程中，有必要为他人提供通风、采光和日照等便利；第二，不得违反国家有关工程建设标准，妨害相邻建筑物的通风、采光和日照；第三，相邻一方违反有关规定修造建筑物，影响他人通风、采光或日照的，受害人有权要求停止侵害、恢复原状或者赔偿损失。[1]

随心所欲建房侵犯相邻权被判拆除案[2]

【案情简介】

张甲与张乙两家系前后邻居，张乙住张甲北面，两家房距5.8米。张甲翻盖房屋，准备在原来的宅基上建两层9.22米高的楼房，便找到张乙协商。张乙表示，按农村风俗前房不能高出后房。张甲虽口头答应，但他趁张乙外出做生意之机，强行超建。在上层已建3米时，闻信而至的张乙以该房建成后会影响自己房屋采光为由

〔1〕 王利明主编：《民法》，中国人民大学出版社2008年版，第241页。

〔2〕 周玉国、张艺军："随心所欲建房侵犯相邻权被判拆除"，载中国法院网 http：//www. chinacourt. org/public/detail. php? id = 163240，登录时间2005年05月29日。

加以阻止。但张甲却认为，在自己的宅基上建房，想盖多高盖多高，谁都无权干涉。无奈，张乙诉至法院。法院受理此案后在3日内向张甲送达了暂停建房裁定。孰料，张甲非但置之不理，还昼夜不停地将房建成。经科学测算，张乙的整个窗户在冬季近两个月不能受阳光照射。

【审理判析】

法院认为，不动产的相邻各方，应当按照有利生产、方便生活、团结互助、公平合理的精神，正确处理截水、排水、通行、通风、采光等方面的相邻关系，被告张甲在未征得原告张乙同意下，强行超建房屋，给相邻的原告方造成妨碍，且拒不执行法院的暂停建房裁定，应当停止侵害，排除妨碍。

【法理研究】

相邻采光权是指房屋所有人或使用人享有从室外采取适度光源的权利。而对于该权利的侵害在英国与我国通常称为“采光权侵害”。关于日照侵害的性质，主要有两种学说，即消极侵害说和积极侵害说。消极侵害说认为，日照权并非受害人固有的自然权利，而是邻地的一种恩赐。而积极侵害说则认为日照同空气、水一样，同属于人类的共同资源，为一般人的生存所不可或缺，如有缺乏，个人的健康或生存将会受到威胁甚或遭到严重破坏，因此日照权为基本人权之一种。即便是合法建筑，也不能剥夺邻地之人享受阳光的权利。受害地所有人与日照经由地所有人即使没有设立有关禁止修建高楼的地役权合同，受害地所有人仍可以人格权受侵害为由，请求排除侵害和损害赔偿。[1] 其中，以第二种为通说。

就本案而言，张乙在冬季最需要阳光的时候会因为张甲的房屋遮挡而有近两个月不能接受阳光照射，确实有违一般人对日照的需求。主观上，张甲虽口头答应张乙加盖房屋不超过4.8米，但他趁张乙外出做生意之机，强行超建，违反了诚实信用原则，违反了当事人的约定，从此侧面也可以反映出张乙主观上不能够容忍张甲对其采光权的侵害。在《物权法》颁布实施的情况下，即可援引其第88条“建造建筑物，不得违反国家有关工程建设标准，妨碍相邻建筑物的通风、采光和日照”的规定来处理本案，确认张甲侵犯了张乙的采光权，张甲应当停止侵害，排除妨碍。

（五）因保护环境所产生的相邻关系

《物权法》第90条规定：“不动产权利人不得违反国家规定弃置固体废物，排放大气污染物、水污染物、噪声、光、电磁波辐射等有害物质。”相邻一方的可能产生

〔1〕 闻丰文：《现代社会与土地所有权理论之发展》，五南图书出版公司1998年版，第214页。

有害物质的设施，应当与邻人生产、生活的建筑物保持安全距离，并采取严格的预防和应急措施，一旦造成邻人的人身、财产损失，无论有无过失，均应承担责任。相邻一方以噪声、震动等妨碍邻人正常生活、工作而不听劝阻、或者有条件改正而不改正的，为侵犯他人合法权益的行为。[1]

陆某诉甲食品有限公司环境污染损害赔偿案[2]

【案情简介】

被告甲公司排放的污水将原告的鱼塘污染，导致原告饲养的鱼虾大量死亡，当时，被告甲公司同意原告低价出售因污染导致死亡的鱼虾，并赔偿原告出售的价格与市场价格的差价，原告当日遂以每斤2元的价格出售了666.6斤。后来，原告为得知水体污染情况，花去监测费500元，委托市环境监测站对其水体监测，结果氨、氮均超标，而后，市渔政渔港渔船监督管理站工作人员与甲公司的法定代表人袁某进行谈话时，袁某表示已经派人到现场处理并同意赔偿差价。后来，甲公司拒绝赔偿损失的差价。

原告陆某诉至法院，要求被告赔偿监测费、调解费、调查费、交通费和差价计1326.62元并更换受污染的水体。

【审理判析】

一审法院审理认为，因环境污染引起的损害赔偿诉讼，由加害人就法律规定的免责事由及其行为与损害结果之间不存在因果关系承担举证责任，被告提出流入原告鱼塘的污水并不是被告一家，另外还有生活污水，从而导致鱼塘内鱼、虾的死亡，但被告并没有证据证明鱼、虾死亡与其之间不存在因果关系，故应该承担原告鱼塘内鱼、虾死亡的后果。判决甲公司于判决生效之日起3日内赔偿原告993.29元，驳回原告的其他诉讼请求。

被告不服，提起上诉。二审法院判决，驳回上诉，维持原判。

【法理研究】

本案涉及相邻环境保护权。相邻环境保护权，简称相邻环保权，是相邻权和环境权外延的重合。相邻一方在自己疆界内经营工业或行使其他权利时，对另一方负

---

〔1〕江平主编：《民法学》，中国政法大学出版社2000年版，第370页。

〔2〕“陆开文诉蚌埠市园味园食品有限公司环境污染损害赔偿案”，载最高人民法院中国应用法学研究所编：《人民法院案例选》2006年第3辑（总第57辑），人民法院出版社2007年版，第179页。

有的不得污染周围环境、危害人身、财产安全的义务，以及对其疆界外的人享有的，可请求其采取必要的防治污染环境措施的权利的关系。[1] 本案中，被告甲公司的废水流入原告的鱼塘，并造成大量鱼虾死亡，给原告造成损失，违反了作为相邻方的环保义务，同时也构成了环境侵权行为。

（六）因危险预防与排除产生的相邻关系

《物权法》第91条规定："不动产权利人挖掘土地、建造建筑物、铺设管线以及安装设备等，不得危及相邻不动产的安全。"据此，相邻人在自己的土地上进行挖掘土地、建造房屋等施工作业时，应当采取必要的防范措施，避免危及他人人身和财产安全。

具体说来，相邻危险预防与排除关系的法律规范的目的是维护不动产安全，主要体现在：第一，在自己的土地上进行挖掘作业时，应注意避免相邻建筑的地基发生动摇或者产生动摇的危险，致使相邻建筑物受到损害；第二，在与相邻不动产的疆界线附近铺设管线时，要防止土沙崩溃、水渗漏到相邻不动产；第三，相邻人在安装设备时，要注意预防对相邻不动产的危险侵害，并有义务排除此类危险。[2]

盖房致邻家沉降被判赔偿案[3]

【案情简介】

李某在自己宅基上建房两间（两层楼）。后来，某加工厂在临近李某的住房西边建了一座五层家属楼。其后，李某的住房渐次出现裂缝，成为危房。经现场勘测，加工厂家属楼与李某住房前墙相距30厘米，后墙仅距20厘米。李某认为是加工厂建楼填土不实所致，而加工厂则认为是李某建房时地基不牢难以承受引起。双方分歧不下，李某诉至法院。

经司法技术鉴定，李某住房西间为局部危房，产生裂缝的主要原因是加工厂新建家属楼与李某的住房相距较近，且两房荷载差异较大，带动李某的住房产生附加沉降。经物价部门初步评估，李某所受损失及修缮费用为2.86万元。

【审理判析】

法院在查明事实、分清是非、当事人自愿合法的基础上，根据《民法通则》第

---

〔1〕 赵云川主编：《民法物权案例与评析》，中山大学出版社2005年版，第136页。

〔2〕 石春玲主编：《物权法原理》，中国政法大学出版社2008年版，第111页。

〔3〕 周玉国、陈文亮："你家盖房我家沉降邻居赔偿2.86万"，载中国法院网 http：//www. chinacourt. org/public/detail. php？id＝166558，登录时间2005年06月23日。

83条“给相邻方造成妨碍或者损失的，应当停止侵害，排除妨碍，赔偿损失”之规定进行调解，使双方当事人当庭达成协议：被告某加工厂一次性赔偿原告住房损失费、修缮费等经济损失2.86万元。

【法理研究】

本案涉及相邻关系中的相邻一方行使自己权利时对于保护相邻他方之不动产安全的注意义务。

土地原本应地尽其用，但在利用土地时，应注意采取防范措施，以免损及相邻不动产的安全。本案中，原告与被告之不动产毗邻，双方当事人所争议的是行使使用权时所产生的经济利益纠纷。李某的住房出现裂缝，成为危房，而产生裂缝的主要原因是加工厂新建家属楼与李某的住房相距较近，且两房荷载差异较大，带动李某的住房产生附加沉降，因此加工厂负有相应的责任。其中，由于加工厂建楼填土不实，加工厂在建楼时，就应考虑建筑物对周围环境的影响，与周边房屋相隔合理距离，不致影响他人正常的生产生活。在已经危及相邻不动产之安全的情况下，应当由被告承担因其过错而给原告带来的损失。

（七）因建筑物、种植物越界产生的相邻关系

相邻一方在修建建筑物时，不得越界侵犯相邻他方的土地。相邻一方建造房屋越界的，被越界的土地权利人有权请求越界建筑人拆除越界部分；如越界建筑人出于善意，并且被越界方明知其越界未及时提出异议的，被越界土地的权利人应予以忍让，越界建筑人应予以经济补偿，如有损害，应当承担赔偿责任。

相邻一方在自己的土地上种植竹木作物时，应当与地界保持一定距离，以防竹木越界，侵占相邻他方的土地。相邻人对于相邻他方的竹木作物或者其根枝超越地界，并影响自己对土地的使用，例如妨碍自己土地上的庄稼采光，相邻人有权请求相邻他方除去越界的竹木或者根枝。如果他方经请求仍不予除去，相邻人可以自行除去。

第三节　共　有

一、共有的概念和特征

所谓共有，是指两个或两个以上的民事主体对同一项财产共同享有所有权。《物权法》第93条规定：“不动产或者动产可以由两个以上单位、个人共有。共有包括按份共有和共同共有。”

共有，是对所有权进行“量”的分割而形成的制度。共有不是一种独立的所有权形式，而只是同种或不同种类的所有权的联合。所谓同种所有权的联合，如个人

与个人的共有，集体与集体的共有；所谓不同种类的所有权的联合，如国家与集体的共有、集体与个人的共有，以及国家、集体和个人三者的共有。

共有具有以下法律特征：

1. 共有的主体必须为两个或两个以上。共有的主体不是单一的，而是两个或者两个以上的民事权利主体。比如甲、乙两人同时对一辆汽车享有所有权。在共有关系中，民事主体的联系以其未形成团体法人为前提。如果民事主体之间形成团体法人，组成该团体的民事主体对其投入的财产不再享有所有权，而由该团体法人对上述财产享有单一的所有权。

代某诉陈某借贷纠纷被驳回案[1]

【案情简介】

原告代某诉称，1994 年 11 月到 1995 年 5 月，被告陈某共在原告处取款 51800 元，经原告催要，被告分多次还给原告 3 万余元，下欠 2 万元未还。有被告给原告出具的 9 张收条为凭。

被告陈某辩称，原告诉称不实，我未向原告借款，我和原告系合伙养牛，原告所诉款项系原告入股的资金。

【审理判析】

一审法院经审理认定的事实与原告诉称一致。

法院认为，被告在原告处取款，尽管被告给原告出具的是收款条，但其不能证实该款用于代某。关于被告辩称和原告为合伙关系，取原告的款系原告入股的资金，因其不能提供合伙的依据，亦不能证明所取原告的款用于合伙体。故被告辩称和代某为合伙关系的主张，法院不予采纳。判决被告陈某给付原告欠款 2 万元。

陈某不服，提起上诉。

二审法院经审理查明：1994 年 11 月到 1995 年 5 月，被告陈某共在原告处取款 51800 元。另在二审期间，上诉人陈某提交了其于 2002 年 6 月在被上诉人代某家与代的谈话录音。该录音内容主要证明双方存在合伙养牛的事实。经庭审质证，被上诉人代对该录音的内容予以认可。二审法院认为，陈某给代某出具的 9 张收到条，其性质应为收条，而不是借条，双方之间不能据此构成借贷法律关系。因为借条与收条有着截然不同的法律性质。借条的法律后果是在当事人之间设立了债权债务关

---

[1] “代守梅诉陈建宏借贷纠纷因陈建宏在二审期间提供私自录音的证据被采信致代守梅的诉讼请求被驳回案”，载最高人民法院中国应用法学研究所编：《人民法院案例选》2004 年民事专辑（总第 48 辑），人民法院出版社 2004 年版，第 403 页。

系，对当事人有着法律上的约束力；而当事人出具的收条意味着对方完成了一定的基于法律或双方约定所确立的义务。陈某在二审庭审中提交的并经代某质证认可的录音证据，证明了双方存在合伙养牛的事实，本案所涉款项也应是合伙期间发生的款项。由于上诉人在二审期间提交了新证据，致原审判决认定事实有误，应予改判。撤销一审民事判决；驳回代某的诉讼请求。

【法理研究】

本案中双方争议的焦点是双方当事人是合伙关系，还是借款关系。一、二审法院的判决结果之所以截然相反，主要是一审法院混淆了借条与收条二者之间截然不同的法律性质。而最为关键的原因，就是陈某在二审期间向法庭提交了能证明双方存在合伙养牛的事实的录音。同时，本案中所涉9张收到条中有3张注明“用途为收豆粕、玉米”，与陈某主张双方之间存在合伙关系的证据相互印证。双方当事人之间的合伙关系实际上就是一种共有关系。二审法院对陈某在二审期间提供的录音资料予以采信，认定当事人之间合伙关系的存在，支持陈某的上诉请求，驳回代某的诉讼请求是正确的。

2. 共有的客体须为特定的统一财产。该特定的独立物可以是一个单一物（如一块土地），一个集合物（如一群羊），也可以是一个合成物（如房屋）。但是，这个特定的独立物在共有关系存续期间，不能分割为多个部分由各个共有人分别享有所有权，而是由全体共有人共同享有对这个特定独立物的所有权，每个共有人的权利均作用于整个独立物。

数人对所有权以外的其他财产权的共有成立准共有。我国《物权法》第105条规定：“两个以上单位、个人共同享有用益物权、担保物权的，参照本章规定。”

李某诉林某财物纠纷案[1]

【案情简介】

本案争执的槟榔园系原告李某与被告林某双方及林丙共同出资种植，共同经营管理的共有财产。在该财产未析产之前，无法确认双方各自财产，林某未得李某同意，将园内槟榔树和芭蕉砍掉。现李某以侵害他的合法财产向法院提起诉讼，不符合受理条件，据此，原审法院依法裁定，驳回原告李某的起诉。

---

〔1〕“李雄诉林树金财物纠纷案”，载北大法律信息网 http://vip.chinalawinfo.com/newlaw2002/SLC/SLC.asp?Db=fnl&Gid=117444397，登录时间2010年3月9日。

李某不服该裁定上诉称，原审裁定认定事实错误，将上诉人的个人财产认定为共同财产，该槟榔园自1986年至1997年其一直经营、收益，无人提出过异议。本案符合民诉法规定的起诉条件，就算是共有财产，单方擅自侵害共有财产，也应依法赔偿，不应驳回起诉。

【审理判析】

法院经审理认为，本案讼争的槟榔园确系双方及林丙共同出资种植，共同经营管理的共有财产，至二审期间，双方都无证据证明各自对该槟榔园财产的所占份额，被上诉人林某在未取得上诉人李某的同意而擅自砍掉槟榔树和芭蕉显然不妥，但在未析产之前，上诉人以其侵权为由请求赔偿不符合法律规定。据此，依法裁定驳回上诉，维持原裁定。

【法理研究】

既然是属于共有的财产，其财产的主体就是多数人，而并非其中一个人所有。所以，本案讼争的槟榔园是原被告双方及林丙共有财产，每一个人的权利范围都及于共有物的全部，一方当事人企图获得对本来属于共有的财产的独占使用权是难以得到法律支持的。

3. 共有的内容是各共有人对同一共有物或按一定份额享受权利、负担义务，或依平等原则享受权利、负担义务。共有人权利的行使不是完全独立的，在很多情况下，要体现全体共有人的意志。比如夫妻一方未经对方同意，擅自转让夫妻共同财产，作为共有人的另一方当然有权请求法院维护其权利。

丈夫刘某邀人抢劫夫妻共同财产案[1]

【案情简介】

刘某与张某系夫妻，婚后的家庭积蓄主要由张某掌管。一日，在好友古某处，刘某与秦女相识，闲聊之中，产生了与张某离婚，与秦女一起生活的念头。考虑到离婚后的出路，刘某遂提出以与古某合伙经营猪油生意为幌子，骗张某带10万元缴纳定金，并在途中将钱劫走，古某同意。随后，被告人古某按刘某的安排打电话到刘家，被告人刘某趁机将此事告知张某，骗取了张的信任。古某邀来王某、胡某，

---

〔1〕“丈夫刘汉福邀人抢劫夫妻共同财产案”，载最高人民法院中国应用法学研究所编：《人民法院案例选》2002年第2辑（总第40辑），人民法院出版社2002年版，第25页。

刘某讲明事由后，商定了抢劫的时间、地点、财物到手后的存放地，对参与人进行了分工并实施了抢劫。

【审理判析】

法院经公开审理认为，依据我国《婚姻法》的规定，夫妻关系存续期间，除双方另有约定以外，其家庭财产为共同共有财产，夫妻双方享有平等的处分权。这种共同共有状态非经法定事由和法定程序不得改变，法律禁止任何人以任何方式予以侵害。被告人刘某为独占夫妻共同所有的钱财，邀约被告人古某、王某、胡某等人采用暴力、威胁手段，劫走其夫妻共同所有的现金10万元，各被告人的行为均构成抢劫罪。

【法理研究】

我国实行法定的夫妻财产共同共有制，除双方另有约定外，夫妻关系存续期间所获得的财产都属共同共有的财产。《婚姻法》第17条第2款规定："夫妻对共同所有的财产，有平等的处理权。"最高人民法院《关于适用〈中华人民共和国婚姻法〉若干问题的解释（一）》（以下简称《婚姻法司法解释一》）第17条规定："婚姻法第17条关于'夫或妻对夫妻共同所有的财产，有平等的处理权'的规定，应当理解为：①夫或妻在处理夫妻共同财产上的权利是平等的。因日常生活需要而处理夫妻共同财产的，任何一方均有权决定。②夫或妻非因日常生活需要对夫妻共同财产做重要处理决定，夫妻双方应当平等协商，取得一致意见。他人有理由相信其为夫妻双方共同意思表示的，另一方不得以不同意或不知道为由对抗善意第三人。"根据上述规定，夫妻一方对属于夫妻共有的财产的合法处分，就需要受到法律限制，本案中的夫一方抢劫夫妻共有财产，更是违法的。

二、共同共有

（一）共同共有的概念和特征

共同共有是指两个或者两个以上的人基于共同关系，对同一物平等地、不分份额地共同享有权利和承担义务。《物权法》第95条规定："共同共有人对共有的不动产或者动产共同享有所有权。"

共同共有具有以下法律特征：①共同共有以共同关系为前提。所谓共同关系，指两个或两个以上的人因共同目的而结合，成为共同共有基础的法律关系。这种共同关系，或者由法律直接规定，也可以由当事人约定。②共同共有是不分份额的共有。各个共有人对共同共有的财产没有确定的份额，只要共同共有关系存在，共有人就不能分割出自己的份额。但是，有重大理由的除外。③共同共有的共有人平等的行使权利、承担义务，对外承担连带责任。

孙某诉丁某单方出卖夫妻共有的汽车纠纷案[1]

【案情简介】

原告孙某与被告丁某系夫妻，共同经营轿车一辆。某日，因家庭矛盾，发生纠纷，丁某开车离家。第二天，丁某未与孙某协商，以8万元的价格把车卖给被告李甲，并于当天到市交通部门，谎称其丈夫外出办事，办理了汽车买卖手续，把车籍转到李甲名下，但互相没有交付车款和汽车。后来丁某觉得卖8万元价格太低，随后又将汽车以84 000元的价格卖给了第三人李乙。当天李乙把84 000元车款全部付给丁某，丁将车交给李乙，但未办理车籍转移手续。次日，此事被原告孙某发现，并将车证扣留。

据此，孙某向法院起诉称：因家庭矛盾，夫妻发生口角后，被告丁某与他人合谋，擅自把家庭共同财产轿车卖给被告李甲，并办理了车籍转移手续，后又卖给第三人李乙，侵犯了我的合法权益，请求法院给予确权。

【审理判析】

法院认为，诉争轿车系孙某和丁某的夫妻共有财产，丁某未经孙某同意，擅自处分共同共有的财产不当；且在办理买卖手续过程中有欺诈行为，故丁某与李甲之间的汽车买卖关系无效。在两次汽车买卖行为中，李甲和李乙不明真相，与丁某没有合谋和串通行为，过错均在丁某，由此造成的经济损失应由丁某承担。因此法院判决丁某与李乙之间的汽车买卖无效；轿车归孙某和丁某共有；发生纠纷期间，汽车未能经营所造成的损失，由丁某承担。

【法理研究】

在本案中，丁某和孙某是夫妻，二者对财产关系并无约定，因此在夫妻关系存续期间的财产为共同共有关系。我国《物权法》第97条规定：“处分共有的不动产或者动产以及对共有的不动产或者动产作重大修缮的，应当经占份额2/3以上的按份共有人或者全体共同共有人同意，但共有人之间另有约定的除外。”丁某未经其夫孙某同意而对共有的轿车进行处分，显然是对其夫合法权利的侵犯，但其处分行为并非当然无效，如果经过其夫孙某的追认尚可使其效力得到补正。本案中，孙某知

[1] “孙永江诉丁少英单方出卖夫妻共有的汽车纠纷案”，载最高人民法院中国应用法学研究所编：《人民法院案例选》1993年第2辑（总第4辑），人民法院出版社1993年版，第62页。

悉丁某的出卖行后并未对其行为追认，因此丁某的处分行为没有法律效力。

（二）共同共有的对内与对外效力

共同共有的效力表现在共有人之间的权利义务和共有人对外的权利义务关系，即共同共有的对内效力和对外效力。

1. 共同共有的对内效力。根据《物权法》的规定，对共有物的管理费用以及其他负担，有约定的，按照约定；没有约定或者约定不明确的，共同共有人共同负担。因共有的不动产或者动产产生的债权债务，在共有人内部关系上，除共有人另有约定外，共同共有人共同享有债权、承担债务。也就是说共同共有中，对于共有物的管理、利用、处分、费用以及债务的负担均由共同共有人为之。具体表现在：

（1）共同共有人的权利及于共有物的全部。共同共有人均对物享有平等的占有、使用、收益、处分的权利。《物权法》第96条规定："共有人按照约定管理共有的不动产或者动产；没有约定或者约定不明确的，各共有人都有管理的权利和义务。"

（2）基于共同共有的特征，共有人就共有物享有的权利，需要受到共同关系的法律的限制，即当事人不得随意变更法律关于共同共有成立的规定。比如，根据《婚姻法》的规定，夫妻双方未约定实行夫妻分别财产制的，即为夫妻共同财产制，夫妻关系存续期间取得的财产，为夫妻共同共有。

（3）一般情况下，处分共有的不动产或者动产以及对共有的不动产或者动产作重大修缮的，须经全体共同共有人同意。但是根据私法自治的原则，共有人可以另行约定不同于法律规定的标准或者方法，决定是否对共有物进行处分或者重大修缮。比如，共有人可以约定，部分共同共有人有权代表全体共有人管理共同共有财产，则这些共同共有人可以依法或依合同对共同共有财产进行处分。

梁男诉原女离婚并赔偿毁损的家庭财物案〔1〕

【案情简介】

梁男与原女系夫妻，生有一女。某日晚二人因家庭琐事发生争吵，原女一气之下，用剪刀和刀片将家中的电器、家具、灶具、衣物等进行不同程度的毁坏，并将家中存放的三十多条香烟全部捣烂。当晚，原女离家出走。

---

〔1〕"梁三俊诉原慧莲离婚并赔偿在婚姻关系存续期间毁损的家庭财物案"，载最高人民法院中国应用法学研究所编：《人民法院案例选》2001第3辑（总第37辑），人民法院出版社2002年版，第72页。

【审理判析】

法院认为，原、被告双方夫妻感情确已破裂，已无和好可能。原、被告双方同意离婚，法院应予批准。被告因家庭矛盾故意毁坏家庭财物，有明显过错，严重侵犯了属原告部分所有的家庭财产权，属侵权行为，应承担赔偿责任。因被告有明显过错，故在分割夫妻共同财产时应少分。家庭共同财产除被告陪嫁外，其余家庭财产损失由被告原女偿付给原告梁男。

【法理研究】

本案涉及共有人对共有物的处分权问题。夫妻双方基于此种关系，对其财产形成了一种共同共有关系，即其不分份额和平等的对共有物享有所有权，在共有关系没有终止，不进行财产实际分割之前，此种观念上的份额在对共有物的占有，使用和收益特别是处分上，均无实际意义。本案中原被告对家庭财产享有共同共有权，所以对共有财产的处分应依据双方的共同意思。被告擅自毁损家庭财产的处分行为，没有法律依据。此种行为侵犯了其他共有人也即原告的合法权利，故应承担相应的法律责任，予以赔偿。

(4) 在共同共有关系存续期间，各共同共有人不得请求分割共有物。任何一个共同共有人不能对共有物的特定部分主张所有权。部分共有人擅自划分份额或处分共同共有财产的，一般认定为无效。

(5) 共同共有人对共有物的管理费用以及其他费用的负担，有约定的，依照共有人的约定；没有约定的或者约定不明确的，共同共有人共同负担。

合伙采石中一合伙人被炸伤要求其他合伙人赔偿案[1]

【案情简介】

1992年2月，四被告自愿合伙成立了采石组，李甲为负责人。同年3月，原告也加入了采石组。在某次爆破过程中，按照分工，原告负责爆破。因炮眼有渗水，加上原告违章作业，原告双目当场被炸伤，被告之一李甲身上也有多处被炸伤。四被告当即将原告送到中心卫生院抢救，后转至县第一人民医院治疗，住院58天，治疗费用885元。原告向县法院起诉，要求四被告共同承担其被炸瞎双眼的医药费、误工费、护理费及伤残后的生活费等。

---

〔1〕“邱传贵诉李雅俊等4人在合伙采石爆破作业时被炸伤要求合伙人赔偿案”，载最高人民法院中国应用法学研究所编：《人民法院案例选》1995年第1辑（总第11辑），人民法院出版社1995年版，第85页。

【审理判析】

一审法院审理认为：原、被告虽然没有签订书面合同，但自愿组织采石组，并推举了负责人，且共同劳动、共同分红，属事实上的个人合伙关系。原告因违反安全操作规程，致使双目被炸瞎，本人应负一定的责任。被告李甲为采石组推举的负责人，本应重视安全生产，但在原告违章作业时不加以制止，反而协助参与违章爆破，对此次工伤事故有不可推卸的责任。

宣判后，原告不服，提出上诉。

二审法院认为：上诉人、被上诉人合伙开采石块，不办理爆破手续，生产中不讲安全，违章作业，造成上诉人双眼被炸瞎致残，合伙人均应承担一定责任。二审法院判决四被上诉人承担上诉人部分药费及1年生活费，考虑上诉人已终生残废，确实困难，应适当由四被上诉人再补偿一些生活费。

【法理研究】

本案涉及到了合伙人内部债务的问题。

《民法通则》第34条规定："个人合伙的经营活动，由合伙人共同决定，合伙人有执行和监督的权利。合伙人可以推举负责人。合伙负责人和其他人员的经营活动，由全体合伙人承担民事责任。"《物权法》第98条规定："对共有物的管理费用以及其他负担，有约定的，按照约定；没有约定或者约定不明确的，按份共有人按照其份额负担，共同共有人共同负担。"

本案中，原告在采石中被炸致双眼盲，主要是其在爆破作业中违章作业所造成的，本人有过错，故应对事故自行承担一定责任。由于此次爆破是采石组的共同经营活动中的一个环节，又是为采石组的共同利益所进行的，采石组的其他合伙人对事故也应承担一定的责任。合伙人中的李甲是合伙人共同推举的负责人，对安全生产更负有监督、指导之责，但其对原告的违章作业不加以制止，反而予以协助，故其在事故中的责任，显然要重于其他3个合伙人。一、二审法院对本案当事人之间的这种责任划分，是符合事实和法律规定的。

2. 共同共有的对外效力。

（1）在共同共有关系中，当共有物被他人非法占有、受到他人非法侵害或者有受到妨害的可能时，任何共有人均可行使物上请求权，以保全共有物所有权的圆满状态。[1] 譬如，当夫妻共同共有的汽车被他人损坏，夫妻中的任何一人都可以向加害者提出损害赔偿的请求。

---

〔1〕 陈华彬：《物权法》，法律出版社2004年版，第387页。

（2）当共同共有物因管理不善造成他人损害时，全体共有人应承担连带赔偿责任。《物权法》第102条规定："因共有的不动产或者动产产生的债权债务，在对外关系上，共有人享有连带债权、承担连带债务，但法律另有规定或者第三人知道共有人不具有连带债权债务关系的除外。"也就是说，任何一个共有人须对全部债务承担全部责任，债权人可要求任何一个或多个共有人对全部债务予以清偿，并且共有人之间关于债务承担的约定不得对抗善意第三人。

（3）因共有的不动产或者动产产生的债权债务，在对外关系上，共有人享有连带债权、承担连带债务，但法律另有规定或者第三人知道共有人不具有连带债权债务关系的除外。

徐某诉沈某、付某返还借款债务纠纷案[1]

【案情简介】

沈某与付某原系夫妻关系。在婚姻关系存续期间，付某向徐某借款3500元用于沈某学开车。后来，沈某和付某由法院判决离婚，同时判决，3500元债务由沈某负责偿还。此后，徐某多次向沈、付二人催要欠款，该二人互相推诿。付某称，我与沈离婚时，债务3500元，法院已判决由沈某负责偿还，对此欠款，我无偿还义务。沈称，此钱是我学车用了，但不是我直接借的，这笔钱只能由付某偿还。于是，徐某向法院起诉，要求沈立即偿还欠款，并偿付利息。法院受理了此案，并追加付某为共同被告。

【审理判析】

法院认为，二被告在婚姻关系存续期间所欠外债为共同债务，双方均有义务负责清偿。虽在离婚时法院判决由沈某负责偿还，但付某仍有连带责任。故判决：被告沈某偿还原告徐某欠款3500元，被告付某负连带责任。

【法理研究】

最高人民法院《关于适用〈中华人民共和国婚姻法〉若干问题的解释（二）》（以下简称《婚姻法司法解释二》）第25条规定："当事人的离婚协议或者人民法院的判决书、裁定书、调解书已经对夫妻财产分割问题作出处理的，债权人仍有权就

[1] "徐景文诉沈炳云、付启星返还判决由离婚一方负担的在婚姻存续期间的借款债务纠纷案"，载最高人民法院中国应用法学研究所编：《人民法院案例选》1994年第1辑（总第7辑），人民法院出版社1994年版，第91页。

夫妻共同债务向男女双方主张权利。一方就共同债务承担连带清偿责任后，基于离婚协议或者人民法院的法律文书向另一方主张追偿的，人民法院应当支持。”据此，本案中，3500元债务应由沈某与付某夫妻二人承担连带责任，尽管法院已对财产进行分割。

(4) 承担部分共有人擅自处分共有财产的法律后果。在共同共有关系存续期间，部分共同共有人擅自处分共有财产的，一般认定为无效。[1] 然而当部分共有人擅自处分共同共有的财产，而第三人构成善意取得时，全体共同共有人丧失所有权，该善意第三人取得所有权，由此给其他所有人造成的损失，由擅自处分财产的人承担赔偿责任。

杨弟等诉杨兄等单方赠与夫妻共同财产无效案[2]

【案情简介】

原告杨弟、王娌系夫妻，中国籍旅日华侨。被告杨兄、王妯系夫妻，中国公民。原告系被告之胞弟。原告杨弟从日本汇款1.2亿日元到中国，来中国后将该款取出交给杨兄。杨兄将该款兑换成人民币购买商品房一处，房屋产权证登记产权人为杨兄、王妯。后杨弟与杨兄签订一份《赠送书》和《权利书》。数日后，原告杨弟与被告杨兄之长子杨侄签订一份《授权书》。

事后，双方为上述财产发生争执。原告诉称：我们给付被告的1.2亿日元，是委托被告给其代购房产、代办企业的费用，被告却以自己的名义购买房产、开办企业。1.2亿日元是其在日本的全部财产，不是赠与被告的。《赠送书》是被告利用杨弟不识汉字，以欺骗手段制造出来的，要求被告返还1.2亿日元。

【审理判析】

法院经审理认为：原告杨弟给付被告杨兄之日币1.2亿元系赠与，是让被告杨兄购买房产、开办企业的费用，有《赠送书》为凭，可以认定。但该款系原告夫妻的共同财产，其中一半属于王娌所有，杨弟未征得其同意，将属于其妻王娌的财产赠

---

[1] 最高人民法院《关于贯彻执行〈中华人民共和国民法通则〉若干问题的意见（试行）》第38条规定：“共同共有人对共有财产享有共同的权利，承担共同的义务。在共同共有关系存续期间，部分共有人擅自处分共有财产的，一般认定无效。但第三人善意、有偿取得该财产的，应当维护第三人的合法权益，对其他共有人的损失，由擅自处分共有财产的人赔偿。”

[2] “杨致祥等诉杨英祥等单方赠与夫妻共同财产无效返还财产案”，载最高人民法院中国应用法学研究所编：《人民法院案例选》1998年第1辑（总第23辑），时事出版社1998年版，第60页。

送给他人，是无效的，属于杨弟所有的这部分财产赠送有效。但根据《权利书》的内容，原告杨弟赠与给被告杨兄的这部分财产，二者具有同等的份额。现二原告要求被告返还属于自己所有的财产是合法的，法院予以支持。原告诉称其给付被告之款系委托被告代购房产、代办企业一节，因证据不足，法院不予认定。判决被告返还原告人民币450万元、驳回其他诉讼请求。

宣判后，双方当事人均不服，提起上诉。

二审法院认为：杨弟将1.2亿日元交给杨兄，购置房屋和办企业，签订了《权利书》和《赠送书》、《授权书》，情况属实，但我国《婚姻法》已明确规定，夫妻关系存续期间的财产为夫妻双方共同所有，因此，杨弟在未征得财产共有人王娌明确授权同意的情况下，自行处分共有财产，违反我国《婚姻法》的规定。《赠送书》、《权利书》、《授权书》等是对夫妻共有财产的擅自处理行为，应属无效。杨兄应将该款返还给杨弟。但考虑到被告在办企业中付出了一定的劳动，对方应该给予适当补偿。

【法理研究】

本案涉及共同共有权的行使问题。夫妻对共同所有的财产，有平等的处理权，即夫或妻在处理夫妻共同财产上的权利是平等的。因日常生活需要而处理夫妻共同财产的，任何一方均有权决定。夫或妻非因日常生活需要对夫妻共同财产做重要处理决定，夫妻双方应当平等协商，取得一致意见。他人有理由相信其为夫妻双方共同意思表示的，另一方不得以不同意或不知道为由对抗善意第三人。

本案中，原告杨弟是在未征得其妻王娌明确授权同意的情况下，以个人的名义将夫妻共同财产1.2亿日元赠与被告，且在其与被告签订《赠送书》等协议时，王娌均不在场。从本案现有的证据来看，无法确认王娌应知或明知杨弟的赠与行为，故对于原告杨弟擅自处分夫妻共同财产的行为应认定无效。不但《赠送书》无效，《权利书》、《授权书》也同样不具有法律上的效力。

（三）共同共有的类型

1. 夫妻共同共有。夫妻共同共有是最常见的共同共有类型。凡是在婚姻关系存续期间，夫妻各自的合法收入均是夫妻共同共有的财产。根据《婚姻法》第17条的规定，夫妻在婚姻关系存续期间所得的财产，夫妻双方或一方所得的工资、奖金、生产或经营的收益、知识产权的收益、遗嘱或赠与合同中未确定只归夫或妻一方的财产都归夫妻共同所有，但双方另有约定的除外；夫妻对共同所有的财产，有平等的处理权。其中夫妻关系存续期间，是指自男女双方登记结婚之日起，至双方离婚或者一方死亡之日止的期间。

夫妻一方的婚前财产，一方因身体受到伤害获得的医疗费、残疾人生活补助费等费用、遗嘱或赠与合同中确定只归夫或妻一方的财产、一方专用的生活用品以及双方自愿合法约定为一方所有的财产等，是夫妻各自所有的财产，不属于夫妻共有财产。

李甲诉温乙婚姻存续间的借款应偿还案[1]

【案情简介】

原告李甲与被告温乙登记结婚（双方均系再婚）。原告拿出5000元用于温乙所在单位向职工集资。后来，温乙将该款连本带息共5750元取出。其后，原告与被告温乙协议离婚，双方未对夫妻共同财产进行分割。原告向被告温乙催要该款时，温乙之子写了借条并签名，温乙也在该借条上签名。

原告李甲向法院起诉称：被告温乙为了参加单位的高息集资，从原告处挪借5000元，后来，又将此笔借款挪作他用。请求判令被告立即给付借款5000元。

被告温乙答辩称：我与原告李甲是夫妻时，他将5000元钱交给我，我拿到我单位集资，后又取出，用于原、被告和原告母亲的生活费及儿子的学费。现钱已经花光。之所以给原告打借条，是为了让原告赶快离开我家。我儿子被迫打的借条，我按原告的要求在上面签了字，但这5000元不是借款。

【审理判析】

法院经审理认为，原告李甲在与被告温乙对婚姻关系存续期间所得的财产归属没有约定，故该款应属于夫妻共同财产，归夫妻共同所有。后双方登记离婚时，未对夫妻共同财产进行分割。因原告催要该款，二被告才出具借条。原告与二被告之间不存在民间借贷关系，因此对于原告要求二被告偿还借款的诉讼请求本院不予支持。判决驳回原告李甲的诉讼请求。

【法理研究】

本案的核心问题是夫妻财产制。

根据《婚姻法》，我国现行的夫妻财产制为法定财产制、约定财产制相结合的财产制。其中法定财产制包括法定共同财产制和法定个人财产制两类。夫妻可以约定婚姻关系存续期间所得的财产以及婚前财产归各自所有、共同所有或部分各自所有、

---

[1] "李明科诉温连菊在婚姻关系存续期间所给的一笔钱为借款在离婚后应予偿还案"，载最高人民法院中国应用法学研究所编：《人民法院案例选》2002年第3辑（总第41辑），人民法院出版社2003年版，第100页。

部分共同所有。夫妻对婚姻关系存续期间所得的财产以及婚前财产的约定，对双方具有约束力。夫妻对婚姻关系存续期间所得的财产约定归各自所有的，夫或妻一方对外所负的债务，第三人知道该约定的，以夫或妻一方所有的财产清偿。本案中，双方未对夫妻财产进行约定，按照法律，是共同所有，不存在夫妻之间的借贷问题。

2. 家庭共同共有。家庭共有财产是指家庭成员在家庭共同生活关系存续期间共同创造、共同所得的财产。简言之，家庭共有财产是家庭成员的共同劳动收入和所得。家庭共有财产以维持家庭成员共同的生活或生产为目的，每个家庭成员都对其享有平等的权利。除法律另有规定或者家庭成员另有约定外，对家庭共有财产的使用、处分或者分割，均应取得全体家庭成员的同意。只有在家庭共同生活关系终止时，才能对家庭共有财产进行分割。

单甲诉李乙等分割以家庭成员之一名义购买的股票案[1]

【案情简介】

单甲、李乙原系夫妻，二人育有儿子单丙、女儿单丁。被告单丙、单丁均有固定工作、收入，但在一起生活，经济收入和其他财产没有分开。后来，法院判决单甲、李乙离婚；并在该判决书中认定，单甲以单丙名义开户购买的市值 51 430. 07 元的股票是用家庭收入购买的，属家庭成员共同财产，在本案离婚诉讼中不能合并审理，可另行起诉请求分割。故该案未对该股票作出分割处理。

后来，单甲向法院起诉称：我与被告李乙离婚时，你院以民事判决将以单丙名义开户的用家庭收入的钱购买的股票 51 673. 41 元认定为家庭共有财产，不能合并审理，另案处理。现要求给被告单丁 6673. 41 元外，其余部分三人均分，我应分得价值 15 000 元的股票，并要求将这些股票变为现金分割给我。

【审理判析】

法院经审理认为：在原告单甲与被告李乙的婚姻关系存续期间，以被告单丙名义开户购买的股票应认定系家庭成员共有财产，因双方对资金投入情况均未能举证，原则上应由各当事人均等享有。因股票价值处于不确定状态，原告要求分得 15000 元现金不合理，故不予支持。

---

〔1〕“单德泰以离婚判决中对争议财产的认定为据诉李希琳等分割以家庭成员之一名义购买的股票案”，载最高人民法院中国应用法学研究所编：《人民法院案例选》2002 年第 3 辑（总第 41 辑），人民法院出版社 2003 年版，第 94 页。

【法理研究】

本案争议的标的是股票。被告单丙作为家庭共同生活中的一员，以其名义开户购买的股票是否属家庭共有财产，即原告及另两被告是否对以单丙名义购买的股票享有共有权，这是处理本案必须明确的一个问题。

共同共有关系一般发生在夫妻之间或共同生活的家庭成员之间，他们基于特殊身份或共同劳动而形成共有财产关系。本案案情表明，原告单甲与被告李乙原系夫妻关系，后经法院判决离婚。被告单丙、单丁系二者婚生子女，均已成年并工作，有稳定的经济收入。原、被告在共同生活中，经济收入没有分开。在原告与三被告共同生活期间，用家庭成员的收入以被告单丙的名义开户购买的股票，应认定是其家庭成员的共有财产，原告单甲、被告李乙、单丙、单丁作为家庭成员对该股票均享有权利。

3. 遗产分割前的共同共有。所谓遗产分割前的共有是指当继承人为两人或两人以上时，在继承开始后、遗产分割以前，继承人对被继承人的遗产共同共有。

同宗56人对簿公堂争夺祖宗遗物案[1]

【案情简介】

据史料记载，《泰山图》是明朝嘉靖年间，吏部尚书石氏五世祖石瑶奉嘉靖帝之命赴山东祭祀泰山回朝后，朝中同官颂其功德辑成。此画传为当时四大才子之一的文徵明所画，价值连城。原告石某与7名石氏被告及48名第三人均是石瑶的后代。石瑶为后代留有画像4张、圣旨3道、琉璃瓦假山一座、《泰山图》一张。某日，7被告至原告石某家中要求原告交出祖宗遗物，发生争议，双方经协商将祖宗遗物交市文保所保管。

后来，石某将7告诉至法院，诉称上述四物是其祖宗分家时，其祖父分得的财物，应属个人所有，请求法院将上述物品予以确权，归其所有，并要求7被告对其停止侵害。被告辩称：原告仅有保管权，不应是其个人财产，应归石氏家族成员共同所有。

【审理判析】

法院经审理认为：从法理上分析，基于本案特定的历史背景和社会背景，又无

〔1〕“河北《泰山图》，古画案一审宣判，石氏同宗56人对簿公堂争夺祖宗遗物权属”，载 http://www.court.gov.cn/news/bulletin/region/200602200036.htm，登录时间2006年02月20日。

留下确定财产权属的原始书面记载，当事人只能提供间接证据和传来证据；单一的证据虽不能直接证明财产权属，但被告提供的证据之间相互印证，能够形成完整的证据链条，充分说明石氏家族成员一直对争议财产在共同行使管理、使用、处分等与财产所有权相关的权利。原告及其祖父、父亲作为石珤的后人，保管争议财产的行为应属合法，但该事实并不能成为原告取得财产所有权的合法依据；因我国目前尚未建立取得时效制度，对财物的长期占有尚不是取得该财物所有权的法定事由。故本案诉争财产应归原、被告及第三人共同所有。从情理上分析，该案争议财产因年代久远及画像人物的知名度，应具有一定的经济价值，但对于石珤后人而言，财产的纪念意义远大于其经济价值，尤其石珤等人画像寄托了石氏家族共同的情感，不可能作为普通财产分给某一个家族成员由其随意处分，祖宗画像的主要价值就体现在供子孙后代永世纪念和瞻仰。因此，该案诉争财产归原、被告及第三人共同所有是合情合理合法的。

法院最终判决诉争画像4张、圣旨3道、琉璃瓦假山一座、《泰山图》一张归原告石某、7名被告和48名第三人共同所有。

【法理研究】

本案争议的焦点是关于石珤所留财产所有权的归属问题。

祖传名画，系家族成员应共同继承的遗产，各证据也能够充分说明石氏家族成员对讼争标的一直共同行使管理、使用、处分等与财产所有权相关的权利。原告及其祖父、父亲作为石珤的后人，保管争议财产的行为应属合法，但该事实并不能成为原告取得财产所有权的合法依据。故本案诉争财产应归原、被告及第三人共同所有。并且该标的之特殊性质要求该共有物不能够分割，而其本身寄托着家族的情感，也不适于折价变现，因此判令该画像为原告、被告及第三人共同共有是正确的。

4. 合伙财产的共同共有。合伙财产权是基于合伙关系而产生的，合伙人对合伙财产的份额是对抽象的合伙总资产而言的，是一种潜在的份额。所以，在合伙关系存续期间，合伙人不能直接处分合伙财产中的份额。而这正是共同共有的一个重要特征。同时出于保护债权人利益的需要，合伙财产也应该认定为共同共有财产。根据《合伙企业法》的规定，合伙人的出资、以合伙企业名义取得的收益和依法取得的其他财产，均为合伙企业的财产。合伙人在合伙企业清算前，不得请求分割合伙企业的财产；但是，本法另有规定的除外。合伙人在合伙企业清算前私自转移或者处分合伙企业财产的，合伙企业不得以此对抗善意第三人。除合伙协议另有约定外，合伙人向合伙人以外的人转让其在合伙企业中的全部或者部分财产份额时，须经其他合伙人一致同意。合伙人之间转让在合伙企业中的全部或者部分财产份额时，应当通知其他合伙人。

三、按份共有

（一）按份共有的概念和特征

1．按份共有的概念。按份共有，又称为分别共有，是指两个或两个以上的人对某项财产按照其份额共同享有所有权并承担义务的共有。《物权法》第94条规定：“按份共有人对共有的不动产或者动产按照其份额享有所有权。”按份共有不以共有人之间存在共同关系为前提，所以按份共有是最常见的共有方式，可以存在于公民之间、法人之间以及公民与法人之间。

股东诉兽药厂冻结其应得股息、红利要求发还案[1]

【案情简介】

1993年，被告兽药厂依据国家有关部门颁布的《股份制企业试点办法》登记为“集体经济（股份合作）”企业。根据其制订的股份合作章程，每1000元为一股，总计610股，其中个人股占300股。同月15日，被告向原告毛某颁发股权证书，明确原告入股99股。1994年，被告第一次股东代表大会聘任原告担任董事会董事和厂长职务（为法定代表人）。1996年被告股东代表大会第三次会议同意原告即日起辞去该职务。被告并向外发出通知，明确原告除应收款催讨外，其他一切活动均不代表被告。1997年被告股东代表大会第五次会议决定，1996年各股份按22.5%的比例分配股息、红利。同时，股东代表大会还作出决议：要求原告于1997年6月底前赔偿其在任职期间造成多笔坏账的损失共计217 495.88元，在赔偿未到位前，冻结其应得的股息、红利，并从1997年1月起暂停其股息、红利。同月底，原告向被告提出领取1996年应得股息、红利的要求，遭被告以股东代表大会决议为由拒付。原告毛某向法院起诉。

【审理判析】

法院经审理查明：被告股东代表大会通过的《兽药厂股份合作制章程》规定：股份的股息，每年年终一次兑现；企业的净利润分配，实行股权平等、同股同利；厂长在任职期间如有违反法律、营私舞弊或严重失职行为，对企业造成损失的，经董事会决议，可以适时解聘，并以行政和经济处罚。

法院认为：根据我国现行的法律和法规规定的原则，股份合作制企业实行入股自愿、股权平等、利益共享、风险共担的原则。原告投入被告的股金99 000元及所

〔1〕“毛申甫诉上海畜禽中心兽药厂依股东代表大会决议冻结其应得股息、红利要求发还案”，载最高人民法院中国应用法学研究所编：《人民法院案例选》1998年第4辑（总第26辑），时事出版社1999年版，第185页。

产生的股息、红利，应当属于原告所有并受法律保护，非经法定程序，任何组织和个人不得冻结或扣押。被告私自冻结原告应得之款，于法无据。法院判决被告偿付原告应得的股息、红利，但原告要求被告赔偿其经济损失，缺乏事实根据，不予支持。

【法理研究】

本案双方当事人争议的焦点，是股份合作制企业的股东代表大会是否有权冻结股东的股息、红利。

根据国家有关部门的界定，股份合作制是按照合作制原则，吸引股份制形式，兼有劳动联合和资金联合的一种企业经营组织形式。股份合作制企业（以下简称企业）是劳动群众自愿组合，自筹资金，并以股份形式投入，财产属于举办该企业的劳动群众集体所有与按股所有相结合，实行集体占有，共同劳动，民主管理，按劳分配，按股分红的社会主义集体所有制经济组织。企业不印制股票，只发记名股权证，作为资产证明和分红依据。企业的出资证明书的持有人为企业股东。股东按其持股额享有权利、承担义务，实行利益共享，风险共担企业盈利，按股分红。本案中，包括原告在内的所有股东对企业盈利属于按份共有的关系，均有权对企业盈利按所持股份进行分红，获得投资回报。

2. 按份共有的特征。作为一项独立的共有制度，按份共有除了具有共有的一般特征之外，还具有以下特征：

（1）按份共有人对共有物依份额享有所有权。在按份共有中，各共有人的份额称为应有份额。所谓“应有份额”，是共有人对共有物所有权所享受权利的比例。按份共有人对共有财产存在“应有份额”，这是按份共有区别于共同共有的基本特征。按份共有人应当明确各自享有的份额。对当事人约定了各自份额的，应根据其约定确定应有份额。按份共有人没有约定应有份额或者约定不明的，按照出资额确定；不能确定出资额的，视为等额享有。

王某与杨某财产权属纠纷上诉案[1]

【案情简介】

上诉人王某与被上诉人杨某原系恋爱关系，2004年6月13日，杨某与开发商签

---

〔1〕“王岗与杨兴玉财产权属纠纷上诉案”，载北大法律信息网 http://vip. chinalawinfo. com/NewLaw2002/SLC/SLC. asp? Db = fnl&Gid = 117572747，登录时间 2010 年 3 月 9 日。

订《商品房购销合同》，购买住房一套。王某与杨某分别以各自名义向开发商支付了房款，其中以王某名义支付了首付款及各项手续费共计51 262元，以杨某名义支付了1万元定金和按揭贷款支付了14万元。开发商根据杨某出具的关于其将首付款和各项手续费等3张发票遗失的《情况说明》，向杨某出具了185 465元房屋价款的总发票。房屋产权证上记载的所有人为杨某。后双方关系恶化发生纠纷。

【审理判析】

二审法院认为，开发商出具的《情况说明》与其所附的发票以及被上诉人的《情况说明》相互印证，能合理解释购房过程中分别以双方为交款人的情况，故法院对上诉人认为其支付过部分房款的观点予以采信，一审判决认定被上诉人付清了全部房款属认定事实不清。双方当事人在恋爱期间购买房屋，且以各自名义支付过购房款，所以推定双方当事人为结婚购买房屋，该房屋应为双方共有，上诉人对购房款享有权利。现双方关系恶化，上诉人诉请被上诉人返还8万元购房款，被上诉人认为其一人支付全部购房款，不存在共有。因双方对该房屋权利的分配没有一致意见，故根据《物权法》第103条"共有人对共有的不动产或者动产没有约定为按份共有或者共同共有，或者约定不明确的，除共有人具有家庭关系等外，视为按份共有"的规定，该房屋视为双方按份共有。又根据该法第104条"按份共有人对共有的不动产或者动产享有的份额，没有约定或者约定不明确的，按照出资额确定；不能确定出资额的，视为等额享有"的规定，以上诉人名义支付的购房款有首付款及各项手续费共计51 262元，上诉人虽主张其还支付了1万元定金和每月的按揭贷款，但无证据证实，故本院认定上诉人对房屋的出资款为51 262元。因上诉人不主张房屋所有权，所以该房屋所有权由被上诉人享有，被上诉人按上诉人的出资款补偿上诉人51 262元。故对上诉人诉请被上诉人返还8万购房款的诉讼请求，法院依法支持51 262元。

最终法院判决由被上诉人杨某支付上诉人王某51 262元。

【法理研究】

本案的关键问题是王某与杨某对房屋的所有关系约定不明，则双方对购房款享有何种权利。共有人对共有的不动产或者动产没有约定为按份共有或者共同共有，或者约定不明确的，除共有人具有家庭关系等外，视为按份共有。本案中，王某与杨某之间不存在共同关系，而且双方无共同共有还是按份共有的约定，因此，两者之间是按份共有关系，按照出资额确定按份共有中的份额。所以法院判决该房屋所有权由杨某享有，杨某按王某的出资款补偿王某51 262元是合法有据的。

（2）按份共有人对其应有部分享有相当于所有权的权利。在法律或者共有协议未作限制的情况下，按份共有人随时都可以要求分出或者出让其份额，即解散共有关系。按份共有人按照其应有份额对共有物享有的权利，其实就相当于具有占有、使用、收益、处分权能的所有权。因此，共有并非一种独立物权形式，而是共有人行使所有权的一种方式。

（3）按份共有人的权利义务及于共有物的全部。由于应有部分只是对所有权进行的量的分割，而不是对共有物本身进行量的分割，所以按份共有人的权利义务并不仅限于共有物的某一部分上，而是及于整个共有物。

丙船厂诉乙供应站侵犯共有财产权案[1]

【案情简介】

甲渔业村因欠乙供应站木材款 135 929.64 元，遂将其所有的一艘渔船抵押给乙供应站。同时，该渔村还分别欠丙船厂7万元、付某5万元。甲渔业村因无力偿还债务，经征得三方的同意，将船作价26万元抵偿债务，其中抵偿给丙船厂7万元，乙供应站14万元，付某5万元。原、被告三方均开出收据给甲渔业村，各自的债权债务清结。当天，甲渔业村将渔船交给了3个债权人，并由乙供应站派人上船管理。

后来，乙供应站在未告知丙船厂和付某的情况下，即将渔船以19万元的价格出售给第三人王某。得款后，乙供应站付给付某5万元，其余14万元自己所得。王某买船后，依法办理了船舶户口簿。丙船厂获悉后，经向乙供应站交涉未果，即起诉至某海事法院，要求确认船舶买卖无效，判令二被告返还其受偿的船款7万元及偿还该款利息12.960元。

【审理判析】

海事法院审理认为，甲渔业村积欠原、被告债务属实，以其所有的渔船折价抵债并无不当。乙供应站未征得丙船厂同意，将渔船卖与他人，所得船款与被告付某按债权分配，致原告丙船厂7万元债权分文无得，系属侵权，应承担赔偿责任。鉴于第三人王某购船后生产已一年多，且已办理船舶登记手续，所购船舶不宜返还。原告要求被告乙供应站赔付抵债船款7万元及偿付相应利息的诉讼请求应予支持。

供应站不服，提起上诉。二审法院驳回上诉，维持原判。

---

〔1〕“舟山市普陀区台门船厂诉舟山市木材公司六横联合供应站单方出售共同受偿的船舶侵犯共有财产权纠纷案”，载最高人民法院中国应用法学研究所编：《人民法院案例选》1996年第1辑（总第15辑），人民法院出版社1996年版，第152页。

【法理研究】

本案中甲渔业村积欠原、被告债务，以其所有的渔船折价抵债，分别抵偿给丙船厂7万元，乙供应站14万元，付某5万元，可知三共有人为按份共有。此种以船抵债的法律关系并无不当，双方的意思表示真实有效，法律关系发生时有法定字据为证。丙船厂、乙供应站、付某共同享有该船舶的使用和收益的权利。乙供应站未征得共同所有人之一丙船厂的同意，擅自将共有物转让给第三人，而且事后并没有给丙船厂任何的补偿，其行为侵犯了丙船厂的合法权益，属于侵权，应承担损害赔偿责任。但鉴于第三人王某购船后生产已一年多，且并不知晓乙供应站和丙船厂之间的法律关系，属于善意第三人，其购买的船只也已办理船舶登记手续，根据《物权法》对善意取得的保护，所购船只不宜返还，原告的原物返还请求权因而转化成损害赔偿请求权。

（二）按份共有的法律效力

1. 按份共有的对内效力。按份共有的内部效力，是指按份共有人之间基于对物的按份共有关系而享有的权利和承担的义务。归纳起来，按份共有的对内效力主要包括：

（1）共有人对共有物的占有、使用、收益。按份共有人按照各自的份额对共有物进行占有、使用和收益的时候，其权利的行使及于整个共有物。按份共有人在行使这些权利的时候，与单独所有权人行使所有权不同，因为按份共有人必须受其他共有人份额的限制，不得损害其他按份共有人的权利。

（2）共有人对共有物的处分。第一，按份共有人对整个共有物的处分。处分共有的不动产或者动产以及对共有的不动产或者动产作重大修缮的，应当经占份额2/3以上的按份共有人同意，但共有人之间另有约定的除外。某一按份共有人擅自处分共有物造成损害的，要对其他共有人承担侵权责任。第二，按份共有人有权处分其享有的份额。在没有法律规定或没有按份共有人约定的前提下，按份共有人对自身份额的转让不必征得其他共有人的同意。但是，如果按份共有人之间在协议中对共有份额的分出和转让设定了限制，共有人要遵守，否则要承担违约责任。

（3）优先购买权。《物权法》第101条规定："按份共有人可以转让其享有的共有的不动产或者动产份额。其他共有人在同等条件下享有优先购买的权利。"也就是说，某一按份共有人转让财产时，有及时告知其他共有人的义务以及尊重其他共有人的优先购买权的义务。如果其他共有人和非共有人都有意购买这项份额，则在同等条件下，其他共有人优先购得这项份额。但是，其他共有人的优先购买权，应当有期限的限制。如果几个共有人都想购买这项份额，应由转让份额的共有人决定将其份额转让给哪一个共有人。在不损害社会利益和他人利益的条件下，共有人可以抛弃自己的份额。抛弃的份额由其他共有人取得。

（4）共有人之间的物上请求权。共有人之间应互相尊重他人的份额。如果部分共有人违反共有人的约定或者法律规定管理、处分共有物，或者侵害其他共有人的权利时，相关共有人均可单独或者共同行使物上请求权。

（5）共有物的管理及费用负担。共有物的管理大致包括对共有物的保存、改良、利用几个方面。对共有物的保存，是指保存共有物及其权利免于毁损、灭失或限制的行为，以维持现状为目的。对于共有物的保存行为可单独进行。对共有物的改良，是指不变更共有物的性质，而增加其效用或价值的行为。[1] 对共有物的改良要经占份额2/3以上的按份共有人的同意，但约定除外。对共有物的利用，指以满足共有人的共同需要为目的，不变更共有物的性质，而决定其使用、收益方法的行为。[2] 对共有物的利用是所有权权能的体现，是实现共有物价值的途径。

对于共有物的管理费用以及其他负担，共有人有约定的，按照其约定；没有约定或者约定不明确的，按份共有人按照其份额负担。如果某一共有人支付上述费用超过自身份额所应负担的部分，对超过的部分，有权请求其他共有人偿还。

蒋甲、蒋乙诉房屋管理局行政登记案[3]

【案情简介】

2000年，原告蒋甲、蒋乙与沈某共同购买一套房屋，同年7月取得该房屋产权证，产权证记载该房屋为两原告与沈某共同共有。2003年，沈某未经两原告同意擅自委托拍卖公司将该房屋拍卖给方某。被告市房地局受理了该房地产转移登记申请，并作出向方某核发房地产权证的具体行政行为。原告起诉，请求法院撤销房管局对方某核发的房地产权证。

【审理判析】

一审人民法院经审理认为，被告市房地局具有作出房地产登记的行政职权。房地产权登记载明系争房屋原权利人为蒋乙、蒋甲及沈某。因此，蒋乙和蒋甲与被诉的房地产权证具有法律上的利害关系，具有原告诉讼主体。被告的举证均未确认讼争房屋的所有权归方某。故房地局作出被诉房地产权登记的具体行政行为，依法应予撤销。

一审判决后，第三人沈某、方某不服，提起上诉。二审法院驳回上诉，维持原判。

---

〔1〕王泽鉴：《民法物权1：通则·所有权》，中国政法大学出版社2001年版，第349页。

〔2〕梁慧星、陈华彬编著：《物权法》，法律出版社2003年版，第255页。

〔3〕“蒋苏莹、蒋晨蛟诉上海市房屋土地资源管理局房屋行政登记案”，载最高人民法院中国应用法学研究所编：《人民法院案例选》2006年第2辑（总第56辑），人民法院出版社2006年版，第477页。

【法理研究】

本案是一起行政争议与民事争议相互交织的案件，其中的重要问题是蒋甲、蒋乙是否具有原告的资格，但该问题的解决却取决于实体权利的有无。

从案件的事实来看，讼争之房地产权证，载明系争房屋为两原告和第三人沈某共同共有。根据《物权法》的规定，蒋甲、蒋乙作为系争房屋原房地产权证记载的共有人，都有管理共有物的权利和义务。对于共有物之管理，包括保存、改良和利用，其所带来的收益当属共有人之共有财产，理应归属于共有人共同所有。蒋甲、蒋乙与本案被诉的房地产转移登记为方某所有的具体行政行为，显然具有法律上的利害关系，故其自然具有提起本案诉讼的原告资格。

2. 按份共有的对外效力。由于按份共有并非对共有物的分割，因此，按份共有人的权利及于共有物的全部，而非仅限于其应有份额。在对外关系上，共有人享有连带债权、承担连带债务，但法律另有规定或者第三人知道共有人不具有连带债权债务关系的除外。

共有的耕牛致人伤害赔偿案[1]

【案情简介】

原、被告双方均系某村村民。被告5人按各自田亩比例共有耕牛一头，5户轮流饲养。一日，郑甲从轮值饲养人郑乙处牵走耕牛使用。耕作休息时，将牛拴在楚丁责任田边的一棵树上。楚丁见此牛正在吃其田中作物，经询问是谁将牛拴在此处无人回答后，便上前去解牛绳，欲将牛牵走。正在解拴在树上的牛绳时，此牛发怒用牛角将楚丁戳倒在地，楚即呼唤救命，被其女儿等救离现场，送往卫生院急诊，诊断为脾破裂。经鉴定，楚的损伤为伤残9级。楚丁诉至法院，以牛系郑甲等五户共有饲养为理由，要求该五被告共同承担上述费用。

【审理判析】

法院经审理认为，原告楚丁的人身损害是由五被告共同饲养的牛造成的，虽然五被告对此都没有过错，但依照法律规定应当承担民事责任。其中，饲养人郑乙、使用人郑甲应承担70%的责任，其他三个共有人应按拥有牛的份额共同承担30%的责任。

---

〔1〕“楚兰英诉郑德洪等共有的耕牛致其人身伤害赔偿案”，载最高人民法院中国应用法学研究所编：《人民法院案例选》1997年第4辑（总第22辑），人民法院出版社1998年版，第108页。

【法理研究】

本案的关键问题是如何确定按份共有人的外部责任和内部责任。

我国《侵权责任法》第78条规定："饲养的动物造成他人损害的，动物饲养人或者管理人应当承担侵权责任，但能够证明损害是因被侵权人故意或者重大过失造成的，可以不承担或者减轻责任。"据此，饲养动物致人损害侵权实行无过错责任，按份共有人对外承担连带赔偿责任。本案耕牛的饲养人并非只有一人，耕牛的管理人又是交叉的，这是本案成为有一定特点的特殊侵权责任的原因所在。依据上述规定，对原告的伤害应由耕牛的共有人承担连带赔偿责任。郑甲既是动物的所有人之一，也是事发当天动物的使用人，郑乙是动物的轮养户，他们作为对动物负有直接管理责任的当事人，承担主要的赔偿责任，是合情合理合法的。其他共有人作为动物的所有人，既对动物享有所有权，势必对动物在致他人人身财产损害时，承担相应的赔偿责任。当事人对耕牛的所有权份额有约定的，应按约定的份额承担民事责任。法院的判决是按份共有人之间内部的责任分担问题，对于受害人而言，按份共有人要承担连带责任，不受共有人间份额的限制。

四、共有物的分割

共有物的分割是指在共有关系终止时，依照当事人之间的协议或者法律规定清理共有财产关系的行为。[1]

（一）共有物分割的原则

《物权法》第99条规定："共有人约定不得分割共有的不动产或者动产，以维持共有关系的，应当按照约定，但共有人有重大理由需要分割的，可以请求分割；没有约定或者约定不明确的，按份共有人可以随时请求分割，共同共有人在共有的基础丧失或者有重大理由需要分割时可以请求分割。因分割对其他共有人造成损害的，应当给予赔偿。"

共有物的分割应遵循以下原则：①遵守法律的原则。我国《物权法》对共有物的分割作出了比较具体的规定，但是由于民事关系的多样性和复杂性，其他法律也存在关于特定共有物的分割的规定，因此在进行共有物的分割时，不仅应当遵守《物权法》的规定，还应当遵守其他相关法律的规定。②当事人意思自治的原则。共有物的分割，亦应尊重当事人的意思自治。共有人对相互之间的共有关系有约定的，应当遵守其约定。③平等协商、和睦团结的原则。在按份共有关系中，当事人之间存在着强烈的人身信任关系，共同共有关系更是以存在共同关系为前提，共有物的分割直接关系到共有人之间其他关系的稳定。在共有物的分割过程中，应当坚持平

〔1〕江平主编：《民法学》，中国政法大学出版社2000年版，第392页。

等协商、团结和睦的原则。

康某等诉旷某分割共有的房产案[1]

【案情简介】

汤某为旷某的母亲。旷某与康某结婚后，即与父母分家另过。婚后生有二女。在二人婚姻关系存续期间，某房地产开发公司将一套房卖给旷某与康某，购房价格为2万余元，汤某夫妇出资1万元。同年7月旷某到房产部门办理了私有房屋所有权证，该证载明了房屋的所有权人为旷某，共有权人为康某及二子女。之后，旷某一家对该房屋的后进房屋进行了改建，并于同年年底改建完毕。在改建过程中，汤某夫妇分别数次出资8500元。在购置和改建该房时，旷某大女儿刚参加工作，经济能力有限；二女儿尚在读书，无经济能力。但她们在房屋改建过程中均尽了个人应尽的义务。

后来，旷某与康某离婚。其后，康某及二女就财产分割问题向法院提起诉讼，要求对共有房产进行分割。

【审理判析】

一审法院经审理认为，康某及二女儿与旷某原为一家庭的成员，争议房屋为家庭的共有财产，可由他们四人按比例进行分割。由于康某及旷某出资出力较多，在分割时应多占一定的份额；两个女儿出资出力较少或未出资，适当少占一定份额。汤某夫妇是有出资，但房屋产权证上未载明他们为产权人或共有人，且不能提出房屋为共有的依据，因此不享有产权。同时，汤某不是同一家庭的成员，因此也不能参加对房产的分割。她的出资可视为债务，由四人依份额分摊负担。

旷某不服，提起上诉。中级法院驳回上诉，维持原判。

【法理研究】

本案的焦点是共有物的分割问题。

出资作为设定权利的基础和表现形式，是受法律保护的，特别是在某些法律关系中，出资是作为认定享有权利的主要证据。但因出资的原因不同，所设定的权利也不同，特别是在亲属之间、家庭成员之间，出资在未明确出资人的意思表示时，性质可能多种多样。可能是借贷赠与，也可能是基于赡养扶养义务的履行。因此，本案中汤某主张享有房屋产权必须证明其当时出资有表明要在房屋中享有产权的意

[1] “康某等诉旷某分割登记为共有的房产案”，载最高人民法院中国应用法学研究所编：《人民法院案例选》2000年第3辑（总第33辑），人民法院出版社2001年版，第65页。

思，否则不能成为产权人。

此外，对于家庭共同共有财产的分割，应当遵循男女平等原则、照顾女方及子女权益的原则、有利于当事人的生产和生活原则、对无过错一方予以照顾原则。本案中，在处理房屋所有权的分割时，除了考虑事实因素之外，也要参考共同共有财产的分割原则，进行适当处理。

（二）共有物分割的条件

根据《物权法》的规定，在共有人对共有物的分割没有约定，或者约定不明的情况下，共有人对共有物分割的条件根据共有的性质而有所不同。

就按份共有而言，基于自由原则和效益最大原则，按份共有物的各共有人可以随时请求分割共有物，不需要法定的原因或约定的原因。就共同共有而言，共同共有人共有的基础或者有重大理由需要分割时，可以请求分割共有物。共同共有的基础丧失，主要是指共同共有法律关系的终止，比如离婚引起的夫妻关系的终止、合伙解散引起的合伙关系的终止等。[1]

（三）共有物分割的方法

《物权法》第100条第1款规定："共有人可以协商确定分割方式。达不成协议，共有的不动产或者动产可以分割并且不会因分割减损价值的，应当对实物予以分割；难以分割或者因分割会减损价值的，应当对折价或者拍卖、变卖取得的价款予以分割。"

共有物的分割方法有三：①实物分割。实物分割是共有物分割的基本方法。采取实物分割的前提条件是共同共有物是可分物，因为可分物的分割无损于财产的价值。共有人按照各自的份额对共有物进行实物分割，使各个共有人分得其应有的部分。②变价分割。变价分割是将共有物转让，然后由共有人分配货币的分割方法。采取变价分割的前提条件是共同共有人都不愿意取得共同共有物。③作价补偿。就是由获得不可分共有物的共有人根据对共有物价值的评估，给予其他共有人补偿的分割方法。采取作价补偿的前提条件是共有物为不可分物，共有人中有人愿意放弃对共同共有物的所有权，而有人却愿意取得对共同共有物的全部所有权。

水泥厂诉刘甲收回公有房屋案[2]

【案情简介】

刘甲及丈夫杨乙是某县水泥厂的职工，房改初期，夫妻二人出资2500元购买了

[1] 刘智慧主编：《中国物权法释解与应用》，人民法院出版社2007年版，第241页。

[2] "县水泥厂诉刘某被开除公职后收回优惠出售的公有房屋案"，载最高人民法院中国应用法学研究所编：《人民法院案例选》1999年第4辑（总第30辑），时事出版社2000年版，第75页。

水泥厂按优惠价出售的职工住房一套55%的所有权。由杨乙与水泥厂签订合同，主要内容为：购房人向单位交清2500元，领取《房屋产权证》后，对该房屋拥有部分产权，即占有权和使用权，有限处分权和收益权；可以继承，可以在付清房款5年后进入房地产市场出售，单位有优先购买权。

之后，夫妻二人离婚，该房屋55%的份额归刘甲享有。县政府向水泥厂和杨乙颁发了房屋所有权证，载明房屋由水泥厂与杨乙共有，水泥厂占45%的份额。此后，刘甲与他人再婚，夫妻俩在外居住。3年后，刘甲被开除了公职，水泥厂要求收回由刘甲享有有限产权的该房屋。刘甲不同意，于是水泥厂向法院提起了诉讼，认为刘甲已被开除公职，双方不存在劳动法律关系，因此应由水泥厂将房屋收回。

【审理判析】

法院经审理认为，刘甲前夫杨乙与水泥厂签订了优惠购买职工住房合同，并付清了购房款，取得该房55%的所有权。杨乙在与刘甲离婚时，该55%的有限产权全部归刘甲所有，因此该房屋应认定为归水泥厂及刘甲共有，水泥厂享有45%的产权。鉴于双方在售、购房时，未签订附条件的服务性合同，水泥厂现以刘甲被开除公职，双方已终止劳动合同关系为由，请求收回刘甲享有的有限产权房屋，缺乏法律依据和双方约定，理由不能成立。根据本案讼争房屋为单元式集体住房不便分割的实际，以及便于单位管理职工住房，刘甲享有的有限房屋产权以变价分割为好。由于购房已接近5年，应按估算的房屋现值进行变价补偿，而不是当年的优惠价。

【法理研究】

本案涉及按份共有物的分割问题。单位向职工优惠出售单位公有房屋，买卖关系一旦完成，也就是说一旦单位将房屋产权转移给职工，就必须依法律规定的方式再行移转，不能因劳动合同关系的解除而要求收回产权。单位出售房屋给职工后，就转移给职工的部分而言，职工取得的也是完全的所有权，只是因物的不可分性，构成按份共有。

在按份共有的形态下，共有人出让自己的共有份额时，其他共有权人有优先购买权，也是基于物的完整性和使用价值而言的，但前提是共有人有处分所有权的意思表示，其他共有人并没有强迫共有人出让其份额的权利。共有关系解体时，由于物的不可分性及分割后极大损害其价值的原因，往往需要由其中一部分人分得实物，另一部分人分得其份额变价的价额。共有人有约定的，从其约定；共有人没约定的，考虑其特殊需要；如无特殊需要，按所占份额大的吸收所占份额小的原则处理。

（四）共有物分割的效力

共有物分割的效力，就是共有物分割后对各共有人权利义务的法律后果。具体而言，共有物分割的效力主要有：

1. 共有人取得相应部分的所有权。共有关系消灭，各共有人取得自己应有的部分，取得分得物的所有权；但是，共有财产分割后，当一个或数个原共同共有人出卖自己所分得的财产的时候，如果该财产与原共同共有人所分得的财产属于一个整体或可配套使用，则其他原共同共有人有优先购买权。

合伙人吕某对合伙企业指定清算人案[1]

【案情简介】

申请人吕某向法院提出申请称：申请人与被申请人苏某、尤某于1997年5月签订《织造厂有限公司（暂定名）合作经营书》由三合伙人各出资5万元，合伙经营“织造厂有限公司”。根据约定，苏某主要负责市场营销及客户货款回收，吕某、尤某主要负责原材料供应及生产管理。

1998年5月，三人注册登记了“东霞织带加工厂”，性质为集体所有制，但实际上是合伙企业。企业经营至1999年6月底，三合伙人签订了终止合伙关系的协议，决定解散合伙企业。但合伙人就散伙达成协议后，未能就清算问题达成一致，无法成立清算人，企业内外债权债务及剩余财产均得不到解决。请求法院依法指定清算人。

【审理判析】

法院经审理认为：东霞织带加工厂虽登记为集体所有制企业，但实际为个人合伙。三合伙人不愿意继续经营，决定解散合伙企业，不违反有关法律规定，但合伙企业解散应当进行清算。

三合伙人虽已就合伙企业财产的处理达成协议，并由法院委托有关部门对合伙企业经营期间的盈亏情况进行审计，但合伙人并未履行通知和公告债权人、编制清算报告等清算程序，清算人没有指定，清算组没有成立，合伙企业尚未进行清算。合伙企业解散，清算人应由全体合伙人担任，未能由全体合伙人担任清算人的，经全体合伙人过半数同意，可以指定一名或者数名合伙人或者委托第三人担任清算人。15日内未确定清算人的，合伙人或者其他利害关系人可以申请人民法院指定清算人。

---

〔1〕“合伙人吕信铁在合伙企业解散后因未进行清算申请对合伙企业指定清算人案”，载最高人民法院中国应用法学研究所编：《人民法院案例选》2003年第3辑（总第45辑），人民法院出版社2003年版，第330页。

本案中，在合伙企业解散后，三合伙人无法就应否对企业进行清算、由谁担任清算人达成协议，作为合伙人之一的申请人向人民法院申请指定清算人并无不妥，对申请人的申请予以支持。裁定申请人吕某与被申请人苏某、尤某共同组成清算组，对东霞织带加工厂进行清算。

【法理研究】

本案涉及合伙企业解散后的清算问题。应当注意的是本案当事人之间为共有关系，对于合伙企业解散后的清算，即是对共有物的分割，共有物分割以后，合伙当事人取得各自的份额，而合伙当事人的共有关系随之解除。

2. 共有人负担瑕疵担保责任。共有物分割后，原共有人之间承担担保责任，即共有人按照其应有部分，对其他共有人因分割而得到的物，应负与出卖人相同的担保责任，包括权利瑕疵担保和物的瑕疵担保两种。[1] 共有人分割所得的不动产或者动产有瑕疵的，其他共有人应当分担损失。

3. 共有人有权以共有物清偿连带债务。全体共有人因共有物而成为连带债务人的，在分割共有物时，任何共有人均有权请求以共有物清偿债务。此外，离婚后，夫妻一方发现另一方有隐瞒共同财产的事实，可以请求再次分割。

王女诉邱男离婚后分割夫妻共同财产案[2]

【案情简介】

原告王女与被告邱男于1989年登记结婚，1990年生育一女孩邱某。1997年，被告购买东风自卸车一辆，购车发票上记名被告之父邱甲，由被告之父邱甲找到县公路局领导，以邱甲名义与公路局签订了借户协议，该车借（入）户该局，但由被告使用该车在公路局的工程施工中从事运输。2000年，原、被告协议离婚，双方达成如下协议：邱乙由原告抚养，被告支付抚养费5万元，2000年12月31日支付2万元，2001年12月31日支付3万元，用于邱乙自上初中至能自理生活的费用。

2001年，邱乙起诉被告追索抚育费，原告才发现被告离婚时隐藏债权数额巨大，要求分得债权8万元。

---

〔1〕 陈华彬：《物权法》，法律出版社2004年版，第400页。

〔2〕 “王海雪诉邱新伟在离婚时隐瞒对外债权再次起诉请求分割夫妻共同财产案”，载最高人民法院中国应用法学研究所编：《人民法院案例选》2003年第3辑（总第45辑），人民法院出版社2003年版，第90页。

【审理判析】

法院经审理认为：夫妻关系存续期间的经营收益，没有约定或约定不明确的，属夫妻共同财产。夫妻在家庭中的地位平等，对共同财产，有平等的处理权，禁止一方对另一方的侵占。《婚姻法》第47条规定："离婚时，一方隐藏共同财产，侵占另一方财产的，分割共同财产时，可以少分或不分。离婚后，另一方发现隐藏行为的，可以向人民法院提起诉讼，请求再次分割夫妻共同财产"。本案被告对共同财产进行了隐藏，可以少分，原告要求分得8万元的请求过高，酌定分得6万元为宜。

【法理研究】

本案涉及夫妻离婚后财产分割问题。

从本案原、被告在离婚时达成的协议内容来看，原告未分得任何财产，协议中涉及的夫妻共同财产全部分给了被告，从表面上和实质上都可以认为原告放弃了对协议载明的夫妻共同财产的要求。对此，原告也未表示反悔并要求撤销。所以，离婚协议中所表明的夫妻共同财产的处理，应是原告的真实意思表示。

但是，不论原告在离婚时对夫妻共同财产的处理持何种态度，一旦在离婚后发现对方在离婚时有《婚姻法》第47条规定的行为之一的，就可以再次起诉要求分割该部分夫妻共同财产。《婚姻法司法解释一》第31条规定："当事人依据婚姻法第47条的规定向人民法院提起诉讼，请求再次分割夫妻共同财产的诉讼时效为2年，从当事人发现之次日起计算。"只要经审理确认被告有该条规定的行为之一，并且原告的起诉在两年期限内，就应当支持原告的诉讼请求，就该部分财产对被告不分或少分，甚至于判令被告赔偿原告应分得部分的财产损失。因此，县法院的处理是正确的。

第五章 他物权概述

第一节 用益物权概述

一、用益物权的概念和特征

（一）用益物权的概念

根据我国《物权法》第117条的规定，用益物权是指权利人对他人所有的不动产或者动产，依法享有占有、使用和收益的权利。用益物权是为了发挥物的最大效用，实现物的使用价值而设立的一种物权，充分体现了现代民法以"利用"为中心的物权观念。

屈某为林地权属不服行政处理案[1]

【案情简介】

土地改革时，原告屈某家分得某村一部分林地，1965年"四清"时，该处林地被收为集体所有。1981年落实林权时，县政府又将该处林地一分八厘划归屈家管理使用，并发给林权证。1982年5月，该村落实生产承包责任制时，将该处林地随责任地划归蒋某管理使用。1989年，原告屈某之母胡某去砍林地竹子时，与蒋某发生纠纷，争议到镇政府。屈某出示了县政府1981年颁发给他的林权证。该林权证明确记载了该林地的地址、面积，但无填发日期和四至界限，填证人既未签字，也未盖章。据此，镇政府于1991年作出了行政处理决定：屈某所持林权证，由于当时填发有误，现通过核实，予以作废；林木随田边土壁归蒋某管护；屈家所砍树竹的损失，另案处理。

屈某不服行政处理决定，提起诉讼，请求法院予以撤销。

【审理判析】

法院经审理认为：原告所持有的1981年县政府颁发给他的林权证，能够证实一

〔1〕"屈大明为林地权归属不服四川省巴县界石镇人民政府的行政处理案"，载最高人民法院中国应用法学研究所编：《人民法院案例选》1992年第1辑（总第1辑），人民法院出版社1992年，第187页。

分八厘的林权归其管理使用。被告镇政府在处理蒋某与屈某的林权纠纷中，虽查明屈某所持有的林权证没有填发日期和填发人，没有四至界畔，但仅依此认定是原告之父有意炮制，缺乏依据。县政府颁发给屈某的林权证尽管有不完善之处，但镇政府只能就此报请颁发此证的县政府作出处理。镇政府自行对该林权证宣布予以作废，实属超越职权行为。

法院判决撤销镇政府所作出的行政处理决定。

【法理研究】

本案除了“依法行政、越权无效”的问题外，其基础法律关系是取决于属于全民所有的和集体所有的森林、林木和林地，如何通过林地使用权等用益物权制度，物尽其用，定分止争的问题。《物权法》通过前，我国虽无用益物权之名，但却有用益物权之实，《民法通则》和多个单行法都允许国家或集体所有的自然资源依法由他人使用。本案涉及的林权也不例外。

《森林法》第3条第1款规定：“森林资源属于国家所有，由法律规定属于集体所有的除外。”第7条第2款规定：“国家保护承包造林的集体和个人的合法权益，任何单位和个人不得侵犯承包造林的集体和个人依法享有的林木所有权和其他合法权益。”《物权法》规定的四种用益物权中虽然没有林权，但是根据该法第118条“国家所有或者国家所有由集体使用以及法律规定属于集体所有的自然资源，单位、个人依法可以占有、使用和收益”的规定可知，林权是一种用益物权。

（二）用益物权的法律特征

用益物权作为物权体系的重要组成部分，除具备物权的一般特征外，如排他性、优先性、追及性及物上请求权等外，还同时具有其自身独有的特性。

1. 用益物权是由所有权派生的他物权。所有权是权利人对自己的不动产或者动产，依法享有占有、使用、收益和处分的权利，包括在自己的物上设立用益物权或者担保物权的权利。因此，所有权被称为自物权。用益物权则是在他人之物上设定的权利，对他人之物享有占有、使用和收益的权利。因而从法律性质上说，用益物权属于他物权。

2. 用益物权是以使用和收益为目的的物权。用益物权的这一特征是与担保物权相比较而言的，设置用益物权的目的在于以实现物的实际利用价值，以“增进物尽其用的经济效用、即拥有其物者得自不使用，而使他人利用之，以收取利益（对价）。无其物者得支付代价而利用他人之物，而不必取得其所有权。易言之，用益物权具有调剂土地‘所有’与‘利用’的机能”。[1]

---

〔1〕 王泽鉴：《民法物权2：用益物权·占有》，中国政法大学出版社2001年版，第10页。

吴某诉区政府侵犯经营自主权案[1]

【案情简介】

位于某区某乡调丰村与边坡村之间有一条沙沟，沙沟东西两旁分别与两村田地接壤，沙沟的沙为两村村民共同使用。1989 年 5 月，两村决定将沙沟的沙发包给吴某开采。签订协议之后，两村协助吴某办理开采许可证。

区沙石土管理所经实地调查后，于 1991 年 6 月 15 日发给调丰、边坡开采许可证，开采面积为 61 327. 2 平方米；开采期限从 1991 年 6 月至 1993 年 6 月，管理所收取了两村交纳的 1991 年下半年的资源管理费。6 月 19 日，吴某向区工商局申领了营业执照。7 月 25 日，吴某给调丰村交纳第一期承包金 10 万元，并于 9 月 1 日开采沙场。

乡政府向区政府呈上《关于承包坛上管理区沙场开发的请示》，要求由其统一开发调丰、边坡沙场。区政府于 1991 年 8 月 7 日作出同意该请示的批复，并指令国土、工商，公安部门禁止吴某开采。9 月 11 日，区沙石土管理所向调丰、边坡沙场和吴发出通知，以吴某与调丰、边坡签订的协议不具有法律效力为由，宣布该所发出的开采许可证作废。并同时通知吴某停止开采。吴某于同月 14 日停止了沙场开采工作。

吴某起诉区政府和区沙石土管理所，要求法院撤销被告的具体行政行为并赔偿其经济损失。

【审理判析】

法院经审理认为：原告与调丰、边坡村签订的沙场承包协议是合法、有效的。区沙石土管理所发给原告的开采许可证是合法的，继续有效。区政府在乡政府《关于承包坛上管理区沙场开采的请示》中签具的意见和区沙石土管理所 1991 年 9 月 11 日发给原告的通知，没有事实和法律依据，依法应予撤销，因被告的行为造成原告停止开采沙场，故开采沙场的期限应相应延长。判决：①撤销被告区政府的批复；②撤销被告区沙石土管理所发给原告的通知；③开采许可证继续有效，开采期限应予延长。

两被告不服，提出上诉。

二审法院审理认为：沙石土管理所不是一级行政机关，该所发放和撤销开采许可证均是根据区政府的授权实施的，其行为的法律后果，依法由区政府承担。原审

---

〔1〕“吴希碧诉广东省湛江市霞山区人民政府侵犯其经营自主权纠纷案”，载最高人民法院中国应用法学研究所编：《人民法院案例选》1993 年第 2 辑（总第 4 辑），人民法院出版社 1993 年版，第 199 页。

根据原告的起诉把沙石土管理所列为被告不适格，应予撤销。为保护承包者的合法权益及有利于开发资源，判决撤销原判决第一项，维持第二、三项。

【法理研究】

在我国，依据《宪法》、《矿产资源法》和《物权法》的规定，矿产资源属于国家所有。国家之外的其他民事主体欲勘查、开采矿产资源，必须依法申请，经批准取得探矿权、采矿权，并办理登记。国家保护依法取得的探矿权、采矿权不受侵犯。

本案中，吴某经合法程序获得了采矿权，就享有在登记区域开采沙的权利，并获得收益。被告无故将吴某的开采许可证作废，并要求其停止开采，无疑是对用益物权人吴某经营自主权所指向的合法民事利益的侵害。

3. 用益物权是独立物权。用益物权虽派生于所有权，但一经设立，便独立于所有权而存在。所有权人不得随意收回其物，不得干涉用益物权人依法行使对物的权利。用益物权人对物的直接支配和排他性可以对抗包括所有人和任何第三人的侵害。值得注意的是，地役权虽然是用益物权，但是其以需役地的存在为必要，故具有从属性。相比较而言，担保物权以担保主债权为目的，它是主债权的从权利。

刘某诉甲经济合作社承包合同案[1]

【案情简介】

1998年刘某与甲经济合作社签订了土地承包合同，约定由刘某承包本村2.8亩土地和141棵果树。刘某如约交纳了30年的土地承包费。刘某耕种经营至2004年，与甲经济合作社签订了“口粮田承包地解除协议”，约定由合作社收回承包地，另有他用，一次性补偿刘某经济损失51 250元。合作社以原承包人有异议为由，拒绝全额发放给刘某补偿金。

刘某起诉要求确认与被告签订的承包合同合法有效，两块承包地的承包权属于自己。

【审理判析】

一审法院经审理认为：本案诉争的合同即“农村土地经营权证书”，虽首页处的承

---

〔1〕“刘福振诉昌平区流村镇漆园村经济合作社农业承包合同案”，载国家法官学院、中国人民大学法学院编：《中国审判案例要览》（2006年民事审判案例卷），中国人民大学出版社、人民法院出版社2007年版，第56页。

包方为第三人（即原承包人），但该合同签字确认处的承包人为原告刘某，且合同签订后刘某交纳了承包费并进行了经营管理，直至刘某与被告签订“口粮田承包地解除协议”之日。经审查，刘某签订并履行合同的行为系为其本人利益而为的行为，并非代理行为。故该合同承包人应为刘某，该合同所确定的土地承包经营权应归刘某享有。

被告不服，提起上诉。二审法院经审理，驳回上诉，维持原判。

【法理研究】

本案涉及农村土地承包经营权的问题。

土地承包经营权主要是指农业经营者根据承包合同对其承包的耕地、林地、草地以及其他农业用地享有占有、使用和收益的权利。

土地承包经营权为一项独立的用益物权，确立该制度是为了调整农村集体经济中土地所有与利用分离的关系。在《物权法》颁布以前，我国民法理论对于承包经营权的性质存在较大争议，实践中往往将基于承包合同产生的权利作为债权性质的权利，因而不利于保护农业经营者的利益，并影响农业的发展。《物权法》进一步将土地承包经营权明确为一项独立的用益物权，不仅体现了国家依法保护、长期稳定农村土地承包关系的基本国策，而且意味着土地承包经营权人在法定范围内具有直接支配承包土地并排除他人干涉的权利，当权利人受到非法侵害和有妨碍的可能时，权利人即可以依法获得充分的物权法律保护。

本案中，原告刘某既然依法与被告签订了承包经营权合同，根据《物权法》第127条的规定：“土地承包经营权自土地承包经营权合同生效时设立。”其即享有作为用益物权的承包经营权，依法得占有、使用和对承包地为收益，而被告在与原告维持了长达7年的承包关系后，断然否认原告所享有的承包经营权，无疑是对原告合法权益的侵犯。因此，法院认定原告对所承包的土地享有承包经营权是正确的。

4. 用益物权的客体一般是不动产。自罗马法至近现代各国的民法，一般规定非所有人只能就他人之不动产设定用益物权，用益物权的取得需登记公示，动产一般不得设定用益物权。原因主要在于：①动产多为易消耗物，不宜于设定用益物权；不动产一般为不可消耗物，适于设定用益物权。②动产一般价值较小，如需使用可自行购买而取得所有权，不动产一般价值较大，非为任何人均可购买，一旦需要可通过设定用益物权，既满足使用人需要，在有偿的情况下，所有权人还可获得收益。但根据《物权法》规定，我国允许在动产上设定用益物权。

二、我国《物权法》规定的用益物权

我国《物权法》规定了土地承包经营权、建设用地使用权、宅基地使用权、地役权四种用益物权类型。第122和123条分别对海域使用权、探矿权和采矿权、取水权、养殖权和捕捞权等准物权作了准用性规定。关于这些准物权，首先适用有关特别法的规定，特别法没有规定的，适用《物权法》的规定。这样，既保持了《物权法》的相对独立性，又扩大了其适用范围。

由此可见，我国《物权法》关于用益物权的规定具有两个明显的特征：①尊重既有的物权类型。例如，尊重建设用地使用权和宅基地使用权的区分，而在传统民法上，这两种权利都属于地上权的范畴。尊重土地承包经营权的提法，而没有采用诸如农地使用权、永佃权之类的提法。②借鉴传统民法关于用益物权的基本规定，第一次明文规定了地役权。

新物权法草案删除有关“居住权”的规定〔1〕

【媒体报道】

鉴于居住权的适用面非常窄，全国人大常委会正在进行五审的物权法草案删除了有关居住权的规定。

《物权法草案》四次审议稿第十五章对“居住权”作了规定。这一权利被界定为，因各种原因为家庭成员以外的人设立的长期居住的权利，并不适用婚姻家庭、租赁所产生的居住关系。

全国人大法律委员会副主任委员胡康生22日向十届全国人大常委会第二十三次会议汇报物权法草案的修改情况时表示，对物权法要不要规定居住权，一直有争论。有人认为，在社会生活中需要保留居住权的情形确实存在，如有人把自己的住房赠与朋友，但自己要保留居住权等。因此在物权法中对居住权作出规定，是必要的。

但也有人认为，居住权的适用范围很小。从一些国家的法律规定居住权的社会背景看，主要是由于那些国家的妇女当时没有继承权，法律通过设定居住权，解决妇女在丈夫去世后的居住问题。我国男女都享有继承权，物权法没有必要对居住权作规定。

胡康生表示，法律委研究认为，居住权的适用面很窄，基于家庭关系的居住问题适用婚姻法有关抚养、赡养等规定，基于租赁关系的居住问题适用合同法等有关法律的规定，这些情形都不适用草案关于居住权的规定。而且，居住权大多发生在亲属朋友之间，一旦发生纠纷，可以通过现行有关法律规定的救济渠道加以解决。因此，法律委建议将草案第十五章删去。

【法理研究】

最终，我国《物权法》并没有规定居住权。《婚姻法》第42条规定：“离婚时，

〔1〕 田雨、邹声文：“新物权法草案删除有关‘居住权’的规定”，载新华网，登录时间2006年08月22日。

如一方生活困难，另一方应从其住房等个人财产中给予适当帮助。具体办法由双方协议；协议不成时，由人民法院判决。”《婚姻法司法解释一》第27条规定：“婚姻法第42条所称‘一方生活困难’，是指依靠个人财产和离婚时分得的财产无法维持当地基本生活水平。一方离婚后没有住处的，属于生活困难。离婚时，一方以个人财产中的住房对生活困难者进行帮助的形式，可以是房屋的居住权或者房屋的所有权。”虽然该条文使用了居住权一词，但是此处的居住权与其他大陆法系国家的民法典规定的居住权相比，两者含义相去甚远。

由此，根据物权法定原则，在我国，居住权不是物权的一种，当事人约定的居住权不具有物权的效力。

第二节　担保物权的概念和特征

一、担保物权的概念

《物权法》第170条规定：“担保物权人在债务人不履行到期债务或者发生当事人约定的实现担保物权的情形，依法享有就担保财产优先受偿的权利。”据此，担保物权，是指为担保债务的履行，而于债务人或第三人的财产上设定的，当债务人不履行债务或发生当事人约定情形时，可以就该财产优先受偿的权利。也就是说，担保物权是以提供一定的物或权利为担保物，担保权人可以就该担保物变价后的价款优先受偿。

需要注意的是，《物权法》将“发生当事人约定的实现担保物权的情形”作为担保物权的实现情形之一，这与《担保法》规定的只有在债务人不履行到期债务时才可以实现担保物权相比，大大放宽了担保物权的实现情形，更加尊重了当事人的意思自治。

吴某诉庄某由股权担保的借款案〔1〕

【案情简介】

1997年1月1日，庄某与吴某签订协议，约定庄某向吴某借款500万港元，并每月向吴某支付本金的1.5%作为回报，庄某以某公司及其在该公司的股权及土地作为对以上借款的风险担保及抵押。该项借款未能偿还时，吴某有权参与该公司的运作或庄某将土地抵押予乙方。抵押标准参照银行一般资金数额对资产价值的百分比而

〔1〕“吴锡琛诉庄金森偿还在澳门特别行政区借出但以在内地公司享有的股权担保的借款案”，载最高人民法院中国应用法学研究所编：《人民法院案例选》2003年第3辑（总第45辑），人民法院出版社2003年版，第135页。

商定，直至资金还清。

后来，庄某未能履行还款义务，双方发生纠纷，吴某遂诉至法院。

【审理判析】

原告在起诉的同时，还提出了财产保全的申请。法院于2001年1月15日作出裁定，冻结了被告庄某持有的某科技发展有限公司、某房地产发展有限公司（被告任该公司董事长）价值为港币850万元的股份收益。

法院经审理认为：原告与被告于1997年1月1日在澳门签订一份合约书，由被告向原告借入港币500万元，原告在澳门履行支付义务，事实清楚。该合约书虽约定经商用途、效益回报等内容，但原告不参与经商活动，又不承担风险，实乃借款合同，约定的效益回报当为利息。判决被告庄某应于本判决生效之日起10日内，偿还原告吴某借款本金港币500万元，并支付自1997年1月1日起至还款日止按月利率1.5%计的利息。

【法理研究】

本案是一起设有担保的借款合同纠纷。

担保物权的本质在于通过对标的物交换价值的控制确保债权得以实现，是以担保债权的实现为目的的。与担保物权不同，用益物权主要就物的使用价值进行支配。担保物权与用益物权不同之处还表现在，用益物权的形式须以占有标的物为前提，而担保物权则不以直接占有标的物为必要，只要从法律上明确主体对标的物享有担保物权即可。正如本案中，签订合同时，吴某并未直接占有合同中所约定的标的物，而是在案件的审理过程中，申请法院对特定的标的物进行财产保全，从而通过担保物权的实现使自己的债权得以受偿。

二、担保物权的特征

担保物权，除具有物权的一般特征外，还具有以下特征。

（一）从属性

担保物权的设立，是为了保证被担保的债权能够得以实现，故担保物权的存在，是附随于被担保的债权的，被担保的债权是主权利，担保物权是从权利。

所谓从属性，是指担保物权以主债的存在为前提，随主债的转移而转移，并随主债的消灭而消灭。《物权法》第172条对担保物权的从属性明确加以规定，担保合同是主债权合同的从合同。主债权债务合同无效，担保合同无效；第177条规定，主债权消灭是担保物权消灭的四种情形之一；第192条规定，抵押权不得与债权分离而单独转让或者作为其他债权的担保。债权转让的，担保该债权的抵押权一并转让。

概括一下，担保物权的从属性表现为：

1. 成立和效力上的从属性。通常情况下，担保物权的成立应当以已经成立的债权的存在为前提。如果主债权不成立，或成立后被认定为无效或被撤销，则担保物权也不成立、无效。当然，最高额抵押和最高额质押在成立上的从属性上有所缓和，当主债权尚不存在时，允许设定担保物权，这是特例。

甲公司诉乙公司等销售合同担保纠纷再审案[1]

【案情简介】

1988年，甲公司与乙公司签订购销合同，约定：由乙公司供甲公司钢坯1000吨，总金额100万元。合同签订当日，甲公司要求乙公司找银行担保。乙公司经办人吴某请某支行所属某储蓄所工作人员易某为该合同担保。易某不经领导同意，擅自同意担保，在合同担保栏内签字，并当甲公司和乙公司双方经理及业务人员的面，拿“某某储蓄所现金付讫”业务印章，用纸片将“现金付讫”四字遮盖后交给吴某，由吴某将此章盖在合同担保栏内。甲公司将30万元货款进到乙公司帐号上，并要求乙公司的主管单位企业管理局进行担保，企业管理局于次日在合同担保栏内签字并盖公章。此后，乙公司先后四次向甲公司供应钢坯共计208.267吨，计货款为208，267元。此后，乙公司再未向甲公司供货，余下货款，也未退还。

甲公司以乙公司为被告提起诉讼，请求判令乙公司退还余下货款241 733元，并支付违约金和赔偿经济损失。

【审理判析】

区法院在审理中查明：乙公司没有钢坯经营范围，且违反了国家有关政策规定。法院认为：原、被告双方所签订的购销钢坯合同，应确认为无效合同。对造成合同无效，双方均有责任。宣判后，原告甲公司和被告乙公司双方服判，均未上诉。但该判决生效后长期未能执行。甲公司向区法院申请再审，请求撤销上述民事判决，并追加企业管理局和储蓄所所属的银行支行为本案被告。区法院判决：乙公司返还甲公司货款及银行利息；逾期不履行由企业管理局负连带偿付责任；储蓄所所属支行承担15万元的连带偿付责任

支行不服再审一审判决，向市中级法院上诉。法院判决：驳回上诉，维持原判。

支行不服再审终审判决，向高级法院继续申请再审。高级法院经再审，认为：

---

〔1〕“黄石市下陆钢铁总厂宏达实业总公司诉黄陂县乡镇企业物资公司等销售合同担保纠纷再审案”，载最高人民法院中国应用法学研究所编：《人民法院案例选》1996年第4辑（总第18辑），人民法院出版社1997年版，第149页。

甲公司与乙公司所签购销钢坯合同，因双方违反国务院有关文件规定以及乙超越经营范围，属于违法经营，应确认无效，对此双方均有责任。储蓄所易某未经法人委托授权，超越职责范围，使用内部所用“现金付讫”业务章，并将该章进行变造后提供担保，属于个人行为，故支行的担保不能成立，不承担任何责任。甲公司要求支行承担责任的诉讼请求，法院不予支持。企业管理局为合同提供担保，虽其担保无效，但应负连带偿付责任。判决乙公司返还甲公司货款及其部分银行利息损失，企业管理局向甲公司承担连带责任；驳回甲公司对支行的诉讼请求。

【法理研究】

本案是一起比较复杂的买卖合同纠纷，历经6年经历了4次审理。

担保合同是主合同的从合同，主合同无效，担保合同无效。担保合同另有约定的，按照约定。担保合同被确认无效后，债务人、担保人、债权人有过错的，应当根据其过错各自承担相应的民事责任。主合同无效而导致担保合同无效，担保人无过错的，担保人不承担民事责任；担保人有过错的，担保人承担民事责任的部分，不应超过债务人不能清偿部分的1/3。

对于本案中乙公司超越经营范围订立的主合同，是否必然无效？如果适用最高人民法院《关于适用〈中华人民共和国合同法〉若干问题的解释（一）》（以下简称《合同法司法解释一》）第10条关于“当事人超越经营范围订立合同，人民法院不因此认定合同无效。但违反国家限制经营、特许经营以及法律、行政法规禁止经营规定的除外”的规定，就不必然无效。但是，由于本案发生在1988年，在当时的社会环境下，钢坯是国家重要生产资料，属于国家控制经营的物资，且乙公司又无此经营范围，故本案购销合同属于违反国家政策法规的合同，当属无效。主合同无效，从合同也就随之无效。因此，本案所涉担保行为亦应无效。当然，担保行为无效并不必然排除担保人的责任，如果担保人有过错的，仍应当承担民事责任。

2. 移转上的从属性。如果债权发生转让，则担保物权也应该相应地转让。当债权人将债权单独转让，并未转让担保物权是可以的，这时该担保物权视为消灭，转让的该债权是未附担保物权的债权。法律所禁止的是：担保物权人单独将担保物权转让给他人，而自己保留债权；担保物权人单独将债权转让给他人，而自己保留担保物权；以及担保物权人将债权和担保物权分别转让给不同的人。

3. 消灭上的从属性。担保物权因主债权的消灭而消灭。

某信用社诉农机公司等借款担保合同案[1]

【案情简介】

1989年7月31日，农机公司所属购销站为购买配件，向信用社贷款5万元，期限至1989年9月30日止，修造厂提供担保。贷款到期后，购销站未归还贷款。同年11月15日购销站解体。11月23日，购销站又与信用社签订延期还款协议，同时给付了信用社1989年12月30日以前的利息。协议签订时，担保人修造厂未在场，事后也未签字。还款协议达成后，购销站没有履行。

信用社经向农机公司和修造厂索还贷款不成，遂向县法院起诉。

【审理判析】

县法院经审理认为：原告信用社与被告农机公司所属购销站签订的借款合同有效，被告修造厂为其担保亦有效。因购销站解体，其主管单位农机公司应予清偿，被告修造厂为其担保应负连带责任。宣判后，当事人均未上诉，判决发生法律效力。

市检察院提出抗诉称：借、贷双方当事人签订的延期还款协议没有担保方的签字和印章，保证人修造厂不应再承担保证责任。原审判决认定修造厂的保证成立，判决由其对偿还5万元贷款及其利息承担连带责任的主要证据不足。

市中级法院经再审认为：购销站在丧失法人资格的情况下仍与信用社签订的延期还款协议无效，贷款担保单位修造厂以此为理由规避应负的担保义务不能支持。原审判决认定事实清楚，适用法律正确。市检察院提出的抗诉理由不能成立。判决驳回抗诉，维持原判。

【法理研究】

本案的焦点是修造厂是否仍负有担保义务。

本案中合同约定还款期限届满，借、贷双方当事人又续签延期还款合同，鉴于签约时借方购销站已解体，其民事权利能力和民事行为能力随之而消灭，因此两者续签的延期还款合同自属无效的合同。但是，原来签订的借款合同仍然有效存在，而保证合同又缺乏其他能导致其消灭的原因，所以保证合同仍应当履行，保证人、借款人的还款责任不能免除。在债务人不履行合同时，债权人即有权要求保证人通过还款实现其债权。据此，再审法院判决驳回检察院抗诉，维持原判是正确的。

---

〔1〕“朝阳县信用合作社联合社营业部诉朝阳县农机实业总公司等借款担保合同纠纷检察院抗诉再审案”，载最高人民法院中国应用法学研究所编：《人民法院案例选》1995年第4辑（总第14辑），人民法院出版社1996年版，第135页。

（二）价值性

依照德国民法学者科拉（Kohler）的观点，对物的独立权利，可分为实体权和价值权两种。实体权是以追求物的使用价值为目的，以物的实体为客体的物权；而价值权则是以追求物的交换价值为目的，以物的潜在货币价值或资本价值为客体的价值。[1] 担保物权与用益物权的根本区别在于，用益物权是实体权，其设立目的在于对他人之物使用、收益，而担保物权是以担保物的交换价值为主债权提供担保，属于价值权的范畴。担保物权的支配性也就是对担保物的交换价值进行支配，而不是对物的利用，一旦债务得不到履行，即可对该担保物进行拍卖、变卖或者折价以实现债权。

（三）不可分性

担保物权的不可分性就是指担保物的各个部分应担保债权的全部，享有担保物的债权人有权就担保物的全部行使担保物权，担保物是否被分割或产生部分的毁损灭失，或担保物权所担保的债权是否已经部分履行，都对担保物权的存在不产生影响。

抵押权的不可分性具体体现在以下方面：①担保物权成立后，担保人的权利义务不因抵押物价值的增减影响；②担保物被分割或部分转让时，担保物权不受影响，担保物权仍得就担保物的各个部分行使担保物权；③担保物部分灭失时，担保物权及于未灭失的部分，未灭失的担保物仍然担保全部的债权；④主债权经分割或部分转让时，担保物权不受影响，各债权人仍得就其债权份额对抵押财产的全部行使担保物权；⑤主债权部分受偿时，担保物权人仍得就为受偿的部分对担保物的全部行使权利。

（四）物上代位性

日本学者的定义是“标的物因出卖、出租、消灭或损坏，以金钱或其他财物（代偿物）代替时，担保物物权人可对此行使权利，这称之为物上代位”[2]。德国民法和瑞士的民法典将物上代位性定位为法定的债权质，即抵押权的物上代位性是成立于保险金、赔偿金等代位物之上，抵押权人对该债权的权利属于法定债权质权，该权利的顺位与原来的抵押权相同。日本民法则将物上代位视为原抵押权效力的延伸。在物上代位性的适用范围更加宽泛，包括出租和出卖。我国台湾地区将物上代位的适用范围限于担保物的毁损和灭失。

我国大陆地区采取了与台湾地区相同的立场。《担保法》第58条规定抵押权因抵押物灭失而消灭，因灭失所得的赔偿金，应当作为抵押财产。最高人民法院《关于适用〈中华人民共和国担保法〉若干问题的解释》（以下简称《担保法司法解释》）第80条将物上代位的适用范围扩大到抵押物灭失、毁损或被征用的情况。《物

〔1〕陈本寒：《担保物权法比较研究》，武汉大学出版社2003年版，第33页。
〔2〕［日］近江幸治：《担保物权法》，祝娅等译，法律出版社2000年版，第12页。

权法》第174条规定："担保期间，担保财产毁损、灭失或者被征收等，担保物权人可以就获得的保险金、赔偿金或者补偿金等优先受偿。"可见，我国也是将物上代位性视为抵押权效力的延伸。在担保物毁损、灭失得到赔偿金时，则该赔偿金就成为了担保物的替代物，担保物权人有权就赔偿金行使其权利。

第三节　担保物权的效力和种类

一、担保物权的效力

担保物权，通常具有三种效力：①优先受偿的效力。所谓优先受偿，包括三层含义：一是对债务人的其他普通债权人而言，担保物权人就抵押物卖得价金，有优先于普通债权人受偿的权利；二是一般而言，对同一担保物，先次序的抵押权人有优先于后次序的抵押权人就抵押物卖得价金受偿的权利；三是债务人受破产宣告时，已设定担保物权的，担保物权不受破产宣告的影响，担保物权人享有"别除权"。②留置的效力。留置权和质权的设定与存续，因以权利人对标的物存在占有为要件，故这两种担保方法具有显著的留置效力，担保权人可以留置标的物。③收益的效力。担保物权人可以就担保标的物为使用、收益，并把获得的收益直接用于冲抵债权。

二、担保物权的种类

从学理上可以对担保物权作出不同的分类，常见的分类主要以下几种：

（一）法定担保物权和意定担保物权

根据发生的原因，担保物权可以分为法定担保物权和意定担保物权。

法定担保物权，是指在一定的条件下，根据法律的规定而直接发生的担保物权，如留置权。意定担保物权，是指当事人基于合同所设定的担保物权，抵押权和质押权即是典型。两者的区别在于是否要订立设立担保物权的合同。

当然，设定担保物权的合同仅具有债权的效力，而不具有物权的效力。法定担保物权通常为担保一定的债权而设定，因此具有强烈的从属性，意定担保物权通常具有融资的作用，也称为融资性担保物权。担保物权以意定担保物权为主，法定担保物权为辅。

金某诉某典当寄卖商行抵押借款纠纷案[1]

【案情简介】

金某以其私房开设了北江游乐场。因游乐场增添新的设施，资金短缺，金某将

---

〔1〕"金德辉诉佳木斯市永恒典当寄卖商行抵押借款纠纷案"，载最高人民法院中国应用法学研究所编：《人民法院案例选》1993年第2辑（总第4辑），人民法院出版社1993年版，第75页。

其861平方米私房出典给某商行，双方于1988年签订了“当票”和“补充协议”各一份。“当票”上规定：金某将861平方米的私房出典给商行，典价5000元；出典房屋由商行估价为15 000元；所当物品时限为1988年9月17日至1989年3月17日，超过期限未到商行办理续当手续，所当物品归商行所有。

协议签订后，双方到公证处办理了公证。商行按协议规定扣除两个月利息计3500元，交付给金某现金46 500元；金某将出典房的产权证交给了商行，自己继续使用出典房屋。此后，金某又继续交付了2个月的利息，最后两个月的利息未交。典期届满，金某未到商行办理回赎或者续当手续。次日，商行通知金某，所当房屋归商行所有，如要收回房屋，可按估价150 000元买回。此后，双方经多次协商未能解决问题，金某提起诉讼。

【审理判析】

一审法院认为：金某与商行签订房屋当票及房屋典当补充协议，是在自愿基础上签订的。但当票规定，典期届满不办理续当手续，所当物品归商行所有，这一规定指一般物品尚可，指向不动产的房屋，不符合房屋典当有关法律规定，显失公平，是可撤销的民事行为。金某要求回赎房屋，典期虽然届满，但未超过10年，应准许回赎。典期届满后，商行擅自查封房屋，又在未确认产权及办理产权过户手续的情况下，在报纸上公告公开拍卖争执房屋等作法，均是侵权行为。该院判决：准予金某回赎房屋。

一审判决后，商行将房屋交回金某管理，并提起上诉称：本商行与金某签订的典当协议，是双方完全自愿的合法民事法律行为，一审法院判决废除典当关系缺少法律依据；我行的50 000元本金，一直由金某做生意用，至今已达9个月，一审法院判决只给2个月的利息，显失公平。

二审法院认为：商行与金某当时虽然以“当票”的形式签订了房屋典当协议，但从协议的内容上看，实质是以房屋作抵押向商行借款的借贷合同，应准许金某在支付借款利息和交付本金后赎回该房屋。借款数额应按商行当时实际支付给某的46 500元为准。考虑到所抵押的房屋至今仍由金某管理使用，金某又一直未偿还借款和部分利息，商行要求某除交纳正常利息外，加罚部分罚息应予支持。

【法理研究】

本案当事人之间的法律关系，一审法院认定为房屋典当，二审法院认定为抵押借款。如何定性才正确呢？

房屋典当，是指承典人支付典价给出典人，承典人在规定的期限内占有出典的房屋，并进行使用和收益；出典人取得典价，在典期届满时按典价回赎出典的房屋，或者按照约定，到期不赎作为绝卖，出典房屋归承典人所有。本案双方当事人所签“当票”及“补充协议”，虽使用了房屋典当的用语，但从其内容上看，金某“出典”房屋，是为了取得添置游乐场设备的资金；商行付给金某“典金”，是为了取得“典金”的利息，并不占有“出典”的房屋。实际上，金某交出了房照，房屋仍归自己占有、使用和收益，金某应按约定按月支付“典金”的利息。这些都符合抵押借款的法律特征，而不符合房屋典当的法律特征。因此，本案当事人之间的法律关系，应定为抵押借款。二审法院的定性是正确的。

（二）动产担保物权、不动产担保物权、权利担保物权

这种分类是以担保物权的标的为标准所作的分类，三者的区分意义在于，担保物权的公示方式不同。

动产担保物权，指以动产为标的物所设立的担保物权。多数国家，动产担保物权主要限于质权和留置权，而我国的《物权法》则有所突破，规定了动产抵押。不动产担保物权，指以不动产为标的物所设立的担保物权。权利担保物权，指以权利为标的所设立的担保物权，如权利抵押权、权利质权。

（三）定限性担保物权和权利转移性担保物权

这是以构造形态的不同为标准所作的分类。

定限性担保物权，指以标的物设定的具有担保作用的定限物权为其构造形态的担保物权。这种担保物权，担保权人取得的是一种限制性的权利，标的物的所有权仍然保留在担保人手中。现代民法上的担保物权都属于定限性担保物权。权利转移性担保物权，指把标的物的所有权或其他权利转移给担保权利人为其构造形态的担保物权，如让与担保，我国立法没有规定该种担保物权。

（四）占有担保物权和非占有担保物权

依据是否转移担保标的物的占有为标准，担保物权可以分为占有担保物权和非占有担保物权。

占有担保物权，指将标的物转移给债权人占有为成立要件和存续要件的担保物权，如质权和留置权。非占有担保物权，指无需把担保标的物转移给担保物权人占有，担保人仍然可以占有、使用、收益担保标的物的担保物权，如抵押权。

（五）典型担保物权和非典型担保物权

依担保物权是否具有典型形态为标准，可以分为典型的担保物权和非典型的担保物权。

非典型担保物权，指法律尚未明确规定为担保物权，但在实际生活中已经运用的担保物权。典型担保物权，指已经类型化并且已经于法律中规定的担保物权。典型担保物权如抵押权、质权和留置权。非典型的担保物权在《物权法》中明确规定以后，就属于典型担保物权，比如浮动抵押。

邱甲诉保留所有权的分期付款买卖合同卖方赔偿案[1]

【案情简介】

2000年，原告邱某与邱乙、邱丙、李丁、钟戊一起，在某县境内319国道右边行走时，被同向由被告陈某驾驶的解放牌大货车碰撞，造成李丁、钟戊死亡，原告与邱丙、邱乙受伤，原告被鉴定为8级伤残。事故发生后，经县交警大队勘查认定，被告陈某应负本起事故的全部责任，所有受害人无责任。

另查明：肇事车辆登记车主为农机公司，其与梅某于1999签订了一份《租赁车辆分期付款合同》，约定：梅某向农机公司租用车辆一辆，价值为83 800元，租用时先一次性付清抵押金23 800元，在一年内逐月付清欠款本息；在梅某未还清欠款前，汽车产权归公司所有，交清款后可办理过户手续；梅某在租车期间发生的债权债务及交通事故责任，自己负责解决。梅某于2000年6月底付清了车款。

原告向县法院起诉肇事车辆的实际使用人陈某、实际支配人梅某、车籍登记人农机公司。

【审理判析】

一审法院经审理认为：根据交警部门的认定，被告陈某负事故的全部责任，应承担赔偿原告损失的责任。由于三被告均未到庭参加诉讼，无法确认农机公司与梅某是否存在车辆买卖关系，陈某驾驶肇事车辆时是否属于履行职务，应推定陈某和农机公司共同承担原告的赔偿责任，对原告要求梅某承担民事责任和农机公司主张没有责任的诉讼请求，不予采纳。

农机公司不服，提起上诉。

二审院认为：农机公司以承租人在约定期限内分期付款、付清后转移车辆所有权的方式，将其所有的车辆租赁给梅某，事实清楚，双方所签的租赁合同，实质是买卖合同，卖方有条件的保留所有权，实为保证收回货款的一种担保。虽然车辆所有权尚未转移，但双方对车辆交付后的危险负担在合同中作了特别约定，不违反法律规定，应适用该约定。梅某在取得该车后，对该车行使占有、管理、使用、收益权，系该车的实际控制人，依据“谁享受利益谁承担风险”的原则，梅某应承担该车的风险责任。

---

〔1〕“邱水长宝在交通事故中受伤后诉保留车辆所有权的分期付款买卖合同卖方广昌农机公司等赔偿案”，载最高人民法院中国应用法学研究所编：《人民法院案例选》2001年第3辑（总第37辑），人民法院出版社2002年版，第101页。

【法理研究】

本案中，买卖合同中分期付款保留所有权的约定就是非典型担保的一种方式。

上诉人将其所有的车辆，以承租人在双方约定的期限内分期付清车辆总价款，且在付清款项后可转移所有权的方式租赁给原审被告梅某使用的事实是清楚的，双方所签的租赁合同，实质是买卖合同。卖方有条件的保留所有权，实为保证收回货款的一种担保方式。虽然该车的所有权尚未转移，但双方对该车在交付后的风险负担，已在合同中作了特别约定，双方所签订的合同不违反法律规定，应认定有效，双方应按合同约定履行。

从本案责任主体看，梅某在取得该车后，对该车直接行使占有、管理、使用、收益权，系该车的实际控制人，依据"谁享受利益谁承担风险"的法则，梅某应为本案的民事责任主体。最高人民法院《关于购买人使用分期付款购买的车辆从事运输因交通事故造成他人财产损失保留车辆所有权的出卖方不应承担民事责任的批复》(法释［2000］38号）指出："采取分期付款方式购车，出卖方在购买方付清全部车款前保留车辆所有权的，购买方以自己名义与他人订立货物运输合同并使用该车运输时，因交通事故造成他人财产损失的，出卖方不承担民事责任。"《侵权责任法》第50条规定："当事人之间已经以买卖等方式转让并交付机动车但未办理所有权转移登记，发生交通事故后属于该机动车一方责任的，由保险公司在机动车强制保险责任限额范围内予以赔偿。不足部分，由受让人承担赔偿责任。"据此，本案上诉人农机公司是保留所有权的车辆出卖方，其与梅某存在分期付款的买卖关系，不承担本案的民事责任，该责任由梅某承担。

第四节　反担保

一、反担保的概念

所谓反担保，又称为求偿担保，是指债务人对为自己提供担保的第三人所提供的担保，具体而言，是第三人为债务人向债权人提供担保时，债务人应第三人的要求为第三人提供的担保。

债务人是反担保关系中的担保人，第三人为担保权人。作为反担保的对称并为反担保设定的前提和基础的本担保，是指并仅限于"第三人为债务人向债权人提供的担保"，而债务人自己向债权人提供的担保则不在其列。因为债务人自己充当担保人时，不存在可期待的追偿权，自亦无从为其设立反担保。

反担保属于担保之一种，适用《物权法》和其他法律规定。因此，在理解反担保上，不能超出担保之外来理解，也就是说，反担保和担保在所形成的法律关系上本质相同。

（一）反担保成立的条件

1. 反担保以本担保的成立为前提。如果没有本担保，就没有反担保。一般情况下，反担保从属于本担保，本担保不成立，反担保也不成立。因为反担保责任是以本担保责任的承担为前提，如果本担保不成立、无效，就没有本担保责任的承担，自然也就谈不上追偿权，反担保人自然也无须承担反担保责任。

2. 反担保的适用范围。《担保法司法解释》将反担保限定为保证、抵押和质押。也就是说，在留置等法定担保物权中，不可能产生反担保，只有在意定担保中才可以有反担保。因为法定担保是基于法律的规定当然发生的担保，当事人无法预见到其担保责任的承担，所以不可能采取反担保事先对其追偿权作出安排，而且在法定担保中，担保人就是债务人，一般不会发生追偿权，也没有必要采取反担保的形式。

3. 反担保要符合一定的形式。根据我国法律的规定，本担保要求采取书面形式，因此原则上反担保也要采取书面形式。

甲公司诉李某承担反担保责任案[1]

【案情简介】

杨某与原告甲公司签订《汽车分期付款购销合同》，约定：杨某以分期付款的方法在甲公司购买轿车一辆，总价16.6万元；杨某首期支付车辆总价款的40%，剩余60%款项由该支行审查客户资信后，直接划给甲公司在支行开设的账户。当日，被告李某应杨某的请求，在甲公司签署了由该公司提供的担保书。该担保书作为购车合同的附件，存放在甲公司。杨某与该支行签订的《汽车消费贷款借款合同》约定：杨某向该行借款99 600元，借款期限为60个月，按月还本付息。当日，甲公司与该行签订《汽车消费贷款保证合同》，该公司为杨某所签借款合同向该行提供担保，担保方式为连带责任保证。此后杨某共还贷款金额3152.57元。同年10月20日，杨某酒后驾车且超速行驶，造成车毁人亡。经交警支队认定：杨某负事故全部责任。杨某死亡后，甲公司承担连带保证责任，共向该支行支付26 418.82元。

甲公司以杨某无遗产为由将李某诉至法院，要求其承担反担保责任，支付车款93 791.95元。

【审理判析】

法院经审理认为：甲公司作为汽车销售方，在为购车人贷款购车向银行提供担

〔1〕“售车人联拓公司为购车人的汽车消费信贷担保并履行部分担保义务后诉李玉兰承担为购车人的分期付款购车合同及汽车消费信贷合同向其提供的反担保责任案”，载最高人民法院中国应用法学研究所编：《人民法院案例选》2003年第3辑（总第45辑），人民法院出版社2003年版，第266页。

保前，为保证其在承担保证责任后自身债权的实现，要求债务人（即购车人）或第三人向其提供的担保为反担保。李某提供的担保即属反担保性质的担保。在李某签署的担保书中虽未列明合同相对方，但因该担保书由甲公司出具并持有，故应视其为该担保合同的相对人，亦即甲公司系该反担保合同之担保权人，李某为反担保合同中的担保人。作为一般保证人，在被保证人杨某不能履行债务时，李某应承担保证责任。甲公司作为本担保的保证人，在其承担保证责任取得追偿权后，有权向反担保人追偿。鉴于目前甲公司尚未履行全部债务，故其只能就已履行部分向李某追偿。对杨某尚未到期的、甲公司未履行的债务，甲公司无权要求李某承担保证责任，对甲公司此项诉讼请求，不予支持。判决李某给付甲公司26 418.82元；驳回其他诉讼请求。

【法理研究】

本案是一起反担保合同纠纷。其审理涉及以下几个法律问题：

（1）对争议担保性质的认定。反担保是确保第三人对债务人追偿权得以实现的一种担保，是对担保的担保。本案中，甲公司在借款合同中作为第三人，为杨某向银行支行提供担保时，可以要求杨某对自己履行担保义务后所取得的追偿权的实现设立一种担保。从本案的事实可以看出，李某作出保证后，并未在债务人杨某与债权人某支行签订的贷款借款合同中以保证人的身份签署保证条款，或另与某支行签订保证协议，李某单方签署的担保书亦未交予该行，支行并不知晓李某为杨某所作的保证。李某只是应甲公司的要求及杨某的请求，在甲公司以保证人的身份签署了保证书。该担保书中虽未列明担保权人，但李某以书面形式向甲公司出具保证书，甲公司接受并未提出异议，该保证合同成立，应视甲公司为该担保合同的相对人，即担保权人。

（2）甲公司向李某追偿的数额。《担保法》第31条规定："保证人承担保证责任后有权向债务人追偿。"甲公司作为本担保的保证人，在其向银行承担保证责任后即取得了对债务人或对债务人的担保人的追偿权，但追偿的范围只限于其已承担的担保责任。鉴于甲公司只向银行履行了部分债务，其只能就已履行的部分要求李某承担保证责任。对杨某尚未到期的、并且甲公司尚未履行的债务，甲公司无权向李某追偿，故法院对甲公司要求李某给付超出该公司已履行的债务部分的车款不予支持。

（二）反担保与本担保的关系

反担保是以担保为前提而发生的担保，也就是说，反担保是相对于前一担保而言的。相对于反担保，前一担保叫做本担保，或者原始担保。

1. 反担保与本担保的联系。反担保与本担保的联系在于：①反担保中的债权人为担保中的担保第三人。担保人只能是担保关系中为债务人提供担保的第三人。若债务人自己为担保人，则不能发生反担保。②反担保是以担保的存在为前提的。如果担保关系不能有效存在，反担保也就不能有效存在。从这种意义上说，担保与反担保是一种主从关系，反担保从属于担保。但担保关系消灭，反担保并不必然随之消灭。③反担保是以担保中担保人为主债务人承担担保责任为生效条件的。只有担保人承担了担保责任后，反担保才能实际发生效力。从这个意义上说，反担保是一种附延缓条件的担保。

2. 反担保与本担保的区别。反担保与本担保的区别在于：①反担保的担保对象不同于本担保。本担保的担保对象是主合同债权人对债务人的债权，反担保的担保对象则是担保人对被担保人（债务人）的追偿权。②反担保合同的当事人不同于担保合同的当事人。担保合同的当事人因担保方式及担保人的不同而有所不同。反担保合同中债权人是在本担保中为债务人提供担保并对债务人享有追偿权的担保人，即本担保人；反担保合同中的担保人（即反担保人），既可以由债务人自己充当，亦可以由债务人以外的人充当。③反担保的从属性与补充性有特殊的表现。反担保合同是担保合同的从合同而不是主债权合同的从合同。即担保合同相对于主债权合同而言，是从合同，但其相对于反担保合同而言又是“主合同”。反担保责任的补充性是指担保人在取得对债务人的追偿权后，债务人不对担保人之损失履行清偿义务时，反担保人方负代为清偿责任。

第六章　用益物权的种类

第一节　土地承包经营权

一、土地承包经营权概述

（一）土地承包经营权的概念

土地承包经营权是指自然人或者集体经济组织依法对农民集体所有和国家所有由农民集体使用的土地所享有的占有、使用、收益的权利。土地承包经营权人以种植、畜牧等农业生产为目的，通过签订承包合同，在一定期限内对耕地、林地、草地以及其他用于农业的土地享有自主经营、获得收益和部分土地处分权，并应按约定向集体交纳一定收益。土地承包经营权是《物权法》对我国农村长期以来实行的土地“以家庭承包经营为基础、统分结合的双层经营体制”的根本经济制度的经验总结。

村委会诉郭甲、郭乙解除承包合同纠纷案[1]

【案情简介】

1984年，郭山村党支委和村委会研究决定将该村的4片果树实行招、投标方式发包，并拟定了方案。随后，又经村民小组长以上干部会议讨论通过了该方案。村委会举行投标，同时邀请相关部门的人员到场监督。全体村民分成7个投标组，每组限派两位代表参加。村民郭甲小组中标。郭甲小组投标前入股者共有27人，其中包括村干部7人；中标后，又邀村委会主任郭丙、村民郭乙等8人入股。1985年，村委会作为发包方与郭甲、郭乙为代表的承包方签订了果树承包合同，承包时间至2000年12月31日止，并办理了公证手续。承包方共缴纳了7年的承包款。后来，由于龙眼的市场价格大幅度上涨，加上果树自然增产及承包方的管理得当等因素，导致承、发包方的收益差距日益拉大。郭山村多数村民认为，该承包合同是村干部利

---

〔1〕“同安县洪塘镇郭山村村民委员会诉郭本、郭世川解除果园承包合同纠纷案”，载最高人民法院中国应用法学研究所编：《人民法院案例选》1994年第2辑（总第8辑），人民法院出版社1994年版，第105页。

用职权欺诈村民而签订的。1992 年，郭山村村民强行将承包方承包的果树分配到各村民小组，从而引起纠纷。

郭山村村委会主任郭某接受上级领导意见退出承包方，并代表村委会起诉，请求收回发包出去的果树，退还被告的承包款。

【审理判析】

一审法院经审理认为：从形式上看，果树承包合同是原、被告双方签订的，但其实质却是原告的法定代表人及其主要成员既作为发包方的代表人，同时又是承包方，自已同自已签订合同，承、发包双方为一体，村委会丧失了发包人的监督、管理的职能作用，违反了承包经营的法律原则，故该合同应确认为无效。对此，双方当事人均有责任。故判决确认承包合同无效；经对抵，被告应返还给原告178 197元。

一审判决后，被告不服，向省高院提起上诉。

二审法院经审理认为：上诉人与被上诉人郭山村村委会签订的果树承包合同内容符合国家法律政策，且经国家公证机关公证，应当确认其效力。上诉人中的部分村干部虽然是发包方成员，但同时又是该村集体经济组织的成员，享有与其他成员同等的承包经营权，他们在同等的条件下，通过竞标中标而获得的承包经营权合理合法，应予支持。原审判决认定事实清楚，但仅以承包人中有部分村委会干部为由就认定“承包合同的承、发包方实为一体”，并据此确认合同无效及判令承包人返还承包所得，显属不当。鉴于上诉人承包管理的专业场果树已于 1992 年 5 月被郭山村村民分配到 15 个村民小组管理至今，上诉人继续履行承包合同事实上已不可能，为维护社会安定，发展生产，该承包合同可终止履行。对承包人的损失，发包方应按合同约定予以补偿。故依法判决：撤销一审法院判决；上诉人和被上诉人签订的承包合同为有效合同，该合同终止履行；被上诉人应向上诉人支付违约金 33 万余元。

【法理研究】

本案涉及的承包经营合同的效力问题，取决于如何认定村干部和村委会的关系，以及判断村干部可否作为承包人。

村干部是村委会工作人员，但他并不等于村委会。村委会是全体村民集体组织的最高表现形式，它可以代表村民行使法律赋予的职权，包括将集体所有的土地、果园发包给村民。而村干部只能受村委会的委托行使一定范围内的职权。因此，未经村委会授权的村干部不能代表村委会同村民签订任何形式的法律文书。

本案中，取得承包权的村干部并未代表村委会同承包人签订承包合同，所以，不能以承包人中有部分村干部就认定该承包合同无效。由于法律没有而且也不可能禁止村干部作为农村承包合同的承包主体，而且在特定的情况下，村干部还要带头承包集体果园、耕地。因而，村干部同村民一样，享有承包经营权。同时，没有证据证明，本案取得承包权的村干部，在承包人代表签订承包合同中有利用职权压低承包基数或强行承包的行为。恰恰相反，他们是在同等的条件下，通过竞标，以最高标金而获得承包经营权的。因此，本案双方当事人在发包、承包过程中没有违反法律规定，因此应认定该承包合同具有法律效力。

(二) 土地承包经营权的特征

土地承包经营权的特征包括：①权利主体是一切农业生产经营者；②权利客体是集体所有或者国家所有由集体使用的耕地、山岭、森林、草原、水面、荒地、滩涂等其他依法用于农业生产的土地；③土地承包经营权的权利人以从事种植业、林业、畜牧业等农业生产为目的；④权利的取得和行使附随特定义务。不得擅自改变用途，不得进行破坏性利用、掠夺式收益或弃之不管、不用；⑤权利存续有具体期限。耕地的承包期为30年，草地的承包期为30年至50年，林地的承包期为30年至70年，特殊林木的林地承包期，经国务院林业行政主管部门批准可以延长。

村民诉村委会等山林侵权赔偿案[1]

【案情简介】

1981年间，甲县乙镇丙村村委会将瓦路山林场发包给第四生产组，该组因经营管理不善，致该山林变为荒山。1987年，乙镇政府号召全镇人民垦荒造林，并宣布“谁造林，归谁所有”。丙村村委会把变为荒山的瓦路山收回分割为9片，由9个生产组抽阄按片承包、垦荒造林，并宣布由村出树苗，各组出劳力，谁造林归谁所有。原告中标南坑片约50亩。经多年的管理培植，至今竹、杉成林。1994年，被告又把南坑片竹、杉林场发包给第四生产组，第四生产组又转包给罗某等6人。罗某等6人即对该片林场进行管理。原告前往制止，为此双方发生争执。

原告起诉称：其承包垦荒造林经营管理8年的瓦路山南坑林场遭受被告侵权重新承包给第三人，致使第三人损坏竹、杉林，请求判令被告停止侵权并赔偿损失。

【审理判析】

一审法院经审理认为：1987年村委会公开宣布“谁造林就归谁所有”，并将荒山分为9片发包给村民垦荒造林，原告中标瓦路山南坑片垦荒造林并管理至今，应确

---

〔1〕“德化县南埕镇高泝村第六生产组村民诉村民委员会等山林侵权赔偿案”，载中国高级法官培训中心、中国人民大学法学院编：《中国审判案例要览》(1997年民事审判案例卷)，中国人民大学出版社1998年版，第111页。

认其享有承包经营权。罗某等6人提出原告没有承包权的理由不能成立。被告将由原告垦荒造林并经营管理多年的竹、杉林场重新发包给第四生产组，侵犯了原告的经营管理权，应立即停止侵权。

村委会不服，提起上诉，称：造林时，上诉人提供树苗，而后又进行管理，上诉人应享有管理权，且"谁造林归谁所有"是一项林业政策，并非山林经营权归属的依据，原判不当，请求依法改判。

二审法院经审理认为：丙村村委会将竹、杉林发包给第四生产组，侵犯了第六生产组的合法权益，其发包行为无效。故判决驳回上诉，维持原判。

【法理研究】

本案涉及的问题是谁享有林场的承包经营权。

村委会1981年将林场发包给第四生产组，由于第四生产组承包后没有履行合同义务，已丧失了经营承包权。1987年，村委会重新发包后，村第六生产组中标取得了瓦路山南坑片的竹、杉林的承包经营权。中标后，第六生产组随即对南坑片进行营造，并长期进行管理，至今，竹、杉均已成林。《森林法》第27条第4款规定："集体或者个人承包国家所有和集体所有的宜林荒山荒地造林的，承包后种植的林木归承包的集体或者个人所有；承包合同另有规定的，按照承包合同的规定执行。"本案中，第六生产组经过多年的经营、培植，其对在荒废的瓦路山南坑片营造的竹、杉林享有经营管理权和所有权，村委会、第四生产组、罗某等人的行为侵犯了第六生产组村民的权利。

二、土地承包经营权的变动

（一）土地承包经营权的取得

1. 基于土地承包经营合同而取得。签订土地承包经营合同是取得土地承包经营权最主要的方式。根据《土地管理法》、《农村土地承包法》等的规定，我国土地承包经营权合同由农村集体经济组织与从事农业生产活动的农业经营者采用书面形式订立，一般包括以下内容：双方当事人名称、地址；土地的位置、范围；土地用途；承包期限；承包金的数额及支付方式；双方当事人的权利和义务；违约责任等。

《物权法》第127条规定："土地承包经营权自土地承包经营权合同生效时设立。县级以上地方人民政府应当向土地承包经营权人发放土地承包经营权证、林权证、草原使用权证，并登记造册，确认土地承包经营权。"据此，土地承包经营权，虽然是一种不动产物权，但是登记并不是其设立要件，而是一种确认程序。土地承包经营合同一经生效，承包方就取得土地承包经营权，对承包经营的耕地、林地、草地等享有占有、使用和收益的权利。

陈弟申请市中级人民法院错误执行赔偿案[1]

【案情简介】

陈姐与陈弟系亲姐弟，其母徐某及陈姐母女在农村落实土地承包责任制时，共承包5份责任地。1982年，陈姐带子女去外地县同丈夫一起生活，房屋与责任田托陈弟代管，徐某同陈弟共同生活。1986年，陈姐之子李某农转非。

1989年10月，陈弟将代管田中的1.24亩同社员何某换得1.22亩田用于建房。1990年调整土地时，集体将李某农转非后应退的一份地折抵了公路占用陈姐的一份地，同时将陈姐及子女共三人的责任田明确划分为原承包地中大的一块田。1995年5月，陈弟将建房剩余的土地转让给崔某建加油站，获款18 052.8元。陈姐得知后，提起诉讼，要求陈弟返还土地补偿费、赔偿损失。

【审理判析】

县法院经审理后判决：陈弟返还陈姐土地补偿款13 539.6元。陈弟不服，提起上诉。市中院二审后判决：驳回上诉，维持原判。判决生效后，县法院根据陈姐的申请，依法对陈弟强制执行，先后两次扣押其银行现金8007.5元。

后省检察院向省高院提出抗诉。省高院通知市中院再审。该院再审后认为：陈弟在代管陈姐母子及徐某的承包地期间，擅自将其中部分土地与他人交换，土地调整后，将集体所有由其母徐某管理的承包地非法转让，违反了《土地管理法》的有关规定，转让土地款系非法所得，不属于法律保护、分割的范围，故依法判决撤销两审民事判决，驳回陈姐诉讼请求。

陈弟遂以错误执行为由向市中院申请国家赔偿。

【法理研究】

我国《农村土地承包法》赋予了农民长期而有保障的土地承包经营权。但在落实农村土地承包政策的过程中，个别地方仍存在没有向承包户颁发统一的土地经营权属证书，违法调整农户承包地，一地多包等侵犯农户利益的情况。

从本案事实情况看，原告与村委会签订了包括争议土地在内的土地承包合同，依据《物权法》规定原告取得了承包经营权，但事实上却未实际经营该争议土地；被告实际经营着争议土地，并经村组决定实际缴纳着依附于争议土地上的一切税费，与村组形成了事实上的土地承包经营关系，但却没有订立承包合同。事后有关政府

---

〔1〕“陈相银申请泸州市中级人民法院错误执行赔偿案”，载最高人民法院中国应用法学研究所编：《人民法院案例选》2002年第3辑（总第41辑），人民法院出版社2003年版，第469页。

主管部门亦未向任何一方颁发土地权属证书，从而导致双方均主张其享有合法的土地承包经营权。不过可以肯定的是，被告的实际经营权来源于村民小组的调整，并非其采取侵权行为所得，而且导致这一结果发生的原因是村民小组的不规范行为，因此，本案不属于土地承包经营权侵权纠纷。同时由于该调整并非仅在陈姐、陈弟之间发生，而是涉及该组多数农户土地调整的问题，所以原被告双方中到底谁享有该争议土地的合法的土地承包经营权，不宜作出司法认定，双方之间的争议在本质上应属于土地使用权争议，应由有关行政主管部门解决。

2. 通过招标、拍卖、公开协商等方式取得。对于那些不适合采取承包经营合同方式设立土地承包经营权的荒山、荒沟、荒丘和荒滩，即“四荒”土地，法律允许以招标、拍卖、公开协商等方式设立承包经营权。以这种方式取得的土地承包经营权可以转让、入股、抵押或者以其他方式流转。

3. 签订土地承包经营合同方式与招标、拍卖、公开协商方式取得土地承包经营权的区别。①主体不同。前者一般仅限于集体经济组织内部的农户以家庭为单位承包；后者对承包主体没有限制，一切有农业生产经营能力的自然人、法人或其他组织都可以成为土地承包经营权的权利主体。②方法不同。前者的承包方法是由发包方按人口和劳动力将承包土地平均分配每个农户家庭承包。后者则采取公开方式，遵循效率优先原则，由发包方选择经营条件最适合者作为承包方，并经本集体经济组织2/3以上成员同意后签订土地承包经营合同。③功能不同。前者是集体经济组织成员人人有份的承包，其功能在于为集体经济组织成员的基本生活提供保障。后者的功能在于提高“四荒地”的利用效益，重新优化资源配置，形成新的生产力，因而不具有社会保障功能。

4. 基于法律行为以外的原因而取得。继承是基于法律行为以外的原因而取得土地承包经营权的方式。值得注意的是，我国《农村土地承包法》对继承土地承包利益还是继承土地承包经营权，因土地类型的不同而不同。该法第31条规定：“承包人应得的承包收益，依照继承法的规定继承。林地承包的承包人死亡，其继承人可以在承包期内继续承包。”第50条规定：“土地承包经营权通过招标、拍卖、公开协商等方式取得的，该承包人死亡，其应得的承包收益，依照继承法的规定继承；在承包期内，其继承人可以继续承包。”最高人民法院《关于审理涉及农村土地承包纠纷案件适用法律问题的解释》第25条规定：“林地家庭承包中，承包方的继承人请求在承包期内继续承包的，应予支持。其他方式承包中，承包方的继承人或者权利义务承受者请求在承包期内继续承包的，应予支持。”

孙某与张甲等六人土地承包经营权纠纷案[1]

【案情简介】

原告孙某和张女夫妻同村并且同为第三生产队，被告张甲系张女的侄女。张甲与张女虽为同村，但非同一生产队。张女在肖庄村有承包土地，因张女夫妇无子女，一直由原告管理，在第二轮土地承包时，张女与原告孙某家作为一户，由孙某为代表签订了承包合同。肖庄村村委会与孙某签订了土地承包合同书，承包期为30年，县政府给原告颁发了土地承包经营权证。后张女在其遗嘱中写明其土地承包经营权由张甲继承，并对遗嘱进行了公证。

原告孙某诉称：被告张甲等六人两次非法到原告的承包地内铲除种植的农作物苜蓿，进行铲土起垄划界，企图强行占有原告承包地，其行为严重侵犯了原告的合法权益，故诉请法院判令被告恢复土地原貌，赔偿损失500元。

【审理判析】

县法院经审理认为，原告孙某对位于县职教中心南侧的4.77亩土地持有县政府颁发的土地承包经营权证，享有土地承包经营权，受法律保护。被告张甲要求继承耕种其中张女的部分承包地，没有法律依据，不予支持。六被告到原告承包土地内私自铲土起垄，给原告造成了妨害，属侵权行为，对其行为应承担恢复原状、排除妨害、赔偿损失的民事责任。原告要求六被告赔偿经济损失500元，原告未提供有效的证据，不予支持。故依法判决被告张甲等六被告将其在原告孙某承包地内堆起的土垄清除，恢复原状；驳回原告的其他诉讼请求。

【法理研究】

本案涉及的问题是被告张甲可否作为继承人享有张女的土地承包经营权。

农村集体经济组织成员有权依法承包由本集体经济组织发包的农村土地。国家保护承包方的土地承包经营权，任何组织和个人不得侵犯。村集体经济组织或者村民委员会发包的，不得改变村内各集体经济组织农民集体所有的土地的所有权。家庭承包的承包方是本集体经济组织的农户。

本案中所诉争的张女在肖庄村的承包地，因张女夫妇无子女，无劳动能力，一直由原告孙某管理，在第二轮承包中，便与孙某作为一户、以孙某作为该户的代表进行了承包，这是符合立法目的的。虽然《农村土地承包法》第31条第1款规定承

---

〔1〕“孙纪平与张凤兰等六人土地承包经营权纠纷案”，载最高人民法院中国应用法学研究所编：《人民法院案例选》2006年第4辑（总第58辑），人民法院出版社2007年版，第229页。

包人应得的承包收益，依照《继承法》的规定继承，但是，家庭承包是以户为单位取得的土地承包经营权，承包期内家庭的某个或部分成员死亡的，土地承包经营权不发生继承问题。家庭成员全部死亡的，土地承包经营权消灭，由发包方收回承包地。农村集体经济组织内部人人有份的家庭承包，是农村集体经济组织成员的一项权利，原承包人死亡的，具有承包资格的继承人才能继承土地承包经营权，若继承人不是集体经济组织成员，就不应当享有土地承包经营权的继承权，否则就会损害其他成员的权益。张女以遗嘱的形式将其土地承包经营权交由被告张甲继承，因张甲与张女非同一承包户，又非同一集体经济组织（生产队），所以被告张甲不能继承张女的土地承包经营权。公证书及张女的遗嘱中所涉及土地承包经营权的部分内容，与法律相违背，应属无效。因此，被告到其不具有承包经营权的原告的土地内铲土起垄，对原告农作物造成了妨害，属侵权行为，应承担相应的民事责任。

（二）土地承包经营权的流转

土地承包经营权的流转，是指土地承包经营权通过合法的方式在有关当事人之间发生转移，土地承包经营权人发生变动。《物权法》根据承包方式的不同，规定了不同的流转方式。

1. 通过家庭承包取得的土地承包经营权的流转。根据《物权法》第128条和《农村土地承包法》第32条的规定，土地承包经营权人有权依法将土地承包经营权采取转包、出租、互换、转让、入股或者其他的方式流转。流转的期限不得超过承包期的剩余期限。

土地承包经营权采取转包、互换、转让等方式流转的，当事人双方应签订书面合同，采取转让方式流转的，应经发包方同意；采取转包、出租、互换等方式流转的，应报发包方备案。将土地承包经营权互换、转让，当事人要求登记的，应当向县级以上地方人民政府申请土地承包经营权变更登记；未经登记不得对抗善意第三人。

（1）转包、出租。转包是指土地承包经营权人将土地承包经营权一部分或者全部转包给其他符合条件的第三方耕种的行为。通常受转包人要向转包人即土地承包经营权人支付转包费。而出租是指土地承包经营权人作为出租人将土地承包经营权的一部分或者全部出租给第三方，并收取租金的行为。

在这两种情形下，虽然土地不再由土地承包经营权人耕种，但土地承包经营权的主体并没有发生变化，即承包方与发包方之间的关系不变，属于土地的用益物权关系，而转包人与受转包人之间以及出租人与承租人之间属于债权关系，承包人与受转包人或者承租人之间按照签订的书面转包合同或者租赁合同的约定享有权利，承担义务。

王甲诉王乙交还双方曾协商由其耕种的承包土地案[1]

【案情简介】

原、被告系兄弟关系。被告系某工矿企业正式职工。1984 年，原告承包了第三人花园村村委会的一亩耕地，种植了红果树。1988 年 4 月，原告与第三人就该地又重新订立了承包合同，废止了原承包合同，并规定承包期限为 17 年；每年交承包款 50 元；如要转包转让，必须经过发包人许可，承包人不得擅自转让转包。此合同签订后，原告按合同的规定履行。1992 年初，原、被告双方在未通知第三人的情况下，协商将原告承包的土地由被告管理、耕种和收获，承包款由被告向第三人交纳，但未约定年限。原、被告口头达成协议后，原告将在此地上种植的红果树除掉，并付给被告购买苹果树苗款 500 元。此后，被告在该地上种植了多种果树，并在树的空隙处种植其他农作物；占用了原告承包地的 15 平方米建房，并在原告承包地上建猪圈一个；向第三人交纳每年的承包款。

1996 年春，原告要求被告将此地交回本人管理和耕种时，遭拒绝。原告遂起诉至法院，要求被告返还承包地。

【审理判析】

县法院经审理认为：原告与第三人在 1988 年 4 月签订的果树地承包合同为有效合同，双方应自觉履行。1992 年春，原、被告商定该地由被告经营耕种，因未通知第三人，故属委托代管行为，现原告要求被告返还承包地，被告应当返还。被告对该地耕种了 5 年，亦有收益，替原告交纳承包费是应当的。被告对种植的果树进行了管理，付出了一定的费用，原告应当给予补偿。被告在原告承包地西侧所建的猪圈，应由被告拆除。被告占用原告土地所建房屋可以保留，但被告应补给原告一定的占地费。

故法院判决：被告将耕种的原告的一亩承包地交还给原告，同时由原告补给被告栽种果树的各项费用；被告拆除在此地内所建猪圈一个；被告在此地上所建的房屋，允许保留至原告与第三人签订的承包合同期届满时为止，被告一次性付给原告占地款；被告移走在此地上所种植的葱苗。

【法理研究】

本案涉及的问题是承包人将承包地交由他人耕种的法律性质。

---

〔1〕“王友诉王贵交还双方曾协商由其耕种的承包土地案”，载最高人民法院中国应用法学研究所编：《人民法院案例选》1997 年第 4 辑（总第 22 辑），人民法院出版社 1998 年版，第 81 页。

在本案中，原告在承包的土地上经营了多年，在转给被告经营管理时，一方面未向发包方提出改变承包主体，被告也未与发包方重新签订承包合同；另一方面，原告多年经营的投资、投入也未作价，被告不但未给付原告相应的折价款，反而由原告出资为被告购买树苗。这些事实表明，双方之间不可能发生转让承包合同的问题。同时，被告是工矿企业的正式职工，不属农业集体经济组织成员，不具有转让承包合同所要求的特殊主体资格，也进一步证明原、被告之间所发生的不能是转让承包合同关系。

由于转包可以是一般主体，故被告可成为转包关系的承包主体。转包首先须承包方和再承包方协商一致，此点，本案原、被告已经做到。次之，转包虽未向原发包方备案，而原发包方在长达5年的时间里未提出任何异议，并接受了被告每年交纳的承包费，因此，原发包方实际上是默认了原、被告之间的转包。在转包期间，原承包关系下承包方所承担的交纳承包等费用的义务，可以按“谁收益谁交纳”的原则由再承包方直接向原发包方交纳，不限于必须由原承包方交纳。所以，结合本案事实，认定原、被告之间的关系为转包关系，更为恰当。

（2）互换。互换是土地承包经营权人将自己的土地承包经营权交换给他人行使，自己行使从他人处换来的土地承包经营权的行为。根据《物权法》和《农村土地承包法》的规定，承包人之间为方便耕种或者各自现实需要，可以对属于同一集体经济组织的土地承包经营权进行互换。互换表面上表现为地块的交换，但实质上交换的是土地承包经营权本身，因此，承包合同关系当事人也发生相应变换，双方权利义务也随之调整。

村民马某诉乡政府不作为案[1]

【案情简介】

1993年10月，某村委会在全村统一调整责任田，马某分得艾某的菜地即8号地，艾某分得13号地，经两家协商将分地号交换。第二天，马某反悔，村里又将两地换回，后马某与艾某两家为此责任田发生纠纷。村委会与乡信访办多次调解未果。1996年8月6日，乡信访办收取马某之夫闪某上访稳定金50元。1998年8月13日，乡信访办作出了“关于马某上访几个问题的调查及处理意见的汇报”，该汇报加盖了乡信访办公章，而未加盖了乡政府公章。2000年，村委会根据中心政策，对全村的责任田又进行了调整，马某依法分得了责任田。

［1］“马桂荣诉焦作市中站区朱村乡人民政府不作为案”，载最高人民法院中国应用法学研究所编：《人民法院案例选》2001年第2辑（总第36辑），人民法院出版社2001年版，第413页。

马某以乡政府退还解决其与艾某两家的责任田纠纷为由，向法院提起诉讼，要求被告履行法定义务，依法作出对原告的1.3亩责任田的行政处理决定。

【审理判析】

法院经审理认为：马某作为某村村民，在取得责任田时已与该村村委会形成了农业承包合同关系。在马某与艾某因责任田发生纠纷时，乡政府应依法予以处理。虽然乡信访办会同村委会做了调解工作，但乡政府对此纠纷并未作出正式的处理决定并向马某送达。乡信访办的汇报不能作为乡政府处理马某责任田纠纷的决定，因此，乡政府的行为构成行政不作为，乡政府的辩解理由不能成立，本院不予支持。鉴于马某于2000年根据中心政策已取得责任田，因此，乡政府再履行处理该责任田纠纷的法定职责已无实际意义。

于是法院判决确认乡政府对马某责任田纠纷未作出处理决定的行为违法。

【法理研究】

本案的被告乡政府在马某与艾某因责任田发生纠纷时，没有依职权解决其纠纷构成行政不作为。而该行政不作为指向的是原告马某与艾某之间的承包地互换。依据《农村土地承包法》和《物权法》的有关规定，农村土地承包经营权人有权与其他农村土地承包经营权人互换承包地。

(3) 转让。《农村土地承包法》规定，承包人有稳定的非农业职业或者有稳定的收入来源的，经发包人同意，可以将全部或者部分土地承包经营权转让给其他从事农业生产经营的农户，由该农户同发包方确立新的承包关系，原承包人与发包人在该土地上的承包关系即行终止。

转包与转让的法律效果不同，究其原因在于转让将失去对承包经营权所涉及土地的占有，而转包则不涉及占有的丧失，承包人对转包出去的承包地进行间接占有。

董某诉村委会因征用土地解除承包合同补偿损失纠份案[1]

【案情简介】

1984年，第三人彭某及案外人武某与被告村委会签订了承包养鱼池的合同，期

[1] "董恩忠诉宁河县董庄乡靳庄村委会因国家征用土地解除承包合同补偿经济损失纠纷案"，载最高人民法院中国应用法学研究所编：《人民法院案例选》1994年第2辑（总第8辑），人民法院出版社1994年版，第101页。

限为15年。2人共同经营一年后，将养鱼池一分为二各自经营。1992年，第三人彭某将自己承包经营的鱼池，未经被告村委会的同意，转让给原告董某，并订立协议。协议规定：转让期限从1992年至1998年，转让费6000元；鱼池现有设备完全由董某所有。协议签订后，鱼池转由董某经营，原告即给付彭某转让费3000元。后因国家征用土地搞开发区建设，原告鱼池包括在开发区内。董某与村委会达成解除鱼池承包合同、补偿经济损失的协议。但在发放此款时，由于被告工作人员的失误，将此款发给了原合同承包人彭某，致使原告董某没有得到应有的补偿。董某与彭某达成协议，由彭某将此款返还给董某。但协议到期后，彭某拒不履行，协议中第三人村委会亦因彭某不履行协议，而推卸其在解除承包合同协议中对董某的给付义务。

董某向法院起诉，要求被告村委会立即给付其经济补偿款。

【审理判析】

法院经审理认为：彭某与董某所签订的协议，虽有“转包”字样，但协议内容属转让性质。第三人彭某将鱼池转让给原告，虽未经被告村委会同意，但原告已实际经营多年，而且被告也与原告签订了解除承包鱼池合同协议，对第三人与原告的转让行为应视为被告默认，所以转让协议有效。因国家征用土地，被告与原告签订了解除承包鱼池合同、补偿经济损失的协议，符合法律规定，为有效协议。被告未履行协议义务，应承担责任。第三人彭某将鱼池转让原告，失去了享有原合同规定的权利，而后又领取了解除合同的经济补偿，属不当得利，应予返还。原告主张已给付第三人彭某5000元转让费，证据不足，不予支持，尚欠第三人彭某的3000元转让费应予给付。第三人彭某主张原告使用其部分饲料未给付货款，属另一法律关系，与本案不宜合并审理。

法院遂判决彭某返还董某经济补偿费；董某给付第三人彭某转让费；村委会对本案给付之债负连带清偿责任。

【法理研究】

本案的焦点是土地承包经营权转让后，村委会应向谁履行义务。

根据《农村土地承包法》的有关规定，土地承包经营权的转让与转包是有重大区别的：转让变更了承包人，终结了原承包人与发包人的权利义务关系，确立了受让人与发包人的权利义务关系，而转包中，转发包人仍作为原承包合同的承包人，原承包合同的主体不发生变更；转让需要发包方同意，而转包只需要备案。

本案协议中虽有“转包”字样，但从协议的内容可知，是彭某将鱼池转让给董某。尽管彭某与董某的转让未经发包人的同意，但是，鉴于村委会对此并未提出异议，并且在国家征用土地的情况下，已与原告达成了解除协议，并以签订解除承包合同协议的行为承认了原告的承包人身份。据此，原告与第三人之间的转让协议有效。彭某也因而失去了根据原承包合同应享有的一切权利，发包人要向现承包人董某履行义务。因此发包人将土地征用补偿款给原承包人彭某是违法的，彭某收取补偿款的行为属于不当得利，应返还给董某。

(4) 其他流转方式。土地承包经营权的流转方式，除了上述常见的几种外，还有其他方式。《农村土地承包法》亦允许土地承包经营权的代耕和入股。

代耕是指第三方接受土地承包方的委托，在承包方有效取得土地承包经营权的情况下，暂时代替承包方耕种承包土地的行为。代耕是根据承包人的授权而产生，和发包人无关，代耕方和承包方的权利和义务由双方协商确定。从《农村土地承包法》的相关条款也可以看出，如果代耕时间超过1年以上的，双方应签订书面的代耕合同。

承包方之间为发展农业经济，可以自愿联合将土地承包经营权入股，从事农业合作生产。

于某诉贺某未完全履行责任田劳务合同承包赔偿案[1]

【案情简介】

1994年10月，原告为第二年责任田的耕种事宜，与被告签订了承包合同，约定由被告贺某承包原告于某家的8块（2.4亩）责任稻田的耕种、管理等农活，农具由贺某自理，于某给付工程费、抽水及稻种、肥料等费用。之后，于某依约付费。贺某对8块责任田中的6块完成了大部分耕种农活，另2块责任田未进行犁耙。至1995年4月，于某见自家责任田还未插秧，遂要求贺某完成插秧农活。贺某以身体有病不能亲自完成约定的农活为理由，要求于某自行组织人员栽插秧苗，同时表示可扣除插秧费用。于某同意，5月3日找人干了部分农活但未能栽插秧苗。5月8日，镇政府书面通知于某，5月10日给其责任田放水，请于某组织人员栽秧。次日，于某致函镇政府，言明自己事情太多，不能亲自组织人员插秧，委托镇政府组织人员帮助插秧。5月10日，镇水管站给于某家的责任田放水，贺某到场看水，但于某未组织人员插秧。此后，于某认为插秧条件不具备，且已误农时，没有再组织人员插秧。当年责任田无收成，导致直接经济损失1600元左右。

于某起诉，要求贺某赔偿其经济损失。

---

〔1〕“于中文诉贺银刚未完全履行责任田劳务承包合同造成当年无收成赔偿案”，载最高人民法院中国应用法学研究所编：《人民法院案例选》1997年第4辑（总第22辑）人民法院出版社1997年版，第98页。

【审理判析】

一审法院经审理认为：原、被告双方所签订的责任田承包劳务合同是有效的。被告依合同履行了义务，没有违约行为，不应对原告责任田无收成的后果承担赔偿责任。原告方本应抓紧时间插秧，但经政府督促仍拒不插秧，造成的损失应自行承担。遂依法判决驳回于某的诉讼请求。

于某不服，上诉至市中院，请求改判。

二审法院经审理认为：于某与贺某签订的责任田劳务合同合法有效，双方应当履行。贺某未完全履行合同义务，属违约行为，其违约行为与于某的责任田当年未插上秧，造成该责任田当年稻谷无收成的结果有因果关系，贺某对此应承担相应的责任。于某与贺某变更合同后，采取措施不及时、不得力，对其家庭责任田当年未插上秧所受到的损失亦应承担相应责任。于某的上诉理由部分成立，应予以支持。依法判决：撤销一审判决；贺某赔偿于某800元，其余损失由于某自己承担。

【法理研究】

本案中，发包人所追求的发包目的，即不误时机地在一定农时内在发包的责任田上插上秧苗，以保证当年的粮食收成能够实现，这和承包人是否能在约定的时间内保质保量地完成全部农活有着直接因果关系。本案原告在被告未按约定完成插秧的情况下，经过与被告的协商，虽然变更了合同，同意由自己来完成插秧的农活，但由于被告前期应完成的农活未全部完成，特别是作为插秧的前提条件不具备，致使原告无法自行插秧，应当认为这是被告的违约行为所致，被告应对此承担相应的责任。

在双方经过协商同意变更合同的履行后，适时地在责任田中插上秧苗的义务已经转移到原告，如果此时插秧的前提条件还不具备，原告即应及时采取补救措施。但从案情来看，原告并没有积极作为，而是采取了放任的态度，并在责任田放进水后自认为已误农时而不再插秧。在这个案例中有两个问题需要认定：①农时由谁所误。如果双方协商时农时已过，则误农时的责任应由被告承担。如果此时农时未过，则原告有责任抢农时完成插秧，被告的行为只是造成原告剩余的农时紧张而已，但并未造成误农时，在这种情况下，原告消极、放任对待，应该说是自己误了农时，应当自行承担误农时的责任。②误了农时插秧，秋后是否就颗粒无收。本案不是插了秧而颗粒无收，而是根本没插秧。没插秧是由原告自己认为导致的，所以无收成应和不插秧是直接因果关系，和被告的违约没有直接因果关系。上述两个问题的认定在本案中至关重要。但遗憾的是，一、二审判决均未作出这种认定。二审判决虽然判决由原、被告分担责任，但其根据和理由都是模糊不清的。

2. 通过招标、拍卖、公开协商等方式取得的土地承包经营权的流转。依《物权法》第133条规定，通过招标、拍卖、公开协商等方式承包荒地等农村土地，依照农村土地承包法等法律和国务院的有关规定，其土地承包经营权可以转让、入股、抵押或者以其他方式流转。

（三）土地承包经营权的消灭

土地承包经营权的消灭是指既存的各项原因，因一定的法律事实而不复存在，与土地所有权分离的使用权能等复归于土地所有权的情形。[1]

1. 土地承包经营权的消灭原因 。土地承包经营权作为一种用益物权，既有物权消灭的一般事由，也有土地承包经营权的特定消灭事由。主要概括如下：

（1）土地承包经营权的提前收回。土地承包经营权的提前收回是指在土地承包经营合同约定的承包期限届满之前，发包人在发生特定事由时将承包地提前收回，使土地承包经营权归于消灭的行为。

土地承包经营权是农民的基本生活保障，只有保持其长期稳定，才能保证稳定的农村社会秩序。因此《物权法》第131条规定："承包期内发包人不得收回承包地。农村承包经营法等法律另有规定的，依照其规定。"《农村土地承包法》明确规定在下列情形下不得收回承包地：①承包期内，妇女结婚，在新居住地未取得承包地的，发包方不得收回其原承包地；②承包期内，妇女离婚或者丧偶，仍在原居住地生活或者不在原居住地生活但在新居住地未取得承包地的，发包方不得收回其原承包地；③承包期内不得单方面解除承包合同，不得假借少数服从多数强迫承包方放弃或者变更土地承包经营权，不得以划分"口粮田"和"责任田"等为由收回承包地搞招标承包，不得将承包地收回抵顶欠款。

徐女、王甲诉村委会不发土地征用补偿费案[2]

【案情简介】

徐女是某村的农民，1985年与别村王男结婚，生有两子王甲和王乙。徐女婚后户口一直未迁出，1990年该县统一调整土地时，分给徐女和王甲责任田1.52亩，王乙因属计划外生育没有分地。1992年，因某酒厂扩建征收该村土地，徐女和王甲的土地也在征收范围之内。该村村委会以徐女的丈夫王男也为农村户口，徐女应在王男处分地为理由，仅发给徐女和王甲青苗补偿费，而未发给其应得的土地补偿费、

---

[1] 江平主编：《中国物权法教程》，知识产权出版社2007年版，第316页。

[2] "徐华平、王大宝诉灌南县汤沟镇沟东村村民委员会以应随夫分地不发给土地征用补偿费案"，载最高人民法院中国应用法学研究所编：《人民法院案例选》1994年第3辑（总第10辑），人民法院出版社1995年版，第66页。

安置补助费，也没有安排徐女就业，造成其生活困难。徐女遂诉至县法院。

【审理判析】

法院经审理认为：两原告户口一直在被告处，并在被告处分得责任田，现被告以原告徐女丈夫也是农村户口为理由，确定两原告不应在本村分责任田，无法律依据。被告将土地补偿费均分到农户，唯截留了两原告的土地补偿费，显然违反了《民法通则》关于公平原则的规定。两原告土地被征收后，没有被安排就业，生活确实困难，应得到作为其生活补助的土地补偿费，被告应如数发给。于是法院判决被告村委会给付两原告土地补偿费、安置补助费10 181.60元。

【法理研究】

本案涉及的问题是：嫁往外村的妇女承包经营的土地被征收后是否可获得补偿。

《农村土地承包法》第30条规定："承包期内，妇女结婚，在新居住地未取得承包地的，发包方不得收回其原承包地；妇女离婚或者丧偶，仍在原居住地生活或者不在原居住地生活但在新居住地未取得承包地的，发包方不得收回其原承包地。"《妇女权益保障法》第32条规定："妇女在农村土地承包经营、集体经济组织收益分配、土地征收或者征用补偿费使用以及宅基地使用等方面，享有与男子平等的权利。"第33条第1款规定："任何组织和个人不得以妇女未婚、结婚、离婚、丧偶等为由，侵害妇女在农村集体经济组织中的各项权益。"《物权法》第132条规定："承包地被征收的，土地承包经营权人有权依照本法第42条第2款的规定获得相应补偿。"第42条第2款规定："征收集体所有的土地，应当依法足额支付土地补偿费、安置补助费、地上附着物和青苗的补偿费等费用，安排被征地农民的社会保障费用，保障被征地农民的生活，维护被征地农民的合法权益。"

本案中，徐女作为被告的村民，其土地承包经营权受法律保护。被告认为：王男也是农村户口，故两原告应在王男所在的村分责任田。虽然徐女离婚而后与别村的王男结婚，但是其户口一直未迁出，两原告的户口一直在被告处，且实际上被告也于1990年分给两原告责任田1.52亩。故被告的抗辩不能成立。两原告合法取得土地承包经营权后，因公共利益承包地被征收的，有权依法获得土地补偿费、安置补助费、地上附着物和青苗的补偿费以及社会保障费用，被告仅发给原告青苗补偿费的做法，于法无据。

（2）土地承包经营权人提前交回土地。土地承包经营权的提前交回，是指在土地承包经营合同约定的承包期限届满前，承包方将承包地交回发包方，其土地承包经营权归于消灭的行为。土地承包经营权的提前交回分为强制交回和自愿交回两种情形。

强制交回指在承包期内，承包方全家迁入设区的市，转为非农业户口的，应当将承包的耕地和草地交回发包方。当然，若承包方不主动交回的，发包方可以依法收回承包地。

自愿交回是指在土地承包经营合同约定的承包期限届满前，土地承包经营权人将承包地交回发包方，其土地承包经营权归于消灭的行为。《农村土地承包法》允许承包期内承包方自愿将承包地交回发包方。土地承包经营权作为一种他物权，作为权利人的承包方可以自愿交回承包地，发包方不应对此予以限制。实际上，承包人自愿交回土地，就是对其权利的抛弃。承包方自愿交回承包地应当履行一定的程序，即应当提前半年以书面形式通知发包方，以便发包方做好准备。当然承包方的自愿交回会发生一定的法律后果，承包方在承包期内交回承包地的，在承包期内不得再要求承包土地。

（3）土地承包经营权的期限届满。土地承包经营权是一种有期限物权。一般土地承包经营合同中规定的期限届满，土地承包经营权就归于消灭，承包方应当将承包地交回发包方。但是，期限届满并不当然导致土地承包经营权的消灭。《物权法》第126条第2款就规定，承包期届满，由土地承包经营权人按照国家规定继续承包。这样的规定可以在更长的期限内稳定农村社会经济结构。另外，《最高人民法院关于审理涉及农村土地承包纠纷案件适用法律问题的解释》第7条规定："承包合同约定或者土地承包经营权证等证书记载的承包期限短于农村土地承包法规定的期限，承包方请求延长的，应予支持。"

（4）承包地被征收。国家基于公共利益的需要而征收集体所有的土地时，在该土地上设立的土地承包经营权当然消灭。但国家在征收承包经营的土地时，应当给予补偿。《物权法》明确规定，征收集体所有的土地，应当依法足额支付土地补偿费、安置补助费、地上附着物和青苗的补偿费等费用，安排被征地农民的社会保障费用，保障被征地农民的生活，维护被征地农民的合法权益。

符某诉迈岭村请求返还土地征用补偿费案[1]

【案情简介】

1995年，原告符某、诉讼第三人何某两人与被告文塘村、迈岭村签订了100多亩林木的承包合同，年限为3年，承包金为8000元。合同签订后，承包方交纳了定金。1996年，国家建设高速公路，征用承包林26.789亩，国土局共计补偿26 789

〔1〕"符某诉迈岭村请求返还土地征用补偿费案"，载国家法官学院、中国人民大学法学院编：《中国审判案例要览》（1998年民事审判案例卷），中国人民大学出版社1999年版，第270页。

元，全部汇入两被告在福山邮电局的账户。承包方得知后，多次提出与被告协商，福山镇司法助理主持调解无效。

符某遂向县法院起诉，请求将该款全部判归承包人并由被告支付该款项的利息及承担案件受理费用，何某作为第三人参加了诉讼。

【审理判析】

县法院经公开审理认为，原告、第三人与两被告签订的承包合同是有效的，在合同履行期间，承包林木被征用，征用后国家应按有关标准给予赔偿。考虑到该林木属于长期性再生长植物，国家征用使两被告所受损失较大，青苗赔偿费应当多分给两被告。遂判决青苗款26 789元的30%归原告符某所有，70%归两被告所有。

一审判决后，原告及第三人不服，提起上诉。

中级法院经调解无效，认为：合同签订后，两上诉人依法向被上诉人支付了承包金，林木所有权在合同约定期间应属于上诉人符某所有。二审期间，上诉人符某同意青苗补偿费的50%归被上诉人所有，50%归其与何某所有，可予照准。原审判决70%归被上诉人所有，30%归上诉人所有，没有法律依据，应予变更。上诉人的上诉请求应予以支持。遂判决如下：青苗补偿费26 789元的50%归上诉人符某、何某所有，50%归被上诉人共有。限被上诉人在接到判决书之日起10天内将13 394.50元支付给上诉人符某、何某。

【法理研究】

本案涉及土地征用及补偿费用归属问题。

显然，承包方依照约定支付了定金，承包合同有效成立。在合同约定的承包期内，承包地的林木所有权应当归属于承包方所有。为了保护承包方的利益，《物权法》规定，在承包期内，发包方不得随意收回承包地，如果因为特殊原因需要收回，而承包方在承包地上做了相应的投入，承包方有权获得经济补偿。

关于国家征用的补偿问题，2004年修正的《宪法》第13条规定："公民的合法的私有财产不受侵犯。""国家为了公共利益的需要，可以依照法律规定对公民的私有财产实行征收或者征用并给予补偿。"《物权法》第132条规定："承包地被征收的，土地承包经营权人有权依照本法第42条第2款的规定获得相应补偿。"本案在承包合同约定的承包期内，原告所承包的林地因建设高速公路被征收，致使承包合同无法履行，原告财产受到损失，而国家对此作出补偿，补偿费理应归属承包方所有。被告收到补偿费后，不理会原告支付补偿费的请求，于法无据。

（5）承包地灭失或使用价值丧失。土地承包经营权必须存在于一定的承包地上，否则便失去了存在的基础。承包地灭失，存在于其上的土地承包经营权当然消灭。自然原因会使得该承包地上的使用价值丧失，承包方签订承包合同所期望的使用、收益的目的根本无法实现，土地承包经营权也随之消灭，如草地的沙漠化使承包草地的牧民无法继续放牧。

（6）承包方死亡无继承人或继承人放弃继承。土地承包经营权的存续必须以承包方的存在为前提，如果作为权利主体的承包方死亡且无继承人的，其所享有的土地承包经营权也失去了存在的意义，权利也即消灭。即使有继承人，如果继承人放弃继承，亦会使土地承包经营权消灭。当然，这里所谓的土地承包经营权的继承只限于在承包期内，林地承包经营权的继承，以及通过招标、拍卖、公开协商等方式取得的土地承包经营权的继承。而其他土地承包经营权的权利人死亡后，其继承人只能继承承包利益，不得继承土地承包经营权。

2. 土地承包经营权消灭的法律后果。

（1）土地承包经营权人负有土地返还义务。

（2）土地承包经营权人有权取回出产物与农田构筑物及附属设施。土地承包经营权人有权取回出产物与农田构筑物及附属设施，恢复土地原状。但发包方要求以时价购买的，承包方不得拒绝。承包方不取回附属设施的，且保留附属设施对土地使用有益时，发包方应当给予相应的补偿。这种处理方式是出于对承包方和发包方双方利益的考虑，既有利于保护附属设施的经济价值，亦有利于土地的继续利用。土地承包经营权期限届满而没有续期时，发包方应当就土地上的竹木或未收获的农作物，对承包方给予一定的补偿。

（3）土地所有人应偿还特别改良费用或其他有益费用。土地承包权人为增加土地生产力或土地之使用上的便利，而支出的特别改良费用或其他有益费用，集体经济组织如知道该情况而不立即为反对表示，土地承包经营权消灭时应该向土地承包经营权人进行返还。至于返还的数额，一般以现存的增加额为上限。

三、土地承包经营权的效力

土地承包经营权的效力是指承包方与发包方之间的权利义务关系。

（一）承包方的权利和义务

1. 承包方的权利。

（1）占有、使用、收益权。土地承包经营权作为一种用益物权，主要价值在于承包方对承包地进行占有、使用、收益，这是承包方最主要的权利。

使用，是指承包方有权按照承包地的自然属性和承包合同约定的用途进行使用。对承包地的使用权利实际隐含着占有承包地的权利。所谓自然属性，是指承包地为何性质。我国允许承包经营的农村土地分为耕地、林地、草地以及其他依法用于农业的土地，因此，应当按照土地的性质进行使用，即在耕地上种植农作物、经济作物等，而不能在承包地上修建建筑物、构筑物或其他定作物等。当然为了更好利用土地，在承包地上修建必要的附属设施除外。约定用途，是指承包方与发包方在承包合同中约定的用途。在法律法规允许的范围内，承包合同的双方当事人可以进一步对承包地的用途作出约定。

同时，承包方有权获取承包地上的收益。收益不仅包括天然孳息，还包括法定孳息，如将土地出租而收取的租金等。

彭庄组诉林场、乡政府承包合同纠纷案〔1〕

【案情简介】

1980 年，原告彭庄组与被告林场签订荒山造林合同书，主要内容是：①凡是公社组织劳力种植的杉木、油桐、果树等林木，一律实行三、三、四分成（公社三、地基三、劳力四），从有收益开始，由甲方（林场）开始兑现。②以上林木由甲方（林场）具体管理收获，被占地大小队（乙方）也要协助管理，但不得以任何借口在林区内开垦种植、放牧等，更不允许破坏林木。③各队划给场内的土地，不得以任何借口进行侵占和要回。在履行合同中，乡政府按照原、被告双方约定对荒山荒坡组织劳力种植了杉木，对林场进行了管理，至 1996 年杉木成材，陆续进行了砍伐，因没实行三、三、四分成，原告多次向二被告催要未果而引起纠纷。后来，被告又擅自将原告兑的 150 亩土地发包他人，致使本该退回的土地无法退回。

原告起诉，请求判令解除合同，被告退回原告 150 亩山坡及耕地。

【审理判析】

县法院经审理认为：原、被告双方于 1980 年 3 月 10 日签订的荒山造林承包合同书，系双方真实意思表示，应为有效合同。1980 年 3 月以后，双方争议的山坡一直由林场进行管理，双方在合同中没有约定合同解除的条件，现又由乡政府发包他人，从维护承包经营权、有利于发展生产的角度，不宜再对该法律关系作变动。二被告长期未按合同约定履行主要义务，应负主要责任，要对原告进行收益分配补偿，但该问题原告在本案中没有主张权利，可由双方另行解决。

综上，原告要求解除合同的请求不能支持。依法判决驳回原告的诉讼请求。

【法理研究】

本案涉及林地承包经营权以及承包合同的履行问题。

---

〔1〕“彭庄组诉桐柏县黄岗乡杉木林场、黄岗乡政府承包合同纠纷案”，载最高人民法院中国应用法学研究所编：《人民法院案例选》2005 年第 1 辑（总第 51 辑），人民法院出版社 2005 年版，第 117 页。

本案中，被告通过与原告签订荒山造林合同而取得林地承包经营权，有权在该片林地上组织种植、管理，并获取收益。通过合同约定将其收益与原告分成是行使其对收益的处分权，符合法律规定。现被告未依约给原告分成，是违约行为，原告可以请求被告履行合同。

但有两个问题需要明确：①彭庄组的请求不符合合同解除的要件。解除合同必须具备合同解除的要件，或者经双方合意一致，才可以解除。本案合同明确约定：各队划给林场土地不得以任何借口侵占和要回。根据本条规定，彭庄组不得随意解除合同，若需解除合同，双方应经过协商，达成一致的意思表示。②解除合同不利于维护农村政策的长期稳定性。本案系农村土地承包合同案件，稳定土地承包政策、延长土地承包期，直接关系到农民的积极性、农村的发展和稳定，随意撕毁合同、一地多包、收回土地高价发包、缩短承包期的行为都是不可取的。解除协议的内容不得违反法律、行政法规的强制性规定，不得违背国家利益和社会公共利益，否则解除协议无效，当事人仍要按原合同履行义务。

（2）自主经营权。承包方有权依据承包合同对承包经营的标的物为占有、使用和收益，有权自主组织农业生产经营活动，自主决定种植什么作物、种植多少面积或者安排什么种植、养殖项目，自主处理产品，决定出售产品的数量、价格等。只要承包方的生产经营活动不违反法律规定，发包方就不得随意干涉，更不能违背承包方的意愿，强制其从事或者不从事某种生产经营活动。

刘某等不服镇政府土地承包行政批示案[1]

【案情简介】

刘某与维山乡黄石村村民吴男结婚，婚后刘的户口仍在娘家，原承包的0.7亩责任田也未退出。后其子女吴甲、吴乙户口随母落在上梅镇远大村九组，次子吴乙系超生子女。后该组一户村民农转非后退出责任田，刘某即以吴甲的名义从中强行耕种了0.5亩田。1999年5月，上梅镇远大村九组在重新调整责任田承包时与刘某发生了争议，该组便书面请示上梅镇政府，得到批示：刘某外嫁农村户口，理应在男方户口地承包责任田。远大村即收回了刘某承包的0.7亩责任田和以吴甲名义耕种的0.5亩田，并拒绝安排吴乙承包责任田。

刘某等不服，提起行政诉讼。请求法院撤销该批示，并赔偿因该批示错误而给其造成的经济损失1600元。

---

〔1〕“刘易云等不服新化县上梅镇人民政府土地承包行政批示案”，载最高人民法院中国应用法学研究所编：《人民法院案例选》2001年第3辑（总第37辑），人民法院出版社2002年版，第423页。

【审理判析】

县法院经审理认为：根据被告提供的规范性文件《关于延长土地承包期有关具体问题的处理意见》第1条第4项规定："婆家在农村的，原则上应迁往婆家承包。"原告刘某婆家在农村，理应与其长子吴甲共同迁往婆家承包，次子吴乙系超生子女，按政策不承包。因此，上梅镇政府的批示符合政策规定，其行政行为应予以维持。法院遂判决驳回原告的赔偿请求。

原告不服，提起上诉，请求撤销原判及被告的行政批示，并赔偿损失。中级法院经审理认为：上梅镇政府就责任田承包问题的书面请示所作的批示是其内部的一种行政指导行为，对远大村第九组及刘某等三上诉人的权利义务并不具有拘束力。原告对此提起行政诉讼不属于人民法院行政诉讼的受案范围，原审作为行政案件立案审理不当。法院遂依法裁定撤销一审行政判决，驳回原告的起诉。

【法理研究】

本案涉及的民法问题是村委会是否有权收回原告刘某的承包地。

《农村土地承包法》第6条规定："农村土地承包，妇女与男子享有平等的权利。承包中应当保护妇女的合法权益，任何组织和个人不得剥夺、侵害妇女应当享有的土地承包经营权。"第30条规定："承包期内，妇女结婚，在新居住地未取得承包地的，发包方不得收回其原承包地；妇女离婚或者丧偶，仍在原居住地生活或者不在原居住地生活但在新居住地未取得承包地的，发包方不得收回其原承包地。"《妇女权益保障法》第32条规定："妇女在农村土地承包经营、集体经济组织收益分配、土地征收或者征用补偿费使用以及宅基地使用等方面，享有与男子平等的权利。"第33条第1款规定："任何组织和个人不得以妇女未婚、结婚、离婚、丧偶等为由，侵害妇女在农村集体经济组织中的各项权益。"

本案中，原告刘某虽然嫁到农村，但是其户口仍在娘家。村委会应该查明其结婚后是否在他村取得承包地，如果没有取得承包地，村委会不得收回刘某在娘家的承包地，侵犯其自主经营权。

（3）依法流转权。土地承包经营权是一种财产权，可以进行流转。我国《物权法》对土地承包经营权的流转予以认可。因此，承包方可以依照法律的规定，对土地承包经营权采取法定的方式进行流转。土地承包经营权流转应当遵循平等协商、自愿、有偿的原则，任何组织和个人不得强迫或者阻碍承包方进行土地承包经营权的流转。同时，土地承包经营权的流转不得改变土地所有权的性质和土地的农业用途，流转的期限不得超过承包期的剩余期限；受让方须有农业经营能力；在同等条件下，本集体经济组织成员享有优先权。

（4）获得补偿权。土地征收是国家为了公共利益的需要，通过法定程序，将农民集体所有的土地征为国有土地。承包地被征收的，应当依照《物权法》第42条第2款的规定对土地承包经营权人给予补偿。需要注意的是，对承包地的征收，应当严格限制在公益的范围之内，不得为了某些单位或个人的利益进行征收。

王甲诉王乙因互换土地被征用补偿费归属案[1]

【案情简介】

原告王甲、被告王乙系同一村民小组的农户。在1998年初当地农村落实第二轮土地承包责任制时，原、被告所在的村小组向各农户颁发了土地承包经营权证。王甲与王乙为了方便生产，双方经协商，于1999年初签订了换田协议，约定原告王甲在大垅底的1.75亩水田与被告王乙在石子坑的1.75亩水田相互交换。双方在换田协议中注明：以后有转让或任何公私变化，各自负责，互不反悔，真诚守约。双方换田后对新换的田地进行耕种。2001年冬，石子坑的田地被政府部门征收作为工业园建设用地，王乙换给王甲的1.75亩水田也在征收之列，征收补偿费9800余元，当村委会发放补偿费时，原被告对该款的归属产生争议，村委会便暂停了对该补偿费的发放，引发诉讼。

【审理判析】

法院经审理认为：原被告签订换田协议是双方真实意思的表示，原被告换田时虽未经发包人同意，但原被告换田后各自耕种多年，发包方并未提出异议，应视为发包方知道而无异议。原被告之间等面积互换田地是国家农村政策所准许的，应当支持。判决互换承包田地协议有效，征地补偿费由原告王甲领取。

被告不服，提起上诉。

二审法院经审理认为：上诉人与被上诉人签订互换承包经营田地虽是双方自愿，但由于签订协议时未经土地发包方的同意，事后又未获得土地发包方的有效追认，根据最高人民法院《关于审理农业承包合同纠纷案件若干问题的规定》第14条“承包方未经发包方同意，转让承包合同，转包或者互换承包经营标的物的，人民法院应当认定该转让、转包、互换行为无效”的规定，撤销了一审判决，改判双方签订的互换承包经营田地的协议无效，相关征地补偿费由上诉人王乙领取。

---

〔1〕“王全芳诉王全山因互换土地被征用产生土地征用补偿费归属案”，载最高人民法院中国应用法学研究所编：《人民法院案例选》2004年民事专辑（总第48辑），人民法院出版社2005年版，第330页。

【法理研究】

本案涉及互换承包地协议的生效以及补偿款问题。

对承包田地互换作为一种土地承包经营权的流转形式得到了法律的保护。《农村土地承包法》中对农户互换土地的要求作出了明确具体的规定，其中规定采取转包、出租、互换或者其他方式流转的，应当呈报发包方备案。本案在审理期间该法尚未施行，因而只能适用最高人民法院《关于审理农业承包合同纠纷案件若干问题的规定》判案。但是这一司法解释已被最高人民法院《关于审理涉及农村土地承包纠纷案件适用法律问题的解释》取代，该解释第 14 条规定："承包方依法采取转包、出租、互换或者其他方式流转土地承包经营权，发包方仅以该土地承包经营权流转合同未报其备案为由，请求确认合同无效的，不予支持。"因此，互换承包地需要向发包方备案，但备案不是合同有效的要件。如果依据现在的法律，本案中的互换协议有效，土地征用补偿款由现承包人王甲享有。

(5) 优先承包权。根据《农村土地承包法》的规定，通过家庭承包取得的土地承包经营权的流转，在同等条件下，本集体经济组织成员享有优先权，以其他方式承包农村土地，在同等条件下，本集体经济组织成员享有优先承包权。

(6) 法律、行政法规规定的其他权利。其他法律、行政法规也可以规定承包方一定的权利。如发包方或者其他组织和个人针对承包地收取法律、法规规定以外的费用，或者违法进行集资、摊派、罚款等，承包方有权拒绝。

2. 承包方的义务。任何权利都是伴随义务而存在，土地承包经营权也不例外。承包方在享有承包经营权的同时，应承担以下义务：①不得擅自变更土地用途的义务。承包方应当依法维持土地的农业用途，不得私自将承包地用于非农建设。承包方违法将承包地用于非农建设的，由县级以上人民政府行政管理部门依法予以处罚。②依法保护和合理利用土地的义务。承包方在利用土地进行生产经营的同时，要注意采取相应的措施保护土地的质量和生态环境，防止水土流失和盐碱化等，保护和提高地力。③法律、行政法规规定的其他义务。这是一个弹性条款，《农业法》、《草原法》等法律、行政法规中也有承包方义务的规定。

(二) 发包方的权利和义务

1. 发包方的权利。

(1) 本集体经济组织所有或国家所有依法由本集体使用的农村土地由集体经济组织发包。具体而言，根据土地的实际归属情况，发包方发包土地有以下情形：农民集体所有的土地依法属于村农民集体所有的，由村集体经济组织或者村民委员会发包；分别属于村内两个以上农村集体经济组织的农民集体所有的土地，由村内各该农村集体经济组织或者村民小组发包；国家所有依法由农民集体使用的农村土地由使用该土地的农村集体经济组织、村民委员会或者村民小组发包。

刘某诉张甲等在其开垦的国有荒地种植侵犯使用权案[1]

【案情简介】

1983年，被告张甲、张乙随其父在野外开垦了一块荒地，种植土豆等蔬菜以解决家中吃菜问题。种至1992年时，两被告因上山工作等原因，仅在此地边缘种植，其余大部分地未予种植。1994年秋季，原告刘某在听他人说此地已几乎无人种植的情况下，遂与家人对此地进行了平整。1995年，原告刘某准备在平整后的土地上种植时，两被告前来阻止。双方因此发生争执，后经司法所主持调解未果。1996年，刘某又准备在此地进行种植时，发现地已由两被告种上，遂向法院起诉，以此荒地是自己在1994年秋开垦的，被被告种植为由，要求两被告归还此地的使用权。两被告答辩称：此地是我们早年开垦的，后因上山工作，大部分地已经2年未种，但我们并没有放弃此地。

【审理判析】

法院经审理认为：根据《土地管理法》第11、17条之规定，非经国家有关部门的批准，任何个人都无权对国家所有的荒地进行开垦使用。因此，原、被告未经国家有关部门批准，擅自开垦荒地，是错误的，对双方的诉讼请求不予支持。依法判决将原告刘某与被告张甲、张乙争执的土地收归国有。

【法理研究】

本案涉及原被告是否享有国有荒地的使用权问题。

《农村土地承包法》第2条规定："本法所称农村土地，是指农民集体所有和国家所有依法由农民集体使用的耕地、林地、草地，以及其他依法用于农业的土地。"《土地管理法》第9条规定："国有土地和农民集体所有的土地，可以依法确定给单位或者个人使用。使用土地的单位和个人，有保护、管理和合理利用土地的义务。"第11条第3款规定："单位和个人依法使用的国有土地，由县级以上人民政府登记造册，核发证书，确认使用权。"第15条规定："国有土地可以由单位或者个人承包经营，从事种植业、林业、畜牧业、渔业生产。"第40条规定："开发未确定使用权的国有荒山、荒地、荒滩从事种植业、林业、畜牧业、渔业生产的，经县级以上人民政府依法批准，可以确定给开发单位或者个人长期使用。"

根据上述法律规定，在我国，土地属于国家或集体所有，他人只能通过一定的

---

〔1〕"刘宝诉张建东等在其开垦的国有荒地种植侵犯使用权案"，载最高人民法院中国应用法学研究所编：《人民法院案例选》1997年民事·知识产权专辑（总第20辑），人民法院出版社1997年版，第113页。

程序取得土地使用权。本案中，原被告双方讼争的国家所有的荒地，如果由某农村集体使用，则可以由该集体进行发包，由他人取得承包经营权；如果未确定给某农村集体使用，则可以经过县级以上政府批准，由其他人长期使用。但是，原被告双方未经过任何程序，擅自开垦国有荒地，并不享有使用权，因此不存在侵犯使用权的问题。

（2）监督承包方依照承包合同约定的用途合理利用和保护土地。基于土地承包经营权的特殊性，承包方负有以合同约定的用途合理利用和保护耕地的义务，发包方则对此有监督权。当然具体的监督应当合理、合法，不得借监督权来干涉承包方的自主经营权。

村委会诉田某改种其他玉米要求铲除案[1]

【案情简介】

经过村民自愿和民主协商，某村委会得到包括田某在内的有关承包户同意，在承包的土地上统一种植亲本玉米。但在播种时，田某背着村委会和其他制种户在自己承包的土地上擅自改播一般玉米种子。村委会得知后，立即请乡政府的领导和种子站的技术员与村长做田某的工作，要求其改种其他作物，并答应给他提供改种其他作物的部分条件。田某表示同意即日铲除所种的玉米，并按村委会的要求改种其他农作物。此后田某又提出赔偿要求，村委会不同意，故田某一直未铲除玉米苗。后玉米苗快抽穗，如不尽快铲除将给其他制种户造成严重损失，故村委会向法院起诉请求判决被告立即铲除其承包土地上的玉米苗。

【审理判析】

法院经审理认为：被告田某作为农村土地承包经营户有权决定在自己承包的土地上种植何种农作物。但是一旦明确表示同意将承包的土地用于参与集体种植亲本玉米，就应该恪守诺言，不得在其承包土地上种植其他玉米。而田某违背承诺，对村委会和制种农户获取合格玉米种植造成损害，故判决田某立即铲除承包土地上的玉米苗，由此造成的损失，因田某不守诺言而引起，因此由田某自己承担。

---

〔1〕“七运村村委会诉田军承诺在承包土地上种植制种玉米后又改种其他玉米要求铲除案”，载最高人民法院中国应用法学研究所编：《人民法院案例选》2000 年第 4 辑（总第 34 辑），人民法院出版社 2001 版，第 97 页。

【法理研究】

本案涉及村委会对承包户按约定用途生产的监督义务。

土地承包经营权人有权在其承包经营的土地上从事种植、林业、畜牧业等农业生产，但任何权利的行使都必须有限制，土地承包经营权也不例外，土地承包经营权人应按照承包合同约定的用途进行农业生产。

根据承包合同，包括田某在内的承包户要在承包的土地上统一种植亲本玉米。而田某违反诺言，在承包土地上种植其他玉米，如果任其抽穗、结棒将给其他制种户确保种子质量合格造成妨碍和危险。田某的行为明显违反法律规定与双方约定。至于被告田某铲除玉米苗所造成的损失是其自身过错造成的，无权要求村委会和其他农户承担。本案村委会的行为正是发包人行使监督权的具体体现。

2. 发包方的义务。发包方的义务有：①不得干涉承包方的正常生产经营活动。承包期内，发包方不得随意收回承包地。不得随意干涉承包方的正常生产和经营活动，不得随意调整土地。②不得非法变更、解除承包合同。③执行土地利用总体规划。发包方在发包土地、依法调整承包地的过程中，必须认真执行县、乡（镇）土地利用总体规划，不得违反规划占用耕地或者开发利用其他土地资源。④组织本集体经济组织内的农业基础设施建设。⑤依照承包合同约定为承包方提供生产、技术、信息等服务。

第二节　建设用地使用权

一、建设用地使用权的概述

（一）建设用地使用权的概念

建设用地使用权是指自然人、法人或其它组织依法享有的在国家所有的土地表面或其上下进行建设，并保有建筑物、构筑物及其附属设施所有权的用益物权。《物权法》第十二章专章规定了“建设用地使用权”，而且该法规定的建设用地使用权只限于在国家所有的土地上设立，而集体所有的土地作为建设用地的，应当依照土地管理法等法律规定办理。下文关于建设用地使用权的内容也只限于在国家所有的土地上设立的建设用地使用权。

（二）建设用地使用权的法律特征

1. 权利客体为国家所有的土地。根据我国《土地管理法》和《城市房地产管理法》等的规定，任何单位和个人进行建设，需要使用土地的，必须依法申请使用国有土地。城市规划区内的集体所有的土地，经依法征用转为国有土地后，该国有土地的使用权方可有偿出让。据此，农村土地原则上只能用于农业生产，不得转为建设用地。

建设用地使用权可以在土地的地表、地上或者地下分别设立，但应当不违背法律的强行性规定，也不得侵害第三人的权利。

2. 权利设定的目的具有特定性。设定建设用地使用权的目的是在他人土地上建造建筑物、构筑物及其附属设施，并取得该建筑物、构筑物及其附属设施的所有权，而不包括种植竹木，目的具有明显的特定性。当然农民可以利用集体土地修建住宅，宅基地使用权也属于广义的建设用地使用权的一种，但因其在取得、流转等方面有其独特之处，《物权法》将其单独作为一种用益物权，与建设用地使用权相区别。

3. 权利取得具有有偿性与期限性。一般情况下，建设用地使用权的取得是有偿的。但依特别法规定，通过划拨方式无偿取得土地使用权的方式也存在。不过，通过划拨方式取得的土地使用权要进入流通领域，仍必须先缴纳土地出让金才允许流转，实行的仍是有偿取得制度。

建设用地使用权的取得是有期限的，具体期限因目的、用途不同而有所区别。根据《城镇国有土地使用权出让和转让暂行条例》第12条的规定，土地使用权出让最高年限依下列用途确定：居住用地70年；工业用地50年；教育、科技、文化、卫生、体育用地50年；商业、旅游、娱乐用地40年；综合或者其他用地50年。

镇政府诉诚信公司土地使用权转让、侵权赔偿纠纷案[1]

【案情简介】

1994年，乙市批准征用该市西柳镇45公顷旱地并出让给市西柳镇服装市场管理委员会，用于扩建服装市场。出让年限50年，地价每平方米30元，出让金总额1350万元。镇政府取得乙市城乡建设委员会发给的该土地的《建设用地规划许可证》和《建设工程规划许可证》。镇政府与诚信公司签订的《关于西柳市场扩建工程市场南正楼的投资建设协议》约定：镇政府将8576平方米的土地使用权以每平方米200元出让给诚信公司，考虑到一楼通往市场楼道的占有量，镇政府退还诚信公司土地出让金20.16万元，实际土地出让金151.36万元，协议生效后一次交付给镇政府。镇政府与诚信公司约定：镇政府购买诚信公司投资建设的西柳市场南正楼四层的全部建筑房间，价格为基本造价，约每平方米1200元，共计893.76万元。协议签订后一个月内付款200万元，房屋投入使用时付款结束。该协议签订后，镇政府没有交付购房款，但南正楼第四层楼一直由镇政府占用。

诚信公司提起诉讼，请求确认其享有西柳镇服装市场南正楼的全部产权和经营管理权，责令镇政府为其补办相关的产权手续，停止侵权行为并赔偿其经济损失

---

〔1〕“辽宁省海城市西柳镇人民政府诉辽宁省海城市诚信房屋开发总公司土地使用权转让、侵权赔偿纠纷上诉案”，载《最高人民法院民事判决书》（2001）民一终字第79号，法公布（2002）第42号。

2100万元，承担违约责任。

【审理判析】

一审法院经审理认为：镇政府与诚信公司签订的《关于西柳市场扩建工程市场南正楼的投资建设协议》是双方当事人的真实意思表示，合法有效。诚信公司依据该协议向镇政府交付了土地使用权转让金，委托市第八建筑工程公司完成了建设施工，支付了工程款，已经实际履行了合同义务。镇政府主张该协议已经废止，双方另行约定了联合开发的协议内容，没有确实充分的证据证明，不予采信。法院判决：①乙市西柳服装市场南正楼的产权及相应的国有土地使用权归诚信公司所有；②镇政府返还诚信公司售房款；③镇政府将占用的门点房屋返还给诚信公司，如不能返还房屋，则应返还该房屋的折价款；④驳回其他诉讼请求。

镇政府不服一审判决，提起上诉。

二审经审理法院认为：镇政府主张其与诚信公司存在联建的"口头协议"，缺乏证据。镇政府作为政府机关，称其与诚信公司"投资联建"，与其政府机关的性质、职能不符。镇政府与诚信公司之间的《关于西柳市场扩建工程市场南正楼的投资建设协议》是土地使用权转让性质的合同，其内容不违反法律规定，镇政府应协助诚信公司办理相关的房屋产权和土地使用权手续。我国实行的是国有土地有偿使用制度，一审判决第1项确认西柳服装市场南正楼的土地使用权归诚信公司所有不当。故判决：变更一审判决第1项为诚信公司享有西柳服装市场南正楼的房屋产权和土地使用权；维持一审判决第2、3、4项。

【法理研究】

在本案中，诚信公司在交付土地出让金后，作为出让土地的使用权人，享有对该土地占有、使用和收益，并在该土地建造并经营建筑物、构筑物及其附属设施的一系列权利。毫无疑问，该公司在其享有土地使用权的土地上修建建筑物，正是行使其权利的具体表现。该权利作为一项用益物权，具有排除他人不法侵害的效力。镇政府在购房协议签订后不支付购房款却一直占用诚信公司房屋的行为，构成了对作为建设用地使用权人和房屋所有人的诚信公司合法权益的侵犯，理应消除不法占有的状态，维护诚信公司的合法权益。

二、建设用地使用权的变动

（一）建设用地使用权的取得

我国建设用地使用权的取得方式有两种：即出让和划拨。

1. 通过出让方式取得建设用地使用权。建设使用权的出让，是国家以土地所有人的身份，将土地使用权在一定年限内出让给土地使用者，由土地使用者向国家支付土地使用权出让金的行为。《物权法》第137条第2款规定："工业、商业、旅游、娱乐和商品住宅等经营性用地以及同一土地有两个以上意向用地者的，应当采取招标、拍卖等公开竞价的方式出让。"《城市房地产管理法》第13条规定："土地使用权出让，可以采取拍卖、招标或者双方协议的方式。商业、旅游、娱乐和豪华住宅用地，有条件的，必须采取拍卖、招标方式；没有条件，不能采取拍卖、招标方式的，可以采取双方协议的方式。采取双方协议方式出让土地使用权的出让金不得低于按国家规定所确定的最低价。"可见，建设用地使用权的出让有招标、拍卖、协议等方式。

建设用地使用权出让合同一般包括以下内容：①当事人的名称和住所；②土地界地、面积等；③建筑物、构筑物及其附属设施占用的空间；④土地用途；⑤使用期限；⑥出让金等费用及其交付方式；⑦解决争议的方法。

江河公司不服土地局吊销土地使用证案〔1〕

【案情简介】

1997年11月，江河公司通过拍卖方式取得了位于甲市2500平方米的国有土地使用权，并在拍卖成交确认书中承诺由其承担搬迁、安置费用。同年12月，市中级法院协助执行通知书要求土地局将该土地使用权过户到江河公司的名下。1998年1月21日，土地局给江河公司颁发了国有土地使用证。事后，因江河公司未按拍卖确认书上约定的条款履行承担搬迁、安置费用的义务，引起了搬迁户不安而找甲市中院。市中院应土地局的要求吊销了江河公司的土地使用证。

江河公司不服，提起诉讼，请求法院撤销土地局的具体行政行为。

【审理判析】

甲市中级法院经审理认为：被告土地局依照《民事诉讼法》的规定，按照市中院的通知，履行其协助义务，吊销了江河公司的国有土地使用证，其行为未违反相关法律规定，应予以维持。原告江河公司称土地局作出的吊销其国有土地证的具体行政行为侵害了其利益，理由不能成立，判决维持土地局作出的吊销江河公司国有土地使用证的具体行政行为。

江河公司对判决不服，向该省高级法院提出上诉。

二审法院经审理认为：被上诉人土地局作出通知江河公司吊销土地使用证的具

〔1〕"江河建筑公司不服乌鲁木齐土地管理局为协助法院执行作出限期其交回土地使用证及吊销土地使用证案"，载最高人民法院中国应用法学研究所编：《人民法院案例选》2001年第1辑（总第35辑），人民法院出版社2001年版，第348页。

体行政行为时间是 1998 年 6 月 15 日，而中院通知土地局协助执行的时间是 1998 年 6 月 16 日，即先有土地局的具体行政行为，后有中院协助执行通知。因此，土地局作出的吊销江河公司国有土地使用证的具体行政行为违法。故判决：撤销一审判决；撤销市土地局的具体行政行为。

【法理研究】

本案是一起通过拍卖方式取得国有土地使用权的案例。江河公司通过拍卖程序取得的国有土地使用权，受法律保护。市土地局在接到法院协助执行的通知前，已作出吊销江河公司土地使用证的行为违法，因此应予以撤销。

2. 通过划拨方式取得建设用地使用权。建设用地使用权的划拨是指，经县级以上人民政府依法批准，在土地使用者交纳补偿、安置等费用后，将国有的土地交付其使用，或者将土地使用权无偿交付给土地使用者使用的行为。

划拨具有以下几个突出特点：

（1）公益目的性。《城市房地产管理法》第 24 条规定："下列建设用地的土地使用权，确属必需的，可以由县级以上人民政府依法批准划拨：①国家机关用地和军事用地；②城市基础设施用地和公益事业用地；③国家重点扶持的能源、交通、水利等项目用地；④法律、行政法规规定的其他用地。"《土地管理法》第 54 条也有类似规定。

（2）无偿性。划拨方式取得建设用地使用权者，不必支付土地出让金。

（3）转让受限制性。以划拨方式取得土地使用权的，转让房地产时，应当按照国务院规定，报有批准权的人民政府审批。有批准权的人民政府准予转让的，应当由受让方办理土地使用权出让手续，并依照国家有关规定缴纳土地使用权出让金。

（4）无期限性。《城市房地产管理法》第 23 条第 2 款规定："依照本法规定以划拨方式取得土地使用权的，除法律、行政法规另有规定外，没有使用期限的限制。"

（5）行政性。划拨取得建设用地使用权必须经县级以上人民政府依法批准。

袁某不服甲市土地局对其出租土地行政处罚决定案[1]

【案情简介】

1990 年，袁某将其甲市的私有房屋出租给李某，月租金 110 元。1991 年，甲市

〔1〕"袁伟启不服湖北省老河口市土地管理局对其出租土地行政处罚决定案"，载最高人民法院中国应用法学研究所编：《人民法院案例选》1993 年第 2 辑（总第 4 辑），人民法院出版社 1993 年版，第 191 页。

土地局在清理整顿城镇土地市场时，发现袁某擅自出租土地，遂给袁下发通知，限其于当年12月17日到市土地局办理土地使用权出租手续。袁按期到该局办理手续时，该局要求袁某先签订土地使用权出让合同，补交土地使用权出让金，方能办理土地使用权出租手续。袁某以补交土地使用权出让金无法律依据为理由，不予交纳。1992年，甲市土地局依照《城镇国有土地使用权出让和转让暂行条例》（以下简称《暂行条例》）和《乙省土地管理实施办法》之规定，作出行政处罚决定：处以其所得总额20%的罚款；补交土地使用权出让金，并依法办理登记。

袁某不服，提起诉讼，请求法院撤销被告的行政处罚决定。

【审理判析】

甲市法院经审理认为，袁某出租房屋的同时，即出租了该房屋所依附的土地。因此，袁某应当依照《暂行条例》的有关规定，向国家交付土地使用权出让金之后，方能出租土地使用权。甲市土地局以袁某未交付土地使用权出让金而出租土地的违法事实，责令袁某交付土地使用权出让金，并处罚款是合法的。故判决维持甲市土地局的行政处罚决定。

袁某不服，提起上诉。

二审法院经审理认为，上诉人未向被上诉人交付土地使用权出让金和签订土地使用权出让合同，尚未取得有偿出让的土地使用权，其出租土地的行为是违法的。被上诉人对城镇国有土地的使用权出让实行监督管理并收取出让金，符合《暂行条例》以及国务院《对建设部、国家测绘局与国家土地管理局有关职能分工的意见》的有关规定。原判认定事实清楚，证据确实，适用法律正确。遂判决驳回上诉，维持原判。

【法理研究】

本案涉及城镇国有土地使用权的出租问题。

《暂行条例》第7条第1款规定："土地使用权出让、转让、出租、抵押，终止及有关的地上建筑物、其他附着物的登记，由政府土地管理部门、房产管理部门依照法律和国务院的有关规定办理。"据此，国家土地管理部门对城镇国有土地的出让进行管理，是其法定职责。因此，本案中，土地局对袁某的出租行为进行监督，是履行职责的体现。

《暂行条例》颁布以前，我国的土地使用者所使用的国有土地，均是通过行政划拨取得的。《暂行条例》颁布生效后，才出现了出让土地使用权的方式。按照现行法律规定，土地使用权出租的条件是：①出租人具有所出租土地的国有土地使用证；②出租人具有地上建筑物、其他附着物的合法产权证明；③出租人已向国家交付了所出租土地的土地使用权出让金和签订了出让合同。从以上条件看出，国有土地使用者出租土地必须获得出让的土地使用权，使土地使用权的性质从原始的行政划拨土地使用权转变为有偿出让土地使用权，方能出租土地；否则，即为非法出租。需要指出的是，建筑物所有人转让、出租、抵押建筑物，是否转让、出租、抵押了它所依附土地的使用权？回答是肯定的。因为从物理上讲，建筑物与土地是不可分的。我国多部法律明确规定了“房随地走”、“地随房走”。本案的袁某在出租建筑物的同时即出租了土地的使用权，因此袁某未按法定程序出租土地的使用权，是违法的。

3. 建设用地使用权的设立登记。建设用地使用权登记是指县级以上人民政府将土地的权属、用途、面积等基本情况记载于登记簿上，并向建设用地使用权人颁发使用权证书。《物权法》第139条规定：“设立建设用地使用权的，应当向登记机构申请建设用地使用权登记。建设用地使用权自登记时设立。登记机构应当向建设用地使用权人发放建设用地使用权证书。”

甲市铁路分局诉少林汽车厂土地使用权属争议案[1]

【案情简介】

1988年，少林汽车厂在县土地管理局领取了第0408号国有土地使用证，盖有县土地管理局印章，未盖县人民政府印章。该土地使用证上载明：国有土地3.5亩、村民耕地50亩，位于县汜水乡清净沟上汜公路西侧，使用权归该厂，所有权归国有。1992年，少林汽车厂扩建厂房，占用了位于陇海线某区段北侧距铁路中心线133米处24 468平方米的土地，但该土地属上述土地证范围内。1995年，原告铁路分局依铁路用地图向市土地管理局申请并取得了国有土地使用证，盖有市政府土地管理专用章，土地面积453.96亩，位于峡窝镇武庄村至汜水镇东河南村，包括了被告少林汽车厂扩建厂房所用的上述24 468平方米土地在内。

原告铁路分局向铁路运输法院提起诉讼，请求法院判令被告交纳土地使用费、恢复原状。

【审理判析】

铁路运输法院经审理查明：原告所持土地使用权证合法有效，其依此证所享有的土地使用权受法律保护，任何单位和个人不得侵犯。被告在原告已取得土地使用

[1] “洛阳铁路分局诉少林汽车厂土地使用权属争议案”，载最高人民法院中国应用法学研究所编：《人民法院案例选》1998年第2辑（总第24辑），人民法院出版社1998年版，第42页。

权证后，未征得原告同意占用铁路用地，侵犯了原告的土地使用权，应承担全部责任。被告关于争议土地应重新确权的意见，因原告已经取得土地使用权证书，而被告没有提供出对争议土地享有使用权的充分证据，不予支持。故依法判决：被告向原告交纳土地使用费；将侵占的24 468平方米铁路用地上的非法建筑物拆除，恢复土地原状。

少林汽车厂不服，提起上诉，二审法院判决：少林汽车厂向铁路分局交纳土地使用费，将侵占的24 350.684平方米铁路用地上的非法建筑物拆除，恢复土地原状。少林汽车厂仍不服，申请再审，省高级法院认为本案属土地权属纠纷，不属人民法院受案范围。故裁定撤销一、二审法院判决，驳回铁路分局起诉，争议由政府处理。

【法理研究】

建设用地使用权的取得必须经过有关政府部门的登记，并颁发权利证书。本案中，讼争的土地，均在铁路分局与少林汽车厂的土地使用证记载的范围内。因此，谁该享有权利，就产生了争议。《土地管理法》第16条规定："土地所有权和使用权争议，由当事人协商解决；协商不成的，由人民政府处理。单位之间的争议，由县级以上人民政府处理；个人之间、个人与单位之间的争议，由乡级人民政府或者县级以上人民政府处理。当事人对有关人民政府的处理决定不服的，可以自接到处理决定通知之日起30日内，向人民法院起诉。在土地所有权和使用权争议解决前，任何一方不得改变土地利用现状。"据此，铁路分局与少林汽车厂对讼争土地的争议应由县级以上人民政府处理，不属于法院的受案范围。

本案引申的问题是：如何掌握权属争议和侵权争议划分的标准。侵犯土地所有权或者使用权的争议，是可直接向人民法院起诉的民事争议。应当说，这个划分的标准是较明确的，即原告一方持有合法有效的土地所有权或使用权证书，被告一方不持有此类证书，或者持有伪造的证书。上述环节把握住了，案件应否由法院受理，就比较容易划分了。本案中，铁路分局和少林汽车厂对讼争土地均持有土地使用证，因此双方的争议是权属争议而非侵权争议。

（二）建设用地使用权的流转

关于建设用地使用权的流转方式，《物权法》第143条作了明确规定："建设用地使用权人有权将建设用地使用权转让、互换、出资、赠与或者抵押，但法律另有规定的除外。"下文只介绍建设用地使用权的转让、出租和抵押等流转方式。

1．建设用地使用权的转让。建设用地使用权的转让是指权利人将建设用地使用权以合同方式再行转移的行为。此处的转让是狭义的，在传统民法上也称"出卖"，即当事人以买卖合同的形式移转建设用地使用权的行为。

《物权法》第143条所言的“法律另有规定”，目前主要是指《城市房地产管理法》第38条和第39条关于转让的限制性规定。该法第38条规定：“下列房地产，不得转让：①以出让方式取得土地使用权的，不符合本法第39条规定的条件的；②司法机关和行政机关依法裁定、决定查封或者以其他形式限制房地产权利的；③依法收回土地使用权的；④共有房地产，未经其他共有人书面同意的；⑤权属有争议的；⑥未依法登记领取权属证书的；⑦法律、行政法规规定禁止转让的其他情形。”

甲市广利公司诉金海公司土地使用权转让合同纠纷案[1]

【案情简介】

甲市广利公司与金海公司讼争的土地位于甲市某经济技术开发区琵琶王新立交桥东南侧。金海公司于1993年3月与甲市国土局签订土地使用权出让合同，取得了位于市琵琶王新立交桥东南侧土地使用权，面积为98 792平方米。金海公司于1993年4月与广利公司签订了土地使用权转让合同书，约定：金海公司转让位于甲市琵琶王新立交桥东南侧13 500平方米土地（折合20.25亩），每亩地价为21万元，并对转让土地的四至、交付手续等均作了具体规定。由于合同中约定转让的土地有部分是由甲市邮电局享有使用权，金海公司遂于1993年又与广利公司签订了补充协议，约定转让土地面积为15 600平方米（折合23.4亩），预付款388万元；如果7月30日交付土地时，金海公司与其他有关部门未办妥地块调整手续，为履行合同，双方同意将土地整块西移，保持临街面积150平方米和转让土地23.4亩面积不变。后来，甲市国土局因金海公司未依法交足土地出让金，依法将该地使用权证收回。广利公司对此不知情，后又多次找金海公司协调，无果，便向其发出《催地通知书》催要土地，金海公司对此未作答复。另外，补充协议对西移土地的四至亦未作具体约定，没有红线图，双方亦未到有关部门办理土地使用权变更登记手续，双方当事人对西移土地的四至指认不一，在履行中发生争议，经协议未能达成一致意见。

广利公司提起诉讼，请求判令金海公司返还其已付本金，赔偿利息损失62万余元，并终止协议履行。

【审理判析】

省高级法院经审理认为：金海公司与广利公司签订的转让甲市琵琶王新立交桥东南侧土地的合同和补充协议是合法有效的。广利公司守约支付了预付地价款，金

---

〔1〕“湖南岳阳广利置业有限公司诉湖南城陵矶开发区金海实业总公司土地使用权转让合同纠纷案”，载最高人民法院中国应用法学研究所编：《人民法院案例选》1995年第3辑（总第13辑），人民法院出版社1995年版，第71页。

海公司没有依约按期交付土地，应承担相应的违约责任。双方当事人签订的补充协议所约定的土地西移条款中，对西移土地的具体位置表述不明确，引起履行争议。对此，广利公司与金海公司都有一定责任。现双方当事人就原签订的转让土地合同和补充协议的履行问题，不能达成一致意见，广利公司提出终止双方签订的合同和补充协议，请求金海公司退还预付地价款并支付此款利息，是合理的，应予支持。金海公司应返还已取得的广利公司所预付的地价款及利息，广利公司也应自负部分利息损失。故判决金海公司与广利公司签订的转让土地合同和补充协议终止履行；金海公司返还388万元给广利公司，并偿付此款10‰的利息。

审判决后，金海公司不服，向最高法院提起上诉。最高法院经审理认为：在土地使用权转让合同中，金海公司对约定转让的一部分土地不享有使用权，非法转让了他人使用的土地，因此该合同无效。补充协议，对西移后土地的四至约定不明，没有红线图，并且没有依法办理土地使用权转让手续，故补充协议亦应无效。金海公司未依法交纳土地出让金，主管部门收回其土地使用权证，其已不再具备转让该幅土地的资格。金海公司对土地使用权转让合同和补充协议的无效，应承担主要责任；广利公司对合同内容审查不严，约定不明确，亦应承担一定责任。故判决撤销一审判决书第1项；双方当事人签订的土地使用权转让合同和补充协议无效；维持一审判决书第2项。

【法理研究】

本案两级法院虽然在判决由金海公司向广利公司返还预收款及偿付此款的利息上是一致的，但对合同效力的认定及所适用的法律却是不一致的。

一审法院所依据的事实，是双方所签订的合同，而且仅从形式上审查。既然法律允许土地使用权人转让土地使用权，双方又签订有转让使用权的合同，而且合同内容也无违法之处，故涉案合同及补充协议是合法有效的。合同依法成立的，即具有法律约束力，当事人必须全面履行合同规定的义务。如果案件事实仅是如此，一审法院的判决，应是无懈可击的。

但是，根据二审法院的认定，本案事实不尽如此。首先，金海公司向广利公司转让使用权的土地中，有部分土地的使用权系邮电局的，即金海公司将自己没有取得使用权的部分土地也予以转让，对这部分土地使用权的转让，应是无效的。其次，双方签订的补充协议中约定转让使用权的土地，又由13 500平方米增加至15 600平方米，而且对土地的四至约定不明，尤其是金海公司从国土局取得98 792平方米土地的使用权后，其一直未交纳土地出让金，致使国土局于1993年10月将土地使用权证收回。这就表明金海公司自始（有溯及力）不具有这块土地使用权的主体资格。因而其以这块土地的使用权为转让标的所签订的转让合同也自始无效。广利公司对合同无效是没有责任的，但其在与金海公司签订合同时，对合同内容审查不严，对纠纷的产生也有一定责任，自己应承担一定损失，即超出金海公司赔偿以外的部分损失由自己承担。所以，二审法院撤销一审法院判决第1项，维持第2项是合适的。

《城市房地产管理法》第39条规定："以出让方式取得土地使用权的，转让房地产时，应当符合下列条件：①按照出让合同约定已经支付全部土地使用权出让金，并取得土地使用权证书；②按照出让合同约定进行投资开发，属于房屋建设工程的，完成开发投资总额的百分之二十五以上，属于成片开发土地的，形成工业用地或者其他建设用地条件。转让房地产时房屋已经建成的，还应当持有房屋所有权证书。"以上可见，我国对建设用地使用权转让的限制较为严格。无论怎样转让建设用地使用权主体的权利义务不应改变。

甲分行诉海药开发公司未达一定开发程度的土地使用权转让合同无效案[1]

【案情简介】

经大正公司介绍，1994年11月，海药公司与原中国人民建设银行甲市办事处（经中国人民银行批准设立的具有独立核算权的经济组织）签订了土地使用权转让合同，约定：海药公司转让一地给甲市办事处，总价款为612万元；甲市办事处应在合同签订后15日内一次性付清，如不能按期履行，合同失效；海药公司收到全部土地价款后，将该地红线图、国有土地使用证书及政府批文原件交给甲市办事处，并须配合甲市办事处办理该地有关转让手续等。签订合同当日，海药公司就向甲市办事处出具了一张填写收款额为500万元，另一张为112万元的收款收据。此土地转让后，一直未被开发利用。1995年，建设银行撤销了甲市办事处，并决定由原告甲分行清理其债权债务。另查，原甲市办事处无法人资格，但有营业执照。1995年，县土地管理局刊登公告，决定收回该51亩土地。同年11月25日，海药公司向县土地管理局申请延长用地时间获准。

甲分行在清理原甲市办事处的债权债务中，以该办事处与海药公司进行的土地转让行为违反法律为由，向中级法院起诉。请求判令海药公司返还甲市办事处已付的全部土地转让款612万元，并赔偿利息损失118万元和负担本案诉讼费用等。

【审理判析】

中级法院经审理认为：甲市办事处不具有法人资格，海药公司受让土地后未投

[1] "建行恩施分行诉海南医药开发公司未达一定开发程度的土地使用权转让合同无效案"，载最高人民法院中国应用法学研究所编：《人民法院案例选》1999年第1辑（总第27辑），人民法院出版社1999年版，第66页。

入便转让土地，属炒买炒卖行为，违反了《城镇国有土地使用权出让和转让暂行条例》第19条第2款及《海南经济特区土地使用权有偿出让转让规定》第25条之规定，因此本案中的土地使用权转让合同无效。甲市办事处对合同无效，负有主要过错责任，鉴于其已被撤销，责任由甲分行承担。海药公司负次要过错责任。因此判决海药公司返还甲市分行土地使用权转让款612万元及其利息。甲市分行将该土地的国有土地使用证、红线图、政府批文等有关文件资料原件退还给海药公司。

海药公司不服，提出上诉。高级法院经审理认为：甲市办事处具有民事主体资格。甲市办事处与海药公司签订的土地使用权转让合同，是双方的真实意思表示，且合同内容又不违反法律规定，除土地使用权转让过户手续未办理外，其他合同约定的义务双方已履行完毕。鉴于本案和房地产市场的实际情况，该土地使用权转让合同应认定为有效，故双方须到土地管理部门依法办理土地使用权转让过户手续。甲分行的诉讼请求理由不能成立，不能支持。一审法院认定事实清楚，但适用法律错误，处理不当，应予以纠正。遂判决撤销一审民事判决，确认甲市办事处与海药公司签订的土地使用权转让合同有效，限甲市分行、海药公司到土地管理部门办理土地使用权转让登记手续，并按国家有关规定，承担相应的应付税费。

【法理研究】

本案涉及的问题是：甲市办事处与海药公司签订的土地使用权转让合同的效力的认定。

土地使用权转让合同的有效成立，一个必要条件就是，依《城镇国有土地使用权出让和转让暂行条例》第19条的规定，转让的土地已按土地使用权出让合同规定的期限和条件投资开发、利用，否则，转让方不得转让。这样的规定，正是为了防止以单纯的土地转让牟利的投机行为。但是，这又是一个不确定的法律概念，在理解和执行上会有程度上的差距。对此，《城市房地产管理法》第39条规定了一个较为具体的条件，可资参考。但由于本案转让行为发生在该法施行之前（该法于1995年1月1日起施行），按照最高人民法院1995年12月27日法发［1996］2号《关于审理房地产管理法施行前房地产开发经营案件若干问题的解答》第8条的规定，以出让方式取得土地使用权的土地使用者已取得土地使用证，“已投入一定资金，但尚未达到出让合同约定的期限和条件，与他人签订土地使用权转让合同，没有其他违法行为的，经有关主管部门认可，同意其转让的，可认定合同有效，责令当事人向有关主管部门补办土地使用权转让登记手续”。据此，对于投资开发应进行从宽认定。本案中，海药公司依法取得土地使用权后，进行了规划、勘察设计，支付了土地平整费用，应视为进行了一定的投资开发、利用，其签订的土地使用权转让合同有效。

2. 建设用地使用权的出租。我国长期以来只承认房屋租赁，禁止土地使用权出租。1988年《宪法修正案》不再禁止土地使用权出租，1990年国务院颁布的《城镇国有土地使用权出让和转让暂行条例》进一步明确规定土地使用权可以出租。《城镇国有土地使用权出让和转让暂行条例》第28条规定："土地使用权出租是指土地使用者作为出租人将土地使用权随同地上建筑物、其他附着物租赁给承租人使用，由承租人向出租人支付租金的行为。未按土地使用权出让合同规定的期限和条件投资开发、利用土地的，土地使用权不得出租。"可见，从我国现行立法来看，建设用地使用权出租的客体是建设用地使用权，而非土地，同时对建设用地使用权出租的客体是有限制的，即建设用地使用权人必须对土地进行投资、开发，达到一定条件才能出租建设用地使用权。建设用地使用权出租时，出租人与承租人应当订立书面租赁合同，出租人应依照规定办理建设用地使用权登记手续，并予以公示。租赁期限由当事人商定，但不得超过建设用使用权的剩余期限，租赁期满后，地上建筑物或其他附着物的处理应当适用租赁合同的一般原理。土地使用权出租后，出租人必须继续履行土地使用权的出让合同。

某街道办事处诉刘某租赁费收取案[1]

【案情简介】

1987年，被告刘某在甲市文明二路建造了一间简易棚用于经营。原告甲市某街道办事处于1990年3月至10月期间，向被告收取简易棚的占道费。1993年，原告根据市政府282号文件批复意见，在市文明二路兴建简易铁皮屋铺面房，被告刘某的上述简易棚同时改建成面积共80平方米、砖墙体铁皮顶结构的四间简易铺面，造价19638元。原、被告签订租赁合同，约定：原告将其出资在文明二路兴建的简易铁皮屋铺面第1~4号四间共80平方米出租给被告刘某承租使用经营，被告负责安排2名生活困难户就业，具体人员由原告提供；租期3年；月租金1000元；被告须交押金1000元，合同期届满后如数返还被告；承租的铺面水、电费由被告负担，被告如需对承租的铺面进行维修和内部装修等，须经原告同意，如需转租或转让，也需原告同意，并在双方签订的合同上签字盖章后才生效；被告对承租的铺面不得出卖、抵押、典当等，否则原告有权收回铺面并没收押金。合同签订后，被告向原告交付了押金1000元，并取得约定承租的铺面使用经营。

自1993年11月起至1995年7月间，被告均依合同约定向原告交纳了租金。

---

〔1〕"和平南路街道办事处诉刘不姑等临建铺面地段管辖变更后原租赁费收取案"，载最高人民法院中国应用法学研究所编：《人民法院案例选》1999年第1辑（总第27辑），人民法院出版社1999年版，第83页。

1995年7月，甲市政府重新划分各街道办事处管理范围，文明二路被划归第三人振东街道办事处管辖；与此同时，市振东区政府明文规定：各街道办事处管理范围调整后，被调整的居委会的财产所有权不变。1995年7月，第三人向被告发出通知，要求被告从1995年7月份起向其交纳铺面管理费，被告从1995年10月至1996年6月止，向第三人交纳占地费共计4700元。

原告多次向被告催缴租金未果，遂起诉，请求判令被告给付所欠租金，并解除租赁合同，责令被告搬出承租的四间铁皮屋铺面。

【审理判析】

一审法院经审理认为：原告以该铺面为其所建为由，要求被告交纳15 000元租金的诉讼请求，于法无据，不予支持。但被告自1995年8月1日至8月8日仍使用原告铺面，故被告应向原告交纳铺面租金267元。由于被告管理不善，致使原告的四间铁皮屋铺面被烧毁，被告因此应赔偿铁皮屋建造费19 638元给原告。基于原、被告订立的租赁合同已无法履行，故原告收取被告的合同押金1000元应以退还。

宣判后，原告某街道办事处不服，提出上诉。

二审法院经审理认为，上诉人虽与被上诉人签订了租赁合同，约定将上诉人出资兴建的铺面出租给被上诉人，但上诉人并无充分证据证实合同约定之铺面系其出资兴建。相反，租赁合同签订前，该位置的铺面却系被上诉人出资所建。租赁合同签订后，上诉人向被上诉人收取的是“管理费”，并非合同约定的“租金”。上诉人实际是对被上诉人占用自己辖区内的公用地收取行政性管理费用，故双方所签租赁合同并非真实意思表示，应确认为无效，不受法律保护。上诉人依该《租赁合同》要求被上诉人支付租金无理，本院不予支持。上诉人和第三人振东街道办事处在行政管理范围调整后，谁应继续向被上诉人收取铺面占道管理费，属行政管理调整，非法院审理范围。故判决撤销一审民事判决，驳回上诉人的诉讼请求。

【法理研究】

本案争议的焦点是原被告双方之间的关系是土地使用权出租关系还是行政管理关系。这一问题的解决，涉及对铺面性质的理解。

本案中的铺面，属于一种临时搭建的非永久性的建筑，不属于财产。①财产分为不动产和动产，作为不动产来说，一般应作产权管理登记。本案争议的简易铁皮屋根本无法占有。人民政府根据需要设立街道办事处来分段管理所辖区域，实际是对分管地段土地使用权的管理。任何不动产都是建立在土地使用权的基础上，没有土地使用权，就不能合法地在此基础上建立不动产，更不能占有不动产和拥有产权。本案的原告和第三人虽然是区政府下属的街道办事处，但只享有管理铺面的权利，并不拥有土地使用权，也就无法拥有简易铁皮屋铺面的所有权。况且，简易铁皮屋具有流动性、随意性大，可任意拆卸、搬迁的特点，不符合不动产的概念和特征。②类似本案中的简易铁皮屋铺面，它并不是建立在城市规划许可范围之内的建筑，是管理者为了服务市民，便于某些经营需要，从实际情况出发，而临时搭建设立或允许他人自行设立的建筑，管理者可以向使用人或经营者收取一定的费用。这类铺面不具有不动产的特征，但它又不可能脱离土地使用权而独立存在，因为离开了这个基础，铺面就变成几块铁皮，无法发挥作为一间铺面的作用和使用价值，所以这类铺面应视为不属于动产。

根据上述分析，原告不享有铺面所占土地的使用权，只享有管理权，其无权出租土地。因此，被告对铺面所占土地的使用，不是土地使用权意义上的使用。原被告之间不能成立土地使用权出租关系，因而收取的不是合同租金而只能是行政管理费。

3. 建设用地使用权的抵押。建设用地使用权的抵押是指抵押人以建设用地使用权向抵押权人提供债务履行担保的行为，债务人不履行债务时，抵押权人有权依法从抵押的建设用地使用权拍卖所得价款中优先受偿。

（1）建设用地使用权抵押的客体是建设用地使用权。以出让方式取得的建设用地使用权可以抵押，但以划拨方式取得的建设用地使用权只有在办理了出让手续后，才可以设定抵押。

（2）建设用地使用权的抵押必须订立书面合同。抵押合同订立后还必须在土地登记部门办理抵押登记手续，抵押权才得以设立。

（3）“房随地走”和“地随房走”。以建筑物抵押的，该建筑物占用范围内的建设用地使用权一并抵押。以建设用地使用权抵押的，该土地上的建筑物一并抵押。抵押人未依照前述规定一并抵押的，未抵押的财产视为一并抵押。建设用地使用权抵押后，该土地上新增的建筑物不属于抵押财产。

甲公司因代偿债务申请执行抵押的土地使用权案[1]

【案情简介】

1999年，丙公司、乙公司和甲公司分别与某银行分行等单位签订了代偿债务协议，由甲公司代为偿还丙公司债务，乙公司将一土地使用权抵押给甲公司。签订一

〔1〕“三江公司因代银河公司等偿还债务申请执行经公证赋予强制执行效力的以土地使用权抵押到期不偿还债务直接抵偿土地使用权的协议案”，载张东伟：《建设用地使用权法律适用与疑难释解》，中国法制出版社2008年版，第315页。

份关于代偿债务和土地使用权抵押协议，协议载明：甲公司愿意在现行土地评估价格25万元/亩的标准下，于12月20日前代为偿还丙公司所欠四家金融机构的债务，同时取得乙公司的147.3亩土地使用权的抵押权。丙公司还承诺，在甲公司代偿债务、取得土地抵押权一个月内，一次性偿还甲公司代偿的债务；如丙公司未按期限、金额偿还上述款项，甲公司有权依法对抵押的土地使用权进行转让处置，依法取得该土地的使用权证，进行开发建设。同时约定，上述协议由公证处公证，赋予协议强制执行效力。此后——当事人办理了土地使用权抵押登记手续。

由于丙公司未能按三方协议在甲公司代偿还债务后按期偿还甲公司的债务，甲公司持有强制执行效力的债权文书公证书向市中级法院申请强制执行。市中级法院作出民事裁定书，将属乙公司的土地使用权抵债给甲公司，以偿还所欠全部债务。后市中级法院作出民事裁定撤销了先前的民事裁定书。甲公司和乙公司不服，向省高院提出申诉。

【审理判析】

省高级法院经审理认为：市中级法院执行的以乙公司为被执行人的执行依据——公证文书的内容不属于法院强制执行的范围，人民法院应不予执行。当事人之间的债务纠纷可依据《民事诉讼法》的规定，向有管辖权的法院起诉，通过诉讼程序解决。

【法理研究】

本案涉及的法律问题是抵押权人甲公司可否直接取得被抵押的土地使用权？

抵押不等于抵偿。《担保法》第40条规定：“订立抵押合同时，抵押权人和抵押人在合同中不得约定在债务履行期届满抵押权人未受清偿时，抵押物的所有权转移为债权人所有。”《物权法》第195条规定：“债务人不履行到期债务或者发生当事人约定的实现抵押权的情形，抵押权人可以与抵押人协议以抵押财产折价或者以拍卖、变卖该抵押财产所得的价款优先受偿。协议损害其他债权人利益的，其他债权人可以在知道或者应当知道撤销事由之日起一年内请求人民法院撤销该协议。抵押权人与抵押人未就抵押权实现方式达成协议的，抵押权人可以请求人民法院拍卖、变卖抵押财产。抵押财产折价或者变卖的，应当参照市场价格。”据此，法律禁止“流质契约”，抵押权人实现抵押权时，虽然可以协议将抵押物折价，但是不得损害其他债权人的利益，当事人协议不成时，要请求人民法院拍卖、变卖抵押财产，且折价或变卖要参照市场价格。本案中，原、被告双方虽然依法设立了土地使用权的抵押，但是当事人直接以土地使用权抵偿债务，违反法律规定，因此不予支持。

（三）建设用地使用权的消灭

建设用地使用权除因物权的一般原因而消灭外，还因下列特殊原因而消灭。

1. 建设用地使用权期限届满未续期。一般情况下，建设用地使用权期限届满，建设用地使用权消灭。但是，建设用地使用权作为我国特有的一种用益物权，于期限届满时并不当然发生权利消灭的后果。

《物权法》第149条规定："住宅建设用地使用权期间届满的，自动续期。非住宅建设用地使用权期间届满后的续期，依照法律规定办理。该土地上的房屋及其他不动产的归属，有约定的，按照约定；没有约定或者约定不明确的，依照法律、行政法规的规定办理。"这一规定意味着住宅建设用地使用权期间届满，权利人不必提出续期申请，权利自动续期，登记部门应自行更改登记事项。如果是非住宅用地，在其使用期间届满时，该建设用地使用人应当主动提出续期的申请。续期是否被批准，依相关法律规定。需要注意的是，因为划拨取得的建设用地使用权是没有期限的，不存在期限届满的问题，因此，使用期限届满只是通过出让方式取得的建设用地使用权消灭的原因。

土地管理局要求使用人退回建设用地案[1]

【案情简介】

1992年，某市一区土地管理局将位于该市某地段大约10 500平方米的土地批给甲单位临时使用，使用期为2年。甲单位获得该块用地的使用权后，转让给了乙公司。乙公司遂在该块用地上兴建了一些建筑物。1994年，土地使用权到期前，当事人也未到土地管理局办理延期手续。土地局遂于该土地使用权到期后责令使用权人退回该块土地。

【审理判析】

本案发生在《物权法》颁行之前，因此，土地管理局依据《城市房地产管理法》和《城镇国有土地使用权出让和转让暂行条例》的相关规定，将该土地使用权收回，并将乙单位在该块土地上兴建的建筑物无偿收归国有。

【法理研究】

本案的焦点在于建设用地使用权人期满未续期的法律后果。

---

〔1〕"土地管理局要求使用人退回建设用地案"，载广东省高级人民法院编：《人民法院裁判文书选》（2000年卷），法律出版社2003年版，第338页。

在本案中，建设用地使用权人获得土地使用权后，可以在规定期限内对该块用地占有、使用、收益。如果在建设用地使用权的期限届满后，建设用地使用权人需要继续使用土地的，应当在期限届满前申请续期。但由于本案中建设用地使用权人未在规定期限内申请延期，且该土地非住宅建设用地。所以，土地局依照相关法律收回了该块土地的使用权，并将乙单位在该块土地上兴建的建筑物无偿收归国有的处理是正确的。

但实践证明，上述立法对于建设用地使用权人的利益保护是不周的。一方面，建设用地使用权的流转频繁，因期间届满而无偿收回的制度将现实侵害建设用地使用权受让人的合法财产权。如房地产开发商因出让而取得建设用地使用权，在其将土地上的建筑物及其附着物出售后，由建筑物买受人取得建筑物所有权。如果国家在建设用地使用权期间届满时将该土地上的建筑物无偿收回，将导致买受人丧失建筑物的所有权，特别是当这些建筑物作为自然人的住宅时，这种无偿收回的做法将严重侵害自然人的财产权；如果买受人选择申请续期，则还须支付土地出让金，对于已经支付过建筑物对价的买受人而言，极其不公平。另一方面，无偿收回制度使得建设用地使用权人在临近权利到期时，通常不会继续向该土地投入，甚至也不会进行维修管理方面的投资，导致国家无偿收回的建筑物很可能丧失了原有的经济价值，造成资源的浪费。基于此，《物权法》第149条进行了修正，体现了法律保护私人财产权的精神。

2. 建设用地使用权的提前收回。建设用地使用权可因提前收回而消灭。《物权法》第148条规定："建设用地使用权期间届满前，因公共利益需要提前收回该土地的，应当依照本法第42条的规定对该土地上的房屋及其他不动产给予补偿，并退还相应的出让金。"可见，这种提前收回必须是为了满足公共利益的需要，而且必须给被收回人予以合理补偿。《城市房地产管理法》第26条规定："以出让方式取得土地使用权进行房地产开发的，必须按照土地使用权出让合同约定的土地用途、动工开发期限开发土地。超过出让合同约定的动工开发日期满1年未动工开发的，可以征收相当于土地使用权出让金百分之二十以下的土地闲置费；满2年未动工开发的，可以无偿收回土地使用权；但是，因不可抗力或者政府、政府有关部门的行为或者动工开发必需的前期工作造成动工开发迟延的除外。"

3. 建设用地使用权因土地灭失而消灭。如土地因地震、洪水等自然灾害而灭失，若为全部灭失，则建设用地使用权全部消灭，若为部分灭失，则为建设用地使用权变更。

依照《物权法》的规定，建设用地使用权消灭后权利人应当及时申请办理注销登记，并由登记机关收回权利证书。

4. 建设用地使用权合同的解除。建设用地使用权的取得需要签订建设用地使用权出让合同，因此，因一定事由解除出让合同后，建设用地使用权消灭。

甲公司诉土地局出让合同解除后不退还出让金案[1]

【案情简介】

原告甲公司与被告土地局自愿签订了国有土地使用权出让合同，约定：土地局将某一国有土地使用权出让给甲公司用于商业建设。合同签订后30日内，甲公司先向土地局交付土地使用权出让金总额的15%作为合同定金，60日内付清全部土地使用权出让金。甲公司如逾期30日仍未付清全部土地使用权出让金，土地局有权解除合同，并可请求赔偿。甲公司付清全部土地使用权出让金后的5日内，依照规定办理了土地使用权登记手续，领取《国有土地使用证》，取得土地使用权。之后，原告给付400万元，含定金和土地使用权出让金。甲公司请求将未付的土地使用权出让金延缓至1994年4月1日付清。土地局同意，并给甲公司核发了加盖“市人民政府”和“市土地管理局”印章的《国有土地使用证》。但是，甲公司并未于4月1日付清尚欠的土地使用权出让金。经多次催促，甲公司仍未履行。土地局发出书面通知，限其必须于9月30日以前履行全部付款义务。甲公司接到书面通知后，曾承诺9月底前履行全部义务，但仍未履行。土地局决定解除合同，收回土地使用权，对所发土地使用证注销登记，定金和土地使用权出让金不予退还。甲公司提起诉讼。

【审理判析】

一审法院经审理认为：土地局与甲公司在土地使用权出让合同中约定，以土地使用权出让金总额的15%作为合同定金，该条款成立，应当对双方当事人发生法律效力。

甲公司在合同约定的期限内没有交清土地使用权出让金，是不履行合同债务的行为，无权要求返回定金。至于甲公司已交纳的部分土地使用权出让金，《城镇国有土地使用权出让和转让暂行条例》并没有“不予退还”的规定，土地局没收这部分资金，于法无据。甲公司诉请土地局赔偿占用这部分资金期间的银行利息，因甲公司违约在先，故不予支持。据此，判决，被告土地局退还原告甲公司土地使用权出让金。

被告土地局不服，提起上诉。二审法院判决驳回上诉，维持原判。

---

〔1〕“泰丰公司诉大同市土地管理局土地使用权出让合同解除后不退还已付的出让金要求退还案”，载最高人民法院中国应用法学研究所编：《人民法院案例选》2000年第1辑（总第31辑），人民法院出版社2000年版，第103页。

【法理研究】

本案涉及的问题是出让合同解除后的责任问题。

我国《城镇国有土地使用权出让和转让暂行条例》第11条规定："土地使用权出让合同应当按照平等、自愿、有偿的原则，由市、县人民政府土地管理部门（以下简称出让方）与土地使用者签订。"第14条规定："土地使用者应当在签订土地使用权出让合同后六十日内，支付全部土地使用权出让金。逾期未全部支付的，出让方有权解除合同，并可请求违约赔偿。"据此，土地使用权出让合同的出让方与受让方之间，是平等的民事关系。被告土地局与原告甲公司签订的土地使用权出让合同，符合平等、自愿、等价有偿的原则，是有效的。此外，土地局在甲公司未按规定缴纳土地使用权出让金时，有权解除合同，并要求其承担违约责任。

本案中，甲公司和土地局约定了定金，因此，甲公司违约后，土地局有权依据定金罚则，不予返还。土地局因甲公司的违约行为而依法不予退还的合同定金，既有惩罚甲公司违约行为的作用，也有弥补土地局损失的作用。土地局未能举证证明该局的损失已经超过所收取的合同定金，其所辩称的不退还土地使用权出让金，是要以此款赔偿甲公司造成的损失，理由不能成立。此外，根据《合同法》第97条的规定，合同解除后，甲公司已支付的部分出让金，应予返还，甲公司享有的建设用地使用权消灭。

三、建设用地使用权的效力

（一）建设用地使用权人的权利

1. 建设用地使用权人的土地使用权。建设用地使用权人在合同约定的范围内，有使用他人土地的权利。土地所有人负有不得妨碍建设用地使用权人使用其土地的消极义务。建设用地使用权人利用土地的圆满状态受到妨害时，便可依妨害形态的不同，而分别行使基于建设用地使用权的物上请求权。建设用地使用权是对土地加以利用的权利，故相邻的建设用地使用权人间、建设用地使用权人与土地所有人间以及建设用地使用权人与土地租赁权人间，均应适用相邻关系的规定。

2. 建设用地使用权的处分。依照《物权法》规定，建设用地使用权人有权将建设用地使用权转让、互换、出资、赠与或者抵押，但法律另有规定的除外。同时建设用地使用权转让、互换、出资、或者赠与的，附着于该土地上的建筑物、构筑物及其附属设施一并处分。

（二）建设用地使用权人的义务

建设用地使用权人的义务包括：①缴纳土地使用费的义务。除以划拨方式无偿取得建设用地使用权外，建设用地使用权的取得都必须缴纳出让金或土地使用费。②合理使用土地的义务。建设用地使用权人应当按照法律的规定和合同的约定，合理开发、利用、经营土地，不得违反土地的使用用途，不得闲置土地，不得擅自变更土地的用途。建设用地使用权人未按合同的期限和条件开发利用土地的，建设用地使用权人也不得转让建设用地使用权。③返还土地的义务。在建设用地使用权消灭时，建设用地使用权人应当将土地返还给土地所有人。

第三节　宅基地使用权

一、宅基地使用权概述

宅基地是指农民依法取得的用于建造住宅及其生活附属设施的集体建设用地。根据《物权法》第152条的规定，宅基地使用权是指农村集体经济组织成员在集体所有土地上建造房屋和附属设施，并进行居住和使用的权利。宅基地使用权是我国特有的一种用益物权，是为了保障农民基本生活需要而实施的一项带有社会福利和社会保障性质的制度。

陈某诉村七组收回划给其使用的宅基地侵权案[1]

【案情简介】

陈某原系甲地区乙县人，于1971年来丙县境内做小生意，因无处居住，与被告村七组达成协议，由其给陈某解决一处宅基地，陈某支付给村七组2600元青苗赔偿费。村七组划给陈的宅基地属于可耕地，陈在该处宅基上建房居住，并在此做个体经营。但陈一直未取得该处宅基地的合法使用证。1994年，村七组为收回该处宅基地，在未经有关部门批准的情况下，组织七组村民，由郭某带领，驾驶拖拉机，将陈某经营的所有商品非法扣押，并把陈某居住的房屋全部拆除。陈某向丙县法院起诉，要求法院维护自己对宅基地的使用权，并要求被告赔偿其全部损失。

【审理判析】

丙县法院经审理认为：陈某所诉宅基地使用权，因其未取得宅基地使用权证，此问题应由行政部门处理，不属法院管辖范围。陈某要求返还物品赔偿损失，村七组愿意将现有物品返还，但陈拒收。因此，陈的该项请求只有待宅基地使用权确定后再另案处理，于是裁定驳回起诉。

陈某不服，提起上诉。市中级法院经审理认为：陈某所诉宅基地使用权，没有政府部门颁发的使用证，所提供的土地转让协议从实质上和形式上都不合法，其确

[1] “陈雪诉樱桃郭村七组收回划给其使用的宅基地侵犯宅基地使用权和侵犯财产所有权纠纷案”，载最高人民法院中国应用法学研究所编：《人民法院案例选》1996年第1辑（总第15辑），人民法院出版社1996年版，第101页。

认宅基地使用权的请求，依法不应维护。但陈的房屋和所经营的商品是个人的合法财产，任何组织和个人非经法定程序，不得擅自处理。村七组非法扣押陈某财物，拆除房屋，属于侵权行为，陈某请求返还财物，赔偿损失，应予以支持。原审驳回起诉错误，应从实体上进行判决。经二审法院主持调解，双方当事人自愿达成协议，陈某自愿放弃所诉宅基地使用权；村七组完好返还给陈某房料和商品，并一次性补偿陈某500元。

【法理研究】

本案的焦点问题是原告陈某是否享有宅基地使用权。

原告虽然认为其享有宅基地使用权，但因其不能提供合法的权利依据，即其没有宅基地使用权证，而且在当时历史条件下，村七组也不是划拨耕地作宅基地使用的权利主体，故其该项主张没有法律依据，是属无实体权利支持的诉讼请求。对此，应从实体上作驳回诉讼请求的处理，而不是从程序上以驳回起诉处理。如果原、被告双方都持有该块宅基地使用权的合法依据，双方所发生的争议即为宅基地使用权权属争议，这种权属争议依法应由政府主管部门处理，对原告的起诉即应作驳回起诉的处理。一审法院将该项之诉认定为权属争议，故其驳回起诉就是错误的。二审法院对本案的正确处理，是从实体上作出判决，即驳回原告的第一项诉讼请求，支持第二项诉讼请求。

宅基地使用权的特征有以下几点：

（一）权利客体具有特定性

宅基地使用权存在于集体所有的土地之上，是一种长期的使用权，但并非永久的，国家因公共利益需要征地、村镇规划需要改变土地用途等情况时，可以对宅基地使用权进行调整，但对造成的损失应给予合理补偿。农民新建住宅应优先利用村内空闲地、闲置宅基地和未利用地，凡村内有空闲宅基地未利用的，不得批准新增建设用地。鼓励通过改造原有住宅的方式，解决新增住房用地。

黎某不服甲县土地局对其租地建房行政处罚决定案[1]

【案情简介】

1990年，原告黎某与甲县太石村经济合作社签订了一份土地出租合同，约定：

---

〔1〕“黎德胜不服广东省番禺县土地管理局对其租地建房行政处罚决定案”，载最高人民法院中国应用法学研究所编：《人民法院案例选》1993年第2辑（总第4辑），人民法院出版社1993年版，第196页。

太石村出租一块土地给原告黎某长期使用，原告黎某一次性给付太石村115935元，黎某可在该土地上搞种植业、建厂房和住宅；但建厂房、住宅等，须经土地管理部门批准。其后黎某未经土地管理部门批准，即动工兴建住宅。在建筑过程中，有关机关工作人员多次劝阻，黎某仍继续施工，建筑工程于1990年10月竣工，共计建有住宅楼两幢及厨房等建筑物。经测量，其所建住宅非法占地4969平方米。

1991年，县土地局认定黎某未经批准非法占地建住宅，对其作出如下行政处罚决定：①责令黎某退还非法占用的土地。②没收黎某在非法占地上建筑的整座住宅及其上的装饰、衬砌物等，上缴国库。③在此被没收住宅内居住的所有人员，必须在接到本处罚决定书之日起15天内无条件全部迁出，迁出时，只能搬走属于住户所用的家具、日用品等，不得拆走本属于建筑物、构筑物的附着部分。黎某必须负责如期把该座住宅完整无损地交给县财政局。任何人对该座住宅有任何损坏、损伤行为，将依法追究其破坏国家财产的法律责任。

黎某不服土地局的处罚决定，遂起诉。

【审理判析】

一、二审法院经审理认定，黎某未经批准非法大量占用土地建住宅，虽经有关人员阻止，仍继续施工，严重违反了《土地管理法》和所在省土地管理实施办法的有关规定，判决维持了被告甲县土地局的行政处罚决定。

【法理研究】

本案的焦点在于原告黎某是否取得了在甲县太石村经济合作社这一集体经济组织的土地上建筑房屋的权利，即是否取得了宅基地使用权。

《物权法》第153条规定："宅基地使用权的取得、行使和转让，适用土地管理法等法律和国家有关规定。"《土地管理法》第62条第1款规定："农村村民一户只能拥有一处宅基地，其宅基地的面积不得超过省、自治区、直辖市规定的标准。"第3款规定："农村村民住宅用地，经乡（镇）人民政府审核，由县级人民政府批准；其中，涉及占用农用地的，依照本法第44条的规定办理审批手续。"据此，法律将宅基地使用权作为农村集体经济组织成员的一种福利和保障，只有本集体经济组织成员才能享有无偿使用宅基地的权利。非本集体经济组织成员不得通过购买、租赁等方式取得宅基地使用权。而且宅基地面积受到限制，宅基地用地必须经过县级政府批准。

本案中，太石村经济合作社虽系争议土地的合法所有人，可就集体内部有关土地问题进行决定，但其无权对土地任意处分，不得违反国家有关土地管理的禁止性规定。原告虽与合作社订立了土地租赁合同，并支付了土地使用费，却因未取得本村居民的身份，而不能取得宅基地使用权。原告直接租用合作社的土地，并进行大规模住宅建设，显然超出了法律关于村民宅基地使用面积的限制性标准。此外，原告住宅建设用地未经过批准，明显违法。因此，原告不享有宅基地使用权。

（二）权利主体具有特定性

土地的有限性决定了集体经济组织以外的人员一般不能申请宅基地。所以，宅基地通常是与集体经济组织的成员权联系在一起的。依我国现行立法来看，宅基地使用权的主体限定为农村居民，城镇居民不能在农村建房、购房、对集体土地享有宅基地使用权，城镇居民房屋的地基土地使用权归属于建设用地使用权范畴。对城镇居民在农村购买和违法建造住宅而申请宅基地使用权登记的，不予受理。

曾某等诉乡政府不履行法定职责案〔1〕

【案情简介】

曾某、李甲、李乙系某乡大桥村大同组村民。1986 年曾某与城市居民李某结婚后，其户口未能迁入市区，但其原分责任田于 1987 年被村组收回。女儿李甲、儿子李乙出生后户口也随母落在大桥村大同组，但一直没有分到责任田。1991 年李某死亡，曾某母子即回户籍地居住，并多次向村委会要求分配责任田，但村委会均以其外嫁他村为由拒绝分配。1986 年 8 月，大同组为甲方、曾某为乙方，大桥村村委会为见证方签订了一份建房协议，该协议约定：乙方一家不得享受村组一切待遇（如不分田、土，不分村组征收费等），房子所有权归乙方；乙方一家必须履行缴纳税费的义务；乙方一次性上交村委会土地管理费（建房、占地补偿费）2000 元。曾某经本组所有农户在其建房申请书上签字同意并向村委会交纳 2000 元后，对其祖屋进行了原基改建。

自 1997 年以来，曾某多次要求乡政府就其与大桥村委会之间的土地使用权（包括承包责任田和使用宅基地）纠纷进行处理，但乡政府与大桥村委会和大同组协商无果后一直未作处理。

曾某母子三人向法院提起行政诉讼，请求法院判令被告乡政府就原告与大桥村村委会的土地使用权争议，大桥村村委会不予分田给三原告所造成的损失及违法收取"建房土地补偿费"等作出行政裁决。

---

〔1〕"曾菊英等诉长沙市雨花区黎托乡人民政府不履行法定职责案"，载最高人民法院中国应用法学研究所编：《人民法院案例选》2001 年第 3 辑（总第 37 辑），人民法院出版社 2002 年版，第 403 页。

【审理判析】

法院经审理认为：三原告作为大桥村大同组村民，依法应享有责任田、口粮田和宅基地使用权。按照《土地管理法》第16条的规定，三原告与大桥村大同组的土地使用权争议，应由乡政府或县级以上人民政府处理。因此，原告要求被告乡政府作出裁决是合法的，被告对该争议进行处理，不属于干预村民自治；被告不予处理是不履行法定职责。故判决：被告乡政府就三原告与大桥村村委会、大同组的土地使用权纠纷作出处理决定，驳回原告其他诉讼请求。

【法理研究】

本案涉及的主要问题是：三原告是否能够取得大桥村大同组的土地承包经营权和宅基地使用权。

《农村土地承包法》第30条规定："承包期内，妇女结婚，在新居住地未取得承包地的，发包方不得收回其原承包地……"《妇女权益保障法》第32条规定："妇女在农村土地承包经营、集体经济组织收益分配、土地征收或者征用补偿费使用以及宅基地使用等方面，享有与男子平等的权利。"第33条第1款规定："任何组织和个人不得以妇女未婚、结婚、离婚、丧偶等为由，侵害妇女在农村集体经济组织中的各项权益。"另外，根据《土地管理法》第62条的规定，农村村民有权利取得宅基地使用权。

本案中，原告曾某虽然与城市居民李某结婚，但是其户口并未迁入城市，其仍是大桥村村委会大同组的村民，因此，其与其他村民一样，享有农村集体经济组织中的各项权益，村委会和村组不得无故剥夺。原告与村组之间的承包权和宅基地使用权的争议，是集体所有的土地使用权争议，因此，依据《土地管理法》第16条关于"土地所有权和使用权争议，由当事人协商解决；协商不成的，由人民政府处理；个人之间、个人与单位之间的争议，由乡级人民政府或者县级以上人民政府处理"的规定，乡政府应依职责进行处理。

（三）目的具有特定性

根据《土地管理法》和国家的有关规定，土地的用途必须符合国家对土地用途的管制。依据现行法律规定，宅基地的用途只能用作农村村民建造住宅及其附属设施。严格落实"一户一宅"的规定，"一户一宅"是指农村居民一户只能申请一处符合规定面积标准的宅基地。各地要结合本地资源状况，按照节约集约用地的原则，严格确定宅基地面积标准。除继承外，农村村民一户申请第二宗宅基地使用权登记的，不予受理。

（四）权利取得具有无偿性

宅基地使用权是一种带有社会福利性质的权利，是农民的安身之本。作为集体成员的农民可以无偿取得和无偿使用宅基地。正因为宅基地使用权具有福利性质，我国现行法律禁止宅基地使用权的流转，权利人不得就其宅基地使用权单独以转让、出租、赠与或者设定抵押等方式进行处分。但是，国土资源部《关于进一步完善农村宅基地管理制度切实维护农民权益的通知》规定："经济条件较好、土地资源供求矛盾突出的地方，允许村自治组织对新申请宅基地的住户开展宅基地有偿使用试点。试点方案由村自治组织通过村民会议讨论提出，经市、县国土资源管理部门审核报省级国土资源管理部门批准实施，接受监督管理。"

二、宅基地使用权的变动

（一）宅基地使用权的取得

从现行法律规定来看，宅基地使用权的取得采取申请——审批的方式，其程序大致包括三个步骤，即使用权申请、土地所有人同意、行政审批。《土地管理法》第62条明确规定了农村居民宅基地使用权取得的具体要求："农村村民一户只能拥有一处宅基地，其宅基地的面积不得超过省、自治区、直辖市规定的标准。农村村民建住宅，应当符合乡（镇）土地利用总体规划，并尽量使用原有的宅基地和村内空闲地。农村村民住宅用地，经乡（镇）人民政府审核，由县级人民政府批准；其中，涉及占用农用地的，依照本法第44条的规定办理审批手续。农村村民出卖、出租住房后，再申请宅基地的，不予批准。"

宅基地审批应坚持实施"三到场"原则。接到宅基地用地申请后，乡（镇）国土资源所或县（市）国土资源管理部门要组织人员到实地审查申请人是否符合条件、拟用地是否符合规划和地类等。宅基地经依法批准后，要到实地丈量批放宅基地，明确建设时间并受理农民宅基地登记申请。村民住宅建成后，要到实地检查是否按照批准的面积和要求使用土地，符合规定的方可办理土地登记，发放集体建设用地使用权证。

甲居委会一组诉本组村民尹女等给付土地补偿费案[1]

【案情简介】

被告尹女原本是原告甲居委会一组村民，1998年12月与乙镇的李男结婚，婚后两人均未办理户口迁移手续，仍居住在甲居委会，并独立门户。1999年8月，尹女

〔1〕"北岗居委会一组诉本组村民尹桂香等应按双方签订的建房用地、征地协议给付土地补偿费案"，载最高人民法院中国应用法学研究所编：《人民法院案例选》2003年第1辑（总第43辑），人民法院出版社2003年版，第93页。

要求建房，与甲一组签订了一份《建房用地、征地协议书》，约定：①甲一组同意将土地0.2亩从2000年1月起由尹女长期使用；②尹女按每亩15000元的标准一次性补偿给甲一组土地费3000元，尹女建房占用土地所应承担的农业税、上交提留等一切费用一律由甲一组负责。

此后，二被告为办理建房的审批手续，按规定向国土管理部门交纳了“一书一证”工本费18元、耕地开垦费1500元。但尹女拒绝按“协议”向甲一组交纳3000元的土地补偿费。经多次催讨，李男、尹女在当年10月11日向甲一组出具欠条一张，言明欠“建房占地补偿费”3000元。之后，尹女、李男未付款。

甲一组遂向法院提起诉讼。

【审理判析】

县法院认为：甲一组与二被告所签《建房用地、征地协议书》合法有效，在此基础上被告李男给甲一组亲笔书写的欠条相应有效，二被告应及时偿还此款。原告甲一组的诉讼请求合理，依法应予支持。但二被告已付给第三人甲居委会的土地补偿费1020元应抵减二被告的欠款。据此，依法判决被告尹女、李男偿付原告甲一组欠款1980元，第三人甲居委会返还原告甲一组土地补偿费1020元。被告尹女不服，提起上诉。

市中院经审理认为：按照《土地管理法》的有关规定，农村村民在本集体经济组织所有的土地上建造住宅，只需办理用地审批手续，无需办理征用手续。本案中，甲一组与尹女签订征地协议没有法律依据，甲一组要求收取土地补偿费，于法无据。原判认定事实清楚，但适用法律错误，应予以改判。上诉人上诉理由成立，应予以支持。依法判决撤销县法院一审民事判决；驳回原审原告甲一组的诉讼请求。

【法理研究】

本案涉及的问题是尹女是否能够取得甲居委会一组的宅基地使用权。

我国《土地管理法》第43条规定：“任何单位和个人进行建设，需要使用土地的，必须依法申请使用国有土地；但是，兴办乡镇企业和村民建设住宅经依法批准使用本集体经济组织农民集体所有的土地的，或者乡（镇）村公共设施和公益事业建设经依法批准使用农民集体所有的土地的除外。”该法第59条规定：“乡镇企业、乡（镇）村公共设施、公益事业、农村村民住宅等乡（镇）村建设，应当按照村庄和集镇规范，合理布局，综合开发，配套建设；建设用地，应当符合乡（镇）土地利用总体规划和土地利用年度计划，并依照本法第44、第60、第61、第62条的规定办理审批手续。”第62条规定：“农村村民一户只能拥有一处宅基地，其宅基地的面积不得超过省、自治区、直辖市规定的标准。……农村村民住宅用地，经乡（镇）

人民政府审核，由县级人民政府批准；其中涉及占用农用地的，依照本法第44条的规定办理审批手续……”

根据上述法律规定，村民建造住宅可以使用本集体经济组织的土地。尹女虽然结婚，但是并未办理户口迁移手续，仍居住在甲居委会，因此，其就有权无偿取得甲居委会所有的土地上的宅基地使用权，双方签订的《建房用地、征地协议书》无法律根据，甲居委会亦不能据此要求尹女支付土地使用费。

（二）宅基地使用权的流转

目前，我国农村社会保障体系尚未全面建立，宅基地是农民的基本生活资料，而且农民一户只有一处宅基地，一旦失去住房及其宅基地，农民将会丧失基本生存条件，影响社会稳定。我国《土地管理法》第62条第4款规定：“农村村民出卖、出租住房后，再申请宅基地的，不予批准。”国土资源部《关于加强农村宅基地管理的意见》规定：“农村村民将原有住房出卖、出租或赠与他人后，再申请宅基地的，不得批准。”根据《物权法》第184条的规定，宅基地不得抵押，但法律规定可以抵押的除外。

宅基地使用权的转让是有条件限制的，根据现行法律和国家有关规定，转让宅基地使用权，必须同时具备以下条件：①转让人拥有两处以上的农村住宅（含宅基地使用权）；②转让人与受让人为同一集体经济组织内部的成员；③受让人没有住宅和宅基地使用权，而且符合宅基地使用权分配条件；④转让行为须征得本经济组织同意；⑤宅基地使用权不得单独转让，必须与合法建造的住宅一并转让。

小产权的苦恼：走进北京宋庄画家村〔1〕

【媒体报道】

城镇居民冒险到农村购买宅基地、农民住宅或村集体建设的房屋，拿不到国家发的产权证，被称为“小产权房”。北京市通州区宋庄镇小堡村，因许多画家聚居而得名“画家村”。2002年，画家李某购买了宋庄镇辛店村村民马某的父亲留下的一套院落，后花费十几万元把院子进行整修和布置。在李某提供的大红“土地房屋使用证”上，“变更记事”一栏写着：“马某于2002年7月1日将上房5间、厢房3间出售给李某使用”（后李某加盖3间厢房）。此外，还盖有辛店村村委会的大红印章。画家李某购买的就是所谓的“小产权房”。我国《土地管理法》规定，我国实行土地的社会主义公有制，即全民所有制和劳动群众集体所有制。城市市区的土地属于国

〔1〕参见“小产权的苦恼：走进北京宋庄画家村”，有删减，载法制网 http：//www. legaldaily. com. cn/jdwt/content/2008 -03/13/content_ 814690. htm，登录时间2010年3月19日。

家所有。农村和城市郊区的土地，除由法律规定属于国家所有的以外，属于农民集体所有；宅基地和自留地、自留山，属于农民集体所有。农民集体所有的土地的使用权不得出让、转让或者出租用于非农业建设。这些规定城市居民去农村买房成了奢望。然而，高价的城市房和低廉的农民房之间的价格落差，使很多城市居民冒着政策风险在农村购置了房产。

看到自己卖过的房子飞速升值，很多农民不甘心。原房主马某以原价收回住房遭到拒绝后，即向法院提起诉讼，要求撤销合同、收回房子。2007 年 7 月，通州法院判决：李某在判决生效 90 天内腾退房屋。卖主马某要给付李某补偿款。12 月 17 日上午，北京市二中院终审判决，亦认定购房买卖合同无效，维持原判。

【法理研究】

本案的焦点是马某与李某之间的房屋买卖合同是否有效。

对于农民的住房是否可以出卖给非农村居民，《土地管理法》等法律没有明确规定。不过，1999 年国务院办公厅《关于加强土地转让管理严禁炒卖土地的通知》规定："农民的住宅不得向城市居民出售，也不得批准城市居民占用农民集体土地建住宅，有关部门不得为违法建造和购买的住宅发放土地使用证和房产证。"2004 年《国务院关于深化改革严格土地管理的决定》规定："改革和完善宅基地审批制度，加强农村宅基地管理，禁止城镇居民在农村购置宅基地。"

宅基地使用权是农村集体经济组织成员享有的权利，与享有者特定的身份相联系，非本集体经济组织成员无权取得或变相取得。马某与李某签订的买卖房协议书的标的物不仅是房屋，还包含相应的宅基地使用权。李某并非通州区宋庄村民，且诉争院落的《集体土地建设用地使用证》至今未由原土地登记机关依法变更登记至李某名下，村委会的盖章并不具有确权效力。因此，马某与李某签订的买卖协议无效，李某当然不享有房屋所有权和宅基地使用权。

（三）宅基地使用权的消灭

关于宅基地使用权的消灭，《物权法》第 154 条仅列明因自然灾害灭失这一项消灭原因。从现有有关法律规定来看，宅基地使用权的消灭有以下几种原因：①宅基地的收回和调整。宅基地长期闲置的，土地所有权人有权收回宅基地。基于城镇或乡村发展规划需要，土地所有人可以依法收回或调整宅基地使用权。但应当另行批准相应的宅基地使用权，还应当对原宅基地上的附着物加以合理补偿，以保证农民的生活需要。②宅基地的征收。国家为了社会公共利益的需要，征收宅基地使用权的，该宅基地使用权消灭。③宅基地使用权的抛弃。但抛弃宅基地使用权的，不得再申请宅基地使用权。④宅基地的灭失。作为宅基地使用权客体的土地，如果发生灭失，则宅基地使用权丧失了存在的基础，应归于消灭。⑤宅基地面积超标。对超过当地规定面积标准的宅基地，经依法处置后，按照《关于进一步加快宅基地使用权登记发证工作的通知》要求予以登记的，村集体组织可对确认超占的面积实施有偿使用。对一户违法占有两处宅基地的，核实后应收回一处。

张某与乡政府收回宅基地使用权纠纷案[1]

【案情简介】

2003年5月，张某以无房居住为由，向乡政府申请宅基地建房，同年7月，乡政府批准张某在该乡红旗小学操场西侧建北房两间。张某将建房之事交给李某，当年8月动工，于同年11月建成北房两间、西房一间。建成后，一直由李某一家居住至2006年10月底。张某则搬到李某原先的宅院居住，双方没有提出任何异议。2005年5月，李某又将西房改成两间南房，施工期间，张某不仅未提出异议，而且在建成后，又搬进去居住。2006年9月，乡政府依据我国《土地管理法》的相关规定，认定张某非法转让宅基地使用权，李某私自违章建房，决定收回该项宅基地，并限期搬出。张某不服，遂诉至法院。

【审理判析】

法院经审理认定：乡政府的具体行政行为合法，判决驳回张某的诉讼请求。

【法理研究】

本案中，张某因生活居住需要申请宅基地建房获得批准，但张某却让李某在该宅基地上出资建房，且建成后由李某长期居住，之后，李某未经有关部门许可，又将原建西房改建为两间南房，在此过程中，张某不仅未提出任何异议，而且先后居住在李某的旧宅院和新改建的南房中。

依据《物权法》第153条和《土地管理法》第62条的规定，农村村民一户只能拥有一处宅基地。而在本案中，种种迹象表明张某的行为是私自将宅基地使用权转让给李某，而李某通过这种变相的方式取得了第二处宅基地，张某和李某的行为违反了上述规定。所以，乡政府决定将张某非法转让的宅基地使用权收回，并限期李某搬出房屋是有法律依据的。

---

〔1〕 马新彦主编：《中华人民共和国物权法法条精义与案例解析》，中国法制出版社2007年版，第326页。

(四) 宅基地使用权的登记

目前，我国农村还没有建立普遍的宅基地使用权登记制度，地区差异极大，有的地区农村宅基地使用权登记制度相对完善，有的地区却很落后，因此，对宅基地使用权的变动并不采取登记生效主义。基于此，《物权法》第155条规定："已经登记的宅基地使用权转让或者消灭的，应当及时办理变更登记或者注销登记。"这一规定表明宅基地使用权在首次取得时不是必须登记，是否进行登记取决于当事人的意愿。但如果宅基地使用权进行了登记，则对该宅基地使用权的后续处分行为都登记才能发生物权变动的效力。

三、宅基地使用权的效力

(一) 宅基地使用权人的权利

宅基地使用权人享有如下权利：①有权在宅基地上建造房屋和其他附属物。公民经法定审批程序取得宅基地使用权后，享有长期的使用权，有权在宅基地上建造房屋和其他附属物，这是宅基地使用权存在的主要目的。在宅基地以外的空地上，公民也有权种植树林。对于宅基地上的房屋和其他附属物，权利人同时取得所建住宅及其附属设施的所有权。②对宅基地使用权享有有限的处分权。宅基地使用权本身不得单独转让、抵押，但可以随土地上之房屋所有权一同转让，一并抵押。同时，公民在订立遗嘱确定房屋继承人时，有权将宅基地使用权一并作为继承财产处理。③权利人行使宅基地使用权不受期限限制。宅基地上的建筑物或者其他附属物灭失时，不影响宅基地使用权的效力，权利人仍有权在宅基地上重建房屋，以供居住。

吴婆等诉甲村委会、曾某"五保户"房屋买卖协议无效案[1]

【案情简介】

向翁、吴婆夫妇于1968年在甲村一组自建土木结构房屋一栋并居住至今。1986年，向翁、吴婆夫妇及其子向呆，被确定为"五保"对象，由甲村委会负责其生养死葬。1995年时，由于村里有三户五保户，又要新建学校，村里经济困难，经原村支部书记向某、村主任龚某、村会计杨某研究决定将向翁、吴婆所建房屋卖掉。1995年6月，甲村委会未经向翁、吴婆同意，与曾某签订了房屋买卖协议，双方约定："甲村委会同意将甲村一组五保户向翁、吴婆住房三间一偏卖给本村一组村民曾某所有，曾付清全部价款后，取得房屋所有权，曾必须在向翁、吴婆夫妇二人去世后方可使用房屋，取得使用权。在1996年1月10日前付清房款"。曾某付给甲村委

---

〔1〕"吴友珍等诉五峰土家族自治县渔洋关镇大房坪村委会、曾庆梅"五保户"房屋买卖协议无效案"，载最高人民法院中国应用法学研究所编：《人民法院案例选》2004年民事专辑（总第48辑），人民法院出版社2005年版，第318页。

会购房款35000元。1996年，原党支部书记向某、曾某的丈夫郭某到向翁的家送去买房款1000元。镇财政所给曾某办理房屋契证，该证受主姓名曾某，出主姓名是甲村委会。2000年3月，邓某建房时占用了向翁、吴婆的宅基地，向家同意占地，但是曾某不允许，后经村委会调解，由邓某补偿甲村委会1800元的土地使用费。

吴婆、向翁因与被告甲村委会、曾某发生房屋买卖侵权纠纷，向法院提起诉讼。

【审理判析】

一审法院经审理认为：根据《农村五保供养工作条例》的规定，原告夫妇的财产可由甲村集体经济组织代管，原告夫妇死亡后，其遗产归甲村集体经济组织所有。因此，甲村委会可在不影响原告夫妇继续占有、使用其房屋的前提下对房屋作适当处理。二被告签订的房屋买卖协议是一种附条件民事行为，所附条件是被告曾某在原告夫妇死亡后才能占有、使用该房屋，且二被告签订的协议也未对原告夫妇的正常生活产生不利影响。所以，该房屋买卖协议合法有效，原告请求解除该协议的理由难以成立。故判决驳回原告的诉讼请求。

原告不服，向中级法院提起上诉。二审法院经审理认为：原审判决证据不足，适用法律不当，实体处理无法律依据遂发回重审。

县法院经重审认定：原告向翁收取了被告曾某增加的房款，视为对甲村委会处理该房屋的认可，曾某已依照规定办理了房屋土地过户登记并取得房屋契证，该事实已成就6年之久，两被告的超过诉讼时效的辩解意见应予采纳。原告要求确认二被告房屋买卖协议无效的诉讼请求，法院难以支持。遂判决驳回原告的诉讼请求。原告再一次向市中院提起上诉。二审法院经审理认为：原审判决漏掉必要共同诉讼人吴婆，二审诉讼中向翁死亡，吴婆仅是以向翁继承人的身份参加诉讼。原审判决违反法定程序可能影响案件的正确判决。遂裁定撤销原审判决，将案件发回重审。

县法院依法另行组成合议庭第三次审理本案。肖男、杨女夫妇以同原告签订有遗赠抚养协议为由，以原告身份申请参加诉讼。法院经审理认为：甲村委会在不影响向翁、吴婆夫妇正常使用房屋的条件下，并征得其同意，附条件地将该房屋出售给被告曾某，其行为并未侵害向翁、吴婆夫妇的利益。向家夫妇提出所收1000元钱不知是房款的主张，无证据证实，难以确认。《解除五保供养协议书》虽经公证，但有悖于与两被告签订的房屋买卖协议，其将所争议的房屋遗赠给肖男、杨女损害了被告甲村委会同被告曾某的约定利益，应属无效行为。据此，判决驳回原告的诉讼请求。

三原告不服判决，第三次向中院提起上诉。市中院经审理认为：吴婆夫妇在1986年被确定为分散供养的“五保”对象，其生养死葬均由甲村委会负责。根据《农村五保供养工作条例》，上诉人吴婆夫妇申请“五保”并不代表其放弃房屋所有权，甲村委会对吴婆夫妇的房屋只是享有代管权，而无处分权。曾某与吴婆夫妇同为甲村一组村民，明知该房屋为吴婆夫妇所有，而与甲村委会签订房屋买卖协议，取得该房屋的所有权，其行为不属于善意取得。按照甲村委会与吴婆夫妇签订的《解除五保供养协议书》之规定，吴婆夫妇已经退还甲村委会为其支付五保期间的各项费用，甲村委会也应退还已擅自处理的吴婆夫妇的财产。上诉人杨女、肖男对本案争议的房屋没有独立的诉争利益，不能对该房屋主张权利。遂判决确认甲村委会与曾某签订的房屋买卖协议书无效。

【法理研究】

本案的焦点问题是村委会可否擅自处分农村村民五保户所有的房产，也即村委会可否终止五保户的宅基地使用权。

根据《农村五保供养工作条例》，农村五保供养，是指依照本条例规定，在吃、穿、住、医、葬方面给予村民的生活照顾和物质帮助。农村五保供养对象可以在当地的农村五保供养服务机构集中供养，也可以在家分散供养。农村五保供养对象可以自行选择供养形式。集中供养的农村五保供养对象，由农村五保供养服务机构提供供养服务；分散供养的农村五保供养对象，可以由村民委员会提供照料，也可以由农村五保供养服务机构提供有关供养服务。

本案中，向翁、吴婆夫妇及其儿子均属于村民委员会分散供养的五保对象。参加五保的人员仍然享有房屋所有权和宅基地使用权。村民委员会在向翁、吴婆夫妇及其儿子存续期间，擅自将其房屋出卖给曾某的行为是违法的。这亦与宅基地使用权的无期限性相违背。

（二）宅基地使用权人的义务

宅基地使用权人的义务包括：①不得非法转让宅基地使用权。以馈赠钱款、索取物资、以土地入股等方式变相买卖宅基地使用权的，不产生宅基地使用权转移的法律效力。②接受政府统一规划的义务。因国家基本建设需要征用土地的，或因村镇规划需要改变土地用途的，或者居民个人的宅基地过多、远超当地平均水平的，经过法定程序，权利人应服从合理的调剂或重新安排。③正当使用宅基地的义务。权利人必须于规定的期限内在宅基地上建造住宅，不得擅自变更用途，不得将宅基地作为生产资料使用，如盖厂房或用作鱼塘等。

第四节　地役权

一、地役权概述

（一）地役权的概念

地役权是传统民法中的一种用益物权，是指为自己土地的便利而按照合同约定，利用他人的不动产，以提高自己的不动产的效益的权利。在地役权关系中，为自己土地的便利而使用他人土地的一方称为地役权人，因使用他人不动产而获得便利的不动产为需役地，为他人不动产的便利而供使用的土地为供役地。

地役权是一种独立的用益物权，具有如下特征：①地役权是存在于他人土地之上的权利。地役权是在他人的土地上设立负担的，这是地役权最基本的特点。②地役权是为需役地的便利而设定的。设定地役权的最终目的不在于使用他人的土地，而在于为自己土地的使用提供便利，以增加自己土地的效用。③地役权具有从属性和不可分性。地役权是需役地和供役地之间的权利，它直接附属于土地，不受土地所有权人或者使用权人变动的影响。因此，地役权表现出从属性的特点，不能与需役地相分离单独作为其他权利的标的，也不能将需役地和地役权分割而让与。④地役权的享有不以对土地的占有为要件。占有实质上是对权利客体一种较强力度的控制，地役权中的供役地只是为了使需役地更好地实现其价值而承担了一定的辅助义务，所以地役权对客体的实际控制力需求较弱，也就不要求对供役地的实际占有。[1]

（二）地役权与相邻关系

地役权和相邻关系是既有联系又有区别的两项制度。地役权是为自己土地的便利而利用他人土地的权利；相邻关系是指相邻不动产的所有人和使用人之间在对不动产进行使用时，彼此间给予便利或者接受限制而产生的权利义务。

1. 两者的相同之处。地役权与相邻关系的相同之处有：①产生原因相同。地役权也是缘于调和不动产利用过程中的冲突而产生的，与相邻关系的产生原因类似。②权利内容重合。如都涉及通行、排水、通风、采光、越界建筑等问题。③救济途径类似。由于两者同属于物权的范畴，因此，两者的权利人都可以请求适用物权的保护措施抑或债权的保护措施。

娱乐公司不服环保局行政处罚决定案[2]

【案情简介】

某娱乐公司在槟榔西里219～227号开办“侏罗纪俱乐部”，该项目于1997年7月向环境保护局开元分局办理冷却塔的审批手续，开元分局作出“该场地作为娱乐业，选址不当，不准建设”的批复。8月，市文化局、公安局治安处、工商行政管理局、公安局开元分局消防科等部门批准该娱乐项目的开办。娱乐公司于9月11日正

〔1〕 江平主编：《中国物权法教程》，知识产权出版社2007年版，第370页。

〔2〕 “厦门国安娱乐有限公司不服厦门市环保局以选址不当不准建设对其作出行政处罚决定案”，载最高人民法院中国应用法学研究所编：《人民法院案例选》2002年第1辑（总第39辑），人民法院出版社2002年版，第372页。

式营业。营业期间，因严重的噪音污染，周围住户多次联名投诉有关部门，新闻媒体亦予以曝光。市环境保护局于1999年12月29日就原告未经环保部门批准继续建设及经营期间有严重的噪音污染为由，根据《建设项目环境保护管理条例》第25条作出行政处罚决定，责令娱乐公司停止侏罗纪娱乐项目建设，并于2000年1月30日前恢复原状，同时处3万元罚款。娱乐公司不服，提起行政诉讼。

【审理判析】

法院经审理认为：原告娱乐公司在槟榔西里219～227号开办娱乐项目改变了该建筑限制用于“商场及办公”的使用功能，根据我国环保部门和工商管理部门的有关规定，改建饮食、娱乐、服务企业、有涉及污染项目的应按规定办理审批手续。原告却先行建设，而后才向被告及其他主管部门申报，且在市环境保护局开元分局在其申报项目不予批准的情况下，仍继续建设并正式经营，原告的行为违反了我国的有关环境保护的法律、法规及规章的规定。被告市环境保护局根据我国对环境保护的有关规定，就原告开办的娱乐项目的申请所作出的批复，是合法的，其作出的具体行政行为应予以确认。

娱乐公司不服判决，提起上诉。二审法院驳回上诉，维持原判。

【法理研究】

本案涉及的行政法问题是：因娱乐公司选址不当，未经环保局的批准，所以无权在槟榔西里219～227号开办娱乐场所。而娱乐公司为何构成选址不当，就涉及相邻关系的强制性规定。

我国《物权法》第90条规定：“不动产权利人不得违反国家规定弃置固体废物，排放大气污染物、水污染物、噪声、光、电磁波辐射等有害物质。”《环境保护法》和《环境噪声污染防治条例》均规定，任何单位和个人均不得对环境进行噪声污染。国家环保局、工商局《关于加强饮食娱乐服务企业环境管理的通知》第1条规定：“饮食、娱乐、服务企业的选址，必须符合当地城市规划和环境功能要求，配置防治污染的设施，保护周围的生活环境。上述企业的建设和经营，必须遵守国家环境保护法律、法规、规章和标准，防止环境污染。”第2条第3项明确规定：“在居民楼内，不得兴办产生噪声污染的娱乐场点……”

本案中，原告开设的娱乐项目是在一幢居民楼内，3至7层为住宅，两座冷却塔又紧挨着海沧管委会的宿舍楼。原告强调其经营场所的房屋用途是商业用途，这与该幢楼系居住为主的事实并不矛盾，也不改变该娱乐场所系在居民楼内设立的事实。根据环保法规和规范性文件中的规定，居民楼的定性是以整幢楼是否以居住为主来确定；而商住楼，以居住为多则为“住宅楼”或“居民楼”。无论是何种用途的场所，使用者在使用过程中均不能对环境进行污染，否则即构成违法。其他房屋的所有权人依据相邻关系要求其停止噪声污染于法有据。

2. 两者的差异之处。相邻关系与地役权的差异之处在于：①法律性质不同。相邻关系不是一种独立的物权类型，它是所有权的内容，是不动产所有权内容的当然扩张与限制，不需要登记；而地役权则是一种独立的用益物权类型，不登记不得对抗善意第三人。②权利的取得方式不同。相邻关系是法定的权利，是依法当然产生的，被称之为“法定的地役权”；而地役权一般是约定的权利，是通过签订地役权合同产生的，故又被称之为“约定的相邻权”。③目的价值不同。法律设定相邻关系的目的在于满足不动产权利行使过程中的最低要求，维护社会最基本的生产和生活秩序；地役权设定的目的是为了使自己的权利更好地得到行使，而对对方提出了更高的提供便利的要求。④法律规范的性质不同。相邻关系一般在侵害事件发生后发挥作用，相邻关系规范在性质上属于裁判规范；而地役权通常是事先通过订立合同的方式来加以约定，将未来可能发生的纠纷事先作出安排，具有事先规范当事人行为的指导作用。⑤在权利取得是否有偿及权利是否受期限限制方面不同。相邻关系一般是无偿的、无固定期限的；而地役权一般是有偿的、有固定期限的。

赵某诉侯某地役权纠纷案[1]

【案情简介】

2003 年，赵某成为某市养猪大户和屠宰个体工商户，赵某与邻居侯某协商后，在紧挨其自家房屋的集体土地上修建了烫猪灶、地坪、沼气池等设施，并占用了侯某家的责任地共计 9 平方米。2005 年，侯某与赵某因生活琐事发生纠纷，侯某持铁锹将赵某所建沼气池出粪口、烫猪灶、烫猪用的石板、地坪、栏杆等毁坏。次日，经双方协商，赵某给付侯某 870 元作为占用其责任地和毁损树苗的补偿款。后侯某又反悔，但仅退还了赵某 570 元。

赵某诉至法院，要求侯某对毁坏的财产恢复原状，并赔偿其经济损失 3150 元。

【审理判析】

一审法院经审理认为：侯某因土地使用权与赵某发生纠纷，毁坏赵某的烫猪灶等，依法应当承担相应的民事责任，遂依法判决侯某对毁损的物品恢复原状。

---

〔1〕 邓玲：“南充首例地役权纠纷案审结”，载中国南充网 http：//www. cnncw. cn/System/NC/ncSociety/2007 -5/17/08_ 59_ 601. html，登录时间 2007 年 5 月 17 日。

再审中，侯某辩称赵某所占用的100多平方米土地均是自己的，请求法院判决赵某将其归还给自己，并赔偿各种经济损失4200余元。

法院经审理认为：赵某只占用了侯某的部分土地，同时已取得侯某同意并向其作了补偿；赵某修建沼气池、烫猪灶等设施所用土地为集体土地，侯某不具有使用权。一审法院遂作出维持原判的再审判决。

侯某向中院提起上诉。市中级法院经审理认为，赵某只有沼气池的出粪口占用了侯某的9平方米土地，并已进行了补偿。按照权利义务对等原则，侯某享有了补偿，即负有向赵某提供土地的义务，从而达到双方利益的平衡。故侯某接受补偿后，将赵某的烫猪灶等设施毁损的行为是侵权行为，应当承担民事责任，遂依法作出判决：驳回上诉，维持原判。

【法理研究】

本案属于地役权纠纷案件。赵某与侯某协商，占用9平方米土地用于建沼气池等，可以认为双方成立地役权合同，并建立了地役权关系。侯某应该依据《物权法》第159条“供役地权利人应当按照合同约定，允许地役权人利用其土地，不得妨害地役权人行使权利”的规定，履行义务。而侯某将位于其供役地上的赵某所建的沼气池等毁坏的行为，是违法的。赵某有权要求其回复原状并赔偿损失。

二、地役权的种类

地役权的种类很多，各国法的规定不尽一致。例如，在罗马法中，根据需役地的性质，地役权分为田野地役权与城市地役权。前者是为土地耕作的便利而设定的地役权，故又称为耕作地役权；后者是为房屋建筑的便利而设定的地役权，故又称为建筑地役权。在法国等国家民法中，地役权有强制地役权和任意地役权之分。前者为法律规定的地役权，故又称为法定地役权；后者为当事人约定的地役权，故又称为人为地役权。但在许多国家，强制地役权属于相邻关系。

学理上，可以根据不同的标准对地役权进行分类。

（一）根据地役权的行使内容所作的分类

供役地人有允许需役地人为一定作为义务的，为积极地役权；在积极地役权中，供役地所有人负有一定的容忍义务，即应容忍地役权人在供役地上为一定行为，而不得禁止、干涉。例如，通行地役权、排水地役权等都属于积极地役权。

供役地人有为一定不作为义务的，为消极地役权。在消极地役权中，供役地所有人并非单独地负容忍义务，而应负不作为的义务。如在供役地上不建筑妨害观望的建筑物、不在需役地附近栽植竹木等地役权，均属于消极地役权。

（二）根据地役权的行使方法所作的分类

地役权的行使，无须每次有权利人的行为而能继续行使的，为继续地役权。继续地役权因具备了适当的状态，适于地役权的行使，而不需要在行使权利时，每次要求有地役权人的行为。例如，眺望地役权、筑有道路的通行地役权、装有水管的引水地役权等均属于继续地役权。一般地说，消极地役权大都属于继续地役权。地役权的行使，每次均须有地役权人的行为的，为不继续地役权。不继续地役权大都因没有固定的设施，而需要地役权人的每次行为才能行使地役权。如汲水地役权、放牧地役权等的行使，每次必有地役权人的汲水或放牧行为。

（三）根据地役权的行使状态所作的分类

依外部标志能够辨别的，为表见地役权。表见地役权因有外形标志而能自外部加以认识，故又称为表现地役权。例如，地面通行地役权、地面汲水地役权等；

没有外部标志能够加以辨别的，为非表见地役权。非表见地役权因无外形标志而不能自外部加以认识，故又称为不表现地役权。例如，埋设地下水管的汲水地役权等。

（四）根据利用方式不同所作的分类

地役权根据利用方式不同可分为通行地役权、管线通过地役权、排水地役权、取水地役权、通风地役权、采光地役权、眺望地役权、防止干扰地役权等等。

三、地役权的变动

（一）地役权的取得

地役权的取得，即地役权的发生。地役权的取得原因，可以是法律行为，也可以是法律行为以外的事实。因此，地役权取得有两种方式：

1. 基于法律行为而取得地役权。基于法律行为而取得地役权包括地役权的设定和转让两种。地役权的设定主要是通过合同而设定。《物权法》第157条规定："设立地役权，当事人应当采取书面形式订立地役权合同。"地役权合同的条款一般包括：当事人的姓名或者名称和住所、供役地和需役地的位置、利用目的和方法、利用期限、费用及其支付方式、解决争议的方法。

某制药公司与某村委会临时使用土地合同纠纷案〔1〕

【案情简介】

1981年，某制药公司与某村委会签订一份临时用地合同，约定：村委会将其与制药公司毗邻的16.036亩地借给制药公司使用，期限自1981年10月至1983年12月。如到期施工未结束，合同继续有效，借地费用每年每亩1500元，不满半年按半年计，不满1年按1年计。合同经城建部门批准后，制药公司在合同第4条第2项后

〔1〕 李国光主编：《中华人民共和国典型审判案例全书》，中国民主法制出版社1998年版，第763页。

补充“关于恢复土地达到耕种等事宜由村委会负责”的内容时，双方又均盖章确认，并经城建部门认可。

制药公司将所借土地交由承建单位使用。在使用期间，制药公司按合同规定付给村委会借地费72162元。制药公司与承建单位另签合同，内容是施工完毕承建单位撤离时，应将一切建筑物拆至室内地平，并将一切拆除物和地上物清除现场。制药公司施工完毕，承建单位撤离时，将其临时住房折价1万元，处理给村委会。因此，村委会以案外人承建单位为甲方，村委会为乙方，签订协议，协议规定“甲方撤出后，本协议范围内的临时建筑物，由乙方全部负责拆除至室内地平（即水泥地面为界），并包有废弃砖土的清运工作（包括承建单位已拆走帐篷的废弃砖头）。”之后，村委会却要求制药公司将所借土地恢复到耕种条件，制药公司坚持按合同办事，双方协商未果，村委会提起诉讼，请求确认合同无效。

【审理判析】

法院经审查认为：原被告双方所签订的合同是合法有效的。

村委会不服一审判决，上诉至高级法院。高级法院经审查认为：双方所签订的临时用地合同及补充内容，是由双方协商一致并签字盖章的，且经有关城建部门批准认可，因此合同是合法有效的。

【法理研究】

本案中所谓临时使用土地合同实际上是地役权合同。制药公司因施工需要，临时借用村委会的毗邻土地搭建建筑物，以此解决施工工人的生活基地问题，这就是为了提高自己土地的利用价值而有效利用他人土地，符合地役权的要求。制药公司建设的土地为需役地，村委会的土地为供役地，双方就地役权的设定订立了书面合同。该合同约定了土地使用的相关细节，明确了双方的权利义务。

既然双方签订了地役权合同，就应该依照合同约定的条件履行各自的义务。本案中村委会提出的要求制药公司将土地恢复至耕种状态的请求，显然与合同的约定不合，且又举不出证据证明签订合同时存在欺诈，因此其主张没有法律依据，应予以驳回。如果制药公司当初没有与村委会签订该份用地合同，那么当发生此项纠纷时，制药公司将存在巨大的举证困难，如果不是在使用费中包含了恢复至耕种状态的费用的话，这一义务应当由制药公司来承担。因为地役权消灭时，需要恢复供役地原状的，供役地的权利人可以请求地役权人恢复原状。所以，在签订地役权合同时，务必要对合同的具体条款进行明确约定，《物权法》关于地役权合同内容的规定即对当事人起到了提示作用。

根据《物权法》第158条的规定，地役权的设立采取登记对抗主义。地役权自地役权合同生效时设立，是否登记取决于当事人的自愿，法律不作强制性的要求。如果当事人未对其地役权进行登记的，则善意第三人取得供役地的所有权或者使用权之后，地役权消灭。如果地役权进行了登记，则可以对抗供役地的继受者。此外，对经过登记的地役权的变更、消灭都必须办理相应的登记手续，否则地役权的变动不能生效。

浩远公司诉大龙公司停建旅馆纠纷案[1]

【案情简介】

浩远公司于1994年3月以1000万元购买了一块位于某市靠近海边的100亩土地，以便在该地上建一栋豪华酒店。该地旁边有一滨海商店，占地10亩，浩远公司在购得该土地以后，便与滨海商店协商，并于1994年5月初订立一份书面合同，约定：滨海商店不得在20年内拆除该商店并兴建高层建筑，以阻碍浩远公司的旅客今后在酒店上眺望大海，并影响浩远的酒店周围环境的美观。为此，浩远公司每年向滨海商店支付10万元，以作为补偿。合同生效后1年，滨海商店因经营不善，遂将其房产转让给大龙公司，并且未向大龙公司交代其与浩远公司之间的协议。大龙公司购买到该房屋后即拆掉该房屋，并欲在距浩远公司兴建的旅馆约200米处兴建一幢五层楼的旅馆。浩远公司得知这一情况，立即找滨海商店和大龙公司交涉，要求大龙公司停止修建旅馆，但遭到拒绝。

浩远公司向法院提起诉讼，请求法院责令大龙公司停止兴建旅馆、确认滨海商店与大龙公司之间转让商店的合同无效、滨海商店赔偿其经济损失。

【审理判析】

法院经审理认为：大龙公司欲兴建的建筑为五层楼的旅馆，其与浩远公司欲兴建的建筑物相距200米，大龙公司并未构成浩远公司所称的对其相邻权的侵犯。浩远公司与滨海商店所签订的合同，意思表示真实，合法有效，予以确认。该合同旨在限制滨海商店在其使用的土地上兴建超过一定高度的建筑物，应属设定地役权的合同，但根据相关法律规定，设立该项权利，须采取法定方式予以公示，否则，不具有对抗第三人的效力。由于原告与滨海商店对协议并未公示，故其对第三人大龙公司不具有约束力。故法院判决：滨海商店与大龙公司的房屋买卖合同合法有效，驳回原告的诉讼请求。

---

〔1〕 王利明主编：《中国民法案例与学理研究（物权篇）》，法律出版社1998年版，第80页。

【法理研究】

本案涉及地役权及其设定问题。

本案中，浩远公司与滨海商店之间就眺望权所签订的合同应认定为是设定地役权的行为。因为浩远公司修建宾馆，滨海商店没有法定义务也并不一定要为其未来旅客的眺望提供便利，浩远公司与滨海商店之间就眺望权所作的约定符合地役权的设定方式。

那么，本案中，浩远公司是否有权要求大龙公司停止修建旅馆呢？关键在于其设定的地役权是否进行了登记。如前所述，正因为地役权是一项独立的物权，因此应该按照物权的公示原则予以公示，在设定该项权利时进行登记，以便为第三人所了解，这样才能产生对抗第三人的效力。如果当事人之间达成了设定地役权的协议，但未进行登记，那么就不具有对抗善意第三人的效力。本案中，浩远公司与滨海商店之间虽然订立了地役权合同，但因为没有进行登记，所以该地役权并不能对大龙公司产生约束力。依据合同相对性原则，浩远公司只能请求滨海商店承担违约责任，而不能要求大龙公司停止兴建旅馆。

2. 基于法律行为以外的原因而取得地役权。基于法律行为以外的原因而取得地役权的，主要有两种情形：

(1) 依法律的直接规定而取得。如《物权法》第165条规定："地役权不得单独抵押。土地承包经营权、建设用地使用权等抵押的，在实现抵押权时，地役权一并转让。"在抵押权实现时，取得土地上用益物权的主体，同时基于法律规定取得了地役权。再如《物权法》第162条规定；"土地所有权人享有地役权或者负担地役权的，设立土地承包经营权、宅基地使用权时，该土地承包经营权人、宅基地使用权人继续享有或者负担已设立的地役权。"这也是用益物权人直接依法律规定取得地役权的情形。

(2) 依继承取得地役权。地役权属于财产权之一种，当然适用继承制度。地役权人死亡时，其权利由继承人继承，地役权也就当然由其继承人继承。从各国立法来看，均未对继承取得地役权作出限制，但基于继承而取得的地役权非经登记，不得处分。

（二）地役权的流转

1. 地役权的转让。地役权作为一种财产权，当然可以转让。但基于地役权的从属性，地役权不得单独转让，也不得单独成为其他权利的标的，只能与需役地上的权利一并移转，需役地权利转让的，地役权也随之一并转让。

《物权法》第164条规定："地役权不得单独转让。土地承包经营权、建设用地使用权等转让的，地役权一并转让，但合同另有约定的除外。"可见，地役权不得单独移转的规则并非强制性规范，当事人在转移土地权利时，可以通过合同约定排除地役权从属性的适用。不过需要特别注意的是，当事人关于土地承包经营权等用益物权移转而地役权不随之移转的约定是有效的，但若是地役权单独移转的约定则是无效的。此外，不得将需役地的使用权与地役权分别让与不同的人。

地役权具有不可分性，即使供役地或者需役地被分割，地役权在被实际分割后的需役地和供役地的各个部分上仍然存在。《物权法》第166条规定："需役地以及需役地上的土地承包经营权、建设用地使用权部分转让时，转让部分涉及地役权的，受让人同时享有地役权。"第167条规定："供役地以及供役地上的土地承包经营权、建设用地使用权部分转让时，转让部分涉及地役权的，地役权对受让人具有约束力。"

孙某诉王某侵害其取水权纠纷案〔1〕

【案情简介】

赵某1985年承包果园的东侧邻接李某所承包的3亩耕地。在这一片农地中，只有一处水源，在李某承包地的东侧。赵某每次浇灌果树，需绕行李某的土地取水，为了便于灌溉果树，双方达成协议，李某同意赵某在其3亩庄稼地修一条水渠，赵某一次性补偿李某2000元，期限至赵某承包期限到期为止。1987年初赵某管理果园不善，经村委会同意，遂将此5亩果园转让给孙某，并予以登记。孙某继续利用这条水渠。李某没有意见。1990年，李某转入城市户口，其土地被村委会收回后，又发包给本村村民王某，王某擅自拆除水渠，给孙某的果园带来了严重的损失。

孙某遂起诉王某，请求法院责令其修复水渠，赔偿损失。

【审理判析】

法院经审理认为，孙某与赵某的土地承包经营权转让合同有效，而且办理了登记手续，孙某取得了合同项下的土地承包经营权，也当然享有该承包经营土地上的地役权。故判决支持原告孙某的诉讼请求。

【法理研究】

本案涉及地役权的转让问题。

本案中，赵某通过与李某签订合同并办理登记，已然取得地役权。赵某的果园为需役地，李某的耕地为供役地，赵某通过在李某土地上修建水渠来便利自己果园的灌溉。后来，赵某与孙某签订转让合同，经村委会同意后，予以登记，取得5亩果

〔1〕关涛主编：《物权法案例教程》，北京大学出版社2004年版，第189页。

园的土地承包经营权。根据《物权法》第164条规定，孙某取得5亩果园承包经营权的同时，取得供役地（李某承包地）的地役权。由于这一地役权经过了登记，因此可对抗第三人，任何人都不得侵害。

李某承包的耕地被村委会收回后，又发包给本村村民王某，王某取得供役地的土地承包经营权。根据《物权法》第167条规定："供役地以及供役地上的土地承包经营权、建设用地使用权部分转让时，转让部分涉及地役权的，地役权对受让人具有约束力。"因此，孙某的地役权并没有因供役地被村委会收回而消灭，村委会及任何第三人，包括王某都不能妨碍孙某行使地役权。

2. 地役权的抵押。地役权不得单独抵押也是地役权从属性的表现。地役权的从属性有两个方面含义：其一是地役权不得单独移转，其二是地役权不得单独成为其他权利的标的。在这里，"其他权利"既可以是物权，如抵押权；也可以是债权，如租赁权。如果在债权清偿期届满、实现抵押权时，地役权应与土地承包经营权或建设用地使用权等一并转让。

甲公司与丙公司土地使用权限制纠纷案[1]

【案情简介】

甲、乙两公司均为房地产开发公司，分别通过出让方式获得了A和B两块土地的建设用地使用权。甲公司准备开发住宅公寓，而乙公司准备在土地上开发大型的购物中心。因为购物中心的经营时间比较长，客流量多，所以在没有动工之前，甲公司为了自己的住宅公寓能有一个安静舒适的生活环境，与乙公司签订地役权合同，表示购物中心一旦建成，其营业时间不得超过21点，同时保证购物中心与住宅楼之间的距离为200米以上，并且进行了登记。乙公司在开发购物中心的过程中向银行贷款2000万，同时将该块土地的使用权进行抵押，并且进行了登记。后由于乙公司破产，无法支付所欠银行的贷款，银行遂将土地使用权拍卖，就所得价款优先受偿。丙房地产公司通过拍卖取得该块土地的使用权，决定继续按照乙公司的构想修建购物中心，但是购物中心距离甲公司开发的住宅楼只有150米。在购物中心建成之后，购物中心的经营时间至21点结束。甲公司认为丙公司开发住宅楼也应当遵守原甲乙之间关于建筑物的相关约定。但是丙公司认为自己是通过拍卖的方式获得土地的使用权，该土地上没有任何负担，所以有权决定购物中心的规模和位置。

甲公司遂向法院起诉。

---

〔1〕 马新彦主编：《中华人民共和国物权法法条精义与案例解析》，中国法制出版社2007年版，第350页。

【审理判析】

法院判决：支持原告的诉讼请求，丙公司应当承担责任。

【法理研究】

本案涉及建设用地使用权抵押的效力是否及于地役权的问题。根据《物权法》第164条的规定，地役权不能单独抵押，土地承包经营权、建设用地使用权抵押的，在实现抵押权时，地役权一并转让。所以，在银行实现抵押权的同时，尽管丙公司获得土地使用权，但供役地的地役权同时转让给丙公司，所以丙公司应当遵守地役权合同中的相关规定。丙公司未遵守相关约定，致甲公司开发的住宅公寓价格下降，甲公司有权要求丙公司就其没有履行义务的行为承担赔偿责任。

（三）地役权的消灭

地役权消灭的原因主要包括以下几种：①地役权期限届满。②约定消灭的事由发生。③依法解除地役权合同。地役权合同设定后，任何一方都不得随意解除合同。《物权法》第168条规定："地役权人有下列情形之一的，供役地权利人有权解除地役权合同，地役权消灭：①违反法律规定或者合同约定，滥用地役权；②有偿利用供役地，约定的付款期间届满后在合理期限内经两次催告未支付费用。"④抛弃地役权。⑤权利混同。⑥目的的事实不能。⑦土地的征收。

地役权消灭后供役地的所有权（或使用权）不应再受到地役权的限制，其权利应回复到原始状态。因此，地役权人在供役地上设置的工作物应拆除，但如果该工作物系由双方共同使用而又有利于供役地使用的，则可以适用物权的附合原则，由供役地所有权人（使用权人）取得其所有权，供役地所有权人（使用权人）向需役地人给予适当补偿。也可以由双方当事人依据法律规定以及事先约定协商处理。已经登记的地役权消灭后，应当及时办理注销登记。

甲诉请法院确认其地役权案[1]

【案情简介】

甲的果园离水源较远，而乙的承包地邻接甲的承包园，乙于1998年在其果园打了一口井，水源充足，甲遂于1999年3月与乙协商，要求用乙的水源浇灌果园，甲每年交付给乙100元，一直到甲承包期满。乙同意，但该地役权未登记。到了2000年2月，乙将其地同井一起转让给丙。此后，甲每年向丙交付100元，丙接受。到

〔1〕 关涛主编：《物权法案例教程》，北京大学出版社2004年版，186页

2001年6月甲、丙发生矛盾，遂丙以水源不足为借口禁止甲继续用其井，甲于2001年8月向法院提起诉讼，请求法院确认其地役权，让丙继续履行其义务。

【审理判析】

法院经审理认为：甲与丙存在地役权合同关系，但由于合同未约定期限，丙可以终止合同。故判决驳回甲的诉讼请求。

【法理研究】

本案的问题在于甲与乙之间的地役权合同，乙必须履行，事实上也履行了容许甲行使地役权，从井口取水的义务，但甲与丙之间有地役权合同存在吗？丙是否有依照合同约定容许甲行使地役权的义务？

甲与乙于1999年3月就甲使用乙的水源所达成的协议属于地役权合同，基于该项合同，甲的地役权成立，因此乙负有允许甲从他的水井中采水进行灌溉的义务，这一地役权的期限是到甲承包期满为止。然而，该地役权并没有进行登记，这就使得该地役权的设立不具有对抗第三人的效力。

在乙将其承包的土地连同水井一起转让给丙时，丙继受了土地及水井上的权利，但并没有继受这一地役权合同的义务，他可以选择接受，也可以选择不接受，在后者情况下，甲需要与丙重新商量地役权的设定问题。而对丙在将土地及水井接过之后，继续受领甲每月交付的100元的事实，可以有不同看法。如果乙事先有告知丙他与甲之间有该份地役权合同的存在，丙仍然接受甲支付的使用费的话，可以看作他对甲乙之间既存地役权合同的继受，此时丙代替乙作为地役权合同的一方，他负有容忍甲继续从其水井中采水进行灌溉的义务。在此情况下丙拒绝甲继续使用水井是没有法律依据的，应当责令丙继续容许甲使用水井。但如果乙事先并没有向丙说明他与甲之间有地役权合同的存在，那么丙与甲之间有的地役权合同就没有对期限进行约定，之前甲乙约定的“至甲承包期满止”对丙并不能产生当然的约束力。既然地役权的期限没有约定，那么丙可以终止地役权合同，而终止地役权合同后，丙就不再具有容忍甲从水井采水的义务。

四、地役权的效力

（一）地役权人的权利和义务

1. 地役权人的权利。地役权人的权利有：①对供役地的合理使用权。地役权人可以按照地役权合同约定的使用目的、范围和方法，行使其使用供役地的权利。②为附属行为的权利。地役权人为实现其权利，可以在供役地上为必要的附属行为，以便更好地实现地役权。例如地役权人为实现其取水权，需要从供役地上通行，对于此种通行，供役地人也应当允许。③设置附属设施的权利。地役权人为了实现其权利，有权在供役地上修建一些必要的附属设施。例如，为了取水可以在供役地上修建水泵等设施，为了通行可以在供役地上修建道路等。④工作物的取回权。如果地役权人在行使地役权过程中，在供役地上放置了工作物或附属设施等，则在地役权消灭后，有权基于所有者或使用者的权利取回，当事人另有约定的除外。⑤对地役权的处分权。地役权人享有对地役权有限的处分权，如将地役权与土地承包经营权一并转让、放弃地役权等。

2. 地役权人的义务。地役权人的义务有：①合理使用供役地的义务。地役权人必须按照地役权的内容使用供役地，不得随意扩大其使用范围。地役权人应当采取对供役地损害最小的使用方法，尽量减少对供役地人的限制。②支付费用的义务。地役权的设立如果是有偿的，地役权人应当按照约定的数额、期限和支付方式，向供役地人支付费用。③恢复原状的义务。地役权消灭后，地役权人要使供役地恢复原状。④维持工作物或设置物的正常状态的义务。地役权人在供役地上修建有附属设施的，应当注意维护其设施的完好，以免供役地人因这些设施的失修而受到损害。

甲与乙菜地通行权纠纷案[1]

【案情简介】

甲承包了本村的一片菜园，在菜园西部有一口井。乙承包了本村一片果园，位于甲承包菜园的东边，且乙果园的东面有一口井，两口井都属于集体所有。甲、乙各自在邻近的井挑水浇灌，相安无事。1995 年大旱，乙东边的井枯竭，果园的树苗奄奄一息，乙遂经过甲的菜园到甲西面的井挑水灌溉，造成甲的菜苗被踩踹许多。甲遂禁止乙通行菜地，要求其绕行。但乙以相邻权为由继续通行。甲遂诉至法院。

【审理判析】

法院经审理认为：乙在没有取得经过甲菜地的通行权的情况下，从甲菜地穿行，且未尽到相当的注意义务，故判决：支持甲的诉讼请求，并由乙赔偿踩坏甲菜苗的相应损失。

【法理研究】

本案涉及到相邻权与地役权的区别以及地役权人的权利义务问题。

乙要求通行的理由是他享有相邻权，而通过对比相邻权与地役权的概念可以得

〔1〕 关涛主编：《物权法案例教程》，北京大学出版社 2004 年版，第 189 页。

知，乙并不享有从甲菜园通行的相邻权，甲的菜园里并没有形成历史通道，也并非乙的果园与外界相连的唯一出路，因此乙无权主张从甲的菜园通行。如果乙要主张通行菜园的话，应与甲协商订立甲同意乙经过其菜园的地役权合同。即使双方之间签订了地役权合同，乙在通行过程中造成的“甲的菜苗被蹂躏许多”的后果，乙也要对此承担相应的责任。因为依照《物权法》第160条的规定，地役权人在行使地役权过程中，应当按照约定的利用目的和方法利用供役地，并且尽可能减少对供役地权利人物权的限制。而从本案中可以看出，乙因浇灌自家果园的果苗，在通行甲菜地的过程中并没有尽到相当的注意义务，从而使得甲的菜苗被他蹂躏了许多，对这一损失乙应当承担赔偿责任。恰当的处理方法应当是如果绕行的确给乙带来不便的话，乙亦可与甲协商，请求允许其从甲的菜园中穿行，并且对这一通行支付一定的费用。但乙必须小心经过，且尽可能减少对甲菜苗的影响；同时应对甲菜苗所造成的损失作一定的补偿。

（二）供役地人的权利和义务

1．供役地人的权利。供役地人的权利有：①收取费用权。如果地役权设立时双方当事人约定了数额、期限和支付方式的，则供役地权利人有权按照约定，要求地役权人支付。②共同使用权。供役地人对于地役权人所设置的附属设施，如道路、取水设备、排水设施等，在不妨碍地役权人权利行使和实现的前提下，有共同使用的权利。③利用场所及方法的变更请求权。在供役地人使用其土地的过程中，如果产生了变更既存地役权行使或者实现方法的需要时，在不影响既存地役权设立的前提下，可以请求需役地人予以变更。④地役权合同的法定解除权。当地役权人违反法律规定或合同约定而滥用地役权，或者在有偿的地役权中，地役权人在合理期限内经两次催告未支付费用的，供役地人可行使合同解除权。

2．供役地人的义务。供役地人的义务有：①允许地役权人利用土地。供役地人应当按照地役权设立的目的、范围和方式，允许地役权人使用其土地。对于双方需共同使用的，在设立地役权时约定了使用方式的，供役地人应按照约定允许地役权人使用。②不得妨害地役权行使。地役权设立以后，供役地人一方面要允许和保证地役权人能够正常使用供役地，另一方面不得有损害地役权的行为。③分担共用设施的维持费用。如果供役地人在不妨碍地役权行使的范围内而使用地役权人修建的附属设施的，供役地人应当在其受益的范围内负担该设施的保养和维护费用。

甲村委会与水库管理局水库收益纠纷案[1]

【案情简介】

1971年，某省和邻省的有关水利管理机关经过协商，同意由一方出资，在两省交界处的通天河上建立水利大坝。因一头座落在某省甲村所属的土地上，由通天河水库筹备办事处出面，和甲村党支部达成书面协议如下：① 甲村应当允许通天河水库大坝西头座落在其所属的土地上，并且要为大坝施工提供方便，保证不在大坝周围进行任何有害大坝安全的活动；②在大坝西头划出方圆为1万平方米的区域，由水库筹备办事处进行绿化管理，甲村不得干涉；③水库大坝的所有权、经营权、使用权属于水库筹备办事处，甲村不得干涉；④水库筹备办事处应无偿供应甲村村民的生活用水用电；⑤水库筹备办事处应允许甲村为进行生产而利用水电，但可以按照国家规定标准收取费用。此协议得到国家有关主管机关的批准。

大坝1984年建成，协议开始履行，双方关系一直较为融洽。但到了1986年，甲村新成立的村委会向水库管理局（原水库筹备办事处）提出分享水库全部收益的要求，遭到拒绝后向法院起诉，以水库大坝的一头座落在其所属土地上为由，要求确认其为通天河水库大坝的所有人之一。

【审理判析】

法院经审理认为：甲村村委会的诉讼请求没有法律依据，依法判决驳回其诉讼请求。

【法理研究】

本案涉及地役权当事人的权利义务。

从本案来看，在水库修建之前，甲村的土地权益中并不包含为水库修建提供便利的内容，很难依据相邻关系的原理判定该村应为修建水库提供土地便利，水库筹备办事处无权基于相邻关系要求甲村同意大坝的另一头座落在其土地上。在法定的调整方式不能发挥作用时，当事人之间通过协议方式来调整不动产的限制与扩张关系是值得鼓励的。水库筹备办事处与甲村1971年达成的协议其实正是在甲村的土地上设定了地役权，这一权利具有用益物权的性质，甲村的土地所有权因此受到限制。作为补偿，甲村村民在水库建成后可以无偿用水用电，在水库管理局不依约无偿供水供电时甲村有请求权。但甲村不能以大坝一头座落在自己土地上为由主张享有水库的所有权。水库管理局有利用供役地的权利，对妨害其地役权的行为有请求排除妨害的权利。

---

〔1〕 林嘉主编：《以案说法（侵权民事责任篇）》，中国人民大学出版社2000年版，第109页。

第七章　担保物权的种类

第一节　抵押权

一、抵押权的含义

（一）抵押权的概念

抵押权是指债权人对于债务人或者第三人不移转占有而提供担保的财产，在债务人不履行债务时，依法享有的就担保的财产变价并优先受偿的权利。[1] 最初的抵押权的客体基本上仅限于不动产，后来才出现以动产作抵押，有的国家就规定抵押仅指债务人或第三人将不动产不转移占有而为债权提供担保，而将动产抵押作为一种特别的抵押。随着社会的发展，动产抵押越来越普遍，我国《物权法》适应这种趋势，规定了动产可以抵押。

（二）抵押权的法律特征

从抵押权的概念看，抵押权具有以下特征：

1．抵押权是不移转标的物占有的担保物权。抵押权成立和存续不以抵押物的转移占有为条件，这是其与质权、留置权等担保物权的重要区别。正是由于抵押权不以占有为条件，故抵押权需要以登记的方式来进行公示。抵押人将标的物设定抵押，进行融资的同时，仍可继续使用抵押物，充分发挥物的效用。抵押权人虽不占有抵押物，但可以间接支配抵押物，而且省去了管理负担。抵押权对双方均有利，极大地实现了其社会功能。正因为此，抵押权是罗马法以来各国最重要的担保物权，素有"担保之王"之美誉。

2．抵押权可以在债务人或第三人的财产上设定。抵押人可以是债务人，也可以是债务人以外的第三人，债务人或第三人提供的财产可以是动产、不动产或权利。根据《物权法》第179条的规定，我国不承认所有人抵押制度，抵押人只能是债务人或者第三人，债权人不可以在自己的财产上设定抵押。虽然德国民法上，不动产所有人（土地所有人）可以在自己的土地上为自己设定原始的所有人抵押权，但是大多数国家并无此规定。

3．抵押权是以可抵押财产为标的的。抵押权作为担保物权，原则上只能在特定

---

〔1〕 梅仲协：《民法要义》，中国政法大学出版社1998年版，第590页。

的财产（包括物和权利）上设定。如果抵押标的不特定，便无法实现抵押权。我国《物权法》第180条规定了抵押财产的范围。

汇通支行诉富丽达公司用益物权抵押合同纠纷案[1]

【案情简介】

1995年富丽达公司为装修富丽达地下商贸城向某银行汇通支行借款。双方签订了两份借款合同，约定汇通支行分别借给富丽达公司人民币610万元及美元100万元，并约定了借款利率和期限，富丽达公司以其对富丽达地下商贸城享有的使用管理权和出租权作为借款抵押担保的标的。至1997年9月富丽达公司欠汇通支行本息未归还。

汇通支行向法院起诉，要求富丽达公司偿还债务，否则将实现其抵押权。法院调查发现富丽达地下商贸城由某市政府有关部门修建，但富丽达公司前身珠宝公司曾投资5000万元参与建设，市政府于1993年发布文件，将该商场的长期使用管理权、出租权让与珠宝公司，现在市政府对于转移该使用管理权、出租权于他人无异议。

【审理判析】

省高级法院经审理认为：原告汇通支行与被告富利达公司签订的借款合同是有效的，富利达公司未偿还到期借款，是违约行为。被告富利达公司逾期不履行判决，因此应以富利达公司抵押的富利达地下商场的用益物权折价或以拍卖、变卖该用益物权所得价款抵偿给汇通支行。

【法理研究】

本案涉及的问题是富丽达公司对富丽达地下商贸城享有的使用管理权和出租权可否作为抵押财产。

对于抵押财产，《物权法》和《担保法》的规定方式不同。《担保法》第34条规定："下列财产可以抵押：①抵押人所有的房屋和其他地上定着物；②抵押人所有的机器、交通运输工具和其他财产；③抵押人依法有权处分的国有的土地使用权、房屋和其他地上定着物；④抵押人依法有权处分的国有的机器、交通运输工具和其他财产；⑤抵押人依法承包并经发包方同意抵押的荒山、荒沟、荒丘、荒滩等荒地

[1] "汇通支行诉富丽达公司用益物权抵押合同纠纷案"，载最高人民法院公报编辑部编：《最高人民法院公报·典型案例全集（1985.1~1999.2）》，警官教育出版社1999年版，第568~571页。

的土地使用权；⑥依法可以抵押的其他财产。抵押人可以将前款所列财产一并抵押。”《物权法》第180条规定：“债务人或者第三人有权处分的下列财产可以抵押：①建筑物和其他土地附着物；②建设用地使用权；③以招标、拍卖、公开协商等方式取得的荒地等土地承包经营权；④生产设备、原材料、半成品、产品；⑤正在建造的建筑物、船舶、航空器；⑥交通运输工具；⑦法律、行政法规未禁止抵押的其他财产。抵押人可以将前款所列财产一并抵押。”比较两个法条可见，对于抵押财产《担保法》采取的是“法无明文规定即禁止”的做法，《物权法》则采取的是“法无明文禁止即许可”的做法，《物权法》的规定更符合私法自治的精神，扩大了可抵押财产的范围，扩大了当事人的自由。

衡量特定的财产是否可以作为抵押物，取决于两个核心要素，即价值性和可转让性。抵押权为直接支配抵押物的交换价值的权利，作为抵押标的的权利也必须具有交换价值。并且，具有交换价值的财产惟有依法可以让与他人的，所有人才可以为他人的利益设定抵押，并且为抵押权的行使而最终变价抵押物创造条件。本题中的长期管理权、经营权属用益物权，具有交换价值且可以转让，因而可以抵押。此外，根据上述《物权法》的规定，本案中的使用管理权和出租权，法律、行政法规并未禁止抵押，因此，用其抵押是有效的。

4. 抵押权人可以就标的物的价值优先受偿。抵押权作为担保物权的一种，自然也有此效力，兹不赘述。

市工行诉甲公司抵押贷款纠纷案[1]

【案情简介】

甲公司为解决流动资金短缺的问题，向市工行申请贷款100万元，并且同意以其所有的两座厂房及其机器设备作为抵押物进行担保。市工行进行调查后，认为上述抵押物不足以担保其债权，遂要求甲公司增加其所受让取得的某块市区土地的使用权作为抵押物。经双方协商一致，甲公司与市工行签订了贷款协议和抵押协议，市工行根据协议提供150万元贷款给甲公司，而甲公司则以其拥有的厂房一栋和机器设备、某块市区土地的使用权一并设定抵押，担保其按期偿还贷款本金和利息。协议签订后，当事人就抵押物办理了登记手续。

3年之后，贷款期限届满，甲公司除支付了第一期本金50万元及其利息外，由于经营亏损，剩余本金和利息未归还。该市工行遂向法院起诉，要求甲公司偿还本

〔1〕“中国工商银行某市支行诉虹光电子有限公司抵押贷款纠纷案”，载孔祥俊主编：《担保法例解与适用》，人民法院出版社2001年版，第265页。

金、利息及罚息，如果不能偿还，则拍卖抵押物而优先受偿。

【审理判析】

法院经审理认为：本案中甲公司有权将其所有的厂房和机器设备进行抵押；并且其对某幅市区土地的使用权是通过出让方式取得，因此该公司可以处分其享有的国有土地使用权，有权将该幅市区土地的使用权进行抵押，但因其未完全履行自己的债务，所以市支行有权行使抵押权，要求拍卖抵押物，就抵押物的价金享有优先受偿权。

【法理研究】

本案中，当事人签订的借款合同是合法有效的。甲公司有权将其所有的厂房和机器设备进行抵押，同时甲公司对该市区的土地使用权是通过出让的方式取得的，有权将该幅土地使用权进行抵押。根据《担保法》第34条、《物权法》180条之规定，甲公司有权将上述财产单独设定抵押，也有权将其一并抵押，并且当事人就抵押物进行了登记。所以该公司与市工行不仅签订的抵押协议是合法有效的，而且抵押权亦已设立，市工行取得抵押权人的法律地位。由于甲公司未完全履行自己的债务，市工行有权行使抵押权，要求拍卖抵押物，并就拍卖抵押物所得价款享有优先受偿权。

二、抵押权的设定

（一）抵押权的设定是抵押权取得的主要方式

抵押权的取得，可以分为依法律行为取得和依法律行为之外的原因取得，如继承取得。其中，依法律行为取得的抵押权，包括抵押权的设定和抵押权的让与，通过设定而取得抵押权，是抵押权取得的最常见的方式。鉴于此，本书主要对抵押权的设定作阐述。抵押权的设定内容包括订立有效的抵押合同、合法的抵押物、有效的物权变动公示（有人称之为狭义物权的设定）等。其中，抵押合同除必须为书面形式外，其余适用合同法的有关理论。本书只涉及合法的抵押物以及有效的物权变动公示。

（二）抵押物

抵押物又称抵押财产，它是抵押人用以设定抵押权的客体或标的。抵押物的相关要求包含以下几个方面。

1. 抵押物必须特定。抵押权为担保物权，担保物权是及于特定物上的权利，因此，抵押物应为特定的财产。如果不能特定，抵押权人无从确定和直接支配抵押物的交换价值，不能就抵押物的变价优先受偿。何谓特定，学者认识并不一致。“作为抵押物的财产能够与其他财产相区分开来，既可以为特定的某一财产，也可以是特定的某类财产或某些财产。"[1] "抵押的财产必须是某项特定的财产，或者该财产具有特定的范围。"[2]

传统的观点认为，"特定"是指签订担保合同时抵押财产就已经特定。但有学者正确地指出，"担保物权之标的为特定之物或权利，盖标的物非经特定不得以其变价满足债权，但于此点，担保物权成立之时，与实行之时其间缓急程度有不同，即担保物权于实行之际，标的物必须特定，而于担保物权成立之时，则仅以于将来实行之际标的物得特定为已足"，"即一般物权须于成立时其标的物为特定，而担保物权以于实行时特定为已足。故在担保物权，已以价值之特定，代替物之特定"。[3]

随着财团抵押的确立，尤其是为英美法系、大陆法系所采纳的浮动抵押更是表明了只有在实现抵押权时抵押物才能确定，设立抵押时只是确立了抵押物的范围。

2. 抵押物须具有可转让性。由于抵押的实现要将抵押物折价、拍卖、变卖，因此抵押物必须具有可转让性。财产是否具有可转让性不能依财产的性质而定，而应依法律而定。其性质可以转让但法律禁止流通的，为不可转让的财产，不得在该财产上设定抵押。

3. 抵押物能够依登记的方式或其他方式予以公示。抵押权不以移转标的物的占有为要件，因此抵押权不能以占有的方式公示，而需要以登记或其他的方式进行公示。

4. 可以成为抵押物的财产范围。根据《物权法》第180条，可以抵押的财产为：①建筑物和其他土地附着物；②建设用地使用权；③以招标、拍卖、公开协商等方式取得的荒地等土地承包经营权；④生产设备、原材料、半成品、产品；⑤正在建造的建筑物、船舶、航空器；⑥交通运输工具；⑦法律、行政法规未禁止抵押的其他财产。

某房地产公司以土地上新建的二期工程设抵被诉案[4]

【案情简介】

1995年2月，某市政府以招标方式拍卖该市经济技术开发区的100亩土地的国

---

[1] 郭明瑞：《担保法》，法律出版社2004年版，第104页。

[2] 余国华：《抵押权专论》，经济科学出版社2000年版，第83页。

[3] 史尚宽：《物权法论》，中国政法大学出版社2000年版，第251、258页。

[4] "某房地产公司以土地上新建的二期工程设抵被诉案"，载李国光主编：《中华人民共和国典型审判案例全书》，中国民主法制出版社1998年版，第679页。

有土地使用权。某房地产公司以3000万元标价获得该土地使用权，中标后，该公司即进行房地产项目的开发。到1995年8月，该项目的一期工程已经完成，建成写字楼一栋，住宿楼二栋。因资金短缺，该公司向某信托投资公司借款，并以该100亩地的土地使用权以及已建成的写字楼和住宿楼用于抵押，投资公司同意，双方于1995年10月签订借款合同。合同约定债务人应于1996年2月8日前还本付息。至1996年2月该房地产公司未能还清全部债务，于是投资公司向法院提起诉讼，要求拍卖抵押物，偿还所欠债务，至此该土地上二期工程已完成。

【审理判析】

法院经审理后作出判决：拍卖抵押物及其二期工程所建的新增建筑物4200万元价款归债权人所有，另外860万元债务，从新增建筑物拍卖价款与其他债权人以普通债权受偿。

【法理研究】

本案焦点在于土地上新建的二期工程是否属于抵押财产。

我国《物权法》第182条规定："以建筑物抵押的，该建筑物占用范围内的建设用地使用权一并抵押。以建设用地使用权抵押的，该土地上的建筑物一并抵押。抵押人未依照前款规定一并抵押的，未抵押的财产视为一并抵押。"第200条规定："建设用地使用权抵押后，该土地上新增的建筑物不属于抵押财产。该建设用地使用权实现抵押权时，应当将该土地上新增的建筑物与建设用地使用权一并处分，但新增建筑物所得的价款，抵押权人无权优先受偿。"

本案中，某房地产公司将100亩的土地使用权与一期工程已完成的房屋作抵押，符合房地一致的规定。由于在设定抵押时，二期工程尚未完成，双方又未以其作抵押，故二期工程完成的房屋属于已抵押的土地使用权上新增的建筑物。依据《物权法》的上述规定，新增的建筑物虽然应与抵押的土地使用权一并处分，但抵押权人无权就新增建筑物的价值优先受偿。

5. 禁止抵押的财产。根据《物权法》第184条的规定，下列财产不得抵押：①土地所有权。②集体土地使用权。但是法律另有规定的除外，如《物权法》第183条规定的乡镇、村企业的建筑物抵押的，其占用范围内的土地使用权一并抵押以及180条规定的以招标、拍卖、公开协商等方式取得的荒地等土地承包经营权。③学校、幼儿园、医院等以公益为目的的事业单位、社会团体的教育设施、医疗卫生设施和其他社会公益设施。④所有权、使用权不明或者有争议的财产。⑤依法被查封、扣押、监管的财产。⑥法律、行政法规规定不得抵押的其他财产。

以幼儿园为标的物设定抵押权纠纷案[1]

【案情简介】

某林场为建家属楼，于1999年以其所拥有的速生林作为抵押物，向木材公司借款300万元，期限为3年，双方签订了抵押合同。但因双方经常有业务往来，彼此信任，故没有办理抵押登记手续。1999年底，为拓展经营领域，林场决定，依托自己的速生资源，投资兴办高档木浆造纸厂。为筹集资金，林场又以其所拥有的速生林、林场幼儿园作抵押（估价3000万元），向银行贷款2500万元，双方于2000年签订了抵押贷款合同，并进行了抵押登记。2002年，林场因兴建造纸厂暂时无力偿还木材公司借款，请求延期偿还，遭到木材公司拒绝。木材公司随即请求将速生林拍卖以优先受偿债权。银行得知后，认为木材公司的行为侵害了其抵押权，要求木材公司立即停止侵害。

【法理研究】

就本案中，依《担保法》第34条的规定，林木属于地上定着物，属于可以抵押财产的范围，因此，林场有权以速生林进行抵押。但是，根据法律的规定，以林木设定抵押的，应当办理抵押登记，本案中，由于没有办理抵押登记，故木材公司不能取得对林木的抵押权。

就银行与林场之间的抵押而言，尽管双方签订了抵押合同，并且办理了抵押登记。但是，该抵押权并非全部有效。根据《物权法》的规定，学校、幼儿园、医院等以公益为目的的事业单位的公益设施不得作为抵押财产。法律之所以如此规定，目的在于防止公益设施的流失，保障公益目的的实现。因此，以林场幼儿园设定的抵押无效，当然该部分无效，不影响抵押合同其他部分的效力，其他部分依然有效。也就是说，银行与林场之间以林木为抵押物设定的抵押权仍然是有效的。

三、抵押权的效力

（一）抵押人的权利

抵押物虽然被用于设定抵押，但是抵押人毕竟还是享有所有权，因此，抵押人并不因为该财产上设定了抵押就丧失了对抵押物的权利，抵押人仍对该抵押物享有占有、使用、收益和处分的权利。当然，抵押人对抵押物的权利须受到一定的限制。

1．占有抵押物的权利。由于抵押权不移转占有，因此抵押权设定以后，抵押人有权继续占有抵押物，但是，抵押人在占有抵押物的时候要妥善保管抵押物，否则，

〔1〕 房绍坤、张洪波编著：《物权法案例教程》，知识产权出版社2003年版，第155～156页。

一旦抵押物毁损、灭失，抵押权人可以要求其增加担保。

2．转让抵押物的权利。这项权利是指抵押物所有人就其财产设定抵押后，可以把该财产的所有权转让给他人，原抵押权并不因此而受影响。所谓“不受影响”，指抵押物虽易其主体，但抵押权人的抵押权却并不因此而受损害，抵押权人仍可追及抵押物所在行使权利，且已经取得抵押物的第三人不得提出异议。[1]

我国在肯定抵押人对抵押物处分权的同时，对这种处分权也作出了限制。依据《物权法》的规定，抵押人转让抵押物的，须经过抵押权人的同意，否则不得转让，但受让人代为清偿债务消灭抵押权的除外。这就在很大程度上限制了抵押人的处分权。

信用社诉抵押人钟某转让抵押渔船无效案[2]

【案情简介】

1990年11月，某信用社与钟某签订借款合同，约定于1991年11月底前，由信用社贷款255 000元，给钟某用于捕鱼生产，钟某提供自己的房产及汕尾15027号渔船作为抵押物。双方还同时签订了渔船抵押书、借款合同并办理了公证手续，信用社依合同向钟某提供了贷款。贷款后，钟某因缺乏劳力，不能进行渔业生产。12月，钟某未经信用社同意，与第三人李某签订渔船买卖合同，将该船出卖给李某，约定船价为395 000元，李某实际上只支付了25 000元。1991年，钟某谎称其《渔业船舶登记证书》遗失，办理了渔船注销登记手续，第三人李某因此办理了新的《渔业船舶登记证书》，但钟某一直没有向信用社归还贷款。

于是，信用社向海事法院起诉，要求判决被告钟某与第三人李某的渔船买卖关系无效，并要求被告钟某归还全部贷款本金、利息以及逾期利息。

【审理判析】

法院判决支持原告信用社的诉讼请求，原、被告及第三人均未提起上诉。判决生效后，因被告逾期未履行，原告申请执行，要求变卖抵押船舶。法院依法公开拍卖了汕尾20 109船（即原汕尾15027号），得款320 000元，优先偿还了被告所欠债务。

【法理研究】

本案涉及的问题是抵押人钟某未经抵押权人信用社的同意，将抵押物渔船出卖

---

〔1〕 陈华彬：《物权法》，法律出版社2004年版，第498页。

〔2〕 马原主编：《担保法分解适用集成》，人民法院出版社2001年版，第640页。

给第三人李某的行为是否无效。

《物权法》第191条规定："抵押期间，抵押人经抵押权人同意转让抵押财产的，应当将转让所得的价款向抵押权人提前清偿债务或者提存。转让的价款超过债权数额的部分归抵押人所有，不足部分由债务人清偿。抵押期间，抵押人未经抵押权人同意，不得转让抵押财产，但受让人代为清偿债务消灭抵押权的除外。"然而，在未经抵押权人同意的情况下，转让行为是否当然无效？该条立法的目的是为了保护抵押权人的利益，但转让行为未必一定会损害抵押权人的利益。若转让抵押物所得价款较高，更有利于债务清偿，且抵押权人在事后得知抵押财产被处分时，并不反对，则有效；如果抵押权人反对转让，则该无效的主张应由抵押权人提起。

本案中，抵押人钟某虽然未经抵押权人信用社同意，将抵押物渔船转让给李某，但是当事人约定的价款远远高于担保的债权，该转让合同并非当然无效。但李某未按约定支付价款，信用社仍有权对抵押的渔船享有优先受偿权。

3. 设定数个抵押权的权利。

（1）余额再抵的权利。抵押人在抵押物的价值大于所担保债权的情况下就其价值余额再设定另一抵押，即所谓的"余额再抵"。

抵押权虽然具有排他性，但是排他性并非绝对，在一物之上并非只能设定一个抵押权，再加上设定抵押权无须转移标的物的占有，抵押物的价值又未必与主债权数额相当，因此，为了充分发挥抵押物的效用，各国一般允许抵押人可以就同一抵押物设定数个抵押权。《担保法》第35条就规定，财产抵押后，该财产的价值大于所担保债权的余额部分，可以再次抵押，但不得超出其余额部分。学者一般称之为"剩余价值的担保权"。

对此，《物权法》放松了"余额再抵"的限制，只是规定了数个抵押权并存时的受偿顺序。因为抵押权是价值权，抵押物的价值以抵押权实现时为准，因此，以一个抵押权设定时的抵押物的价值限制其再行抵押是不符合法理的。

（2）数个抵押权并存时的受偿顺序。《物权法》允许在同一物上设置多个抵押权。若抵押物的价值足以清偿全部抵押债务，则各抵押权之间不存在矛盾。但事实上，抵押物的价值往往不足以清偿全部抵押债务。此时，抵押权人的受偿顺序就有着非常重要的意义。

《物权法》第199条规定："同一财产向两个以上债权人抵押的，拍卖、变卖抵押财产所得的价款依照下列规定清偿：①抵押权已登记的，按照登记的先后顺序清偿；顺序相同的，按照债权比例清偿；②抵押权已登记的先于未登记的受偿；③抵押权未登记的，按照债权比例清偿。"依《担保法司法解释》第58条的规定，当事人同一天在不同的法定登记部门办理抵押物登记的，视为顺序相同；因登记部门的原因致使抵押物进行连续登记的，抵押物第一次登记的日期，视为抵押登记的日期，并依此确定抵押权的顺序。《物权法》规定了实行不动产统一登记的制度，但在法律、行政法规规定统一登记制度以前，《担保法司法解释》仍有其适用的余地。

登记的抵押和未登记的抵押并存案[1]

【案情简介】

某市造纸厂为提高经营效益，实现扭亏为盈，于2000年3月8日同德国某公司签订了分期付款买卖合同，约定造纸厂购买德国公司的全套木浆纸生产设备，价格为700万元，首付200万元，余款1年内付清。合同签订后，造纸厂通过变卖旧设备、向职工集资的方式，向德国公司先期付款200万元，并如期引进了德国公司的造纸设备。2001年2月20日，造纸厂为付清余款，以全套木浆纸生产设备作抵押，向市农业银行贷款300万元，还款期限为1年，双方办理了抵押登记。2001年8月7日，因原材料市场货源紧张，供方要求现金交易，造纸厂为筹备周转资金，又以全套木浆纸生厂设备作抵押，向A投资公司贷款100万元，但双方没有进行抵押登记。2001年10月11日，造纸厂再次以全套木浆纸生产厂设备作抵押，向市中国银行贷款200万元，以翻新厂房。在中国银行的要求下，双方办理了抵押登记。市农业银行得知造纸厂又连续在抵押物上设定两次抵押后，认为造纸厂未征得自己的同意擅自就同一抵押物设定多重抵押，其行为侵害了自己的抵押权，遂请求法院确认后续抵押权无效。

【法理研究】

本案中，造纸厂首先以价值700万元的造纸设备作抵押向农业银行贷款300万元，其后为A投资公司及市中国银行设定抵押担保的债权额分别为100万元和200万元，三者合计为600万元，依据《担保法》第35条的规定，抵押人所担保的债权并没有超过抵押物的价值，该重复抵押的行为并不违反法律的规定，因此农业银行请求法院确认该抵押无效不会得到法院的支持。在同一标的物上存在数个抵押权时，各个抵押权之间有一定的顺序，各抵押权人应该依据一定的顺序受偿。依《物权法》第199条的规定：抵押权已经登记的，按照登记的先后顺序清偿；抵押权已经登记的先于未登记的受偿。因此，市农业银行的抵押权早于中国银行的抵押权，而中国银行的抵押权先于投资公司的抵押权。虽然投资公司的抵押权设定先于中国银行，但是由于没有进行登记，不能对抗已经登记的中国银行的抵押权，只能后于中国银行受偿。

---

〔1〕 房绍坤、张洪波编著：《物权法案例教程》，知识产权出版社2003年版，第163页。

4．抵押人的出租权。指抵押人在设定抵押后将该抵押物出租给他人的权利。抵押期间，抵押人仍然可以对抵押物为使用收益，因此，抵押人有权将该抵押物出租。

《物权法》第190条规定："订立抵押合同前抵押财产已出租的，原租赁关系不受该抵押权的影响。抵押权设立后抵押财产出租的，该租赁关系不得对抗已登记的抵押权。"据此，抵押和租赁和效力顺序是：①出租在先抵押在后的，适用"抵押不破租赁"规则；②抵押在先出租在后的，租赁有权对抗未登记的抵押权，但无权对抗已登记的抵押权。

（二）抵押权人的权利

抵押权人的权利，是抵押权对抵押权人的效力。抵押权人的权利主要有：

1．优先受偿权。抵押权人的优先受偿权，是指于抵押权实现时抵押人以抵押物的变价优先受偿的权利。优先受偿是抵押权的重要特征，优先受偿权是抵押权人最主要的权利，是抵押权对于抵押权人的基本效力。

无线电一厂申请破产收回投资和收益作为破产财产及抵押债权优先受偿案[1]

【案情简介】

无线电一厂是隶属于某自治区重工业厅的国有企业，建厂于1970年。生产的主要产品有扬声器、黑白电视机、交流收音机、半导体收音机、高中档收录机等。现有职工250人，离退休职工40余人，有6个持有企业法人营业执照的分支机构和公司。该厂因长期管理不善，从1987年起连年亏损，资不抵债，无力清偿到期债务。在此情况下，该厂经其主管部门自治区重工业厅批准，于1992年5月28日向该自治区高级法院提出破产申请。

【审理判析】

无线电一厂申请破产案，经过2年多时间的审理，该自治区高级法院认为：该审理程序合法有效，经自治区国有资产管理机关和有关法定机构对破产资产的清理、评估，破产案件事实清楚，债权债务关系明确，破产事实应予以确认。债权人中国人民银行自治区分行的抵押债权有效，该笔债权有优先受偿的权利。法院对中国人民银行自治区分行收回这笔债务的事实和宁光电工厂出资570万元整体购买无线电一厂的事实予以确认。

据此，本案的抵押债权优先受偿后，剩余的破产财产已不足以支付破产费用。

---

〔1〕"宁夏无线电一厂申请破产收回投资和收益作为破产财产及抵押债权优先受偿案"，载最高人民法院中国应用法学研究所编：《人民法院案例选》1995年第4辑（总第14辑），人民法院出版社1996年版，第141页。

遂依法作出裁定：宣告无线电一厂申请破产案的破产程序终结。

【法理研究】

本案核心问题自然是对抵押债权优先受偿的认定。

在78户具有资格的债权人中，中国人民银行自治区分行是最大的债权人，占无线电一厂总债务的56%。高级法院经审理认为：抵押贷款合同事实清楚，内容合法，为有效合同。根据《企业破产法》的规定，无线电一厂对用于中国人民银行自治区分行的抵押物不作为破产财产进行分配，中国人民银行自治区分行对该抵押物享有别除权，对抵押债权享有优先受偿的权利。

2. 处分权。抵押权人的处分权是指抵押权人处分其抵押权及抵押权顺序的权利。抵押权的处分包括抵押权的抛弃、抵押权的转让、抵押权顺序的处分。[1]

（1）抵押权的抛弃。抵押权的抛弃是指抵押权人放弃其优先受偿的担保利益，包括绝对抛弃和相对抛弃。抵押权的绝对抛弃对于一切债权人都发生法律效力，由抵押权人向抵押人作出抛弃的意思表示，对于已经登记的抵押权，还须办理注销登记。抵押权一经绝对抛弃，就归于消灭，原抵押权人即成为普通债权人。抵押权的相对抛弃仅仅对特定的债权人发生效力，抵押权人并不丧失抵押权，仅仅是使受抵押权抛弃的特定债权人与抛弃抵押权人处于同一地位。相对抛弃抵押权的抵押权人对于未受其抵押权抛弃的其他债权人仍享有抵押权人的地位，可以优先受偿。

抵押权人有优先于普通债权人受偿的权利，其可以抛弃抵押权，但应当以明示的方式作出。抵押权人不行使抵押权或怠于行使抵押权的，不得推定抵押权人抛弃抵押权。同时，抵押权人抛弃其抵押权的，仅以单方意思表示即可，而无须征得抵押人的同意。

（2）抵押权的转让。由于抵押权属于财产权，并且不具有专属性，自然可以转让。德国民法采抵押权的独立性，也就是说抵押权不依附于债权而存在，具有极端的价值权性质和高度的流通性，抵押权当然可以转让。日本也发展出抵押权从属性缓和理论，允许抵押权分离于债权而单独转让。

我国由于坚守抵押权的从属性原则，抵押权与被担保的债权具有不可分性，所以抵押权原则上不可与主债权分离而单独让与，即抵押权的转让是指抵押权随同主债权的转让而转让。对此，《物权法》第192条作了明文规定："抵押权不得与债权分离而单独转让或者作为其他债权的担保。债权转让的，担保该债权的抵押权一并转让，但法律另有规定或者当事人另有约定的除外。"

---

〔1〕郭明瑞：《担保法》，法律出版社2004年版，第127页。

资产管理公司诉商贸公司抵押借款合同纠纷案〔1〕

【案情简介】

2002年8月，商贸公司与某银行分别签订借款合同和抵押合同，借款合同约定银行借款1300万元给商贸公司，借款期限为1年，利率为月息5.7525‰，按季结息，借款用途为借新贷还旧贷；抵押合同约定商贸公司以房产为该借款作抵押担保。合同签订后，银行将1300万元借款转给商贸公司并随即清收了旧贷款；9月12日，抵押合同约定的抵押财产办理了房屋他项权登记，银行领取了房屋他项权证。2004年6月，资产管理公司与银行签订债权转让协议，约定银行将上述1300万元借款债权本息以及从权利（含抵押权）转让给资产管理公司。8月18日，市公证处出具公证书，公证书证实银行于8月11日将债权转让及催收通知书送达被告商贸公司。

原告资产管理公司以商贸公司在收到债权转让及催收通知后，一直没有履行义务为由，提起诉讼。请求法院判令被告：立即清偿借款本金及利息，不能立即清偿，则由原告对其抵押物行使抵押权。

【审理判析】

法院经审理认为：银行对商贸公司享有因借款合同关系而形成的债权属实，按照《合同法》的规定债权人对外转让债权只需通知债务人即可，无需债务人同意，资产管理公司收购国有商业银行不良贷款形成的债权也符合国家政策的规定，资产管理公司与银行签订的债权转让协议不违反法律和国家政策，应当有效。依照原告与银行签订的债权转让协议的约定，债权转让的同时与转让标的有关的从权利一并转让，本案债权有已经生效的抵押权，原债权人银行为抵押权登记的权利人。债权转让的同时抵押权依法可以同时转让，但根据《物权法》的规定，抵押权的取得自登记之日起生效，原告受让债权的同时受让抵押权的合同约定虽然有效，但未经变更登记，抵押权的权利人不能发生变更，故原告尚没有依法取得抵押权，原告关于抵押权的诉讼请求，本院不予支持。

【法理研究】

本案争议的焦点在于银行与原告之间的债权转让关系的效力，以及原告是否享有抵押权。

---

〔1〕“中国信达资产管理公司合肥办事处诉蚌埠市福德商贸有限公司抵押借款合同纠纷案”，载北大法律信息网 http://vip.chinalawinfo.com/case/displaycontent.asp? Gid = 117481207&Keyword = ，登录时间2010年3月15日。

根据《合同法》和《物权法》的有关规定，债权人转让债权的，应当通知债务人。债权转让的，担保债权的抵押权同时转让。不动产抵押权的设定、变更以登记为生效要件。本案中，资产管理公司与银行的债权转让已经通知了债务人商贸公司，债权转让生效，另外抵押合同也视为一并转让。值得注意的是，抵押合同的转让与抵押权的转让生效要件不同，抵押权的转让需要变更登记。虽然，原告受让债权的同时受让抵押权的合同约定有效，但未经变更登记，抵押权的权利人不能发生变更，故原告尚没有依法取得抵押权，不能就抵押物优先受偿。法院的推理和判决是正确的。

（3）抵押权顺序的处分。《物权法》第194条规定："抵押权人可以放弃抵押权或者抵押权的顺位。抵押权人与抵押人可以协议变更抵押权顺位以及被担保的债权数额等内容，但抵押权的变更，未经其他抵押权人书面同意，不得对其他抵押权人产生不利影响。债务人以自己的财产设定抵押，抵押权人放弃该抵押权、抵押权顺位或者变更抵押权的，其他担保人在抵押权人丧失优先受偿权益的范围内免除担保责任，但其他担保人承诺仍然提供担保的除外。"

第一，抵押权顺位的抛弃。抵押权具有顺序性，先次序抵押权人有优先于后次序抵押权人就抵押物受偿的权利，先次序抵押权人可以抛弃其优先受偿的次序权。抵押权人抛弃抵押权次序的，在其抛弃的范围内，不得主张优先受偿的权利。

第二，抵押权顺位的变更。抵押权顺位的变更是指同一抵押的数个抵押权人将其抵押权的顺位互为交换。抵押权顺位的变更亦可能会侵害其他抵押权人的利益，必须征得全体抵押权人的书面同意。抵押权顺位的抛弃或变更是物权的变动，同样需要予以公示，已经登记的抵押权应当进行变更登记。

某一抵押权人抛弃抵押权顺位后，抵押物如何受偿[1]

【案情简介】

甲公司因为业务关系，分别拖欠乙公司、丙公司和丁公司180万元、120万元和60万元。于是，甲公司用其价值300万元的厂房为乙公司、丙公司和丁公司设立抵押。乙公司为第一顺位抵押权人，丙公司和丁公司分别为第二顺位和第三顺位抵押权人。乙公司为了丁公司的抵押权利益，将自己第一顺位的优先受偿利益抛弃给了丁公司。如果甲公司没有按期履行债务，将其抵押物拍卖后得到300万元的价款，那么这300万元的价款在乙、丙和丁公司之间应如何分配？

〔1〕 马新彦主编：《中华人民共和国物权法法条精义与案例解析》，中国法制出版社2007年版，第429页。

【法理研究】

甲公司的抵押物卖得价金为300万元，在乙公司未放弃抵押权顺位时，乙公司获得价金180万元，丙公司获得价金120万元，丁公司一无所有。在抛弃了抵押权顺位后，乙公司根据第一顺位的抵押权可以获得180万元，乙丁两者合计为180万元，这180万元根据乙丁的债权比例分享，乙公司分得135万元，丁公司分得45万元，丙公司仍然分得120万元，没有变化。

3. 保全权。抵押权的保全权，是指抵押期间，当抵押物的价值受到侵害时，抵押权人所享有的保全其抵押权的行为。对抵押物的侵害行为，既包括积极行为，也包括消极行为，既包括故意，也包括过失。

《物权法》第193条规定："抵押人的行为足以使抵押财产价值减少的，抵押权人有权要求抵押人停止其行为。抵押财产价值减少的，抵押权人有权要求恢复抵押财产的价值，或者提供与减少的价值相应的担保。抵押人不恢复抵押财产的价值也不提供担保的，抵押权人有权要求债务人提前清偿债务。"

某银行诉工业公司等非法转让抵押物侵犯抵押权案〔1〕

【案情简介】

1997年，化工厂向原告申请两笔贷款555 000元和15万元，化工厂以其在大东滩的6775.4平方米土地使用权和1165.83平方米房屋产权分别为上述两笔借款提供抵押担保，并办理了抵押物登记。借款到期后，化工厂未能依约还款，截至2000年，尚欠原告借款本金及利息若干元。1998年，区工商局吊销化工厂营业执照。1999年，化工厂主管部门工业公司把化工厂有效资产投入枪神公司进行资产重组。2000年，枪神公司与中房公司签订协议，将枪神公司在大东滩的土地13.33亩和建筑物4500平方米（包括前述抵押物）与中房公司在李家山的土地12.98亩、建筑物1625平方米进行置换，中房公司支付枪神公司230万补偿费。协议签订后，双方进行了房地产交割，但未办理土地使用权和房屋产权权属变更手续。此后中房公司拆除了原化工厂在大东滩的房屋。

1997年，中房公司与亿人公司合资设立被告中亿公司，对大东滩土地进行合作开发。中房公司以土地作为投入（包括前述抵押的房地产）。1999年，市规划局向中亿公司颁发了规划用地许可证，但国土部门尚未向中亿公司办理国有土地出让手续。

〔1〕"京口支行诉工业公司等非法转让抵押物侵犯抵押权赔偿案"，载最高人民法院中国应用法学研究所编：《人民法院案例选》2002年第2辑（总第40辑），人民法院出版社2002年版，第265页。

之后，中亿公司在大东滩进行住宅开发并将其建成的商品房销售。

原告某银行提起诉讼，请求判令工业公司以化工厂的财产清偿化工厂所欠的借款本息，由四被告返还抵押物并承担赔偿责任。

【审理判析】

法院经审理认为：原告与化工厂抵押合同成立，且依法办理了抵押登记手续，应确认为有效。被告工业公司在未对化工厂债权债务进行有效清理的情况下，擅自将化工厂抵押给原告的财产划拨给枪神公司；被告枪神公司明知接受的财产上设置有抵押，仍对此进行处置；被告中房公司明知枪神公司非法占有化工厂已设置抵押的财产而仍与其进行房产交换；被告中亿公司未取得合法土地使用权，即开发使用化工厂抵押给原告的财产，四被告在相应行为中均有过错，共同侵犯了原告的合法抵押权，原告作为抵押权人有权要求四被告承担侵权的民事责任。

由于抵押的房屋已被中房公司拆除，土地已由中亿公司开发，建成的商品房已售出，原告无法以原抵押物变卖的价款优先受偿，故工业公司、枪神公司和中房公司应在化工厂抵押的房地产担保的债务范围内，对化工厂所欠原告的借款本金和利息承担连带赔偿责任；中亿公司应在化工厂抵押的土地使用权所担保的债务范围内对化工厂所欠原告的555 000元借款本金及利息与上述三被告一起承担连带清偿责任。

抵押权是价值权，具有物上代位性。我国《担保法》第58条规定，抵押权因抵押物灭失而消灭，因灭失所得的赔偿金应作为抵押财产。本案中，抵押物并未完全灭失，枪神公司与中房公司交换房地产的行为因违反法律规定而无效，因交换所得的房地产依法不能作为抵押物的替代物，故中房公司认为应由枪神公司以交换所得的房地产及补偿金与原告重新办理抵押手续以处理债务的理由，不予支持。故判决工业公司以原化工厂的财产对该厂所欠原告的借款本金及利息承担清偿责任，对工业公司不能偿还上述借款的本息部分，由工业公司、枪神公司、中房公司、中亿公司承担连带赔偿责任（中亿公司赔偿责任的范围为原化工厂欠原告的本金555 000元及利息441 746.16元）。

【法理研究】

本案中，原告对两个抵押物享有抵押权：一是1165.83平方米的房屋，二是6775.4平方米的土地使用权。前者由于被中房公司拆除而灭失，设定其上的抵押权因此而消灭，工业公司、枪神公司、中房公司对此均有过错，依法应承担侵犯抵押权的赔偿责任。本案的焦点在于：后者没有因法定事由如被合法征用或被拆迁等而灭失，原告仍享有合法的抵押权，而四被告的行为又致使原告无法直接实现抵押权。

这时原告如何对该抵押权寻求救济，是行使物上追及权、物上代位权，还是损害赔偿请求权。

(1) 原告不能行使物上追及权。原告能否对在其享有抵押权的土地上由中亿公司所开发的商品房行使物上追及权并优先受偿？本书认为不能，原因如下：

第一，物上追及权仅适用于抵押物有效转让的情形。所谓物上追及权是指，抵押权人原对抵押物享有的优先受偿权，在抵押物的所有权转移给第三人后，可继续享有。它是基于抵押权的物权性和可以对抗所有权的优先效力而衍生出来的，其目的在于平衡抵押权人的优先受偿权和抵押人对抵押物的处分权之间的冲突。抵押物所有权有效转让，是行使物上追及权的一个前提条件。本案中，枪神公司与中房公司“置换”抵押物未通知作为抵押权人的原告，且土管部门也未办理相关手续，该土地使用权未转移，相应地，原告也就不能对中房公司及中亿公司开发的商品房行使物上追及权。

第二，物上追及权不适用于善意取得的不动产。由于不动产转让需经登记赋予公示与公信效力，一般情况下，不动产不适用善意取得制度。但在特殊情况下，不动产交易因登记错误、疏漏等原因也会产生无权处分问题。如果不动产交易中第三人出于善意，从保护第三人利益、维护交易秩序的角度出发，应当允许第三人获得不动产的所有权。据此，设立抵押的不动产被无权处分，且由第三人善意取得后，抵押权人不能够再行使物上追及权，追及不动产所在并进行优先受偿。本案中，虽然中亿公司未获得土地使用权，但获得了规划许可证和商品房销售许可证。可以认定，商品房购买人系出于善意，应承认并保护其对商品房及所占用土地的合法权利，原告对商品房购买人也不得行使物上追及权。

(2) 原告对置换的房产不享有物上代位权。本案中，中房公司认为应由枪神公司以交换所得的房地产及补偿金与原告重新办理抵押手续以处理债务。对此，原告予以拒绝，法院也没有支持。具体原因如下：

第一，代位物基于赔偿责任而存在，非因契约而产生。法律规定，在抵押物灭失、毁损或者被征用的情况下，抵押权人可以就该抵押物的保险金、赔偿金或者补偿金优先受偿。抵押权物上代位性的理论基础主要为抵押权的价值权性，即抵押物毁损、灭失后，如有交换价值存在，它仍系抵押权所支配之交换价值。所以，代位物的产生，首先有两个条件：一是抵押物灭失或毁损等；二是交换价值形态发生变化。从这两点还应推出第三个条件：抵押物交换价值形态的变化是在其灭失或毁损后因赔偿责任所致。承认契约行为也可产生代位物，实质上是赋予抵押人无限制的处分权，如可以任意买卖、交换抵押物等，这与法律规定相违背。本案中，设定抵押的土地使用权未灭失或被征用，枪神公司与中房公司交换房地产行为首先是无效的民事行为，且枪神公司取得的房地产是基于该两公司间的约定，而非赔偿责任的承担。故交换所得的房地产及补偿金依法不能作为代位物。

第二，代位物存在，抵押权人只能对其主张优先受偿权。根据抵押制度，抵押权人可以就代位物优先受偿。这其中还隐含有一层意思，即优先受偿权只必然地移至代位物。在抵押人与抵押权人的权利义务关系中，若抵押物灭失或毁损，因法律对抵押权人的特别保护，赋予了其对代位物的优先受偿权，该权利并不移存于抵押人的其他财产之上，如枪神公司交换获得的李家山处房地产。在第三人与抵押人、抵押权人的权利义务关系中，第三人如使抵押物灭失、毁损等，同时侵犯了抵押人的财产权和抵押权人的抵押权。两种侵权赔偿责任中，第三人只要择一承担即可，如第三人向抵押人给付了代位物，侵犯抵押权的赔偿责任则自然免除。也就是说，此时抵押权人只能就代位物主张优先受偿权，不能放弃该权利而要求第三人继续承担责任。

(3) 原告可行使侵犯抵押权损害赔偿请求权。侵害抵押权损害赔偿责任有下列成立条件：一是损害抵押物的客观事实；二是违反抵押关系法律规定的行为；三是违法行为与抵押物损害事实间有因果关系；四是侵害抵押权行为人有主观过错。本案中，四被告非法转让、处分抵押物，其行为致使原告无法将抵押物进行折价、拍卖、变卖，而使其债权无法优先受偿，且被告在实施侵权行为过程中均有过错，故构成对原告抵押权的侵犯，原告可以要求其承担相应的损害赔偿责任。

侵害抵押权损害赔偿的原则是全部赔偿原则。工业公司、枪神公司、中房公司、中亿公司共同侵犯了6775.4平方米土地使用权上的抵押权，对其担保的化工厂555000贷款本息无法受偿部分，要予以赔偿；前三个被告还共同侵犯了1165.83平方米房屋产权上的抵押权，对其担保的化工厂15万贷款本息无法受偿部分，也要予以赔偿。

综上，抵押权人在不能对抵押人和抵押物行使抵押权时，如因抵押物非法转让所致，可以行使撤销权，继续行使抵押权；如因抵押物合法转让所致，可以行使物上追及权，追及物的所在优先受偿；如因抵押物灭失、毁损等所致，可首先行使物上代位权，就代位物优先受偿，没有代位物，可行使损害赔偿请求权，要求侵权人予以赔偿。上述处理方式共同构成抵押权的救济体系。

四、抵押权的实现和消灭

(一) 抵押权的实现

抵押权的实现，又称为抵押权的实行、抵押权的行使，是指债务人不履行到期债务或者发生当事人约定的实现抵押权的情形，抵押权人行使其抵押权，将抵押物变卖、拍卖或者以折价方式优先受偿的行为过程。

1. 抵押权实现的条件。抵押权的实现必须满足以下条件：①抵押权有效存在。抵押权如果无效或者被撤销，则不得实现。当然，抵押权人放弃了抵押权，抵押权也消灭。②主债务履行期届满。主债务履行期限未届满的，主债务人无履行的责任，债权人享有的只是一种期待权，债权人当然不能要求主债务人履行债务，也就不能确定主债务人是否履行债务，抵押权人当然不能实现抵押权。③债权人未受清偿。如果债权得到清偿，则抵押权人的抵押权因债务人清偿债务而消灭，抵押权人当然不能再行使抵押权。《物权法》在抵押权实现的条件上，增加了一种情形，即发生当事人约定的实现抵押权的情形，体现了对当事人意思自治的尊重。

2. 抵押权实现的方式。抵押权的实现方式主要有三种：①折价。指抵押物担保的债权已届清偿期，抵押权人和抵押人协议用抵押物替代清偿所担保的债权，由抵押权人取得抵押物的所有权，所担保的债权在协议抵偿的金额范围内消灭的一种抵押权实现方式。②拍卖。指以公开竞价的方式将标的物卖给出价最高的竞买者的活动或行为。拍卖包括协议拍卖和强制拍卖，前者指由抵押人和抵押权人双方协商一致进行拍卖，后者指抵押权人申请人民法院进行强制拍卖。③变卖。指以拍卖以外的方式转让抵押物的所有权，并从所得价款中清偿主债权。

马某诉某银行抵押物变卖侵权损害赔偿案[1]

【案情简介】

马某与银行订立的抵押贷款协议约定：自1989年2月16日至5月10日，由银行贷给马某13 000元，马某以拖拉机作为抵押，由贷款方保管，还款期限为5月10日。其间，马某用贷款买回拖拉机一台，但并未交给银行保管。贷款期限届满后，马某还款困难。在银行多次催告下，马某分三次还贷款3400元。马某给银行主任出具欠条："我于1991年4月底还清尚欠6000元原贷款，如还不清愿按贷款条例处理。"同月，由银行主任写下一份记事笔录，内容为：将马某家中的拖拉机及拖挂、犁再作抵押，作价10 400元，限马某同年4月9日至5月9日偿还贷款，否则银行有权按现行市场价格择价变卖。双方均签字。后马某仍未还贷，银行即于5月2日向马某发出"催款通知单"，要求"马某按期来银行办理还款，如按期不还，按规定加收逾期利息"。5月3日，银行主任在马某家又写了一份限期收贷证明，载明限期马某5月4日拿6000元到银行偿还贷款，逾期银行以拖拉机、拖挂和犁作抵押物受偿，5月4日从马某处启运，马某及家人不得干涉银行执行业务。双方又签字。

5月5日，马某携款2000元到银行还款时，银行派人到马某家将其拖拉机和拖斗取走。7日，马某又携款2000元到银行还款，分理处拒收，告知马某于16日再来银行归还6000元。马某在16日携款6000元还款时，银行以6000元不足以清偿全部贷款的本息为由，拒绝接收并要马某还清全部贷款本息，逾期则拍卖拖拉机及拖斗。

---

〔1〕"马某诉某银行抵押物变卖侵权损害赔偿案"，载最高人民法院中国应用法学研究所编：《人民法院经济案例选》（专辑2），人民法院出版社1998年版，第162～167页。

马某无法还清全部贷款本息，银行在17日将扣押的抵押物拖拉机及拖斗以12500元卖给第三人黄某。23日，马某携款13000元到银行还款，银行告知其拖拉机及拖斗出卖的情况。

马某起诉，称银行扣押变卖其抵押物侵权，请求返还原物，赔偿损失。

【法理研究】

本案争议的焦点在于抵押权的实现，也就是抵押权人在债务人不履行到期债务时，可以通过何种途径，使受抵押担保的债权得到清偿，也就是说，作为抵押权人的银行可否直接依协议约定变卖抵押物以实现抵押权。

马某到期未能清偿银行贷款，银行有权以抵押物折价、拍卖或者变价后受偿。在此过程中，双方实际上已于1991年4月9日达成了协议，银行并据此取得了抵押物。虽然双方协议的形式是记事笔录，但该笔录中已经载明了银行有权对抵押物以现行市场价格变卖，马某亦在该笔录上签名，应该视为双方已经就抵押权实现的方式达成了一致意见。此后，银行在马某未能清偿债务的情况下，以市场价格12 500元将抵押物变卖给黄某，是符合协议约定的，并未侵权。

3. 我国抵押权的协议实现方式评述。我国《物权法》尊重当事人双方的自由意志，允许当事人双方协议以抵押财产折价的方式来抵销债务，这有利于降低抵押权实现的成本。但是，抵押财产的价值高低往往牵涉普通债权人的利益。如果当事人故意串通或者以低于抵押物自身的价值折价，就会导致抵押人自有财产的减少，从而使原本有机会获偿债务的普通债权人或后顺序抵押权人失去了受偿的机会；而抵押权人获得不正当利益，也有悖于公平、诚信原则，同时也不符合抵押权设定的本意。

《物权法》在肯定抵押人和抵押权人意思自治的基础上，为防止其滥用权利而侵害第三人的利益，同时赋予第三人异议和撤销的权利。该法第195条规定："债务人不履行到期债务或者发生当事人约定的实现抵押权的情形，抵押权人可以与抵押人协议以抵押财产折价或者以拍卖、变卖该抵押财产所得的价款优先受偿。协议损害其他债权人利益的，其他债权人可以在知道或者应当知道撤销事由之日起1年内请求人民法院撤销该协议。抵押权人与抵押人未就抵押权实现方式达成协议的，抵押权人可以请求人民法院拍卖、变卖抵押财产。抵押财产折价或者变卖的，应当参照市场价格。"

（二）抵押权的消灭

抵押权的消灭，是抵押权对于抵押物所具有的支配力。以登记为生效要件而设定的抵押权，在消灭时，抵押权人负有注销抵押登记的义务。以登记为对抗要件而设定的抵押权，已办理了抵押登记的，也应当注销抵押登记。

抵押权，除因物权的一般消灭原因，如混同、抛弃等消灭外，还存在以下特殊消灭原因：①主债权消灭。由于抵押权是为担保债权实现而存在的从权利，抵押权具有从属性，随主债权的消灭而消灭，因此在主债权因履行、抵销、免除或其他原因消灭时，抵押权也随之消灭。②抵押权实现。抵押权人实现抵押权时，无论所担保的债权是否因实现而全部受偿，抵押权均归于消灭。③抵押权人放弃抵押权。

第二节　特别抵押

一、共同抵押

（一）共同抵押概述

所谓共同抵押，又称总括抵押、聚合抵押，指为担保同一债权，而在复数的不动产、不动产用益物权或者动产上设定的抵押。[1] 在一物之上设定一个抵押权，担保一个债权为一般抵押权，而共同抵押的特点在于以数个抵押物设定一个抵押权来担保同一债权，抵押的标的物不是一个，而是数个，因而属于特别抵押权。

某银行诉乙集团借款抵押合同纠纷案[2]

【案情简介】

某市甲公司欲向某银行借款450万元。根据银行的要求，甲公司以其新购买的大厦第三层共1200平方米（当时估价350万元）作抵押。银行认为该抵押财产不够，要求甲公司提供其他的抵押，否则不能借款。甲公司遂请求乙集团以其新购买的一块面积约200亩，作价800万元的土地使用权作抵押，同时请个体户丁某以其一辆奔驰轿车（当时估价100万元）作抵押。上述抵押分别由银行与各个抵押人订立了合同，并且办理了抵押登记。在甲公司与银行的借款合同中，特别注明以上述3项财产作抵押，但没有约定各抵押财产所担保的债权份额。借款合同到期后，甲公司不能清偿其债务。银行因将甲公司的房产拍卖后仅获得300万元，遂要求拍卖乙集团的200亩地，以清偿剩余的债务，遭拒绝。银行起诉，请求乙集团承担抵押责任。

【法理研究】

本案中所存在的抵押究竟是三项单独的抵押，还是仅仅成立一个共同抵押。甲公司与银行在协商借款合同中，因甲公司提供的房产当时价值仅仅为350万元，而借

---

〔1〕 陈华彬：《物权法》，法律出版社2004年版，第519页。

〔2〕 张俊岩编著：《担保法典型案例》，中国人民大学出版社2003年版，第149页。

款本息共450万元，银行遂要求甲公司必须提供其他的抵押，甲公司则分别请求乙集团、丁某以不同的财产作抵押。银行分别与三者订立抵押合同，并进行了登记。从形式上看，当事人之间形成了三个抵押合同，这些抵押合同的当事人和标的物均不相同，据此有人认为银行取得了三个抵押权。

共同抵押权是指数个财产共同担保一项债权，数项财产为一项债权而设定了抵押权。本案中，尽管银行与上述三方当事人之间分别签订了抵押合同，但三项抵押合同都是为了担保甲公司对银行的450万元债务，尤其是在甲公司与银行的借款合同中也特别注明了以上述三项财产作抵押。可见，上述三项财产构成共同抵押。既然本案的抵押为共同抵押，而合同又没有约定各个财产所担保的债权份额。因此，银行有权就任何一个抵押财产或各个抵押财产行使抵押权。抵押权人银行在对甲公司的房产行使抵押权后，因其债权不能获得全部清偿，有权对乙集团200亩土地行使抵押权，以清偿剩余债务。

（二）共同抵押的效力

关于共同抵押的效力，主要表现在：[1] ①约定担保份额时，成立按份共同抵押。当事人约定了各个财产所负担的金额时，可依按份共同抵押的情形处理。在按份共同抵押中，当事人约定了各个抵押物担保的债权份额时，当事人以特别约定限定各个财产的负担金额的，抵押权人在实现抵押权时应当就各个财产所负担的金额优先受偿。②未约定担保份额时，成立连带共同抵押。当事人没有约定各个财产所负担的金额时，每一个抵押物价值担保全部债权额，此时成立连带共同抵押。抵押权人在实现其抵押权时，可以选择各个财产或全部财产行使权利。

二、浮动抵押

浮动抵押制度是《物权法》规定的新的抵押制度。我国根据社会实践的需求，引进了英国衡平法上的浮动抵押制度。

（一）浮动抵押的涵义

《物权法》第181条规定："经当事人书面协议，企业、个体工商户、农业生产经营者可以将现有的以及将有的生产设备、原材料、半成品、产品抵押，债务人不履行到期债务或者发生当事人约定的实现抵押权的情形，债权人有权就实现抵押权时的动产优先受偿。"结合以上对浮动抵押的描述和规定，可以将浮动抵押定义为：企业以其全部财产或部分财产为债权提供担保，抵押期间抵押人有权处分设押财产，设押财产可以自由流转，只有在特定情形发生后，设押财产才结晶转化为固定抵押的抵押物以实现债权。

---

〔1〕 吴庆宝主编：《物权担保裁判原理与实务》，人民法院出版社2007年版，第340页。

某公司以代售产品为抵押亦即浮动抵押担保案[1]

【案情简介】

甲公司主要生产纸巾、餐巾纸和卫生用纸等纸类产品。刘某向该公司提供10万元的纸浆，但是考虑到公司的经营状况，以及由于该公司在成立之初，向银行贷款300万元，银行已经在该公司的厂房和厂房所在的建筑用地，以及机器设备上设定了抵押权，刘某要求甲公司必须提供担保，否则拒绝签订买卖合同。甲公司为了继续进行生产，只好将公司待售的5万元纸巾和已生产但未包装的一批价值3万元的纸巾，以及正在生产的纸巾半成品5万元为刘某设定抵押。抵押合同中约定如果甲公司不能按时支付纸浆款，刘某有权出售纸巾，就所得价款优先受偿。但是刘某认为甲公司正在生产中的价值5万元的纸巾，很可能因为其他的原因无法生产，所以要求甲公司另行提供担保物，甲公司表示反对。

【法理研究】

本案中，甲公司提供了三种抵押物，即价值5万元的等待出售的产品，既成品、价值3万元的未包装的纸巾，以及正在生产的5万元的半成品。根据《物权法》第181条的规定，企业可以将其现有的以及将有的生产设备、原材料、半成品和产品抵押。甲公司提供的5万元的半成品，完全符合浮动抵押中抵押物的条件，刘某无权拒绝。

（二）浮动抵押的特征

1. 抵押物的集合性。设定浮动抵押时，是在企业现有的及将来的一部分或全部财产上设定的抵押，因此设押财产具有集合性。如果抵押物只是某一特定的财产，则抵押物的流动性自然无从谈起，这只不过是物上代位性的表现而已。因此，浮动抵押的财产是具有集合性的。只有抵押物是集合物，才会出现抵押物流动性的情况。在英国，抵押物的范围广泛，包括机器设备、原材料、库存物资、应收账款、商誉合同权利及无形资产等等，几乎涵盖了所有的财产。

2. 抵押物的可处分性。在固定抵押中，抵押人也可以处分抵押物，但是受到法律的严格限制。如《物权法》第191条规定，抵押期间，抵押人未经抵押权人的同意，不得转让抵押财产，但受让人代为清偿债务消灭债权的除外。而在浮动抵押中，抵押人在正常经营过程中，有权自由处分抵押物，无须征得抵押权人的同意。抵押

---

〔1〕马新彦主编：《中华人民共和国物权法法条精义与案例解析》，中国法制出版社2007年版，第412～423页。

物的可处分性是浮动抵押区别于固定抵押的本质特征。在英国，不论如何表述，只要约定抵押期间，抵押人有权自由处分抵押物，即被认为是浮动抵押。浮动抵押制度使抵押人享有极大的自主权，可以以买卖、转让、清偿等方式处分其财产，而不论该财产是否在抵押财产的范围之内。正因为如此，有人形象地将浮动抵押的此种状况称为抵押的“休眠”。

3. 抵押物的流动性。设定浮动抵押的标的物的初始形态虽然是企业的部分或者是全部财产，但是由于抵押人在正常经营过程中，对抵押物享有自由处分权，从企业向外流出的财产自动脱离抵押物的范围，第三人取得完整的所有权，反之，从外部流入企业的财产则自动成为抵押财产，因此抵押财产是不特定的，处于变化不定的浮动状态。

4. 实现抵押权时，抵押物须结晶（固定）。由于抵押物是呈流动状态的，抵押权人对抵押物的支配只是一种动态的支配，总体上的支配，如果要实行抵押权的话，浮动抵押的抵押物尚需结晶。所谓结晶（crystalization），是指在债权清偿期届满、企业有不能清偿债务之虞或有其他的解散事由时，企业担保便结束此前一直持续的睡眠状态，而发挥其效力。具体而言，此时浮动不定的担保变为特定担保，浮动担保的标的物范围因此得以特定，浮动担保权人可以由变卖企业财产所得的价款优先受偿。[1] 简言之，结晶是指债权人能将浮动抵押变为固定抵押，抵押物从流动状态转为静止状态，抵押人处分抵押财产的权利停止。在特定事由出现时，抵押物即结晶，浮动抵押转化为固定抵押，否则抵押权无法实现。

（三）我国《物权法》规定的浮动抵押制度的特点

与其他国家相比，我国《物权法》规定的浮动抵押的特点有：

1. 设押主体大为扩大。根据我国《物权法》，企业、个体工商户、农业生产经营者皆可以为浮动抵押人。一般来说，各国和地区都将浮动抵押的设定主体限于公司，如英国、日本和我国的香港特别行政区。其中，日本的规定尤为苛刻，限定为股份有限公司。美国则对此未作限定，这与其完善的市场主体资信公示机制有很大关系。

2. 抵押财产的范围大大缩减。《物权法》规定的浮动抵押的标的物范围是非常狭窄的，实行有限的动产抵押主义，即限于生产设备、原材料、半成品及产品。一般抵押则包括动产抵押、不动产抵押，甚至权利抵押，即使一般的动产抵押，也不限于上述四种财产，还包括交通运输工具，以及法律、行政法规未禁止抵押的其他财产。在英国，虽然对可以设定浮动抵押的财产采取列举的方式加以确定，但几乎所有有形的和无形的财产都可以抵押。在日本，构成企业的全部财产都可以用于浮动抵押。

---

〔1〕 梁慧星、陈华彬：《物权法》，法律出版社2007年版，第339页。

3．浮动抵押权的实行与一般抵押权的实行无异，无特殊规定。浮动抵押与固定抵押区别的本质特征是抵押人在抵押期间有权处分抵押物，无须征得抵押权人的同意。正因为此，各国一般都规定了代管人制度，当抵押人的行为害及债权的实现而导致浮动抵押结晶的时候，代管人的任命就是有效实现抵押权的方法之一。可以说浮动抵押财产的浮动性和代管人制度构成了浮动抵押的特色，但是我国《物权法》并未规定这一制度。

4．浮动抵押的效力问题。对浮动抵押的先后顺序，亦适用《物权法》第199条的规定，抵押权已经登记的，按照登记的先后顺序受偿；已登记的先于未登记的；均未登记的，按照债权比例受偿。而各国一般都规定，固定抵押的效力先于浮动抵押。在结晶后，浮动抵押转化为固定抵押，因此其效力与一般的固定抵押效力无异。

（四）浮动抵押的确定

由于抵押物是呈流动状态的，抵押权人对抵押物的支配只是一种动态的、总体上的支配，如果要实行抵押权的话，浮动抵押尚需结晶。

对于其他国家法律及学说通用的“结晶”一词，我国《物权法》并没有采纳，而是采用“确定”一词。根据该法第196条的规定，浮动抵押的确定情形有：①债务履行期届满，债权未实现。这是抵押权实行的一般事由，当债务履行期届满而债权未受清偿时，抵押权应当承担清偿债务的功能。②抵押人被宣告破产或者被撤销。抵押人以现在的和将来的动产设定浮动抵押后，仍然可以进行生产经营。当抵押人发生破产或者被撤销时，即意味着抵押人的经营行为已经停止或者丧失营业能力，此时浮动抵押应当固定。③当事人约定的实现抵押权的情形。浮动抵押权是约定担保物权，当事人可以在设立合同中对浮动抵押确定的有关事项作出约定。④严重影响债权实现的其他情形。该兜底条款涵盖了其他可能出现的导致浮动抵押固定的事由。

某公司破产后其所提供的浮动抵押担保遂确定案[1]

【案情简介】

甲公司于2004年4月7日向银行贷款500万元，约定2年后还本付息，由乙公司用自己的生产设备以及公司所有的原材料为银行提供浮动抵押作为担保，并进行了登记。2005年12月6日，乙公司因为经营不善，被债权人申请破产，遂召开破产债权人大会。在债权人大会上，要求各个债权人申报债权，等待破产财产的分配方案。破产清算组经过清算后，发现乙公司的生产设备和原材料已经为银行设定了浮动抵押担保。

[1] 马新彦主编：《中华人民共和国物权法法条精义与案例解析》，中国法制出版社2007年版，第434页。

【法理研究】

浮动抵押具有标的物的浮动性的特征，因此浮动抵押权所指向的抵押标的最终必须固定下来，否则由于抵押物的浮动不定，抵押权无法实现。浮动抵押是以抵押人现有的或将来取得的动产所设定的抵押，抵押人得正常进行经营活动，但抵押人破产或者被撤销时，则意味着抵押人的经营行为已经停止或者丧失营业能力，此时浮动抵押的标的物确定。本案出现了抵押人被宣告破产的情况，虽然债务履行期尚未届满，但由于出现了破产情形，因此根据《物权法》第196条的规定，浮动抵押的标的物被依法确定下来，停止浮动。

三、最高额抵押

（一）最高额抵押的含义

最高额抵押，是指在预定的最高限额内，为担保一定范围内连续发生的不特定的债权的实现而设定的抵押。最高额抵押制度的确立，为持续不断发生的交易设定担保提供了方便，使当事人不必为每一债权分别设立抵押，而仅仅是确定抵押担保的最高债权限额，在此最高限额内担保将来发生的债权，节省了交易成本。

《物权法》第203条第1款规定："为担保债务的履行，债务人或者第三人对一定期间内将要连续发生的债权提供担保财产的，债务人不履行到期债务或者发生当事人约定的实现抵押权的情形，抵押权人有权在最高债权额限度内就该担保财产优先受偿。"据此，最高额抵押应当具备下列条件：①以协议的方式设定。②预先确定担保期间内被担保债权的最高额。③抵押担保的债权属于不特定的债权。④被担保的债权的发生一般具有交易上的连续性。

某银行诉丙公司确认最高额抵押权案[1]

【案情简介】

甲厂因经营需要自1992年4月21日至1996年3月13日在某银行营业部借款17笔，借款本金共计55.1万元；1998年4月1日，原、被告双方订立了一份最高额抵押合同，以被告的办公楼2幢，为借款合同中的52.3万元提供最高额抵押。1999年3月19日进行了登记，办理了《房屋他项权证》。原告由某银行营业部更名成立，提起诉讼，要求确认该行最高额抵押权有效，并可以以最高限额748303.92元对本案抵押财产行使抵押权。

[1] "工行鹤壁分行长风路支行诉金马电子有限责任公司确认最高额抵押权案"，载最高人民法院中国应用法学研究所编：《人民法院案例选》2004年商事·知识产权专辑（总第49辑），人民法院出版社2005年版，第276页。

被告辩称：其是由甲厂改制成立，对原告所述事实无异议。但认为，1998年4月1日，双方所签订的最高额抵押合同中约定借款数额为52.3万元与被告实际借款数额55.1万元不符；该合同约定期间为1992年4月21日至2001年3月31日，双方办理的《房屋他项权证》的有效期限为1998年4月21日至2001年3月31日，现抵押合同期间及房产抵押证有效期均届满，原告此前未主张过该权利，该抵押权已失效。

【审理判析】

法院经审理认为：1998年4月1日，双方合同约定“在52.3万元贷款本金限额内的全部债权的实现提供抵押担保”，“抵押担保的范围为上述额度内向借款人发放的全部贷款的本金及利息、违约金、赔偿金和实现抵押权的费用”，1999年3月19日双方在市房管局办理的《房屋他项权证》中载明的权利价值为748 303.92元，即该合同的最高限额为748 303.92元。合同中约定52.3万元的贷款限额，是双方对所发生的基础关系，即发放借款合同本金数额的约定，本案抵押财产所担保的债权为借款合同本金52.3万元及其所发生的利息、违约金、赔偿金的全部。借款人丙公司在确定的本金、利息给付之日前未能归还担保贷款，贷款人银行可就最高额抵押合同主张担保物权，但其主张的基础关系即借款本金的数额不得超过52.3万元，其主张抵押权的最高限额不得超过748 303.92元。

原、被告双方协议对1992年4月21日至2001年3月31日连续发生的借款合同提供抵押担保，该期间为最高额抵押权的存续期间，即该期间一旦届满，其所担保的该期间范围内的不特定债权即归于确定，其后所产生的债权，不属于被担保债权。被告主张因该期间届满，抵押权人丧失抵押权的抗辩主张不能成立；市房管局在《房屋他项权证》中所载明的抵押权利存续期限为1998年4月1日至2001年3月31日，有违双方当事人设立抵押权以确保担保债权得以清偿的初衷，且抵押权人并未办理注销抵押登记，该行为侵犯了抵押权人的合法权益。该期间对本案最高额抵押权的存续不具有法律约束力，对本案当事人亦不产生法律约束力。被告以此抗辩抵押权丧失的主张不能成立。

【法理研究】

这是一起最高额抵押合同纠纷。在该案中主要涉及以下问题：

(1) 抵押权最高限额的认定。本案中，双方当事人于1998年4月1日所订立的《最高限额抵押合同》未明确约定抵押权的最高限额，仅约定抵押担保范围为“发放52.3万元贷款本金范围内的本金利息、违约金、赔偿金和实现抵押权的费用”。但合同附件《抵押物清单》中载明抵押物为被告办公楼2栋，价值748 303.92元；1999

年3月19日双方在登记主管机关登记的权利价值为748 303.92元。由此可以推定，双方对本案抵押权的最高限额748 303.92元已正式生效，即被告以价值748 303.92元的办公楼2栋为最高限额，为原告所发生基础关系的限额52.3万元借款提供最高额抵押。

（2）最高额抵押权的存续期间。本案中，被告抗辩主张基础合同关系发生的期间，即为抵押权的存续期间，该期间一旦届满，抵押权丧失。虽然双方在合同中未约定最高额抵押权的存续期间，但被告这一主张有违双方当事人设立抵押权以确保担保债权得以清偿的初衷，该主张不能成立。理论上，在未设定最高额抵押权存续期间的情形下，最高额抵押权因被担保债权的存在而存在，不论有无被担保债权的存在，当事人一方均可以以相当的期限通知相对人终止合同，在通知期限经过后，合同终止，以合同终止时存在的债权额并在不超过最高限额的范围内，发生一般抵押权担保的效力。被告主张的基础合同关系期间一旦届满，抵押权限丧失的主张，法院判决不予支持是正确的。

（二）最高额抵押的特点

最高额抵押属于特殊的抵押方式，对连续发生的债权和特定的交易关系中的债权具有强大的保障作用。

与一般抵押相比，最高额抵押具有以下特点：①最高额抵押是为将来发生的债权作担保。最高额抵押的设定，不以债权的存在为前提，而是对将来发生的债权作担保。②担保债权具有不确定性。最高额抵押所担保的未来债权是不特定的，即将来的债权是否发生，其数额为多少，均不确定。③被担保的债权具有最高限额。最高额抵押设定时担保的债权不确定，而抵押物是特定的，价值是确定的，不能以价值有限的抵押物担保将来发生的无数的债务，否则，将会给债权人造成极大的损害。因此，需要对抵押所担保的未来债权设定最高限额。④对一定期限内连续发生的债权作担保。最高额抵押是对一定期限内连续发生的债权作担保，它适用于连续发生的债权法律关系，而不适用于仅发生一个独立债权的情况。

（三）最高额抵押权的变更

《物权法》第205条规定："最高额抵押担保的债权确定前，抵押权人与抵押人可以通过协议变更债权确定的期间、债权范围以及最高债权额，但变更的内容不得对其他抵押权人产生不利影响。"据此，最高额抵押的变更主要包括：

1. 最高额的变更。最高额抵押合同成立后，合同中约定的最高额可依当事人的合意增加或减少。《日本民法典》第398条之五规定："最高额之变更非经有利害关系人之承诺，不得为之。"这种规定的考虑是：当事人变更抵押担保的最高限额，对其他就抵押物享有权益的人有相当的影响，若不限制抵押人和债权人协议变更最高限额，对后顺位的抵押权人或其他担保权人不公正。

我国仅仅规定了最高额抵押合同变更后的内容不得对其他抵押权人产生不利影响。也就是说，只要对其他抵押权人不会产生不利影响，则不像《日本民法典》规定的那样须征得同意，这种规定有合理性。但是，如果对其他抵押权人产生不利影响，则后果怎么样，法律并未明确作出规定。这是一个遗憾。

2. 债权的变更。债权的变更就是最高额抵押权所担保的债权范围的变化，主要是指担保债权的更换。对此，各国规定不尽相同。依德国民法规定，设定抵押权的债权得以其他债权代替之，最高额抵押的债权，经土地所有人和债权人的一致同意并为登记也得为更换，不仅各个债权得以其他债权更换，而且也可以将整个债权范围更换。

我国有学者根据《担保法》第61条关于最高额抵押的主合同债权不得转让的规定，认为设定最高额抵押权的债权不能以其他债权代替。但该规定未必合理。在不改变最高额抵押权存在基础的前提下，应当允许当事人变更债权，以满足当事人的利益需要。《物权法》即明确了债权范围可在不损害其他抵押权人利益的情况下予以变更。

3. 决算期的变更 。一般来说，对于最高额抵押合同中约定的决算期，当事人也可以变更，既可以延长决算期，也可以缩短决算期。且此项变更无须征得第三人的同意。但决算期已经登记的，在变更时亦应为变更登记，否则不得对抗第三人。

（四）最高额抵押权的确定

最高额抵押权的确定是指最高额抵押权所担保的债权的确定。具体来说，是指最高额抵押权所担保的一定范围内的不特定债权，因特定事由的发生，而归于具体特定的事实。[1]

最高额抵押权确定后，其所担保的债权，以被担保债权确定时存在的、不超过最高限额的特定债权为限，抵押权人可以依照普通抵押权来行使其权利。《物权法》第206条对最高额抵押权的确定进行了规定："有下列情形之一的，抵押权人的债权确定：①约定的债权确定期间届满；②没有约定确定债权期间或者约定不明确，抵押权人或者抵押人自最高额抵押权设立之日起满2年后请求确定债权；③新的债权不可能发生；④抵押财产被查封、扣押；⑤债务人、抵押人被宣告破产或者被撤销；⑥法律规定债权确定的其他情形。"

第三节　质权概述

一、质权的概念

质权，是指为了担保债务的履行，由债务人或第三人将其动产出质给债权人占

〔1〕 徐洁：《抵押权论》，法律出版社2003年版，第245页。

有，或者将财产权利的权利凭证交付债权人或经有关部门办理出质登记，当债务人不履行到期债务或者发生当事人约定的实现质权的情形时，债权人有就该动产或财产权利优先受偿的权利。其中，债务人或第三人称为"出质人"，债权人称为"质权人"，用于出质的动产或财产权利称为"质物"。

典当行与实业公司典当纠纷案[1]

【案情简介】

原告为某市典当行，被告为实业公司。1995年5月3日，原、被告双方签订了一份质押借款合同。被告以18辆铃木125型摩托车质押，从原告处借款15万元。借款到期后，被告未还款。原告多次要求被告归还借款、取回质押的摩托车无果。为收回借款，原告欲将该批摩托车中的10辆卖给大理公司，后大理公司发现该批摩托车系冒牌拼装摩托车，拒绝进行交易。原告遂将被告诉至法院。

【审理判析】

法院判决：原告、被告之间的质押合同因违反法律的强制性规定而无效，被告应当立即归还原告借款15万元及利息，并赔偿相关的经济损失。

【法理研究】

本案涉及的问题是实业公司以冒牌拼装摩托车设质的效力如何。《物权法》第209条规定："法律、行政法规禁止转让的动产不得出质。"本案中，被告实业公司以明知是不能销售的冒牌拼装摩托车这一禁止流通物质押借款，其行为已经构成欺诈，原被告之间的质押合同因违反法律的强制性规定而无效。被告应当立即归还原告借款15万元及利息，并赔偿因此而造成的有关经济损失。

二、质权的法律特征

质权性质上属于担保物权，即质权人直接支配质物的交换价值，确保被担保债权的清偿。质权具有一切担保物权的共性，但又有其自身的特性。

（一）质权是转移占有的要式担保物权

此为质权区别于其他担保物权的特别之处。对于动产来说，需转移动产的占有，

---

〔1〕"重庆南岸宝玉典当行与重庆侨海实业公司典当纠纷案"，载中国高级法官培训中心、中国人民大学法学院编：《中国审判案例要览》（1998年经济审判暨行政审判案例卷），中国人民大学出版社1999年版，第97页。

即将出质动产交付给债权人，质权方能成立；对于权利质权，需将权利凭证交付质权人或以登记等方式进行公示，质权才能设立。《担保法司法解释》第91条规定："动产质权的效力及于质物的从物。但是，从物未随同质物移交质权人占有的，质权的效力不及于从物。"由此可见，转移占有对质权的效力有着决定性的影响。

刘某诉韩某于质押期间丢失其质押的购机票优惠卡赔偿案[1]

【案情简介】

1996年，原告刘某到被告韩某经营的东东音像店租影碟，用其购买使用的乘坐飞机用的优惠卡"白山卡"作租碟押金，抵押在韩某处。刘某叮嘱韩某不要将此卡弄丢了，韩某也保证不会丢。但第三天刘某去退碟时，韩某告诉刘某，其音像店昨天被盗，"白山卡"也因此丢失。刘某要求韩某赔偿其损失4000元，韩某只同意赔偿刘某办卡时的费用400元。双方协商不成，刘某即诉至法院称："白山卡"的丢失给我造成很大的经济损失，此卡在2年内有效，在机票费用方面我最少损失4000元，因此要求被告予以赔偿。

【审理判析】

区法院经审理认为：原告为租影碟而抵押"白山卡"，被告接受后应妥善保管。但因被告保管不善而将此卡丢失，给原告造成了一定的经济损失，被告对此应负全部责任，应对原告的损失予以合理赔偿。原告要求赔偿"白山卡"丢失之后的全部经济损失于法无据，但对尚未发生的损失部分，法院不予支持。

【法理研究】

原告为租赁音像制品而将其持有的"白山卡"交给被告作"押金"，这不是抵押关系，而是质押关系，而且相当于一种权利质押关系。因为"白山卡"虽然是一种有价值的物，但它所代表或者说所表现的是一种享受购买特定商品、服务的优惠权利，是一种债权。同时，它作为一种"动产性质的物"，已经在本案关系中转移了占有关系，这是不符合抵押不转移财产的占有关系这个根本特征要求的，而与质押要求转移占有关系的根本特征相符合。

---

〔1〕"刘健诉韩艳于质押期间丢失其质押的购机票优惠卡赔偿案"，载最高人民法院中国应用法学研究所编：《人民法院案例选》1998年第1辑（总第23辑），人民法院出版社1998年版，第78页。

（二）质权是从权利

质权是为了担保债权的实现而设立的，因此，相对于主债权来说，质权是一种从权利，其随主权利成立、生效、转移、消灭。根据《物权法》第 177 条的规定，主债权消灭的，担保物权消灭。

（三）质权具有不可分性

质权的效力及于质物的全部，质物担保全部债权。只要债权人的债权尚未全部清偿，债权人就享有对全部质物优先受偿的权利。质物被分割或者部分转让的，质权人可以就分割或转让的质物行使质权。质物因附合、混合、加工等而成添附物时，质权人仍就质物享有质权。

（四）质权具有物上代位性

我国《物权法》第 174 条规定："担保期间，担保财产毁损、灭失或者被征收等，担保物权人可以就获得的保险金、赔偿金或者补偿金等优先受偿。被担保债权的履行期未届满的，也可以提存该保险金、赔偿金或者补偿金等。"

三、质权的分类

依据不同的标准，质权可作如下分类：

（一）动产质权、不动产质权与权利质权

依据质权标的物的不同，可将质权分为动产质权、不动产质权与权利质权。动产质权是以动产为标的物的质权。不动产质权是以不动产为标的物的质权。权利质权是以财产权利为标的物的质权。鉴于不动产抵押权相对于不动产质权可以扬长避短，我国《物权法》仅承认了动产质权和权利质权。

信用社为实现质权诉农行某分行营业部核押的虚开存单兑付案[1]

【案情简介】

1998 年 7 月 1 日，纪某持被告出具的、每张存单金额为 30 万元，共计 60 万元的载有其本人姓名的两张整存整取定期储蓄存单（通兑），向原告申请办理质押贷款 54 万元。

当日，原告派人到被告处发出了"有价证券质押止付通知书"说："纪某向我社取得贷款，下列有价证券已作为贷款质押物，请贵单位接通知后暂停支付所列款项，并不得办理挂失，待收到解除止付通知书后转入正常支付。"并在通知书的表格中将出质人纪某的姓名、账号、金额等存单记载的五项内容一一列明。原告和被告均在

---

〔1〕"质权人沈家屯农村信用社为实现质权诉农行张家口分行工业桥营业部核押的虚开存单兑付案"，载最高人民法院中国应用法学研究所编：《人民法院案例选》2000 年第 2 辑（总第 32 辑），人民法院出版社 2000 年版，第 200 页。

该通知书上盖了章。随后，纪某与原告签订质押担保借款合同一份。

合同约定："借款人为纪某，贷款人（质权人）为信用社，出质人为纪某。出质人自愿以个人财产质押给贷款人，质物共计60万元整，贷款人同意贷给借款人短期贷款54万元，借款执行利率为月息8.085‰，借款期限从1998年7月1日起至10月1日止，质物移交时间1998年7月1日。质押合同自权利凭证交付之日起生效。贷款人（质权人）按本合同规定收回或提前收回贷款本金以及所欠利息（包括加息），可直接从借款人存款账户中扣收，用质物清偿债务以实际处理的价款为准"。原告给纪某发放贷款54万元。原告与纪某签订的质押担保借款合同到期后，纪某未能归还借款本息。为此，原告到被告处支取质物时，被其以种种理由拒付。

原告提起诉讼，请求法院判令被告给付质押存款60万元。

【审理判析】

市中级法院经审理查明：被告给纪某出具的并载有纪某姓名的两张定期1年的储蓄存单（通兑），与该所存档底联账号相符，名字、金额不符，一张存款为3000元，另一张存款为2000元。纪某所持存单系被告的工作人员虚开。原告向被告出具的"有价证券质押止付通知书"，采用文字叙述加表格填充形式，是该市城郊农村信用合作社联合社授权其所辖信用社根据各自的情况制定的质押止付通知书。原告与被告使用的质押止付通知书样式不一样。

市中级法院经审理认为：原告以文字叙述加表格填充的明示方式给被告发出的有价证券质押止付通知书，符合行业管理规定，系原告向被告发出的要约。被告储蓄所工作人员在该通知书上盖章，是对原告要约的承诺，属要式民事法律行为，其行为应认定为被告的职务行为，是对出具的纪某名下两张存单真实性的确认。所以，原告（质权人）与被告核押存单事实依法成立。根据最高人民法院法释［1997］8号《关于审理存单纠纷案件的若干规定》第8条第3款，"以金融机构核押的存单出质的，即使存单系伪造、变造、虚开，质押合同均为有效，金融机构应当依法向质权人兑付存单所记载的款项"。故纪某与原告签订的质押担保合同有效，出具并核押该存单的被告应当依法向质权人原告兑付存单所记载的款项。

故判决营业部向信用社兑付存单记载款项54万元及利息、违约金。

【法理研究】

本案涉及存单质押问题。

存单质押涉及存单核押。存单核押是指质权人把出质人拟作为借款质押物的存单，交给办理存单的有关金融机构进行辨认其存单真实性并告知有关执行事项的行为。本案法院认定，原被告之间的核押关系有效，是正确的。但是，按照法院所适用的最高人民法院法释［1997］8号《关于审理存单纠纷案件的若干规定》第8条第3款的规定，认定以金融机构核押的存单质押的质押合同有效的，即便存单是虚开的，金融机构也应当依存单记载的款项向质权人兑付，而不是以质押贷款合同的贷款数额向质权人兑付。本案判决质押人以贷款数额向质权人兑付是不符合该规定的。

（二）占有质权、收益质权与归属质权

以内容的不同为标准可作这种划分。占有质权是质权人对质物仅可以占有，不可以使用或收益。收益质权是质权人对质物不仅可以占有还可以使用或收益。归属质权又称为流质，即质权人在债务履行期届满前与出质人约定债务人不履行到期债务时质押财产归债权人所有。我国《物权法》第211条明确禁止了流质的存在。

（三）民事质权、商业质权与营业质权

根据质押所适用的法律的属性为标准，可将质权划分为民事质权、商事质权和营业质权三种类型。民事质权适用民法对质权的规定，商事质权适用商法的规定，营业质权适用商务部、公安部颁布的《典当管理办法》。

李某诉典当公司典当纠纷案[1]

【案情简介】

原告李某是珠宝公司的法定代表人，被告是经许可经营典当业务的公司。2003年12月31日，原告李某决定将一批K金饰品当给被告典当公司，典当公司为此出具了编号为31275134的当票一张，并载明当金和当期。

该当票当户联背面印有“典当须知”，其中第6条规定：“典当期内及典当期限届满后5日内，经双方同意可以续当。续当时当户应当结清前期利息和当期费用。”第9条规定：“绝当后，当户与典当行协议赎当的，逾期费用由双方协商确定。”按照约定，李某将K金饰品交典当公司保管，典当公司给李某出具了收条，并向李某支付了约定数额的当金。

当期届满后，原告李某没有按期赎当，也没有在当期届满后的5日内办理续当手续。2004年2月11日，李某写下承诺书，承诺在2月20日前付清当期综合费用。2月29日，被告典当公司收到珠宝公司开具的号码为BN977953、BN977955的现金支票2张，金额均为37 450元，支票注明用途为“还款”。3月2日，银行以“存款不足”为由，将这两张支票退回典当公司。3月12日，李某书面承诺“同意先将以

〔1〕“李金华诉上海立融典当有限公司典当纠纷案”，载最高人民法院中国应用法学研究所编：《人民法院案例选》2005年第4辑（总第54辑），人民法院出版社2006年版，第278页。

上K金饰品绝当，委托拍卖公司进行拍卖，用拍卖成交款支付首饰借款本金、息费、违约金，本次拍卖佣金、公告费、鉴定费、场地租赁费等相关费用按有关规定从拍卖所得中扣除”。

后李某提起诉讼，要求赎回当物。

【审理判析】

一审法院审理后认为：根据双方提供的证据，当期届满后，被告典当公司并未拒绝原告李某续当，双方曾经协商由李某付清当期综合费用，典当公司为李某办理续当手续。由于李某没有履行付清费用的承诺，典当公司为维护自身权益，拒绝为李某办理续当手续并无不当。原告李某在当期届满后5日内既未续当也未赎当，涉案当物已经绝当。对于绝当的事实，双方没有争议。

本案双方当事人虽没有在事先约定绝当后由典当行委托拍卖行公开拍卖，但原告李某在绝当后书面同意委托拍卖公司拍卖绝当物，应视为双方对委托拍卖达成一致意见。这个约定不违反法律和行政规章的相关规定，李某称该书面委托系在被告典当公司逼迫下签订，但没有相关证据予以支持，故不予认定。典当公司按照双方约定拍卖绝当物，不构成对李某权利的侵犯。

故判决原告李某要求判令被告典当公司允许其赎回估价为405 000元当物的诉讼请求不予支持。

【法理研究】

本案涉及的就是营业质权问题。

营业质作为动产质押的特殊形态，典当主管部门对其有一些特殊规定，典当行业也有一些约定俗成的行业习惯，在这些特殊规定与行业习惯不违反现有法律、法规的禁止性规定的前提下，应尊重这些特殊规定与行业习惯，在处理纠纷时予以适用。

《典当管理办法》第3条规定：“本办法所称典当，是指当户将其动产、财产权利作为当物质押或者将其房地产作为当物抵押给典当行，交付一定比例费用，取得当金，并在约定期限内支付当金利息、偿还当金、赎回当物的行为。本办法所称典当行，是指依照本办法设立的专门从事典当活动的企业法人，其组织形式与组织机构适用《中华人民共和国公司法》的有关规定。”第39条规定：“典当期内或典当期限届满后5日内，经双方同意可以续当，续当一次的期限最长为6个月。续当期自典当期限或者前一次续当期限届满日起算。续当时，当户应当结清前期利息和当期费用。”第40条第1款规定：“典当期限或者续当期限届满后，当户应当在5日内赎当或者续当。逾期不赎当也不续当的，为绝当。”第43条规定：“典当行应当按照下列规定处理绝当物品：①当物估价金额在3万元以上的，可以按照《中华人民共和国担保法》的有关规定处理，也可以双方事先约定绝当后由典当行委托拍卖行公开拍卖。拍卖收入在扣除拍卖费用及当金本息后，剩余部分应当退还当户，不足部分向当户追索……”

本案中，原、被告之间的典当关系真实有效。当票作为典当设立的书面凭证，对原、被告均具有法律约束力，原、被告应当按照当票约定的内容履行自己的义务。根据《典当管理办法》第43条的规定，当物估价金额在3万元以上的，典当行可以按《担保法》有关规定处理，也可以双方事先约定绝当后由典当行委托拍卖行公开拍卖。我国《担保法》并没有规定债务履行期届满质权人未受清偿时，质权人拍卖、变卖质物必须征得出质人的同意并共同委托，况且本案双方当事人虽没有在事先约定绝当后由典当行委托拍卖行公开拍卖，但原告在绝当后书面同意委托拍卖公司拍卖，应视为双方对委托拍卖达成一致意见。因此，只要被告委托的拍卖是依法进行的，被告委托拍卖绝当饰品的行为不构成对原告权利的侵犯。原告在未按规定续当和赎当后，形成绝当，原告又单方要求仍允许其赎回绝当物，其请求于法无据，与行业规则不符。

（四）意定质权与法定质权

这是以质权成立原因的不同所作的划分。意定质权是指当事人以法律行为所设定的质权。法定质权是指质权的成立基于法律的规定。此种规定在《物权法》上不存在，《物权法》上规定的质权都是意定质权，即由双方当事人以质押合同的方式设立的质权。

第四节 动产质权

一、动产质押的概念

所谓动产质押是指，为担保债务的履行，债务人或第三人将其动产转移给债权人占有，当债务清偿期届满，债务人不履行到期债务或者发生当事人约定的实现质权的情形，债权人即有权就该动产卖得的价款优先受偿的法律制度。

二、动产质押的设定

（一）质押合同

质权属于意定担保物权，故其是由当事人即出质人和质权人通过合同设立的。质押合同是要式合同，出质人与质权人应当以书面形式订立质押合同。《物权法》第210条规定了质押合同一般包括的条款：①被担保债权的种类和数额；②债务人履行债务的期限；③质押财产的名称、数量、质量、状况；④担保的范围；⑤质押财产交付的时间。

《担保法》第 65 条规定的是质押合同应当包括的内容，《物权法》明显缓和了《担保法》的规定，从第 210 条的规定可以看出，本条仅起示范性作用，当事人可以根据约定对此条的规定加以变动。这种做法就扩大了当事人意思自治的空间，同时对质押合同一般具有的条款进行列举，对当事人进行提示和指引。

（二）质物

1. 质物为特定物。质物即债务人或第三人所提供的用以担保的财产，是特定物，当然也可以是特定化了的种类物。在质押合同中要对质物的有关情况做出规定，质物的名称、数量、质量、状况均应明确界定。

《担保法司法解释》第 85 条规定："债务人或者第三人将其金钱以特户、封金、保证金等形式特定化后，移交债权人占有作为债权的担保，债务人不履行债务时，债权人可以以该金钱优先受偿。"由此可见，金钱虽为种类物，但经特定化后也可成为质权的标的。第 89 条规定："质押合同中对质押的财产约定不明，或者约定的出质财产与实际移交的财产不一致的，以实际交付占有的财产为准。"因此，质物以实际移转占有的动产为标准。

质物因附合、混合或者加工使质物的所有权为第三人所有的，质权的效力及于补偿金；质物所有人为附合物、混合物或者加工物的所有人的，质权的效力及于附合物、混合物或者加工物；第三人与质物所有人为附合物、混合物或者加工物的共有人的，质权的效力及于出质人对共有物所享有的份额。

2. 质物应当是非禁止流通物。《物权法》第 209 条规定："法律、行政法规禁止转让的动产不得出质。"究其原因，乃是由质押的特征所决定。质押财产由出质人移交给质权人占有是质权成立的前提，并且质权以质权人取得质物的交换价值为实质内容，属于价值权。这就要求该财产必须是可以转让的。

石化公司诉石油公司以"不得转让"汇票向银行设定质押无效案〔1〕

【案情简介】

1996 年 10 月 4 日，石化公司与石油公司签订购销合同一份。合同约定：由石油公司供给石化公司国家标准 0 号柴油 5000 吨，每吨单价 1920 元，货款总金额 960 万元。

合同签订后，石化公司从开户银行开出一张面额为 384 万元的银行承兑汇票，石油公司为收款人，承兑日期为 1996 年 11 月 11 日。银行根据石化公司"该汇票不得

〔1〕"沈阳石化公司诉辽宁石油公司以'不得转让'汇票向招商银行沈阳市分行设定质押无效案"，载最高人民法院中国应用法学研究所编：《人民法院案例选》1997 年第 4 辑（总第 22 辑），人民法院出版社 1998 年版，第 187 页。

背书转让”的要求，专门刻制了“不允许背书转让”字样的印章，加盖在该汇票的背面。石油公司在收到该汇票和3万元后，在合同规定的期限内没有履行供货义务。1996年10月18日，石油公司将该汇票交给第三人某办事处作为质押，并签订了质押贷款协议：办事处贷给石油公司购买0号柴油货款384万元，并将该笔贷款划入石油公司在该办事处开立的账户。

由于购销合同规定的供货期限超过，石油公司没有履行供货义务，也没有将汇票退还，石化公司遂向法院提起诉讼。

【审理判析】

法院经审理认为：原告石化公司与被告石油公司所签订的购销合同有效。被告在收到原告的汇票及3万元请车费后，没有按合同供给原告柴油，又不将货款退还给原告，被告应承担相应的违约责任。关于被告将汇票质押给第三人行为，由于该汇票上原告注明“不允许背书转让”，应为一种禁止背书的约定。被告在汇票上作质押背书，是背书的一种形式，违背了双方对汇票所作出的约定，并违反了我国《票据法》的规定。因此，被告虽是该汇票的持票人，但已经丧失了享有该汇票的权利。同时，出票人在汇票上约定不得转让，汇票即失去了票据的背书性。因此，被告与第三人的质押行为是无效的民事行为。

故判决废除原告石化公司开给被告石油公司的银行承兑汇票、被告石油公司退还原告3万元，并承担违约金。

宣判后，第三人不服，提起上诉，高级法院驳回上诉，维持原判。

【法理研究】

本案涉及的问题是“不得背书转让”的汇票是否可用于质押？

一般认为，质物必须是有交换价值的动产，该动产须特定化，并且最关键的是该动产还要具备可让与性。因此，法律在对动产质押标的物的取舍上引入了流通物、限制流通物及禁止流通物的划分方式。属于流通物的动产当然可以成为动产质押的标的物。限制流通物能否设质也取决于是否符合法律、法规的规定。禁止流通物不能作为质物。《物权法》第209条是对禁止流通物不得设质的规定，仅是法律、行政法规规定的禁止转让的动产不得设质，这意味着其他规范性法律文件规定的禁止转让的动产仍可设质。《票据法》第27条规定：“持票人可以将汇票权利转让给他人或者将一定的汇票权利授予他人行使。出票人在汇票上记载‘不得转让’字样的，汇票不得转让。持票人行使第1款规定的权利时，应当背书并交付汇票。背书是指在票据背面或者粘单上记载有关事项并签章的票据行为。”

本案中，质押人石油公司将“不得背书转让”的汇票予以质押，其行为无效，第三人不享有质权。

（三）质物的交付

质物的交付是动产质权区别于其他担保物权的特征所在。

作为动产物权的一种，动产质权必须经过交付这一公示方式才得设立。需要强调的是，《物权法》相对于《担保法》最明显和最重大的进步是将质物的交付作为质权成立的要件，而非质押合同生效的要件。这样就将公示作为物权的成立要件与债权因意思表示一致而成立区分开来，彻底纠正了《担保法》中将公示作为合同这一债权成立要件的思维误区。

（四）质权的担保范围

所谓质权的担保范围是指质权人在实现质权的时侯就质物可以优先受偿的范围。

质押担保的范围，原则上由当事人协商确定。如果没有约定或约定不明时，依照《物权法》第173条的规定，担保物权的担保范围包括主债权及其利息、违约金、损害赔偿金、保管担保财产和实现担保物权的费用。但范围一经确定，即不能依质权人或出质人一方的意思而随意变更。

主债权被分割或者部分转让的，各债权人可以就其享有的债权份额行使质权；主债务被分割或者部分转让的，出质人仍以其质物担保数个债务人履行债务。这正是质权不可分性的体现。但是，根据《物权法》第175条的规定，第三人提供质物的，债权人许可债务人转让债务未经出质人书面同意的，出质人对未经其同意转让的债务，不再承担担保责任。

三、动产质权当事人的权利和义务

（一）动产质权人的权利

1．对质物享有占有权。质权以占有标的物为成立要件，因此，在质权设定时，出质人应将质物转移给质权人占有，出质人代质权人占有质物的，质权不成立。即使双方当事人在质押合同中约定不移转质物的占有，质权亦不能成立。

换言之，《物权法》第212条规定的“质权自出质人交付质押财产时设立”属于强制性规定，不因双方当事人的约定而被排除。质权存续期间，质权人就是质押物的合法占有人。因不可归责于质权人的事由而丧失对质物的占有，质权人可以向不当占有人请求停止侵害、恢复原状、返还质物。

郭某盗窃案[1]

【案情简介】

被告人郭某与吕某原在同一单位工作，系师徒关系。郭某与其妻王某为办理其

---

〔1〕“郭玉敏盗窃案”，载最高人民法院中国应用法学研究所编：《人民法院案例选》2003年第1辑（总第43辑），人民法院出版社2003年版，第31页。

女儿出国事宜而向吕某借款 86 000 元，但其女儿未能成行。后郭某与其妻王某因故发生矛盾，王某将署名郭某的面值 10 000 美元的尚未到期的存单交给吕某，并说明等其女儿再次办理出国事宜时再将存单取回，将来用人民币归还借款。吕某将该存单放置于单位的更衣箱内。1999 年 11 月 14 日，被告人郭某趁无人之机，撬开吕某的更衣箱，将该存单及现金 20 000 元人民币窃走。11 月 16 日，被告人郭某用该存单提前兑取美金 10 079.17 元。经失主报案，被告人郭某于 11 月 20 日携款到本厂保卫科投案自首，赃款已全部收缴并发还失主。

区检察院以被告人郭某犯盗窃罪提起公诉。

【审理判析】

法院经公开审理认为：被告人郭某以非法占有为目的，采取撬锁手段，秘密窃取他人合法财物共计人民币 103 311.40 元，其行为已构成盗窃罪，且犯罪数额特别巨大，应依法惩处。公诉机关指控的事实及罪名成立，应予支持。对于被告人的辩护人提出的 1 万美金存单所有权属被告人，故不应将其款额计入盗窃数额的辩护意见，法院认为：根据业已查明的事实，本案被告人及其妻王某与吕某之间确实存在 86 000 元人民币的借贷关系在先，后被告人之妻将 1 万美金的定期存单交与吕某，虽然并未明确表示其系还款，但作为债权人吕某有要回欠款的意愿，作为债务人的被告人及其妻亦有偿还借款的表示。虽然该存单署名为被告人郭某，在形式上所有权并未转移，但事实上该存单已为吕某合法占有，故该存单应视为吕某的合法财产。被告人郭某以非法占有为目的，采取秘密窃取的方式，非法占有了吕某的合法财产，其行为显系盗窃犯罪行为。故该存单的款额应计入被告人的盗窃数额。

故判决被告人郭某犯盗窃罪。宣判后，被告人郭某不服，提出上诉，后又申请撤回上诉。中级法院作出裁定：准许郭某撤回上诉。

【法理研究】

本案中我们可以从分析郭某将 1 万美金存单交与吕某的行为性质来分析 1 万美金是否应计入盗窃数额。

在本案中被告人与失主之间首先是一种借贷关系，被告人及其妻为办理女儿出国事宜而向吕某借款 8.6 万元。其后，被告人之妻在当时不需用钱为其女儿办理出国事宜的情况下将署名为被告人的 1 万美金存单交给吕某，并说明等其女儿再次办理出国事宜时再将存单取回，将来用人民币归还借款，吕某亦表示接受。此时我们可以认定，双方成立了质押合同，即以存单担保将来债务的偿还。

质权存续期间，质权人就是质押物的合法占有人。此时被告人采取秘密窃取的手段将该存单拿走后又实际兑取占有了存单中的 1 万美金，由于该存单是被被告人窃走的，而不是向吕某某要走的，其对该财产的占有显然不合法，且吕某并不知道存单为何人所窃，也就无权“继续要求被告人返还其欠款”，从而不可避免地会遭受经济损失。所以被告人的这种行为完全符合盗窃罪的构成要件，应将该存单中的1万美金计入其盗窃的数额之中。

2. 孳息收取权。《物权法》第213条规定：“质权人有权收取质押财产的孳息，但合同另有约定的除外。前款规定的孳息应当先充抵收取孳息的费用。”

不过，质权人并不当然取得孳息的所有权，而是就孳息取得质权，即质权的效力及于孳息。孳息为金钱的，可直接用于清偿；不是金钱的，可以与出质人协议就其折价或拍卖、变卖所得价款优先受偿。

此外，孳息作为质物存在清偿顺序，一般来说，孳息充抵收取孳息的费用后应再充抵原债权的利息，最后充抵债权本身。

3. 转质权。质权人为担保自己或者他人的债务，以质押财产设定新的质权，称为转质。转质权也是质权人享有的权利之一，进行转质的质权人称为转质人。转质不限于动产质权，以财产权利为标的而设定的权利质权，也可以适用转质。

《物权法》虽认可了转质，但又对其作出了严格规定。该法第217条规定：“质权人在质权存续期间，未经出质人同意转质，造成质押财产毁损、灭失的，应当向出质人承担赔偿责任。”这是立法上的一种折中做法。相比《担保法司法解释》第94条规定责任转质无效而言，《物权法》的规定有着明显的改进。

4. 优先受偿权。优先受偿权是质权人最基本的权利。《物权法》规定，债务人不履行到期债务或者发生当事人约定的实现质权的情形，质权人可以与出质人协议以质押财产折价，也可以就拍卖、变卖质押财产所得的价款优先受偿。

典当行诉皮制品公司质押借款合同纠纷案[1]

【案情简介】

1995年6月27日，典当行与福新公司（福新公司已并入皮制品公司）签订典当合同。合同约定：福新公司以其自有的红叶牌面包车为质押物在典当行贷款6万元，期限15天。即日，典当行给付福新公司贷款6万元，同时扣留手续费660元。到期后福新公司未还款，后经双方协商又续当55天，至1995年9月5日续期届满，福新公司仍不还款，只交付典当行手续费2000元。典当行多次催还，福新公司以暂无还

〔1〕“沧州市典当服务行诉沧州市德珠皮制品有限公司质押借款合同纠纷案”，载最高人民法院中国应用法学研究所编：《人民法院案例选》1997年第2辑（总第20辑），人民法院出版社1997年版，第164页。

款能力为由拖欠。典当行遂起诉，要求福新公司偿还本金、手续费共计70 480元。

【审理判析】

法院经审理认为：原告典当行与被告福新公司的典当合同合法有效，其实质为质押合同，双方应当认真履行，由于福新公司已并入皮制品公司，故判决由皮制品公司给付典当行贷款6万元，支付手续费18 200元。

【法理研究】

本案中福新公司用一辆面包车作为质押，从原告处贷款6万元，当还款期限结束之时仍无力偿还贷款，因其已并入皮制品公司，所以应由其权利义务的承担者，即皮制品公司继续还款。假如被告也无力还款，则原告可以以质押财产折价，或者就拍卖、变卖质押财产所得的价款优先受偿。

5. 物上代位权。《物权法》第174条规定："担保期间，担保财产毁损、灭失或者被征收等，担保物权人可以就获得的保险金、赔偿金或者补偿金等优先受偿。被担保债权的履行期未届满的，也可以提存该保险金、赔偿金或者补偿金等。"

质权的效力及于质物的替代物上，质权人可以就质物的替代物行使担保物权。在质物毁损、灭失得到赔偿金时，则该赔偿金就成为了质物的替代物，担保物权人有权就赔偿金行使其权利。之所以如此规定，是因为担保物权不是以支配标的物的使用价值为目的，而是以支配标的物的交换价值为其目的，故标的物本身虽然已经毁损、灭失，担保物的实体形态发生改变，但代替该标的物的交换价值还在时，担保物权就转移到该替代物上。损害赔偿金、保险金反映了质物的原有价值，或者说，质物的原有价值形态表现为现在的赔偿金、保险金，因而现在的赔偿金、保险金便为质物的价值的替代物，质权的效力及于此替代物上。

（二）质权人的义务

1. 妥善保管质物的义务。《物权法》第214条规定："质权人在质权存续期间，未经出质人同意，擅自使用、处分质押财产，给出质人造成损害的，应当承担赔偿责任。"第215条规定："质权人负有妥善保管质押财产的义务；因保管不善致使质押财产毁损、灭失的，应当承担赔偿责任。质权人的行为可能使质押财产毁损、灭失的，出质人可以要求质权人将质押财产提存，或者要求提前清偿债务并返还质押财产。"

质物有隐蔽瑕疵造成质权人其他财产损害的，应由出质人承担赔偿责任。但是，质权人在质物移交时明知质物有瑕疵而予以接受的除外。

2. 及时行使质权并返还质物的义务。《物权法》第220条规定："出质人可以请求质权人在债务履行期届满后及时行使质权；质权人不行使的，出质人可以请求人民法院拍卖、变卖质押财产。出质人请求质权人及时行使质权，因质权人怠于行使权利造成损害的，由质权人承担赔偿责任。”质权人此种赔偿责任的基础应为一般侵权责任。构成要件为：其一，债务履行期届满且出质人请求质权人及时行使权利；其二，质权人具有过错，即怠于行使权利；其三，出质人遭受了损害，该损害通常表现为质物价格的下跌；其四，质权人具有过错的行为与出质人遭受的损害二者之间存在着因果关系。

《物权法》第219条规定：“债务人履行债务或者出质人提前清偿所担保的债权的，质权人应当返还质押财产。”质权人对质物享有的是占有权而非所有权，故当债务人履行债务或者出质人提前清偿债权时，债权人的债权因履行而消灭，其享有的质权因债权的消灭而消灭。因此，质物上的担保物权消灭，质权人自然应当返还质物给出质人。

营业所诉刘某返还质押贷款案[1]

【案情简介】

1997年12月17日，被告刘某以其所有的解放142型大货车一辆为质押，与原告营业所签订质押担保借款合同，约定：被告以该质押物向原告质押贷款45 000元，贷款使用期限至1998年6月20日，月利率为7.92‰。合同签订后，被告将该质押车辆移交给原告占有，并写下“如借款到期不能偿还，原告有权处置质押车辆并以其变现价值偿还贷款本息”的承诺书交给原告。原告在发放贷款时，扣收了贷款风险金4500元、监管费375元，被告实际支取贷款40 125元。

借款到期后，被告未偿还原告贷款本息。原告因扣收的贷款风险金支付到期贷款利息有余，故未按被告的承诺书及时处置质押车辆。经原告催收，至2000年9月，被告偿付了贷款利息5000元。原告遂向法院起诉，请求判令被告立即偿还其贷款本息。

【审理判析】

县法院受理案件后，委托县物价局价格认证中心评估该质押车辆的价值，结论为：该质押车辆在1998年6月20日贷款期满时价值30 150元，现价值6300元，贬值23 850元。并认定：按被告实际支取贷款本金40.125元计算，从1997年12月18

〔1〕“农行下仓营业所诉刘玉文返还质押贷款刘玉文以其在贷款到期后不行使质权致质物贬值要求以质物抵偿贷款案”，载最高人民法院中国应用法学研究所编：《人民法院案例选》2003年第2辑（总第44辑），人民法院出版社2003年版，第256页。

日至2001年3月31日，应付利息为12 476.48元，本息合计52 611.48元。

县法院经审理认为：原、被告1997年12月17日质押担保借款合同为有效合同。因原告发放贷款时扣收贷款风险金、监管费违反国家借贷有关规定，应按被告实际支取的贷款40 125元为本计息。借款到期后，原告不按承诺对质押车辆及时进行处置，致使质押车辆贬值23 850元，原告对该损失应承担赔偿责任。

故判决被告刘某偿还原告营业所贷款本金及利息。

【法理研究】

本案的焦点是如何理解质权人负担的及时实现质权的义务。

以质押的目的来看，质押是为了以质物作为债权实现的担保。即在债务人不能以主合同约定的债务履行标的履行债务时，质物可以作为替代履行标的来消灭债权债务关系，主合同约定的债务履行标的是债权人所追求的合同目的。同时，债权人在债务履行期届满未受清偿而占有质物，目的是以继续占有质物来迫使债务人履行主合同约定的债务，直至债权实现。故债权人在债务履行期届满未受清偿时，是继续留置质物以促使债务人履行债务，还是与出质人协议以质物折价，或是拍卖、变卖质物以便以其价款优先受偿，应由债权人选择。

但是，在债务履行期届满时，出质人请求债权人及时行使权利的，往往表明债务人此时没有或欠缺其他履行债务的能力，且此时质物的价值能最大限度地满足债权的换价价值，故根据利益衡量和公平原则，由债权人及时行使质权，对债权人和债务人（包括第三人为出质人）是最为公平合理的，法律上课以此种情形下债权人及时行使质权的义务，促使债权人及时行使质权，可最大限度地减少债务人的损失，是可行的。有义务就意味着不履行时应承担相应的法律后果或责任，即对造成的损失，质权人应当承担赔偿责任。

本案中，从“承诺书”的文义上似看不出被告预先设置其请求原告行使质权的含义，似仅在重复质押的本义，债务到期后，被告也未做出要求原告行使质权的意思表示。这种情况下，法院认定由原告承担质押物贬值的后果是不妥的。

四、动产质权的实现与消灭

（一）动产质权的实现

《物权法》第219条规定：“债务人履行债务或者出质人提前清偿所担保的债权的，质权人应当返还质押财产。债务人不履行到期债务或者发生当事人约定的实现质权的情形，质权人可以与出质人协议以质押财产折价，也可以就拍卖、变卖质押财产所得的价款优先受偿。质押财产折价或者变卖的，应当参照市场价格。”

据此可见，动产质权的实现条件有三：一是动产质权有效存在；二是债务人不履行到期债务或者当事人约定实现质权的情形出现；三是符合法律规定的方式，即协议折价、拍卖、变卖。

(二) 动产质权的消灭

除担保物权的共同消灭原因，如主债权受清偿、混同、抛弃、没收等会导致动产质权消灭之外，以下几项原因也会导致动产质权的消灭：①质物的返还。指质权人基于自己的意思而将质物的占有移转给出质人。如果质权人非基于自己的意思而丧失对质物的占有，如质物被偷盗、抢夺等，质权不因此而消灭，质权人有权行使物上请求权。②质物的灭失。此处所谓的“灭失”应当仅指绝对灭失，而不包括相对灭失。因质物灭失而获得的赔偿金作为质物的代位物仍为质权的效力所及。③质权人丧失质物的占有无法请求返还。当非法占有质物之人无法返还质物时（例如质物为他人善意取得），质权将归于消灭。

第五节　权利质权

一、权利质权的概念

所谓“权利质权”，是指以所有权以外的可让与的财产权作为质权标的的担保方式。权利质押与动产质押在本质上均是质押法律关系，除了一些特殊问题外，权利质押可以准用动产质押的有关规定。

银行申请执行被执行人持有并质押的股权案[1]

【案情简介】

1997 年 6 月，银行发放贷款 300 万元给建材公司，海运公司为其承担保证责任，期限半年。贷款到期后，建材公司未能还款，海运公司也没有承担保证责任，银行提起诉讼。法院作出判决：建材公司偿还贷款及利息，海运公司承担连带清偿责任。判决生效后，因建材公司、海运公司逾期不履行判决，银行向法院申请强制执行。

【审理判析】

法院执行庭在执行过程中发现海运公司已解散，公司人员下落不明。建材公司接到通知后，表示其已进入破产清算程序，现无偿付能力，但其持有某保险公司 100 万股股权，愿以每股 1.49 元的折价抵债。经查：建材公司与银行在 1997 年 6 月的借款合同中曾约定：为确保资金借款合同的履行，出质人建材公司愿以其有权处分的

---

〔1〕“交通银行厦门分行申请执行被执行人持有并质押的在太平洋保险公司的股权案”，载最高人民法院中国应用法学研究所编：《人民法院案例选》2001 年第 1 辑（总第 35 辑），人民法院出版社 2001 年版，第 236 页。

权利质押给债权人，质物为某保险公司的股权证，并约定实际质押额为 150 万元。

法院认为：建材公司将其拥有的某保险公司的股份作为借款质押，因此，被申请人以该股份抵债，申请人依法拥有优先受偿权。法院遂以该股份执行结案。

【法理研究】

本案就是以股份作质押的权利质押案件。

《物权法》第 223 条明确规定质押人有权处分的可以转让的股权能够作为权利质押的标的。本案中，建材公司持有的某保险公司的股票属于法律规定可以转让的股权，故以其设立权利质权，担保债权的实现是合法有效的。法院裁定转让被执行人的股权是正确的。

二、权利质权的法律特征

（一）权利质权"标的之限定性"

《物权法》扩大了可以用来质押的权利范围，规定法律、行政法规规定可以出质的财产权利均可以出质。这些可以出质的权利在法律上具有以下共通之处。

1. 必须是财产权。同动产质权一样，权利质权作为从权利也是用来担保主债权的实现。当债务人到期不履行债务或者发生当事人约定的实现质权的情形，债权人便有权就该权利优先受偿。

由此可知，此权利必为财产权，否则就起不到担保债权的作用。各种商业票据、专利权、商标权、著作权中的财产权等等，均可以成为权利质权的标的。

吴男诉蔡女离婚时双方协议店屋土地使用权归其享有要求确认案[1]

【案情简介】

原、被告双方在 1990 年 10 月未办理结婚登记手续，按当地风俗举行婚礼，1991 年 2 月补办了结婚登记手续，后生育一子。1992 年，吴男向新湖村委会购买了 2 间店屋土地使用权，交款 7 万元；1993 年，再交款 108 000 元，新湖村村委员分别出具 2 张收款收据给吴男，但双方尚未办理土地使用权转让手续。后来蔡女向某基金会借款 20 万元，把上述 2 张收款收据交给该基金会作为"抵押物"，现 2 张收款收据仍在基金会。1996 年，蔡女提出离婚诉讼前，原、被告双方就财产分割、子女抚养等达成协议，约定：尚未建筑的店屋地归吴男；蔡女经手的一切债务，没有用于家庭

〔1〕"吴少淋诉蔡金莲离婚时双方协议店屋土地使用权归其享有要求确认案"，载最高人民法院中国应用法学研究所编：《人民法院案例选》2001 年第 2 辑（总第 36 辑），人民法院出版社 2001 年版，第 70 页。

生活，是个人债务，由蔡女负责；孩子由吴男抚养，并承担抚养费等。

原告向法院起诉，请求确认2间店屋地使用权归属原告，并责令被告归还2份收款收据。

【审理判析】

市法院经审理认为：原告请求确认2间店屋地使用权归属原告，为确认之诉；请求责令被告归还2份收款收据为给付之诉。原、被告双方离婚的事实已由生效调解书确认，被告蔡女主张当时是假离婚，没有举证，其主张不予采信。原、被告离婚前已对财产分割达成协议，被告在进行离婚诉讼时，未提出财产分割请求，现该协议也无变更或撤销，其主张财产尚未分割，缺乏依据，而且该协议不会引起原设定在基金会的“抵押”效力的产生、变更或消灭，因此被告主张财产分割行为无效的理由不能成立。

吴男购买店屋建筑用地，尚未办理转让手续，因此其土地使用权并未确立，但与出让方存在财产关系，具有财产权利，依据原、被告之间所订立协议的规定，该财产权利可确认归原告吴男所有。鉴于收款收据已由被告以借款“抵押物”交第三人，原告请求被告归还收款收据的主张能否成立，取决于第三人是否合法占有；而第三人占有的效力，取决于借款、“抵押”的效力。因借款、“抵押”属另一法律关系，所以原告请求归还2份收款收据的给付之诉应另行处理。

故依法判决原告吴男在夫妻关系存续期间购买的2间店屋地使用权而取得的财产权利归原告所有。

【法理研究】

本案的问题是蔡女将收据质押的行为是否有效。

本案中，吴男与村委会虽然尚未办理土地使用权转让手续，但鉴于该转让土地使用权的行为发生在《城市房地产管理法》颁布实施之前，根据最高人民法院《关于审理〈房地产管理法〉施行前房地产开发经营案件若干问题的解答》的精神，原告与村委会如依法补办审批、登记手续，其转让行为可认定为有效，则原告取得土地使用权。如未办理有关手续被确认无效，则原告拥有请求村委会返还货币的权利。本案“土地使用权”处于不确定状态，因而不宜定为土地使用权纠纷案，应定为财产分割纠纷。

收据是原告支付货币后取得的，是获得土地使用权的交换利益，本身体现为一种财产权利。被告将此收据交付于基金会，用于质押担保，是为法律所允许的。

2. 必须是可以转让的财产权。作为质权标的的财产权应具有可让与性，不可让

与的权利不能成为权利质权的标的。不可让与的权利可以分以下两种：①依其性质不可转让的财产权利。这类权利包括：基于特定的人身关系而专属于特定人的债权；基于特殊信任关系而产生的债权；具有从属性的财产权不得单独转让等。②依据当事人的约定不得转让的权利。需要注意的是，当事人之间的此种约定具有相对性，不得以之对抗善意第三人，如果善意第三人不知道当事人此种禁止转让的约定时，以该权利设定的质权依然有效。

3. 必须是依法适于质押的权利。有些可让与的财产权，不适于质押的，也不能成为质权的标的。实践中，有大量权利虽然属于财产权利且可以转让，但如果以之设定权利质权则必然违背现行法的规定或者与权利质权的性质相冲突，那么也不能成为权利质权的标的物。例如，根据《公司法》第143条第4款的规定，公司不得接受本公司的股票作为质押权的标的。

此外，不动产上的物权、动产所有权、动产质权与动产抵押权等等，也都不能成为权利质权的标的。

（二）权利质权"标的范围的法定性"

《物权法》对于可以质押的权利的规定与《担保法》相比有所扩大，除明确列举的几类外，还规定法律、行政法规规定可以出质的其他财产权利也可以出质。归纳起来，主要规定了以下几种：

1. 汇票、支票、本票。汇票、支票、本票都属于票据，《票据法》对这些票据作出了规定。汇票是由出票人签发的，委托付款人在见票时或者在指定日期无条件支付确定的金额给收款人或者持票人的票据。本票是出票人签发的，承诺自己在见票时无条件支付确定金额给收款人或持票人的票据。我国的本票仅指银行本票。支票是由出票人签发的，委托办理支票存款业务的银行或者其他金融机构在见票时无条件支付确定金额给收款人或者持票人的票据，分为普通支票、转账支票和现金支票。

水泵厂诉清河农行办理汇票质押贷款致其损失案[1]

【案情简介】

1997年5月19日，原告某水泵厂因与金石公司工矿产品购销业务关系，通过其开户银行第一营业部开具了一张票款为70万元的银行承兑汇票交与金石公司，汇票到期日为1997年11月19日。同年5月27日，该公司以该汇票为质押向被告清河农

[1] "出票人邢台水泵厂诉清河农行向持票人办理汇票质押贷款中按持票人指示将贷款划入他人账户被骗应赔偿其票款损失案"，载最高人民法院中国应用法学研究所编：《人民法院案例选》2002年第1辑（总第39辑），人民法院出版社2002年版，第230页。

行借款70万元，借据载明到期日为1997年11月19日。但双方未签订质押合同。同日，受该公司委托，清河农行将此借款中的60万元分两笔各30万元转入第一营业部信用卡部8235000228号账户。后该款被该公司法定代表人杨某取走，人款下落不明。1999年5月11日，水泵厂以清河农行违规操作将该项贷款化整为零分两笔转入杨某个人账户，给其造成70万元汇票贴现后被骗的损失，要求清河农行赔偿为由，诉至法院。

【审理判析】

中级法院经审理认为：根据《票据法》的规定，水泵厂将70万元承兑汇票开出给金石公司后，即丧失了对该70万元的所有权，该70万元的所有权已转归金石公司享有。清河农行在办理贷款业务中虽有违规行为，但并不构成对水泵厂权利的侵犯。故水泵厂要求清河农行赔偿损失的依据不足，其应向金石公司主张债权。故判决驳回水泵厂的诉讼请求。

一审判决后，水泵厂不服，向省高级法院提起上诉。

高级法院经审理认为：根据《票据法》的有关规定，票据权利是持票人向票据债务人请求支付票据金额的权利。水泵厂基于其与金石公司的购销合同签发银行承兑汇票，出票行为有效。但水泵厂将该汇票交付给金石公司后，其作为票据债务人就不再享有票据上的权利，票据权利人应为金石公司。金石公司作为票据权利人有权处分其所持有的票据。清河农行虽然参与了该汇票的流转过程，但其与水泵厂之间不存在合同上的及票据上的直接利害关系，水泵厂要求清河农行承担赔偿责任，缺乏法律依据。故判决驳回上诉，维持原判。

【法理研究】

根据中国人民银行《贷款通则》的规定，贷款分为信用贷款、担保贷款和票据贴现三种。在本案中，金石公司以其所持银行承兑汇票为质押，与清河农行签下借据（相当于借款合同）。虽然出质人金石公司与清河农行在贷款时未依法签订质押合同，但我们可以看出票据是可以作为质押物进行质押的。票据本身并无价值，其价值在于票据所承载的财产权利，质押权人看重的就是这种财产权利。票据质押就是以票据上的财产权利来担保债权人债权的实现，所以票据质押就是权利质押。

2. 债券、存款单。债券是指依照法定程序发行的，约定在一定期限内还本付息的有价证券，它是一种特殊的债权债务关系的凭证。债券分为国家债券（中央政府发行）、地方债券（地方政府发行）、公司债券（公司发行）和金融债券（银行或者非银行金融机构发行），其中最为重要的是国家债券和公司债券。

存款单也称为存折，是个人储蓄凭证，即个人将属于其所有的人民币或者外币存入储蓄机构时，由储蓄机构开具的该个人可据以支取存款本金和利息的凭证。

信用社诉市支行存单案[1]

【案情简介】

李某原系市支行的工作人员，在其担任该行第二储蓄所储蓄员期间，先后6次持姓名为姚乙、项丙、陈丁3人在该行办理的整存整取储蓄存单及国库券（共7份），与信用社签订存单质押贷款合同6份，约定：借款人为李某，贷款人（质权人）是信用社，出质人为姚乙、项丙、陈丁。出质人分别以其所有的存单或国库券作为权利质押为贷款本息以及收回贷款的费用提供担保，质物面额计50.782万元。贷款人同意贷给借款人短期（6个月）贷款共计44.5万元，借款利率为月息8.415‰。借款人未按期清偿贷款本息时，出质人授权贷款人将有价证券兑现，由此取得的货币清偿贷款本息和支付收贷费用。质押贷款需要申请延期的，借款人在贷款到期日前10天内向贷款人提出申请，出质人必须开具同意继续以质物担保的证明，经贷款人批准同意后方能成立；否则即按逾期处理等。信用社按约向李某发放贷款计44.5万元。

贷款期限届满后，因李某未能按期偿还贷款，信用社为上述贷款中的4笔办理了展期手续。展期到期后，由于李某仍未能偿还借款，故信用社持质押的存单申请市支行兑付，遭拒。信用社提起诉讼，请求判令李某立即清偿其借款本息。

【审理判析】

经查，李某用于质押贷款的7份存单和国库券，是其在市工行第二储蓄所任职期间虚开的，储蓄所并无此分户账目和其他存款记录。

中级法经院审理认为，李某以其持有的市工行出具的但无实际存款内容（空存单）或与实际存款不符（套取的存单）的真实存单，与信用社签订的6份质押贷款合同，依据最高人民法院《关于审理存单纠纷案件的若干规定》第8条第2款之规定，该质押关系无效。

李某取得的44.5万元贷款应当返还信用社。作为信用社，在与李某签订质押贷款时，李某持有的存单外表真实，形式要件齐备，该存单虽系李某虚开，但作为接受存单质押的权利人信用社只能对存单的形式要件是否有瑕疵进行审查，其不能辨

---

〔1〕“桐城市农村信用合作联社实业信用社诉中国工商银行桐城市支行存单案”，载最高人民法院中国应用法学研究所编：《人民法院案例选》2006年第3辑（总第57辑），人民法院出版社2007年版，第323页。

别存单实际存款状况，故信用社依据存单发放贷款并无过错。但信用社在贷款时，违反了中国人民银行《个人定期储蓄存款存单小额抵押贷款办法》第9条的规定，违规超贷3.9176万元，对超额贷款部分的损失应由信用社自行承担。

因虚开的存单是李某获取贷款的重要手段，故市工行对其工作人员出具的存单应负民事责任，信用社要求其承担过错赔偿责任的诉讼请求应予支持。但市工行只应对40.5824万元贷款损失承担责任。故判决李某立即返还信用社贷款本金445 000元并赔偿其利息损失；甲市工行对上述债务中的405 824元本金及相应利息承担连带赔偿责任。

市工行不服，提起上诉，省高院经审理认为：①原审法院认定本案的存单质押关系无效是正确的；②甲市工行对其工作人员虚开存单并出质负有主要责任；③实业信用社在审查存单的真实性和出质人真实身份及其意思表示上有过失；④本案书函不具备核押的构成要件故不产生核押的法律效果；⑤原审判决以违规超额贷款划分责任范围不当。

【法理研究】

本案涉及存单质押问题。

最高人民法院《关于审理存单纠纷案件的若干规定》第8条规定："存单持有人以金融机构开具的、未有实际存款或与实际存款不符的存单进行质押，以骗取或占用他人财产的，该质押关系无效。"本案中的用以质押的7份存单及国库券系李某虚开的，未有实际存款，作为出质标的的出质债权自始不存在，质押关系无效。市支行对其工作人员虚开存单并出质负有主要责任；而信用社应对自己在审查存单的真实性和出质人真实身份及其意思表示上的过失承担责任。

3．仓单、提单。仓单是仓储合同的凭证，即保管人向存货人交付的提取仓储物的凭证。存货人交付仓储物的，保管人应当给付仓单。仓单是提取仓储物的凭证，存货人或者仓单持有人在仓单上背书并经保管人签字或者盖章的，可以转让提取仓储物的权利。

提单是指用以证明海上货物运输合同和货物已经由承运人接受或者装船，以及承运人保证据以交付货物的单证。提单中载明的向记名人交付货物，或者按照指示人的指示交付货物，或者向提单持有人交付货物的条款，构成承运人据以交付货物的保证。提单一般分为记名提单、指示提单、不记名提单。记名提单不得转让；指示提单经过记名背书或者空白背书可以转让；不记名提单无需背书即可转让。可以质押的提单主要是指可以转让的或者经过法定程序后成为可转让的提单。

4．可以转让的基金份额、股权。基金投资人持有的基金份额，就是投资组合的缩影。基金份额本身是一种综合的权利的体现，其包含了财产权。在可转让的前提下，理应与股权一样可以质押。应当注意的是，自基金份额受益权质押生效时起，基金份额的质权人享有收取基金收益的权利、取得基金份额受益权物上代位权的权利以及优先受偿权，但在质押期内，质权人并不享有对基金受托人进行监督的诸多权利。即质权人享有的仅是基金份额中的财产性权利。基金份额质押相对于《担保法》的规定是个新增的权利质押客体。

唐某股票质押融资案[1]

【案情简介】

原告唐某，被告为某证券公司。1995 年 11 月 28 日唐某将从朋友处借来的 10 万股股票在被告处做了指定交易，因资金周转困难，唐某于同日以个人名义在被告处开设了期货账户，并同时与被告签订了一份融资协议，以上述值市价 20 万元的股票作质押融资 20 万元。签约后，唐某将其朋友的身份证及股东交易卡交给被告，被告也向唐某的期货账户内划进 10 万元。后被告擅用唐某的期货账户进行交易至亏损，唐某遂诉至法院。

【审理判析】

本案中，唐某经股票所有人同意，可以以股票出质，但在股票质押时，必须注意两个问题：一是出质人的股票应属于依法可以转让的股票，限制或禁止转让的股票不能出质；二是出质人在与质权人订立书面合同后，应当向证券登记机构办理出质登记，质权自登记之日起生效。

唐某将出质的股票交与被告而未进行登记，故不能产生股票质押的效力。

【法理研究】

股权质押中有三个问题应当注意：①股权的权利包括共益权和自益权。自益权均为财产性权利。在债权届期不能受到清偿时，处分作为质押财产的股权以使债权人优先受偿。对股权的处分，自然是对股权的全部权能的一体处分，其结果是发生股权转让的效力。②股权的价值。出质股权价值的大小取决于：一是可获得红利的多寡，如以股票出质的，由股票的种类是优先股还是普通股决定；二是可分得的公司剩余财产的多寡，这由公司资产及负债状况决定；三是出质股权的比例，即股东的出资比例或股权份额，股权比例越高，则股东可获得的红利和可分得的公司剩余

---

〔1〕“唐某股票质押融资案”，载中国高级法官培训中心、中国人民大学法学院编：《中国审判案例要览》（1997 年经济审判暨行政审判案例卷），中国人民大学出版社 1998 年版，第 205 页。

财产也越多，反之亦然。③尽管强调的是可以转让的股权才能质押，但质押与转让毕竟不尽相同，因为只要在质押权实现时被质押的股份或者股票可以转让，该股份和股票就可以质押。因此，以质押时不可转让的股份和股票质押时，并不必然认定其质押无效，而要根据质押权实现时股票能否转让予以确定。

5. 可以转让的注册商标专用权、专利权、著作权等知识产权中的财产权。注册商标专用权是指商标注册申请人对经商标主管机关核准的商标享有的独占、使用和处分的权利。专利权是指按照《专利法》的规定，国家专利机关授予发明创造人对其发明创造在一定期限内享有的专有权。专利权包括财产权和人身权两种权利，作为质权标的的专利权只限于专利权中依法可转让的财产权，包括专利转让权和专利实施权。著作权是指公民、法人或者非法人单位依照法律规定对文学、艺术和科学作品所享有的人身权利和财产权利。除人身权利外，著作权中的其他非人身性的财产权利可以设质。

泉州农行商标质押权贷款与中小企业共克时艰[1]

【媒体报道】

农行福建泉州分行与泉州市工商局共同签订了商标专有权质押贷款合作备忘录。双方约定，泉州工商局将发挥商标及知识产权主管部门的优势，加强行政指导，帮助农业银行推进“金博士”商标专用权质押贷款业务，帮助企业拓宽融资渠道，提升自主创新能力，共同抵御全球性金融海啸的冲击。泉州市政府陈荣洲市长表示：“工商行政管理部门与农业银行合作，共同为企业无形资产资本化运作搭建了一个政银企联手的薪新平台。商标权质押方式很好地体现了商标权的无形资产价值，预示着企业的‘知本’逐渐向‘资本’渐变。”

商标权质押贷款在国外特别是欧美一些国家已经很普遍，绝大多数国家的法律都承认商标权具有可担保性，像可口可乐、麦当劳等著名品牌都曾经被质押过，并且都取得成功。意大利、法国这种知名品牌众多，尤其是服装名牌众多的国家，商标质押贷款占所有贷款的比例在10%以上。

由于中小企业抗风险基础薄弱，很少企业能够像大企业那样得到银行的青睐。因此，银行对中小企业贷款，通过质押中小企业的商标权来担保，比起抵押有形资产更能有效支持中小企业的发展。“商标专有权可以质押贷款，商标专用权变成了可预期现金流。”福建申鹭达集团有限公司总经理说：“公司以申鹭达商标质押与农行

[1] 蓝玉贵：“泉州农行商标质押权贷款与中小企业共克时艰”，载中国新闻网 http://www.chinanews.com.cn/cj/cyzh/news/2009/01－16/1530808.shtml，登录时间2009年1月16日。

签订了1.6亿元的贷款协议，农行为企业在寒冬中送来了阵阵暖流。”

【法理研究】

对于企业来讲，商标对其具有生死攸关的重大意义，特别是著名商标，很难想象可口可乐公司在失去了可口可乐商标以后会怎样。一个企业在创造一个商标品牌中的投入是巨大的，如果将商标权质押，企业不会冒着失去商标的风险而恶意逃债。因此，至少从主观上讲，商标质押对于约束企业按期归还贷款是十分有效的。并且，世界上许多著名商标的价值都已达到了上亿美元，因此，商标权中的财产权并不虚幻，具有其相应的变现能力。

6. 应收账款。应收账款是指企业因销售商品、提供劳务或许可他人使用企业资产而形成的债权，它预期地将导致一定的现金流入企业。同基金份额一样，应收账款也是《物权法》新增的一项可以质押的权利。

在法律上，应收账款是一种债权，应收账款质押是一种权利质押。汇票、支票、本票、债券、存款单所代表的也是一种债权。这些债权与普通应收账款债权的区别在于，这些债权由于有一定的书面凭证作为记载而表征化和固定化了，一定程度上已经具备了物化的性质。而普通应收账款债权由于不具备类似的权利凭证作为表征，在权利的公示、权利的期限、金额以及支付方式等要素方面仍存在不确定性，从而在作为质押的标的方面存在一定的不足。但是，《物权法》的规定明确了普通应收账款债权质押的合法性地位。

7. 法律、行政法规规定可以出质的其他财产权利。这是兜底规定，给立法留有余地，也可由司法部门作出解释。在符合法律规定的情况下，也可以由当事人进行约定。但是，此种权利也不能超出权利质权标的之限定性，即必须是财产性权利、具有可让与性和适于设质的特点。

办事处诉仙人岛公园名为代销债券实为抵押借款合同还款案[1]

【案情简介】

1993年，办事处与仙人岛公园签订协议书一份，协议规定：①仙人岛公园将从城联代办处（系信用联社下属的非独立法人单位）购买的600万元的“中山企业债券”抵押给办事处，并征得城联代办处同意将上述债券的代保管单交由办事处持有，

〔1〕“建行辽宁省信托投资股份有限公司丹东办事处诉盖州市仙人岛公园名为代销债券实为抵押借款合同还款案”，载最高人民法院中国应用法学研究所编：《人民法院案例选》1998年第1辑（总第23辑），人民法院出版社1998年版，第178页。

办事处凭此债券作抵押，代理仙人岛公园面向社会销售500万元的该中山企业债券，期限1年，年利率19%；②仙人岛公园需向办事处支付手续费2%，待代售完毕一次性支付；③从本协议签订生效之日起15日内，办事处必须将全部代售债券款项划到仙人岛公园指定账户；④仙人岛公园必须于1994年7月3日前将500万元的代售债券本息一次性划归办事处指定账户，以备办事处兑付使用，否则，仙人岛公园需向办事处支付每日5‰的滞纳金，或者600万元的"中山企业债券"本息归办事处所有。

此协议签订后，仙人岛公园将其600万元"中山企业债券"代保管单交给了办事处，并在背书上注明："同意此有价证券代保管单抵押给信托投资公司。如果1995年12月8日前，仙人岛公园不能按期偿还所欠办事处的借款本息，则此债券代保管单所有权即转让给信托投资公司。"城联代办处也在背书上载明："同意此债券代保管单抵押转让给办事处。"

1994年8月20日，办事处又与仙人岛公园签订了一份补充协议，约定：①仙人岛公园于1993年7月10日以总额600万元整的"中山企业债券"作为抵押，向办事处贷款总额500万元整，期限1年，年利率19%，手续费2%，后来由于中央宏观金融政策调控，办事处到位资金总额300万元整，故经协商，原年利率由19%调整为17%，手续费仍为2%；②仙人岛公园于1994年7月3日到期资金本息共计357万元整，由于资金紧张，仙人岛公园没能按期偿还，故申请顺延1年，年利率为17%，手续费为2%；③仙人岛公园必须于1995年7月3日前将到期资金本息，一次性划到办事处指定账户，由办事处支配使用。如到期仙人岛公园不能按期偿还本息，则仙人岛公园向办事处支付每日0.2‰的滞纳金和600万元的"中山企业债券"本息归办事处所有，办事处把差额部分退还给仙人岛公园。

协议到期后，办事处多次派人向仙人岛公园索要欠款本息，仙人岛公园均以无款拒付。办事处向信用联社索要600万元"中山企业债券"，信用联社拒绝给付。为此，办事处向该市中级法院起诉，要求仙人岛公园偿还借款本息，信用联社对债券114万元利息承担连带清偿责任。

【审理判析】

中级法院经审理认为：原告办事处与被告仙人岛公园签订的抵押借款合同成立。原告请求被告仙人岛公园偿还借款本金和利息，及被告信用联社承担部分连带责任合理，应予支持。被告仙人岛公园提出的"补充协议"应视为新的贷款协议，由其承担万分之二的滞纳金违反金融法规的主张有理，应予采纳。关于被告仙人岛公园提出17%的利率违反借款条例规定，因抵押借款利率是原告与被告仙人岛公园协议商定的，且并未超过国家最高借款利率的规定，该主张不能成立，不予支持。关于被告信用联社提出其不应承担法律责任，因城联代办处在"代保管单"上已载明

"背书"意见，原告与被告仙人岛公园签订的贷款合同并未超出"背书"要求，故被告信用联社的主张没有道理，不予支持。故判决被告仙人岛公园偿付原告借款300万元及利息；被告信用联社对应付利息114万元承担连带清偿责任；驳回原、被告其他诉讼请求。

一审判决后，信用联社向省高院提出上诉。二审法院在审理过程中，信用联社又申请撤回上诉。省高院经裁定准许。双方均按原审判决执行。

【法理研究】

解决本案纠纷的关键，在于确定原告与被告仙人岛公园签订的协议书、补充协议书二者的性质、关系。

本案第一份合同即所谓代理销售企业债券协议，其实质是用债券作抵押，提前变现债券，从而双方之间形成一种抵押借款法律关系。因为，仙人岛公园拥有未到期的600万元的企业债券，这可构成其拥有的资产，但不等于其拥有随时可使用的此数额的流动资金；而其将这些企业债券抵押给办事处，表面上是由办事处代为向社会发售其中500万元的债券，实质上是要先期取得同数额的现金，并应由办事处在协议签订生效之日起15日内将该数额的款项划入仙人岛公园指定的账户，1年后再由仙人岛公园连同本息一次性划归办事处，以备办事处对外兑付债券使用，这样的规定与借贷下的贷款人按约定贷出款项、借款人按约定归还贷款本息的权利义务内容没有什么两样。第二份合同即补充协议就直截了当地将双方的关系定位于抵押借贷关系。所以，法院认定该两当事人之间只存在抵押借贷关系，是正确的。本案当事人之间设立的抵押，实质就是债券形式的权利质押。

三、权利质押合同的生效和权利质权的设立

在《物权法》之前，权利质押合同的生效和权利质权的设立在立法层面上始终混为一谈，没有作明确的区分。

实际上，此二者间存在着本质上的区别。权利质押合同属于负担行为，即通称的债权行为，仅在双方当事人间发生债法层面上的权利义务关系，而不会涉及物权的变动。因此，权利质押合同仅基于双方当事人意思表示一致原则上即可生效，无需践行物权设立的公示方式。而权利质权的设立则完全不同，质权属于担保物权，担保物权同其他物权一样具有对抗性，故其设立同第三人间存在着利害关系，因此需要采取一般物权设立的公示方式，让第三人享有知悉物权设立状况的渠道，以便保护第三人的利益，维护交易的安全。

《物权法》第15条明确规定："当事人之间订立有关设立、变更、转让和消灭不动产物权的合同，除法律另有规定或者合同另有约定外，自合同成立时生效；未办理物权登记的，不影响合同效力。"权利质押合同的生效适用《合同法》的规定，不作赘述，下文仅对《物权法》中关于权利质权的设立方式进行分析：

（一）汇票、支票、本票、债券、存款单、仓单、提单的质权设立方式

以汇票、支票、本票、债券、存款单、仓单、提单出质的，应当在合同约定的期限内将权利凭证交付质权人，质权自权利凭证交付之日起设立。没有权利凭证的，质权自有关部门办理出质登记时设立。

汇票质押案〔1〕

【案情简介】

高平公司依据合同取得以水泥厂为承兑申请人，高平公司为收款人的一张金额为1000万元的银行承兑汇票。承兑银行为甲商业银行。为向当地银行申请贷款，高平公司以该银行承兑汇票作质物同乙银行签订了质押合同，并将汇票交付给乙银行占有，贷款期到后，乙银行在高平公司未能还本付息的情况下，拟将该银行承兑汇票向甲商业银行提示付款以偿还贷款本息时，发现高平公司并未在汇票上作质押背书即交付了汇票。乙银行遂向法院起诉，高平公司则主张质押关系并未生效。

【审理判析】

对于本案的质押关系，审理中有以下争议意见：

一种意见认为：高平公司依法签订了质押合同，并交付了质押票据，按照《物权法》第212条“质权自出质人交付质押财产时设立”和票据质权自权利凭证交付之日起设立的规定，本案中票据质权已经设立，因此，乙银行有权行使质押权利。

另一种意见认为：票据是一种特殊的法律关系，票据质押除要签订质押合同，交付票据外，还应当按照《票据法》的规定，进行质押背书。由于该笔业务缺乏票据质押的形式要件，因此该质押行为没有成立。

【法理研究】

本案涉及票据质押问题。

（1）未进行质押背书不影响质权的设立。本案中，虽然高平公司未在票据上作“出质”字样，但《物权法》第224条规定：“以汇票、支票、本票、债券、存款单、仓单、提单出质的，当事人应当订立书面合同。质权自权利凭证交付质权人时设立；没有权利凭证的，质权自有关部门办理出质登记时设立。”因此，是否作出“出质”背书并不影响质权的设立，当高平公司交付质押票据之时，高平公司与乙银行的质

〔1〕 韩良主编：《贷款担保法前沿问题案例研究》，中国经济出版社2001年版，第227～228页。

押关系已经成立，乙银行有权行使质押权利。

(2) 未进行质押背书不得对抗善意第三人。法律是基于维护交易安全的目的才规定了权利质权的设立以交付权利凭证为生效要件，同时，这种交付行为也是物权变动的一种公示方式。但是，作为权利质权标的的汇票、支票、本票、债券、存款单、仓单、提单在现实经济生活中具有较高的流转性，并且涉及多方关系人的利益，为了彰显汇票、支票、本票、债券、存款单、仓单、提单之上所设的权利负担，在交易过程中给交易对方以诚实的适当提示是必要的。因此，《担保法司法解释》第98、99条作出了对抗要件的规定：以汇票、支票、本票、公司债券出质的，可以在其上背书记载“质押”字样，但此规定不是强制性规定，当事人也可以选择不背书记载。若选择不背书记载的，则票据、公司债券的出质效力受到善意第三人制度的约束，即善意第三人在认为该票据、公司债券无质押负担的情况下而为相关法律行为的，其行为不受该质押效力的约束。

汇票、支票、本票、债券、存款单、仓单、提单的兑现日期或者提货日期先于主债权到期的，质权人可以兑现或者提货，并与出质人协议将兑现的价款或者提取的货物提前清偿债务或者提存。

权利质权与动产质权的标的的不同之处，在于以票据等为标的的证券权利的实现都是有一定日期的。兑现日期，是指汇票、支票、本票、债券、存款单上所记载的权利得以实现的日期。所谓提货日期，是指仓单、提单上记载的交付物品的日期。

汇票、支票、本票、债券、存款单、仓单、提单兑现或者提货日期届至时，也就是第三债务人债务的清偿届至日期。一般来说，为了免除第三人的债务，应当允许兑现或提货。特别是上述权利作为质权的标的时，如不允许第三债务人履行债务，则对出质人与质权人均为不利，也会对第三债务人带来一定的损失。这种损失一般为保管费用的支出。

(二) 可以转让的基金份额、股权的质权设立方式

以基金份额、证券登记结算机构登记的股权出质的，质权自证券登记结算机构办理出质登记时设立；以其他股权出质的，质权自工商行政管理部门办理出质登记时设立。

1. 基金份额、股权出质后，不得转让，但经出质人与质权人协商同意的除外。基金份额、股票虽然设质，但其所有权仍为出质人所有，所以只有出质人即所有权人才享有对基金份额、股票行使处分的权利。但此基金份额、股票已被设质，而且被质权人以登记形式占有，成为债权的担保，出质人的权利已受有限制，所以其不得对基金份额、股票进行任意转让。否则，即可能损及质权人的利益。所以只有出质人与质权人协商一致转让基金份额、股票的才被允许。当然，转让出质的基金份额、股票还应遵守商法的有关规定。

2. 出质人转让基金份额、股权所得的价款，应当向质权人提前清偿债务或者提存。出质人转让股权所得价款应向质权人提前清偿所担保的债权或者向与质权人约定的第三人提存。一般而言，出质基金份额、股票的转让都是在债务清偿期届至前进行的，质权人对自己的债权还不能行使请求权。所以，质权人就不得以转让所得价款先行清偿债权。如欲清偿，须与出质人协商一致；协商不成的，则应协议确定提存人，将该所得款交付提存人继续质押。

（三）可以转让的注册商标专用权、专利权、著作权等知识产权中的财产权的质权设立方式

《物权法》第227条规定："以注册商标专用权、专利权、著作权等知识产权中的财产权出质的，当事人应当订立书面合同。质权自有关主管部门办理出质登记时设立。知识产权中的财产权出质后，出质人不得转让或者许可他人使用，但经出质人与质权人协商同意的除外。出质人转让或者许可他人使用出质的知识产权中的财产权所得的价款，应当向质权人提前清偿债务或者提存。"

知识产权是无形财产权，因此其权利的变更需要一定的外部形式进行表彰，以使第三人得以了解权利状况。因此，以知识产权设定质权的要订立书面合同，且质权的设定以登记部门登记为生效要件。

关于出质人与质权人协商转让或许可他人使用出质的注册商标专用权、专利权、著作权中的财产权所得转让费、许可使用费的处理问题，因为被转让或被许可他人使用的行为是在质权设定期间，即债务未届履行期前进行，因此，该转让或许可他人使用所得转让费、许可费在性质上仍归出质人所有，不得当然由债权人清偿债权。但由于出质人将上述权利中的财产权已作为债务履行的担保，因而出质人也不得任意处置该笔费用。也就是说，无论出质人还是质权人都不得对此费用进行任意处分。此时，应由出质人与质权人协商一致对该费用进行处理。法律规定的处理方式有两种：向质权人提前清偿，或者提存。如果提前清偿所担保的债权，由于债务已经提前履行，债权归于消灭，则质权当然消灭。如果提存，应向出质人与质权人约定的第三人交付提存物，此时，债权人的质权则转移到提存的转让费或许可使用费上。当债务人履行了债务时，质权人应将该项费用返还给出质人，质权归于消灭；当债务人不履行债务时，质权人即可行使质权，以该项费用受偿，如有剩余，亦应将余额返还给出质人。

（四）应收账款的质权的设立方式

以应收账款出质的，当事人应当订立书面合同。质权自信贷征信机构办理出质登记时设立。应收账款出质后，不得转让，但经出质人与质权人协商同意的除外。出质人转让应收账款所得的价款，应当向质权人提前清偿债务或者提存。

第六节 留置权

一、留置权的概念

所谓留置权是指，当债务人逾期不履行自己的义务时，债权人有权留置已经合法占有的债务人的动产，并有权依照法律规定以留置物折价，或以其拍卖、变卖所得的价款优先受偿的权利。

热电厂诉县航运公司、村委会擅自变卖承运的货物赔偿案〔1〕

【案情简介】

1994 年 1 月，热电厂业务员与航运公司及与航运公司有船舶租赁关系的村委会签订了一份"运货合同书"。合同约定：航运公司和村委会为热电厂承运煤炭 750 吨，从香溪港运至监利港。合同签订当日，航运公司派出该公司龙舟坪船队的长阳机 29、30、32 号船队在香溪港受载。次日，该船队在县香溪航务管理站办理了《省水路货物运单》，航运公司和村委会的代表在承运船舶栏签了字，热电厂代表在托运人栏签了字。该运单记载：计费重量为 750 吨，运费 27.5 元/吨。热电厂分 3 次向村委会先行支付了运费 16 375 元。1 月 28 日，船队受载完毕，即启航驶往目的港。2 月 2 日，航运公司以未收到运费为由，指示该船队停靠陆城港，拒不运往目的港。为此，热电厂曾先后两次派人到航运公司要求继续履行运输合同，将煤炭运往目的港，但协商未果。3 月 3 日，航运公司自行将所载热电厂的煤炭卸船变卖，造成热电厂经济损失。

热电厂向海事法院提起诉讼，请求法院判令两被告赔偿全部经济损失，并承担违约金。

【审理判析】

海事法院经审理，查明上述事实，认为：当事人双方签订的水路货物运输合同有效。航运公司不按合同规定将承运的煤炭运往目的港，却中途擅自卸船变卖，实属违约，应承担原告煤炭货款及运杂费的赔偿责任。村委会在收取原告运费后，未履行合同规定的义务，应向原告返还所得运费。两被告还应按各自所赔偿的数额承担银行利息。

---

〔1〕"仙桃市通海口热电厂诉长阳土家族自治县航运公司宜昌市西陵峡口风景区碑亚村委会擅自变卖承运的货物水路运输合同赔偿纠纷案"，载最高人民法院中国应用法学研究所编：《人民法院案例选》1995 年第 4 辑（总第 14 辑），人民法院出版社 1996 年版，第 160 页。

航运公司不服，提起上诉。

省高级法院经审理认为：热电厂与航运公司及承租船队的村委会之间签订的运输合同符合法律规定，属有效合同。航运公司未按合同规定履行，擅自变卖托运人的货物属违约行为，应承担主要责任。村委会收取托运人的运费后未履行义务，也应承担一定责任。故判决驳回上诉，维持原判。

【法理研究】

本案的焦点是航运公司变卖货物是否违法。

本案中，航运公司已在承运船舶栏内签了字，其又以未在水路货物运单“船舶盖章”一栏盖章为理由，否认其是本案水路货物运输法律关系的承运人，显然是不成立的。《合同法》第315条规定：“托运人或者收货人不支付运费、保管费以及其他运输费用的，承运人对相应的运输货物享有留置权，但当事人另有约定的除外。”托运人热电厂已经向承运人之一的村委会先行支付了部分运输费用，航运公司以未收到运费为由，指示船队靠港，拒不运往目的港，构成非法留置货物。即使留置权成立，航运公司也不能径直将所载热电厂的煤炭卸船变卖。正是由于航运公司的行为不符合留置权的成立和行使要件，法院才让其承担民事责任。

二、留置权的性质与特征

（一）留置权是法定担保物权

留置权是法定担保物权，具体表现在：①留置权是依法定产生的。抵押权和质押权的设定由双方当事人订立合同产生，而留置权在符合法律规定的条件时会自动产生。②留置权不能为反担保。反担保产生于约定，而留置权发生于法定，所以留置权不能成为反担保的方式。③留置的标的不能与法律规定或者当事人约定相抵触。《物权法》第232条规定：“法律规定或者当事人约定不得留置的动产，不得留置。”

（二）留置权是可以二次发生效力的权利

留置权产生以后，发生两次效力。

第一次效力发生在留置权产生之时，留置权人得于其债权届期未受清偿时留置债务人的财产，对留置物享有占有权，并享有物上请求权，至债务人履行债务之时，该效力终止。

第二次效力是第一次效力发生之后，留置权人于债务人超过法定的宽限期不履行其义务时，得依法以留置物折价、拍卖或变卖而实现优先受偿权。

金鼎公司诉深房公司定作物赔偿案[1]

【案情简介】

2000年5月10日，原、被告双方签订了一份承揽合同，由原告为被告加工4种规格的被套和枕套，合同价款共计490 140元；质量标准按部颁标准，面料按确认样生产，成品按定作方样品加工；交货期为定金到账后55天交货50%，之后的20天将剩余的50%交清。合同签订后，被告于5月19日交付定金74 000元。后因被告客户方面的要求，被告多次电传变更交货期。同年10月17日，被告通过电传告知原告：最后交货期定于11月中旬，此日期不会再改变。但此后经两次电催，被告才于12月20日、21日汇款购买包装、辅料和告知包装袋要求。12月30日，被告的客户才到原告处看货，并提出整改要求，要求改正后出货，但原告未签字认可。被告此后仍未来原告处验收出货。

原告再次电催无果后，提起诉讼，请求法院判令被告继续履行合同，提取货物并给付货款，赔偿利息损失。

【审理判析】

法院在审理过程中，委托市纺织产品质量监督检测所对本案标的物缝制质量、规格尺寸、包装唛头进行了检验，结果为该批产品所检项目符合国家标准规定的一等品技术要求。该检验报告经庭审质证后，金鼎公司于2001年9月20日，电告深房公司其将于次日拍卖定作物，深房公司于次日回电予以反对，并电告法院要求制止。但金鼎公司仍按期委托通州拍卖行对其加工的全部被套、枕套进行了拍卖，得款48 000元。扣除其支付的公告费、拍卖佣金，实得43 900元。

法院经审理认为：原、被告双方签订的承揽合同系双方真实意思表示，合法有效，双方应共同遵守。造成金鼎公司迟延交货的原因，是深房公司未能及时确认面料和提供辅料的违约所致。金鼎公司加工生产的产品经质检部门检验达到了合同约定的要求，且深房公司客户看货时所提要求明显高于合同的约定，深房公司认为产品质量不合格，导致外商拒收货物的辩称因缺乏事实根据而不能成立。深房公司依法应当承担继续履行、采取补救措施或赔偿损失等违约责任。故判决原、被告签订的承揽合同予以解除、深房公司赔偿金鼎公司损失470 689.59元，74 000元定金冲抵后，实际应当支付396 689.59元。

深房公司不服，提起上诉。

---

〔1〕“金鼎公司诉深房公司不按约定提取定作物并在诉讼中表示不再接受定作物对定作物予以拍卖后要求赔偿损失案”，载最高人民法院中国应用法学研究所编：《人民法院案例选》2002年第3辑（总第41辑），人民法院出版社2003年版，第216页。

二审法院经审理认为：根据我国法律规定，因承揽合同发生的债权，债务人不履行债务的，债权人有留置权。债权人与债务人未在合同中约定留置权的，债权人留置财产后，应当确定2个月以上的期限，通知债务人在该期限内履行债务。债权人未按此规定通知债务人履行债务，直接变价处分留置物的，应当对此造成的损失承担赔偿责任。金鼎公司在电报发出后10天内即拍卖留置物，属于行使留置权不当，应当承担拍卖留置物所造成的损失。据此，原判对有关拍卖事实认定不清，定性不当，应予以纠正，故深房公司上诉理由部分成立。故判决维持原判第一项，撤销原判第二项，改判驳回金鼎公司要求深房公司赔偿损失396 689.59元的诉讼请求；金鼎公司对深房公司已付定金74 000元不予退还。

【法理研究】

本案争议的焦点是金鼎公司拍卖定作物的行为是否合法。

留置权是一种法定担保物权，其成立和消灭都由法律明确规定。《合同法》第264条规定："定作人未向承揽人支付报酬或者材料费等价款的，承揽人对完成的工作成果享有留置权，但当事人另有约定的除外。"《物权法》第236条第1款规定："留置权人与债务人应当约定留置财产后的债务履行期间；没有约定或者约定不明确的，留置权人应当给债务人2个月以上履行债务的期间，但鲜活易腐等不易保管的动产除外。债务人逾期未履行的，留置权人可以与债务人协议以留置财产折价，也可以就拍卖、变卖留置财产所得的价款优先受偿。"

本案中，金鼎公司对定作物享有留置权，但是，其留置权行使违法。根据上述规定，由于金鼎公司与深房公司未约定留置财产后的债务履行期间，因此，金鼎公司应给深房公司2个月的宽限期，只有2个月宽限期届满，深房公司仍未履行债务的，金鼎公司才得就定作物优先受偿。债权人在诉讼中拍卖、变卖留置物的，仍应依照法律规定的条件和程序进行，受理案件的人民法院应当从维护双方当事人利益的角度出发，根据个案的具体情况，依法正确引导留置权人对留置物的拍卖、变卖行为，以减少实现债权的成本和各方当事人不必要的损失。本案的债权人和一审法院均错误地认为催促提货的电函即为行使留置权的通知，从而造成违法拍卖处置留置物的后果，由此造成的经济损失只能由债权人自负。

（三）留置权是从权利

设定留置权的目的是为了担保债务人履行其合同债务，所以同抵押权和质权一样，留置权也是一种从权利，从属于主债权，不得单独转让或单独为其他债权再行设定担保，当主债权消灭时，留置权也归于消灭。

（四）留置权是不可分物权

留置权的不可分性表现在：留置权所担保的是债权的全部，而非可分割的债权的一部分；留置权人可以对留置物的全部行使权利，而非可分割的留置物的一部分。因此，债权的侵害及部分清偿、留置物的分割等，均不影响留置权的效力。《物权法》第233条规定：“留置财产为可分物的，留置财产的价值应当相当于债务的金额。”《担保法司法解释》第110条规定：“留置权人在债权未受全部清偿前，留置物为不可分物的，留置权人可以就其留置物的全部行使留置权。”据此，如果债权人占有的动产是可分物，债权人留置占有的留置物的价值应当相当于债务的金额，而非占有物的全部。留置的财产为不可分物时，留置权人可以就其留置物的全部行使留置权。

三、留置权成立的条件

留置权的发生应当具备法律规定的要件，而此等法定要件包括积极要件和消极要件。所谓积极要件，指成立留置权应当具备的条件。所谓消极要件，是指如果成立留置权则不得违背的条件。

（一）留置权成立的积极要件

留置权成立须债权人合法占有属于债务人的动产且该债权须已届期，以及债权的发生与该动产具有牵连关系。

1. 留置的财产必须是动产。这里的动产仅指狭义动产，不包括权利。

杨某诉华都商厦收取租赁定金后因欠付工程款建造的出租房被承包人留占要求交付该承租房案[1]

【案情简介】

被告华都商厦在深化企业改革的过程中，为了给职工提供经商条件，经集体研究决定，由租房户集资修建门面房出租。原告杨某系被告单位职工，得知修建门面房的消息后，于1997年5月19日向被告预交定金4万元，用于修建后的门面房承租，双方约定门面房竣工后交付使用时再正式签订租赁合同，应租门面房为地下城东侧门面房。

1997年5月20日，被告华都商厦与第三人张某签订了建筑门面房工程施工合同，将9个门面房发包给张某承建。按合同约定，1个月竣工交房。在规定期内，门面房建成。由于被告华都商厦尚欠张某一部分工程款未付，故张平只交出8套门面房，留有1套未交，且出租给他人经商牟利，致使原告不能按时取得该门面房的承租权。鉴于上述情况，原、被告双方于1998年12月8日自愿达成协议：即由被告返

[1] “杨正严诉华都商厦收取租赁定金后因欠付工程款建造的出租房被承包人留占要求交付该承租房案”，载最高人民法院中国应用法学研究所编：《人民法院案例选》2001年第3辑（总第37辑），人民法院出版社2002年版，第88页。

还原告租房定金4万元，支付违约金4万元，约定1个月内全部付清。协议书签订后，被告因经济困难，于1998年12月20日将闲置土地80平方米作价26 400元转让给原告作住宅用地，余下部分仍无力偿付。故原告诉至法院。

【审理判析】

法院经审理认为：原、被告之间关于门面房承租权的民事法律关系成立。故原告杨某要求取得门面房的承租权和赔偿损失的诉讼请求，理应予以支持。被告未按期提交门面房，给原告造成的经济损失，理应由被告华都商厦赔偿。本案第三人张某所占有的门面房，本属原告杨某通过合法方式取得的承租权，张某应无条件的让出，不能非法占用。至于被告华都商厦欠第三人张某所在公司的工程款债务，系另一法律关系，应依法另案处理。故判决华都商厦地下城东侧上、下两间的经营门面房，由原告杨某承租经营、第三人张某现在所租给电器门市部经营的上、下两间门面房，于判决生效后10日内退出，交给原告杨某使用。

第三人张某不服，提起上诉。二审法院驳回上诉，维持原判。

【法理研究】

本案涉及的问题是第三人张某对门面房享有何种权利。

《合同法》第286条规定："发包人未按照约定支付价款的，承包人可以催告发包人在合理期限内支付价款。发包人逾期不支付的，除按照建设工程的性质不宜折价、拍卖的以外，承包人可以与发包人协议将该工程折价，也可以申请人民法院将该工程依法拍卖。建设工程的价款就该工程折价或者拍卖的价款优先受偿。"此条在理论界争议颇多，有学者认为此条赋予承包人的该优先受偿权的基础就是留置权的效力，因此承包人对承包工程享有的就是留置权。

但是，留置权的基础是对留置物的"占有"，而"占有"对动产来说是权利归属的公示手段，对外部产生公信力，但"占有"对不动产来说却并不具有此种法律意义。所以当留置权人需要对动产留置物进行折价、拍卖时，并无任何不适，而对不动产来说却很难进行，除非法律直接规定此种情况下不动产物权变动不以登记为生效要件，同理财产权利也会产生执行上的困难。因此，无论是《担保法》还是《物权法》均将留置权的客体限定为动产。就《合同法》该条款来说，似乎解释为法律为了更好地保护建筑承包人而赋予其具有物权性质的债的担保或者一般优先权更好，这也是在前些年我国出现大量拖欠承包工程款事件的立法背景下，法律所做出的适时调整所出现的特殊条款，是一种立法的政策考量。

再反观本案，根据《合同法》第286条的规定，第三人张某留下其承包建造的被告的门面房，无须征得任何人之同意，也无须考虑该房上是否还设置有债权或其他担保物权，完全是其权利使然。第三人张某以该门面房迫使被告履行欠付的工程款，行为完全合法，并取得了对抗被告其他债权人的效力，因此第三人的诉辩主张是完全成立并应得到支持的。

2. 须债权人合法占有对方的财产。债权人合法占有债务人的财产是留置权成立的前提条件。若债权人不是合法占有对方的财产，不形成留置权。债权人所占有的必须为债务人的财产，但债权人合法占有债务人交付的财产时，不知债务人无处分该动产的权利，仍可行使留置权。

东风航运公司诉洪付机 44 号船合伙户非法留置船舶案〔1〕

【案情简介】

1991 年，航运公司所属东风 17 号机动船队，在航行中与停泊的被告所属某机动船发生碰撞，导致该船受损，修理费计 6000 元。事故发生后，航运公司与合伙户对赔偿数额未能达成调解协议。后来，合伙户邀集一些人强行登上航运公司的东风 17 号船队，将该船队留置于彭家码头，不让其投入营运。

航运公司以合伙户非法留置船舶为理由，向海事法院提起诉讼，要求被告立即放船，并赔偿非法留置期间的船舶营运损失共计 6700 元。

【审理判析】

海事法院经审理认为：航运公司的船队舵机失灵，造成碰撞事故，致被告的船舶受到损害，航运公司管理上有过失，应承担船舶碰撞造成损失的全部赔偿责任。

但被告留置东风 17 号船队，是一种侵权行为，应赔偿留置船舶在留置期间的营运损失。船舶碰撞损失和留置期间的营运损失相抵，原告应赔偿被告 2000 元。在此前提下，航运公司考虑到合伙户的实际困难，表示可向合伙户多赔一些。经调解，双方自愿达成如下协议：航运公司一次性赔偿合伙户船舶碰撞损失费共计 2500 元，自调解书送达之日起 5 日内付清。

【法理研究】

本案涉及留置船舶非法性的认定问题。需要注意的是，我国《物权法》实施之前的法律都规定债权人对留置物的合法占有仅基于几类合同，《物权法》扩大了留置

〔1〕“四川省奉节县东风航运公司诉湖北省洪湖市洪付机 44 号船合伙户非法留置船舶案”，载最高人民法院中国应用法学研究所编：《人民法院案例选》1992 年第 2 辑（总第 2 辑），人民法院出版社 1992 年版，第 149 页。

权的适用，规定此合法占有虽以按照合同约定占有为主，但不以此为限。

但是，留置权成立的积极要件之一仍是“须债权人合法占有对方的财产”，即债权人对留置物的占有必须存在法律上的原因，否则，留置权不能成立。本案海事请求权人留置船舶属于侵权行为，显然不是合法占有，具有非法性。因此造成对方损失的，留置行为人应负赔偿责任。

3. 债权人的债权须和其留置的财产有牵连关系。《物权法》第231条规定：“债权人留置的动产，应当与债权属于同一法律关系，但企业之间留置的除外。”据此，只有债务人的动产与债权人的债权，都是基于债权人占有标的物的同一法律关系，才可以成立留置权。该要件通常被称为留置权的牵连性，即债权人的债权须和其留置的财产具有牵连关系。但是，企业之间的留置不受“同一法律关系”的限制。

株式会社诉南太公司案[1]

【案情简介】

1993年7月21日，原告株式会社与被告南太公司签订了天津至俄罗斯那霍德卡往返航次的租船合同。合同约定：南太公司租用原告所属圣文森特籍“星光”轮，装运1500吨牛肉罐头从天津运至那霍德卡港，装3天卸3天；装运1500吨钢材自那霍德卡港至天津，在那霍德卡港装船时间允许3天。滞期费每日2000美元。因装运的上述货物系被告华升公司出口及进口，上述合同签订的同时，两被告之间也签订了与上述合同内容大致相同的往返航次租船合同。

“星光”轮返驶抵天津港后，因与南太公司就在那霍德卡港产生的滞期费发生纠纷，原告拒绝卸下1500吨钢材货物，并欲留置船上货物运回韩国扣押。华升公司得知后，以其托运的罐头丢失12吨及原告拒卸其所属的1500吨钢材为由，于1993年9月16日申请海事法院诉前扣押原告所属圣文森特籍“星光”轮。海事法院裁定扣船后，华升公司经与原告协商达成协议，由普利达公司为华升公司提供10.4万美元的担保，原告向华升公司交付货物。协议达成后，华升公司申请解除对“星光”轮的扣押，海事法院于9月25日裁定，解除了对该轮的扣押。

原告提起诉讼，请求法院判令南太公司支付所欠运费和滞期费，判令华升公司赔偿扣船期滞留损失。

---

〔1〕“韩国元喜海运株式会社诉南太万达龙（天津）国际贸易有限公司案”，载中国高级法官培训中心、中国人民大学法学院编：《中国审判案例要览》（1995年综合本），中国人民大学出版社1996年版，第1316页。

【审理判析】

海事法院经审理认为：根据航海日志，“星光”轮在那霍德卡港的装卸记录及气象报告等证据材料，“星光”轮在那霍德卡港产生滞期费 33 888 美元是成立的。南太公司作为承租人应该履行合同之义务，赔付原告因船舶滞期所产生的上述损失，然后有权向华升公司追偿。在诉讼中，南太公司已将所欠运费如数付给原告的代理市航运公司，原告也予以确认，原告关于运费的诉讼请求已经解决。

根据合同的约定，原告应向南太公司索赔所欠运费和滞期费，无权留置不属南太公司而属华升公司所有的货物。因此，华升公司以原告拒绝交付货物为理由申请扣船是正确的，由此产生的扣船损失应由原告自负，故对原告要求赔偿扣船损失的请求不予支持。

经法院主持调解，双方当事人自愿达成调解协议：华升公司自愿赔偿原告 33 800 美元，作为与本案有关的最终的和全部的赔偿；原告收到上述款项后，将普利达公司为华升公司出具的担保退回该公司。海事法院认为协议符合法律规定，予以确认。

【法理研究】

本案由于承租人不付滞期费而引起出租人留置货物，以及实际发货人和收货人因出租人丢失货物和拒卸货物而申请扣押船舶这一系列纠纷，其焦点问题就是船舶滞期费问题。

根据原告与南太公司的合同关系，南太公司作为承租人就有义务赔偿原告的滞期费损失。同时，由于南太公司与华升公司签订了相同内容的航次租船合同，该滞期损失又是该合同中作为出租人的南太公司的滞期损失，作为该合同中的承租人的华升公司就有义务赔偿南太公司的该项滞期损失。正因为上述合同之间的权利义务连结关系，让最终义务人向实际权利人支付滞期费损失，就是可行的。

由于船载货物属华升公司所有，而不属于与原告有直接合同关系的南太公司所有，因此，原告因南太公司欠付运费及滞期费，就只能采取其他方法向南太公司追索，而不能对华升公司的货物行使留置权。因此，原告留置华升公司的货物，拒不交货，实属留置货物范围上的错误。

4. 必须债务人的债务已到清偿期。合同有约定的，合同期满即是已届清偿期；合同无约定的，应以债务人发出的履约催告时间来确定。

需要注意的是，在清偿期届满之外，《物权法》还规定了履行债务的宽限期。留置权人与债务人应当约定留置财产后的债务履行期间；没有约定或者约定不明确的，留置权人应当给债务人 2 个月以上履行债务的期间，但鲜活易腐等不易保管的动产除外。

承揽合同中留置加工物案[1]

【案情简介】

华辉商场委托大华服装厂加工西服100套，双方订立了来料加工合同，约定于4月11日前交货，加工费共计2万元，于交货前20日即3月20日支付。后华辉商场逾期未支付加工费，大华服装厂将加工的100套西服留置，并通知华辉商场在2个月内偿还债务，逾期不偿还，将变卖其部分西服并以变卖的价款优先受偿。2个月期限经过之后，华辉商场仍未支付加工费，大华服装厂遂变卖50套西服，以变卖的价款偿付加工费及违约金。

华辉商场以大华服装厂擅自变卖其加工的服装为由，要求其承担违约责任。

【审理判析】

法院经审理认为：华辉商场与大华服装厂之间的合同为加工承揽合同，大华服装厂依据该合同占有华辉商场委托加工的西服，且华辉商场支付加工费的履行期先于大华服装厂的交货日期，在华辉商场没有履行交付加工费时，大华服装厂可以留置加工的西服。

大华服装厂留置西服后，确定2个月以上的期限，通知华辉商场在该期限内履行债务。该期限符合《物权法》的规定，该期限届满以后，华辉商场依然不履行债务，大华服装厂有权将留置的西服变卖，以其价款偿付债务。由于留置的西服是可分物，大华服装厂将与其债权数额相当的西服变卖以实现债权，其做法并无不当。故判决驳回华辉商场的诉讼请求。

【法理研究】

本案涉及的问题是大华服装厂的行为是否合法。

依据《物权法》第236条的规定，债权人未按照规定期限通知债务人履行义务，直接变价处分留置物的，应当对此造成的损失承担赔偿责任。债权人与债务人按照规定在合同中约定宽限期的，债权人在宽限期届至时可以不经通知，直接行使留置权。本案中，大华服装厂对定作物西服的留置权成立，并且留置权的行使程序合法，华辉商场的诉讼请求于法无据。

还需要注意的是，债权人的债权未届清偿期，其交付占有标的物的义务已届履行期的，不能行使留置权。但是，债权人能够证明债务人“无支付能力的除外”。

---

〔1〕 孔祥俊：《担保法及其司法解释的理解与适用》，法律出版社2001年版，第315页。

（二）留置权成立的消极要件

留置权成立的消极要件是指具备何种情形，就不能产生留置权。主要包括：①动产非因侵权行为而占有。留置权的发生应占有动产，但对动产的占有不得基于侵权行为。②动产的留置不违反公序良俗。公序良俗所维护的是国家、社会得以存在的基本秩序、一般道德和公共利益。公序良俗是民法上的强行规定，当事人不得违反，否则行为无效。③须动产之留置不与债权人所承担的义务或债务人所为的指示或特约相抵触。

黄甲诉方乙承运货物中途擅自卸货变卖提存价款违约案[1]

【案情简介】

1999年，原告黄甲就其购买的四季豆的运输问题，与被告方乙在该地签订了“货物运输合同”，约定：①起点廉江，终点西安。方乙保证于12月9日准时发车，全程4天；②原告装货保证不超过600筐，运费共计6550元。起点出发前原告先付3300元，到达终点卸车前再付余下运费3250元；③运输途中车辆如发生意外事故所造成的货物损失由方乙赔偿。方乙承担运输途中的费用及罚款；④本合同经双方签字生效。任何一方违约，按运费全额赔偿，另罚全额运费50%的违约金。双方均签字。合同签订后，原告付方乙运费3300元。途中，方乙要求加付运费900元，原告付给其600元。12月13日早7时左右，该车停于南阳粮兴宾馆院内，方乙擅自将货卸下，以5000元的价格将货物全部处理，扣除1000元，余款交公证处提存。后原告提起诉讼。

【审理判析】

法院经审理认为：原告与方乙签订的“货物运输合同”合法有效，双方均应严格履行。方乙未能按合同约定按时、适当地将原告货物运抵目的地，应承担违约责任。

方乙不服，提起上诉。

市中级法院确认一审判决认定的事实，认为：方乙与黄甲签订的“货物运输合同”，意思表示真实，不违反法律，为有效合同。方乙未按合同约定履行义务，属违约行为，除应赔偿黄甲经济损失外，还应承担合同约定的违约责任。但原判对黄甲主张的违约金未支持，鉴于黄未上诉，上诉审法院对此不予考虑。

---

〔1〕“黄普田诉方东升承运货物中途擅自卸货变卖提存价款违约赔偿案”，载最高人民法院中国应用法学研究所编：《人民法院案例选》2001年第4辑（总第38辑），人民法院出版社2002年版，第209页。

【法理研究】

本案中，承运人方乙作为运输合同的一方，理应依约履行债务。黄甲和方乙约定了运输费用的支付时间，即“起点出发前原告先付3300元，到达终点卸车前再付余下运费3250元”。黄甲已经支付了3300元，但是方乙在到达终点前就要求黄甲交其余的运费，并擅自卸货，显然违约。其违约在先，不构成对货物的合法留置。即使其认为是合法留置，也不得直接变价处分承运的货物。否则，就应当对此所造成的损失承担赔偿责任。

四、留置权的效力和消灭

所谓留置权的效力，即留置法律关系双方当事人在《物权法》上的权利义务关系。在此，主要讨论留置权人的权利和义务。

（一）留置权人的权利

留置权人的权利主要有：①留置标的物。留置权人有权拒绝债务人的返还留置物请求。②留置物优先受偿权。留置权人行使留置权占有债务人的留置物后，经过一定期限，经过催告，债务人仍不给付应付款项时，留置权人即可按法律规定折价或从拍卖、变卖该财产的价款中优先受偿。③收取留置物的孳息。留置权人收取的孳息，并非归自己所有。留置物的孳息又有孳息的，留置权人对这一孳息也取得孳息留置权。④请求偿还因保管留置物所支出的必要费用。

（二）留置权人的义务

留置权人的义务主要有：①妥善保管留置物。即留置权人以善意保管人应有的注意，对留置物进行保管。未尽到该义务而致使留置物遭受损失的，应当承担赔偿损失、修理等义务。②不得擅自使用留置物。留置权人在留置权产生后，仅享有基于占有而发生的权利，并不享有基于所有权的使用、收益和处分的权利。③返还留置物。如果债务人履行了债务或提供其他担保的，留置权人应返还留置物。

（三）留置权的消灭

作为担保物权的一种，留置权既可以因物权消灭而消灭，也可以因担保物权消灭而消灭，同时留置权还有其自身特殊的消灭原因。其中，留置权消灭的特殊原因包括：①留置权因占有的丧失而消灭。占有不仅是留置权的成立要件，也是留置权的存续要件。因此，留置物占有的丧失，当然为留置权消灭的原因。②担保的另行提出。为清偿债务，债务人已提出其他相当的担保的，债权人的留置权消灭。

五、留置权与其他担保物权的冲突与竞合

（一）担保物权冲突与竞合只能发生在动产之上

不动产及不动产权利不能成为质权、留置权的客体，故担保物权冲突与竞合只能发生在动产之上。

（二）抵押权、质权、留置权之冲突与竞合时，留置权优先

当一个物上抵押权、质权、留置权同时存在时，即发生担保物权的冲突与竞合，《物权法》第239条规定：“同一动产上已设立抵押权或者质权，该动产又被留置的，留置权人优先受偿。”

已抵押汽车留置案[1]

【案情简介】

刘某为从事出租车经营，自购价格为7万元的一辆证照齐全的“夏利”出租车，在购车时以该车作抵押，向某银行借款3万元，期限为半年，并在当地车管部门办理了抵押登记。在借款期限内，因发生交通事故，刘某的出租车严重受损，被送往汽车修理厂维修，花费5000元。刘某无力承担该笔修理费，汽车修理厂将该车辆留置，并给刘某2个月的偿还修理费的宽限期。此间，某银行的贷款到期，因刘某无力还贷，银行要求行使抵押权，但因车辆被汽车修理厂留置，其行使抵押权受阻。遂向法院起诉，请求对被汽车修理厂留置的刘某的车辆行使优先受偿权。

【审理判析】

在本案中，存在银行的抵押权与汽车修理厂的留置权的冲突，从而需要决定应当由谁优先受偿。对此曾有不同的意见。

第一种意见认为，留置权优先于抵押权。

尽管抵押权设定在先，但汽车修理厂的留置是合法的，符合留置权的成立要件，并因留置而取得了对留置物的实际控制，因而应当优先保护留置权，在满足留置所担保的债权之后，再由抵押权人行使抵押权。

第二种意见认为，抵押权优先于留置权。

经过抵押登记的抵押权人享有优先受偿权和对抗第三人的权利，留置权人也属于抵押权所对抗的第三人之列。本案应当保护银行的优先受偿权。

第三种意见认为，抵押权与留置权具有同等效力。抵押权与留置权同为担保物权，效力相同，应当根据在先原则确定何者效力在先。本案抵押权设定在先，应当首先保护抵押权。

《物权法》第239条的规定，采取了留置权优先的主张，即同一动产上已设定抵押权或者质押权，该动产又被留置的，留置权人优先受偿。

[1] 孔祥俊：《担保法及其司法解释的理解与适用》，法律出版社2001年版，第243～244页。

【法理研究】

根据《物权法》第239条的规定，留置权优先于抵押权和质权而优先受偿。之所以如此规定，基于以下考虑。

（1）质权和留置权的冲突与竞合。在一般情况下，动产质权与留置权一般不会在同一个债务人与数个债权人之间发生。因为如果先成立一个留置权，物之所有人将无法向质权人交付质物；而先设立质权，则出质人已不占有标的物，自然没有支配物的可能，当然也不会因该标的物产生留置的法律行为的可能。因此大部分的质权与留置权的竞合都是由于留置权人或质权人的行为而产生的。例如质权人交由第三人加工质物，质物被加工人留置的情况；以及留置权人为担保自身债务出质留置物的情况，都会产生两者的权利竞合。那么对于以上的情况应当如何解决呢？

一方面，留置权的债权较之其他债权，债权人不获给付满足的危险更大，因此，法律往往直接规定符合条件的债权项目能够自动就债权的相关财产取得担保物权；另一方面留置权相较质权、抵押权，不具有物上代位性，从而也决定了它实现权利的有限性。因此通过对立法本意以及保护特别债权的考虑，法定担保物权应当优于意定担保物权受偿，即留置权优先于质权受偿。

（2）抵押权与留置权的冲突与竞合。两者的竞合仅在动产抵押权与留置权相竞合的情况，又由于动产抵押权以登记为公示形式，第三人不可能于留置权人手中善意取得抵押权，即留置权人不可能就留置物为自己的债务提供抵押。因此，这种情况只要适用法定担保物权优于意定担保物权的原则即可，即两者竞合时，留置权优于抵押权优先受偿。《担保法司法解释》第79条亦规定：“……同一财产抵押权与留置权并存时，留置权人优先于抵押权人受偿。”

第八章　占　有

第一节　占有的分类

占有究竟为事实抑或权利，学说和立法例不统一。德国和多数国家民法，认为其属于事实，称为占有；少数国家如日本民法认为占有属于权利，称为占有权。《物权法》对于占有未设定义性规定，解释上应将其解释为一种事实状态，而非权利。

通说认为，占有即是人对物有事实上的管领力。其中，对物进行管领之人，称为占有人；被管领之物，称为占有物。由于占有之标的物须以民法上的物为限，故物之外的财产权利，只能成立准占有。

薛某、曹某、何某将盗窃的假币非法持有案[1]

【案情简介】

1998年，被告人薛某、曹某、何某和曲某（在逃），盗窃一密码箱。薛某用脚将密码箱踹开，发现有50元票面的假人民币，面值30余万元。因被告明知是假币仍将假币非法持有。公安人员从3被告人身上及家中共搜出假币248 800元。

检察院以被告人薛某、曹某、何某犯持有假币罪，提起公诉。

【审理判析】

法院经公开审理认为：被告人薛某、曹某、何某明知是假币而持有，数额巨大，其行为均已构成持有假币罪。对三被告人分别判处有期徒刑，并处罚金。

【法理研究】

本案争议的焦点是：对三被告人实施盗窃后将盗得的假币非法持有，是以盗窃罪（未遂）与持有假币罪的牵连犯论处，还是以不构成盗窃罪而仅构成持有假币罪

〔1〕“薛万森、曹印山、何小锁将盗窃的假币非法持有案”，载最高人民法院中国应用法学研究所编：《人民法院案例选》2002年第2辑（总第40辑），人民法院出版社2002年版，第13页。

论处。本案亦涉及占有与持有的区别问题

盗窃罪与持有假币罪两者所指数额的“价值”本质不同。盗窃罪规定的“数额”是指盗窃财物本身固有的价值，具有价值和使用价值两种属性；而持有假币罪规定的“数额”则是指按照具有价值的合法货币的图形、文字而伪造的一种载体上所载明的数额，其本身不具有价值和使用价值的属性。因此，被告人盗得假币无论面值多大，也无价值可言，与一无所获无异，这个“数额”不能体现盗窃行为对财产所有关系的侵犯，从而不能构成盗窃罪。但被告人明知盗得的是假币而持有，这个“数额”则能体现持有假币行为对国家货币管理制度的侵犯，故而构成持有假币罪。持有假币的数额大小，恰恰反映了持有假币行为对国家货币管理制度的侵犯程度，持有的假币越多，其社会危害性就越大。

占有与持有，虽同样对于物有事实上的管领力，但二者具有以下差异：①占有为民法上的概念，而持有则为刑法上的概念；②占有可依抽象状态而加以间接占有，持有则否；③占有人在占有物上行使权利，可推定其合法有此权利，持有则无类似的推定；④占有可以移转、继承，持有则否；⑤对于因盗窃、抢夺、欺诈与恐吓而置于自己管领之下的物，属于占有，而非持有；⑥绝对的违禁物，如海洛因、鸦片等不得为占有的标的物，但可为持有的标的物。[1]

盗窃罪是以非法占有他人财物为目的，是获得经济上的利益；而非法持有假币罪对被告人而言，并不能获得经济上的利益，只是损害国家货币管理制度。本案中，三被告人各自持有的假币总面额多达数万元，数额巨大，完全符合持有假币罪的犯罪构成要件，均已构成持有假币罪。

对于占有，可以根据不同的标准对其进行不同的分类。

一、自主占有与他主占有

这是依占有人是否以所有的意思为标准所作的划分。

（一）自主占有

即以所有的意思所进行的占有，在自主占有中，占有人须以物属于自己所有为要素。自主占有人并不仅限于所有人，非所有人占有他人的财产具备此种意思时，也为自主占有，如盗贼对赃物的占有也是自主占有，因为其盗窃物品就是为了取得其所有权。

（二）他主占有

指不以所有的意思进行的占有，他主占有中，只要有基于某种特定关系而支配物的意思即可。地上权人、借用人、承租人、典权人、监护人等对物所进行的占有都是他主占有。

---

〔1〕 梁慧星、陈华彬：《物权法》，法律出版社2007年版，第400页。

自主占有和他主占有的区分，主要关系到取得时效和先占的构成，依各国立法的通例，作为取得时效和先占的占有须为自主占有，他主占有不发生取得时效和先占取得所有权的问题。另外，在占有物毁损、灭失时，自主占有人与他主占有人的责任范围不同。

二、直接占有与间接占有

这是依占有人在事实上是否直接占有物为标准而进行的划分。

（一）直接占有

指占有人不以他人为媒介而事实上占有其物，也就是直接对物具有事实上的管领力。如承租人对租赁物的占有、质权人对质物的占有、借用人对借用物的占有均为直接占有。

（二）间接占有

间接占有是以他人的占有为媒介，基于一定的法律关系，对事实上占有物的人（即直接占有人）享有占有返还请求权的占有。

间接占有的特点在于间接占有人与直接占有人之间存在特定的法律关系，基于这种法律关系，间接占有人对于直接占有人享有返还请求权。例如质权人、承租人、保管人基于质权、租赁、保管法律关系占有标的物，是直接占有人，而享有返还请求权的出质人、出租人、寄托人为间接占有人。

这种分类的意义在于：间接占有不能独立存在，而直接占有可以独立存在。间接占有是相对于直接占有而言的一种观念化的占有，其不直接支配标的物，所以不能脱离直接占有而独立存在。

苟某因生活无着诉李某应将掌管的夫妻共同存款的一半给其支配案[1]

【案情简介】

苟某与李某已结婚多年，所生孩子已成年。苟某夫妇俩从1992年起外出挣钱，已有一定积蓄，由李某掌管。2002年李某独自到成都，不照管苟某。

苟某因家中住房年久失修不能居住，又没有经济来源，生活无着，遂向县法院起诉，要求李某从掌管的夫妻共同存款10万元中分一半即5万元由其支配。

法院受理后，根据苟某提供的线索，仅查实以李某名义在县农业银行有存款1.5万元。

---

〔1〕“苟洪英因生活无着诉李恒富应将掌管的夫妻共同存款的一半给其支配案”，载最高人民法院中国应用法学研究所编：《人民法院案例选》2003年第2辑（总第44辑），人民法院出版社2003年版，第82页。

【审理判析】

法院经审理认为：被告未对以其名义存入银行的1.5万元不属于夫妻共同存款提出异议，原告也未有足够证据证明其主张的有10万元夫妻共同存款的事实，因此，只能认定夫妻共同存款1.5万元。原、被告对此款均享有平等的占有、使用、收益、处分的权利。现原告没有生活来源，被告独占存款不让原告使用，剥夺了原告对夫妻共同财产行使支配、处分的权利。故判决被告将其持有的与原告共同所有的存款1.5万元，在本判决生效后1日内分给原告8000元，由原告自主支配。

【法理研究】

本案应为“夫妻共同财产支配权纠纷”，本案的焦点问题是在夫妻关系存续期间，一方可否要求另一方返还由其占有的共同财产。

根据《婚姻法》和《物权法》的有关规定，我国实行法定夫妻财产共同制，即婚姻关系存续期间取得的财产，属于夫妻共同共有。共同共有人对共有的财产共同享有所有权。除非有特别约定，共同共有人在共有的基础丧失或者有重大理由需要分割时可以请求分割共同财产。本案中，苟某因生活无着，当属请求分割夫妻共同财产的重大理由，李某应将其管理的共同存款的一半分给苟某。

从另一个角度看，本案实际上体现了直接占有与间接占有的问题。间接占有人与直接占有人之间存在特定的法律关系，基于这种法律关系，间接占有人对于直接占有人有返还请求权。本案的焦点，就是要把夫妻对抽象的共同共有财产的平等处理权，基于间接占有人与直接占有人之间存在特定的婚姻法律关系，配偶各自对本来享有的个人财产权利，以间接占有人的身份，行使其权利。换句话说，是间接占有人对于直接占有人依法行使财产返还请求权，把从整体上首先体现为法律上的抽象的间接占有状态，转化为共有人之具体“支配”或“支配权”的行使，亦即所谓的直接占有。

三、有权占有和无权占有

这是依有无占有的权源为标准而进行的划分。

（一）有权占有

有权占有又称“合法占有”、“正权源占有”，是指基于法律行为或法律规定的原因（如买卖、租赁、设质、地上权等）而进行的占有。

某信息中心诉吕某、刘某腾退房屋纠纷案[1]

【案情简介】

1987年，某信息中心分配给其职工吕小某住房一套。吕小某承租后，去加拿大陪丈夫读书，房屋即由吕某（吕小某叔父）、刘某（吕小某祖母）居住。1988年，吕小某给单位写信，要求停薪留职2年（从1988年2月1日起至1990年2月1日止）。1990年1月3日，某信息中心决定：吕小某必须在1990年2月1日前回单位上班，否则按自动离职处理，并将此决定告诉吕小某之母转达。1990年2月1日，某信息中心决定对吕小某按自动离职处理，4月1日又决定收回吕小某承租的房屋。吕某、刘某以受吕小某委托，为其代管房屋为由，拒绝交出房屋。某信息中心遂起诉。

【审理判析】

法院经审理认为：吕小某现在国外陪其丈夫读书，虽被按自动离职处理，但在国内没有解决其他住房前，应保留其房屋承租权。现二被告受承租人委托代为看管房屋及财产，也是合法的。原告提出吕小某将此房转借、转让，请求二被告腾房，证据不足，不予支持，遂判决驳回原告的请求。

某信息中心不服，提起上诉。二审驳回上诉，维持原判。

某信息中心仍然不服，向省高级法院申请再审。省高院指令中院再审。某中级法院认为：吕小某出国长时间未归，应将其承租之房交由产权单位管理；而其以看房为由，未经产权单位同意，私自将承租之房借与亲属居住，违反公有房产管理有关规定。遂判决刘某、吕某将住房腾出，交回某信息中心。

【法理研究】

本案涉及的问题是吕某、刘某是否应该腾退房屋。

单位将其所有的房屋，分配给本单位的职工承租，这种房屋租赁关系不同于一般的房屋租赁关系，它是以承租人和单位之间的劳动法律关系为基础的。因此，单位职工承租单位的住房，首先是劳动者享有的单位提供的福利待遇的权利，然后才是根据租赁关系履行承租人义务的问题。同时，单位给职工分配住房承租，又是为了尽可能满足职工及其家庭成员的住房需要。承租人将承租的公有房屋空闲、自行转让、转借或者改变住房居住用途的，都属于已经不需要此房的情况，产权单位有权收回该住房。承租人如不交回承租房的，产权单位有权向法院起诉，要求解除租

---

〔1〕“黑龙江省紧急信息中心诉吕世铎、刘桂荣腾退房屋纠纷案”，载最高人民法院中国应用法学研究所编：《人民法院案例选》1993年第1辑（总第3辑），人民法院出版社1993年版，第59页。

赁关系和要求承租人腾退房屋。

本案争议房屋的承租人吕小某，出国陪丈夫读书，到期不归，本单位对她按自动离职处理，并通知她要收回住房，她不予答复，也不回国居住此房，说明她已经不需要此住房，不再享有原单位提供的福利待遇，对房屋的占有由有权占有变为无权占有。进而，吕小某基于无权占有而将该房交由吕某、刘某使用，吕某、刘某亦构成无权占有。因此，本案中单位有权将该房收回。

（二）无权占有

又称为“无权源占有”，指非基于本权或是欠缺法律上的原因进行的占有，如盗窃人占有赃物、承租人在租赁关系消灭后继续占有租赁物、拾得人对于遗失物的占有等。

这种分类的意义在于：①是否可以拒绝他人对本权的行使不同。有权占有人可以拒绝他人对本权的行使，而无权占有人遇有本权人请求返还占有物时，即负有返还的义务。当然，无权占有人负有的返还义务并非是绝对的，善意取得是返还请求权的例外。②留置权以有权占有为要件。因侵权行为而占有他人的物，是不能产生留置的法律效果的。

王某、徐某抢劫他人盗窃的赃物案[1]

【案情简介】

1994年10月，农民王某和许某合谋于次日凌晨去开发区建筑工地盗窃。次日凌晨4时许，王某前往许某的住处，见有人在厂内盗窃，立即赶到许某的住处告诉了他，随后两人在路口守候，当两盗窃人李某和张某运赃物路过该路口时，王某和许某将其拦住并殴打。李某和张某逃走，王某和许某即将盗窃者遗弃的赃物运到废品收购站，销赃后共得300余元。检察院以被告人王某、许某犯盗窃罪提起公诉。

【审理判析】

区法院经公开审理认为：被告人王某、许某使用暴力，合伙拦路抢劫他人盗窃所得的赃物，情节严重，其行为均已构成抢劫罪。检察院指控被告人王某、许某犯罪的事实清楚，证据确凿，但认定两被告人犯盗窃罪定性不当。由于被告人王某、许某在案发后认罪态度较好，故以抢劫罪分别判处被告人王某有期徒刑5年，判处

[1] “王从华、许万全抢劫他人盗窃的赃物案”，载最高人民法院中国应用法学研究所编：《人民法院案例选》1997年第1辑（总第19辑），人民法院出版社1997年版，第34页。

被告人许某有期徒刑 4 年。

【法理研究】

本案中，李某和张某对赃物的占有属于自主占有和无权占有，王某和许某对李某和张某施加暴力，将其通过非法手段获得的赃物据为己有，然后通过销赃的方式将赃物变现，其在销赃之前对赃物的占有仍然属于无权占有、自主占有，尽管与李某和张某相比，王某和许某并不是直接侵权人，但其抢劫盗贼“自主占有”的赃物，并将其销赃，使得所有权人完全丧失对所有物的占有、使用、收益、处分的权能，构成了对所有权的侵害。李某、张某、王某、徐某对这些物品并不享有任何民事权益。

四、善意占有和恶意占有

这是在无权占有中，以占有人的主观状态的不同为标准所进行的划分。

（一）善意占有

指占有人不知其没有占有的权源，而误信自己有正当权源且无怀疑地进行的占有，是占有人不知道也不应该知道自己的占有是没有法律上的依据所进行的占有，是一种“非所有人的善意占有”。如对盗窃赃物，买受人信赖出卖人有所有权而进行买卖并且进行的占有。

根据罗马法的观点，“任何人不得将大于其所有的权利让与他人”。所以，如果第一个人的占有是非法的占有，不管第二个人的占有有没有对价，其是否为善意，他的占有都是非法的占有。

马某等诉雷某等不知是赃物在购买后被追回赔偿案[1]

【案情简介】

被告雷某、艾某、冯某结伙盗窃了三峰骆驼进行销赃，将该三峰骆驼以 4200 元出卖给了原告马某、周某。马、周不知道该三峰骆驼系赃物，又以高价格将该三峰骆驼卖给了张某。不久，公安机关破获了雷某、艾某、冯某结伙盗窃骆驼案件，将他们抓获归案，并将张某从马某、周某手里买得的三峰骆驼作为赃物全部追缴，发还给了失主。

张某买得的骆驼被追缴，经济上受到损失，便坚决要求马某、周某退还其买骆

〔1〕“马银德等诉雷桂明等不知是赃物在购买后被追回赔偿案”，载最高人民法院中国应用法学研究所编：《人民法院案例选》1997 年第 2 辑（总第 20 辑），人民法院出版社 1997 年版，第 121 页。

驼所付的价款，马、周无奈，给张某退还了4500元。此后，马某、周某为了挽回损失，便向法院提起诉讼，要求被告雷某、艾某、冯某退还4200元买骆驼的价款。

【审理判析】

一审法院经审理判决：被告雷某、艾某、冯某向原告马某、周某返还4200元；三被告赔偿二原告经济损失131元。

雷某、艾某、冯某不服，提起上诉。

中级法院经审理判决驳回上诉，维持原判。

【法理研究】

本案的焦点问题是马某、周某、张某可否取得骆驼的所有权。

本案中的骆驼系三被告盗窃所得，属于赃物。按照物的分类，赃物是禁止流通物，所有人之外的任何人通过民事关系取得赃物的占有都是无权占有。马某、周某从三被告处通过买卖合同占有骆驼时，亦是无权占有，但其购买时不知骆驼是赃物，其对骆驼的占有属于善意占有。根据善意取得制度的构成要件，马某、周某仅有善意，尚不能够取得骆驼的所有权。同理，马某也不能够取得骆驼的所有权。依据法律规定，骆驼应归还原主。

（二）恶意占有

恶意占有是指占有人明知或者应当知道自己的占有是没有法律上的依据而为的占有，是“非所有人的恶意占有”。对于占有人是否为善意的判断标准，应结合具体的交易环境和情境而定。如果占有人开始占有时为善意，后得知其无占有权而仍为占有，应认定为恶意占有；善意占有人如在本权诉讼中败诉，自起诉状送达之日起，视为恶意占有。

这种分类的意义在于：①善意取得须以善意为要件。②善意占有与恶意占有受保护的程度不同。善意占有人可请求回复请求权人返还其为保管、保存占有物所支出的费用，并且对在占有期间获得的孳息不负返还义务；而恶意占有人则不享有支付费用的返还请求权，并且承担返还孳息的义务。③因占有而发生的不当得利的返还请求范围不同。善意占有人一般只返还现有利益，对已经灭失的利益不负返还责任，而恶意占有人在此情况下应当负赔偿责任。

冷某诉某房产总公司房屋买卖合同被认定无效案[1]

【案情简介】

原、被告双方争议的房屋，其产权属县国有资产管理局所有，原由县城乡建设环保局的下属单位房地产管理所管理。后县房产总公司成立，该房于1993年2月转交房产总公司管理。

该房长期由李某租住，并每年办理一次租赁手续。房产总公司为了便于房屋的管理和收集资金用于房地产开发，决定拍卖由本公司管理的包括民主路170号在内的20处房屋。后县政府明确通知房产总公司，按县政府的规定，包括民主路170号在内的房屋属城建规划内要拆迁的房屋，不能出卖。房产总公司拍卖房屋时对民主路170号房屋没有予以拍卖。

原、被告争议的房屋是规划内要拆迁的房屋，但为了自己的利益，不顾城建规划的需要，私下达成了买卖房屋协议。同时，房产总公司为了在房屋拆迁时不负责任，要原告写出“今后拆迁房屋不与城建、土管、国有资产管理局和房产总公司扯皮”的保证书。原告当即向被告交付购房款3800元，并于当月24日在县房地产交易所办理了房屋所有权转移手续，领取了房屋所有权证。

当原告准备搬迁时，从70年代起就租住此房的李某向被告申请优先购买权，并向被告交付了现金。但因原告不愿将有关买房手续退回被告，引起纠纷。属于城建规划内的170号房屋前后左右的所有建筑物全部被拆除，该房已成危房。李某不得不被迫中止租赁而迁出该房。原告诉至县法院，要求判令房屋买卖关系有效，并要求被告赔偿因未交房而给其造成的全部经济损失。

【审理判析】

县法院经审理认为：原、被告讼争的民主路170号房屋属于县国有资产管理局所有，房产总公司系该房屋的管理者，而不是房屋的所有权人，因而房产总公司没有处分权。房产总公司擅自处分170号房屋，属非所有权人处分所有权人的财产，属于侵权行为。且原、被告所订立的房屋买卖合同既未注明买卖房屋的面积、结构、交付房屋期限，又未经过房屋产权人验证盖章，其房屋买卖关系无效。同时，原、被告明知按通城县政府有关文件规定，170号房屋属于拆迁房屋，但出于各自的利益，恶意串通，以买卖房屋的合法手续掩盖其非法目的，将列入城建规划内即将拆除的房屋进行买卖。为逃避责任，被告要求原告按自己的意愿出具保证书。这种置国家

---

〔1〕“冷小明诉同城县房地产开发总公司房屋买卖纠纷因无处分权和房屋属规划拆迁房被认定买卖无效案”，载最高人民法院中国应用法学研究所编：《人民法院案例选》1994年第3辑（总第10辑），人民法院出版社1995年版，第73页。

利益于不顾，恶意串通的行为，不受法律保护，其房屋买卖关系无效，故判决房地产公司返还原告购房款3400元。

宣判后，冷某不服，提出上诉。

地区中级法院审理后认为：原审法院认定事实清楚，适用法律正确，实体处理得当，故判决驳回上诉，维持原判。

【法理研究】

结合本案事实，冷某与被告房产总公司的房屋买卖协议无效，原因如下：①房产总公司构成无权处分。本案中的房产总公司对民主路170号房屋只有管理权没有处分权，其出卖该房屋时既未得到房屋所有权人的授权，事后也未得到房屋所有权人的追认。②原被告恶意串通，买卖行为无效。在房屋买卖过程中，原、被告明知该房屋是属于城建规划内要拆除的房屋，但各自为了自己的利益（对于原告而言，取得拆迁房屋的产权，目的是为了在拆迁时向国家提出过高的要求，其损害国家利益的目的是显而易见的；对于被告而言，趁拆迁之机将房屋卖出，以非产权所有人的名义非法获利，从而损害产权人的利益的目的也是显而易见的），仍进行买卖，此种行为属于《民法通则》第58条规定的“恶意串通，损害国家、集体或者第三人利益的”无效民事行为。③该买卖关系侵害了李某的优先购买权。即使该房屋可以出卖，因该房已存在有租赁关系，并仍在租赁期限内，作为该房的承租人李某在同等条件下对该房享有优先购买权，被告出卖房屋应先通知李某，否则，李某有权主张该买卖行为无效。

据上述分析可知，本案中的房屋买卖协议无效，故原告冷某对房屋的占有属于无权占有。此外，冷某明知该房不能出卖，而仍然购买，属于恶意占有。

五、无过失的占有和有过失的占有

这是对善意占有的再分类，以占有人不知其占有的权利有无过失为区分标准。

无过失占有，指占有人不知道，而且也不应当知道自己没有占有的权利的而为占有。有过失占有，指占有人应当知道，但由于自己的过失而不知其没有占有的权利的而为占有。

张某骗卖备用铁路大桥案[1]

【案情简介】

1993年4月，张某从开平乘火车去秦皇岛，火车开过留守营车站时经别人指看，

---

〔1〕“张东友骗卖备用铁路大桥案”，载最高人民法院中国应用法学研究所编：《人民法院案例选》1995年第4辑（总第14辑），人民法院出版社1996年版，第3页。

发现相邻旧路堤上有一座大型铁路桥梁。张某听说该桥早已报废，遂产生了“卖桥赚钱”的邪念。同年6月，张某找到甲法院劳服公司经理康某，谎称自己已经买下一座报废铁路桥梁并能办理拆桥手续，愿以每吨800元的价格卖出，买者负责拆桥工程。康某驱车随张某到现场看桥后，认为有利可图，遂口头同意购买此桥。之后，甲法院劳服公司即将此桥转卖给二十二冶金发公司拆除，并由张某以甲法院劳服公司经办人的身份，与二十二冶金发公司签订了买卖并拆除大桥的《施工合同协议》。协议规定，甲法院劳服公司以每吨1550元的价格，将大桥钢梁转卖给二十二冶金发公司拆除。同年8月9日，二十二冶金发公司将队伍拉入工地，鸣放鞭炮后即开始了大规模拆桥工程。案发时，该桥上行线第三孔钢梁已被切割落地，下行线第三孔钢梁第五节间纵梁下平面联结系已被切割落地，第四节间纵梁也已被切割，至此，给铁路运输企业造成直接经济损失若干元。

铁路运输检察院以被告人张某犯盗窃罪（未遂），提起公诉。

【审理判析】

铁路运输法院经审理认为：被告人张某以非法占有为目的，采取签订假合同的方法，企图骗取他人的巨额财物，且给铁路运输企业造成数额特别巨大的财产损失，其行为已构成诈骗罪，应依法严惩。张某在着手实施诈骗犯罪的过程中，由于意志以外的原因而未得逞，是诈骗犯罪的未遂，但其行为已给铁路财产造成严重损失，均应作为量刑情节一并考虑。故判决：被告人张某犯诈骗罪（未遂），判处无期徒刑，剥夺政治权利终身；其持有的违禁品仿真钢珠手枪一支、“六四式”手枪子弹五发及枪套一个予以没收。

宣判后，被告人张某不服，提出上诉。

二审法院驳回上诉，维持原判。

【法理研究】

《物权法》第52条规定：“国防资产属于国家所有。铁路、公路、电力设施、电信设施和油气管道等基础设施，依照法律规定为国家所有的，属于国家所有。”本案中买卖的标的物是铁路大桥，根据上述规定，对于公路、铁路等公共设施，公民个人是不能享有所有权的。张某主观上以非法占有大桥钢材、“卖掉赚钱”为目的，客观上实施了一系列的诈骗行为。正是这一系列的诈骗行为，致使甲法院劳服公司和二十二冶金发公司产生错觉，信以为真，双方投入了大量资金，将大队人马和设备开进工地，实施了拆桥工程。显而易见，本案中的各个主体对铁路大桥的占有无疑都是有过失的占有，因为他们都应当知道，但由于自己的过失不知其没有占有的权利而进行的占有。

六、无瑕疵占有和有瑕疵占有

无瑕疵占有，指善意且无过失、和平、公然、持续的占有。有瑕疵占有，指恶意且有过失、暴力、隐秘、不持续的占有。

出租人诉县供销社无产权房屋租赁纠纷案[1]

【案情简介】

原告某甲解放前在原籍丙县以及丁县各有土地和房屋若干。解放后，某甲以其子某乙的名义将丁县的房屋出租给县供销社。1952 年土改时，某甲对丁县的土地和房屋隐瞒未报，丁县政府因此时房屋是由供销社使用的，故认为其是公产房，没有给某甲登记产权。供销社自租房屋起，租金付至 1964 年上半年，其后一直未付租金。到 1981 年起开始按原约定继续给付租金，1985 年因房屋山墙被雨淋倒塌，供销社自行修复后，要求以修理费用折抵房租，某甲不同意，供销社即停付租金，双方发生纠纷。1987 年，某甲、某乙诉至法院。

【审理判析】

法院经审理认为：双方当事人订立的房屋租赁合同已经履行多年，属有效的民事法律行为。对于租赁的期限，由于合同未定承租人迁出的期限，故原告请求近期终止租赁关系的主张不切实际。承租人在承租期间，未与出租人协商，而将承租房屋大量拆迁另建，应以所建同等房屋补偿。1985 年承租人自行修房的损失属其管理及自然原因，不再以租金相抵。

判决后，双方均上诉。

二审法院经审理认为：土改时，某甲将其在丁县的房屋隐瞒不报，应视为公产，根据该房屋未确权给某甲以及由供销社一直占有和使用的实际情况，遂判决争执的房屋所有权应归丁县政府所有。

【法理研究】

本案一审和二审的结果大相径庭，其根本原因在于适用的法律不同。一审法院仅按一般的房屋租赁关系处理，二审法院则以争议房屋应属土改没收房屋，某甲隐瞒不报又未确认产权为由，认为争议的房屋应属公产，双方当事人的租赁关系无效，进而根本上改变了一审的定性和处理结果。

---

〔1〕“韩树堂、韩兆升诉泾阳县云阳供销社无产权房屋租赁纠纷案”，载最高人民法院中国应用法学研究所编：《人民法院案例选》1993 年第 4 辑（总第 6 辑），人民法院出版社 1994 年版，第 66 页。

从本案看，尽管某甲从土改的时候到发生纠纷，一直以所有权人的名义对争执的房屋行使所有权，经历了很长的时间，但是其不能再真正享有所有权。因为在1952年土改时，某甲隐瞒未报，该房应视为公产房，因此，某甲对抗公法的行为的结果是其丧失房屋的所有权，丧失占有、使用、收益、处分的权能。某甲对房屋的占有属于无权占有和有瑕疵的占有。

第二节　占有的效力

通说认为，占有的性质为对物具有管领力的法律事实，而非权利。尽管占有自身不是权利，但为了维护和平秩序及合理地处理相关当事人之间的利益关系，法律仍赋予占有一定的法律效力。正是其独立于本权的这些效力的存在，才造就了独立的占有制度。

一、占有的推定效力

（一）占有的事实推定规则

1. 以所有的意思或为自己占有的推定。当一个物品在某人的管领之下时，该占有人以所有的意思或为自己而进行占有属常态。所以，对于占有，凡无相反证据，即推定其为以所有的意思或为自己进行的占有。

杜某等诉赖某等财产权属纠纷案[1]

【案情简介】

原告之女杜小某嫁给被告之子赖小某。1998年离婚后，赖小某纠缠女方要求复婚，但遭杜小某拒绝。2003年赖小某用斧头残忍地将杜小某杀死，随后畏罪自杀身亡。

当日，某公安分局刑警大队接警后，在杜小某住房内发现现金2万元并予以暂扣，原告认为该款为杜小某所有，但被告持有异议。

故杜某提起诉讼，请求法院确认该2万元属杜小某所有。

【审理判析】

法院经审理认为：杜某和赖某诉争的2万元应推定为实际占有人杜小某所有。

[1] “杜丕伙等诉赖奕义等财产权属纠纷案”，载国家法官学院、中国人民大学法学院编：《中国审判案例要览》（2004年民事审判案例卷），中国人民大学出版社、人民法院出版社2005年版，第9页。

【法理研究】

在本案中，被告提起反诉，主张诉争的2万元应属其所有，但无法提供证据加以证明。诉争的2万元是在杜小某的住房内发现的，在没有其他权利人主张权利的情况下，根据占有即推定为所有的规则，诉争的钱应推定为实际占有人杜小某所有。

2. 善意、公然、和平等常态占有的推定。善意、公然、和平占有是人之常情，而恶意、隐秘、强暴占有为例外。所以，对于占有，占有人对其无须负举证责任即可推定其为善意、公然、和平的占有。若反对者欲推翻此种推定，则须负举证责任。

3. 中间占有之推定。前后两时为占有，中间也为占有，此为常态；而前后两时占有中间却不占有的，应属例外。

临时代为保管钱财被骗损害赔偿案[1]

【案情简介】

某日，余乙请司机刘丙装米运往广东销售，由喻甲押车，同去的还有刘丙雇用的司机刘丁。刘丙、刘丁均协助喻甲点好钱，喻甲将所结货款放在自带的腰包里。在返回途中，有两青年拦车，说有货要带。刘丙与拦车货主交涉，运费800元。刘丙便吩咐刘丁去取货。不久，另一货主又提出还要一人，刘丙要喻甲去。喻甲提出腰包在身不便，刘丙便许诺负责保管该包。

刘丁怀疑是中了圈套，要喻甲赶快回。此时，刘丙提包跑来声称包里的钱没了。喻责问原因，刘讲述了被骗的经过："你们走后，我和剩下的一位货主坐在驾驶室。忽然来了一位哭哭啼啼的男人说丢了钱包，怀疑我将该钱包藏在汽车引擎盖内，要我打开盖检查。我下车后发现货主和那个男人均不见了，一摸包里没钱了。"报案无果，喻甲、余乙遂起诉，要求刘丙赔偿货款18920元。

【审理判析】

法院经审理认为：原告喻甲委托被告保管的内容不明确，其要求被告赔偿遭受损失的诉讼请求证据不足，故判决驳回其诉讼请求。

原告不服判决，提起上诉。

中级法院经审理认为：喻甲结账时，刘丙帮忙点了现金，也知道喻甲将钱放在包内，途中加油的钱也是喻甲从包里取出的，当刘丙发现被骗时，想到的是包里的

---

〔1〕"喻红根、余海宝诉刘相义临时代为保管的钱款被骗赔偿案"，载最高人民法院中国应用法学研究所编：《人民法院案例选》1995年第3辑（总第13辑），人民法院出版社1995年版，第76页。

钱没了。刘丙诉称保管内容不明确是没有根据的，鉴于刘丙未尽到保管义务，导致钱款丢失，故其负有主要责任。喻甲思想麻痹，轻易将装有巨款的包交给他人保管，也有不妥。

【法理研究】

现实生活中公民之间的行为，被民法调整后就成为民事法律关系。刘丙答应负责为喻甲保管钱包，喻将钱包交给了刘保管，这一事实从法律上看即表明双方保管合同业已成立，具有法律效力，受法律保护。

依传统民法之理论，经证明前后两时为占有的，则推定其前后两时之间为继续占有，占有人无须负举证之责。而如果反对者欲推翻之，则须负举证责任。本案中，丢失内有现金的腰包在交付喻甲前，前后都由刘丙保管，那么就可以推定这之间一直由刘丙保管，在此保管期间造成现金丢失的，理应由刘丙赔偿。

（二）占有的权利推定效力

指如果占有人对占有物有占有的事实，则其在占有物上所行使的权利，应推定其为适法而有此权利。如占有人在其占有物上行使所有权时，即推定其有所有权。如果他人就该标的物上的权利有争议，提出争议者负举证责任；占有人可援用此推定对抗有争议者。

占有的权利推定效力的适用也有其限制，其中主要表现在对已登记的不动产的适用限制上。已登记的不动产，须依据登记确定其上之物权的归属。此类动产的占有人不因事实占有而被推定为相应的权利人。例如，房屋的承租人以所有权人名义占有房屋的，并不产生其为所有权人的权利推定效果，而是要根据不动产登记簿的记载确定权利归属。

一般认为，设定占有的权利推定制度对保护占有背后的权利、维持社会秩序、促进交易安全等发挥着重要作用。

二、占有的权利取得效力

占有，在符合法律规定的占有形态要求以及其他要件的情况下，还可使物权占有人取得占有的本权，这就是占有的权利取得效力。

基于法律的规定，因占有而取得权利的情形主要有两种：一是善意取得所有权或其他物权；二是因完成取得时效，而取得所有权或其他物权。目前，我国法律不承认时效取得制度。

王丙与买甲、曹乙因添附物争议名誉侵权、财产案[1]

【案情简介】

1983年，买甲、曹乙夫妇在其承包地地头栽种一行柳树。1985年，土地承包调整时，该地由同村村民王丙承包耕种。2000年秋收后，该村欲对土地进行新一轮承包时，王丙将位于其地头由两被告栽种的两棵柳树自行伐去卖于他人，得款100元。两被告得知情况后，即找原告理论。双方为柳树归属问题争执不下，进而发生吵骂、欺侮行为。

王丙即以柳树应归其所有，两被告侵犯其名誉权为由向法院起诉。两被告以同样理由进行反诉。

【审理判析】

一审法院经审理依法判决：原告王丙赔偿被告买甲、曹乙财产损失100元；驳回原、被告的其他诉讼请求。

一审宣判后，王丙以两被告侵犯其名誉权，应当停止侵害，赔礼道歉；两棵柳树应归其所有为由不服一审判决，提起上诉。

市中级法院经审理判决：王丙支付买甲、曹乙柳树款50元。

【法理研究】

本案涉及的问题是两棵柳树的归属问题。

两被告在其原承包土地上进行植树的行为属于民法理论上的添附行为。鉴于要使添附后的财产恢复原状，事实上已不可能或者在经济上不合理。因此，需要在法律上确认添附财产的归属问题。本案中，作为原、被告双方所承包经营土地的所有权人某村委会，曾明确规定“地头的树谁栽谁受益”。这种约定是公开的，是对添附物归属问题的公开承诺。原告基于新的土地承包经营合同承包经营该块土地，其享有的是一种经营权，并不当然享有土地所有权人和原承包人原设置的其他物权的所有权或收益权。但添附物的存在确实侵害了原告承包经营权或其他合法权益的，原告可就此向侵害方提出停止侵害、排除妨碍、赔偿损失的请求。原告在长达15年的承包期内，对被告添附物的存在未曾提出任何异议，应当视为对添附物合理存在的默许。

---

〔1〕“王池民与买文果、曹明斌因添附物争议名誉侵权、财产案”，载最高人民法院中国应用法学研究所编：《人民法院案例选》2004年民事专辑（总第48辑），人民法院出版社2004年版，第351页。

三、占有的保护效力

占有的保护效力是占有制度的核心内容。对占有的保护就是对社会安宁和稳定的保护，也是占有各效力得以实现的保障。占有的保护效力包括自力救济和公力救济两个方面。

（一）占有人的自力救济权

我国《物权法》虽未对占有人的自力救济权作出规定，但学理上应认可占有的这一保护效力。法律既然确认占有的事实为一种受保护的状态，即应认可占有人在必要限度内维护其对物之管领状态的权利。依各国民法的规定，占有人的自力救济权主要包括自力防御权与自力取回权两个方面。

1. 自力防御权。占有人对于他人侵夺或妨害占有的行为，可以自己的力量加以防御，以维护自己的占有状态。例如，无论占有人是否有占有的本权，对于他人抢夺其占有物的行为，均可予以必要的反抗，由此造成的损害，无须承担赔偿责任。

2. 自力取回权。占有物被他人不法侵夺的，占有人可以以自己的力量从加害人处取回。自力防御权是对占有的消极维护，而自力取回权则是对占有的积极维护。自力取回权属于民法上自助行为的特别规定。

庞甲诉蔡乙自力救助不当赔偿案〔1〕

【案情简介】

2002年3月，原告庞甲到被告蔡乙开办的修理部修车，因带的费用不够，原告借用被告的80型摩托车回家取款，途中将被告的摩托车丢失。第二天原、被告就摩托车赔偿一事协商，未达成一致意见，被告即将原告存放于其处修理的“跃进”货车扣留。4月，在法庭及登记车主某村委会的参与下将该车提走。6月，原告诉至法院，请求依法判令被告返还车辆并赔偿损失3000元。

【审理判析】

一审法院经审理认为：根据法律规定，侵占国家的、集体的财产或者他人财产的，应当返还财产。受害人因此遭受其他重大损失的，侵害人应当赔偿损失。本案中原告是通过买卖的方式取得涉案标的物“跃进”货车，是该车的合法所有人，对自己的财产享有占有、使用、收益和处分的权利。被告非法扣押原告车辆无法律依据，应予以返还。原告借用被告摩托车使用不慎丢失，双方就赔偿问题未达成一致

---

〔1〕王学堂：“庞立龙诉蔡永德自力救助不当赔偿案”，载东方法眼 http：//www. dffy. com，登录时间2005年1月17日。

意见，被告应选择合法的途径解决，而不应将原告置于其处修理的车辆扣押。由于被告的扣车行为，原告对车辆丧失了占有权，对不能支配造成的间接损失被告应予赔偿。判决：①被告返还原告“跃进1061”货车及驾驶证、行驶证、保险单、缴纳各种规费的手续。②被告赔偿原告损失。

一审宣判后，被告不服，提起上诉。

中级法院经审理认为：上诉人与被上诉人之间的汽车纠纷，是在汽车维修过程中被上诉人丢失上诉人的摩托车而致，争讼的汽车已于2002年4月7日返还，被上诉人无证据证明其汽车手续在上诉人处，因此，被上诉人主张返还汽车及汽车手续的诉讼请求不能支持，被上诉人的汽车自2002年3月14日至4月7日在被上诉人处，确实给上诉人造成了一定的损失，期间的损失上诉人应予赔偿，但减少一审判决所确定的数额。

【法理研究】

本案涉及的是自助行为，虽然《民法通则》等法律对此无明文规定，但事实上在司法实践中该制度却是被应用的。

自助行为不同于防卫性措施（正当防卫、紧急避险），它更为积极，在于为权利人提供实现权利的机会，因而法律上更应受到限制。自力救助行为须具备法定要件，才不为违法：①行为人必须有现实完满的请求权；②行为人为自助行为须为必需。所谓必需，指须时间紧迫来不及请求国家机关援助，而且如不在此时采取自助行为（即时处理），则请求权无法行使或其行使显有困难。误认为存在自助条件的，为错误自助，无论是否有过失，都应对他方负损害赔偿责任；③行为人为自助行为限于必要范围，包括手段限制、程序限制和时间限制。超出上述必要范围，则称“过当之自助行为”，属违法侵害。对上述限度，通说均以客观标准为判断。本案中，被告扣押原告车辆多日，且未及时请求国家有关机关处理，自应认为均超出程序和时间限制；④不得滥用自助。

满足以上条件实施的自助行为，虽造成损害，仍不负赔偿责任。但本案中，被告的“自助行为”行使不当，故法院的判决是正确的。本案仅仅是从反面说明自助行为的必备要件，而且其是对所有权的侵害而并非对占有的侵害。但实际上，占有人实施自助行为时，也应符合上述要件。此占有人，可为有权占有人，也可为无权占有人，即使是无权占有也受法律保护，他人不能以强力侵夺，因占有是对事实和秩序的保护。

（二）占有人的物上请求权

我国《物权法》第245条规定：“占有的不动产或者动产被侵占的，占有人有权请求返还原物；对妨害占有的行为，占有人有权请求排除妨害或者消除危险；因侵占或者妨害造成损害的，占有人有权请求损害赔偿。占有人返还原物的请求权，自侵占发生之日起1年内未行使的，该请求权消灭。”该条确认了占有人的三种请求权：

1. 占有物返还请求权。该项请求权的行使需满足以下条件：①请求权的主体为占有人。②所针对的是侵夺占有的行为，即违反占有人之意志以积极的不法行为剥夺占有人对占有物之管领力的行为，如窃取行为、抢夺行为等。占有人如因遗失而丧失对占有物的占有，不得行使此项请求权，③该请求权应向标的物的现在占有人提出。④应自侵占发生之日起1年内行使，否则请求权即告消灭。

丁某某与程某某占有物返还纠纷上诉案[1]

【案情简介】

2000年9月11日，程某某出资26317元购得某地方铁路局新郑分局位于新郑市和庄镇道东4号楼3单元5层东户89.21平方米的单位集资房一套，后丁某某未经程某某同意居住该房屋至今。程某某发现后，要求丁某某搬出该房屋，丁某某未搬。程某某遂向法院起诉，要求丁某某归还该房屋并承担本案诉讼费用。

【审理判析】

原审法院经审理认为：程某某出资26317元购得某地方铁路局新郑分局位于和庄镇道东4号楼3单元5层东户89.21平方米的单位集资房一套，即取得对该房屋的占有使用权。丁某某未经程某某同意而居住该房屋，侵犯了程某某的合法权益，应当停止侵权，返还该房屋。丁某某辩称其于2006年4月购买该房屋，但未提供证据予以证明，故对丁某某的辩称主张，原审法院不予支持。故判决被告丁某某应于本判决生效后30日内返还原告程某某位于和庄镇道东4号楼3单元5层东户89.21平方米的房屋一套。

宣判后，丁某某不服原审判决，提出上诉。

二审法院驳回上诉，维持原判。

【法理研究】

本案涉及的就是占有物返还请求权问题。本案争议的房屋系程某某购买单位的集资房屋，程某某享有占有、使用等权益。丁某某未经程某某同意，占有该房屋，

---

〔1〕“丁某某与程某某占有物返还纠纷上诉案”，载北大法律信息网 http：//vip. chinalawinfo. com/case/displaycontent. asp? Gid = 117623932&Keyword = ，登录时间2010年3月10日。

侵犯了程某某的权利。程某某要求丁某某返还房屋，符合法律规定，且证据充分，应予支持。

2. 占有妨害排除请求权。所谓妨害，是指在不剥夺占有人之占有的情况下，影响占有人对占有物实施完整的管领。占有人对于他人妨害其占有的行为，可以要求除去该妨害。

陈戊因子女长大无房居住诉秦己交回其让与居住的承租公房案[1]

【案情简介】

原告陈戊系被告秦己、秦庚的姐夫。珊瑚村83栋1单元6-1号房屋系房管所直管公房，其房屋使用权证上的承租人是陈戊。陈戊与秦己签订协议，内容是：经全家共同商量决定，为缓解秦己、秦庚住房问题，决定由秦己借支2万元给陈戊参加单位集资建房，沙铁村新房由陈戊居住，该房屋给秦庚居住，房产手续转给秦己，不附加任何条件。

协议签订后，陈戊得到秦己、秦庚借给的款项参加了单位的集资建房，获得了一套住房，由自己一家三口居住。秦庚于1997年底搬入房屋居住至今，居住期间一直由秦己向房管所交纳房屋租金，房管所对此未表示异议。陈戊将该房屋的使用权证交给秦庚，但双方未到产权人处办理使用权人（承租人）过户手续。

陈戊向区法院起诉，请求判令秦己、秦庚交回房屋及房屋使用权证。

【审理判析】

区法院经审理认为：秦己作为讼争房屋的实际使用人，应当是该房屋使用权转让协议的相对方。陈戊签订该协议并将房屋交由秦己长期居住，还将房屋使用权证交秦己持有，足以证明将该房屋使用权不附加任何条件地让与秦己是其真实意思表示。陈戊本身另有房屋居住，讼争房屋对其并非必需。陈戊长期闲置房屋不用的行为，违反了城市公有房屋的管理规定，其和产权人的租赁关系已经灭失。秦己从1997年底至今一直居住在讼争房屋，亦没有另外的房屋居住，该房屋对其来说当属必需。秦己按月向产权人交纳房租，产权人未表示异议，应当认定其与产权人的事实租赁关系已经建立。再者，公有房屋作为国家财产，其使用原则是促进合理使用，使房屋能够最大限度地发挥其使用功能，减少无房户，减轻社会矛盾，体现国家的

〔1〕“陈光林因子女长大无房居住诉秦明亮交回其让与居住的承租公房案”，载最高人民法院中国应用法学研究所编：《人民法院案例选》2003年第3辑（总第45辑），人民法院出版社2003年版，第116页。

一种救济手段。而此事实租赁关系建立的结果使各方的利益得以维护，并未给陈戊造成损失，亦符合以上原则精神。故判决驳回原告陈戊的诉讼请求。

一审宣判后，陈戊不服，提起上诉。

市中院确认了一审法院认定的事实。认为：陈戊与秦庚就讼争房屋使用权转让达成的协议系双方真实意思表示。但该转让行为未经产权人同意，违反《市公有房屋租赁管理暂行办法》等相关法律的规定。在陈戊提出诉讼前，秦庚一直未办理使用权过户手续，故该转让协议无效。陈戊的上诉理由成立，予以支持。原审判决适用法律不当，应予以纠正。遂判决撤销一审法院民事判决；陈戊与秦庚签订的房屋使用权转让协议无效；限秦庚将房屋腾空交还给陈戊；限秦庚立即将陈戊的使用权证归还陈戊。

【法理研究】

本案争议的焦点是被告秦己是否有权拒绝原告陈戊交回房屋房屋及使用权证的请求。

本案中，讼争房屋为房管所的直管公房，原由原告承租并取得了其作承租人的房屋使用权证。这个事实表明，讼争房屋租赁关系的双方当事人是房管所和原告。1994年10月间，原告为参加单位集资建房，以被告秦己借给其2万元钱为条件，将讼争房屋给被告秦庚居住，并将房产手续也转给秦己，不附加任何条件，双方签订了协议。这个事实表明，原、被告之间就讼争房屋发生的法律关系不是转租关系；结合协议履行中原告将讼争房屋使用权证交给秦庚及秦庚自1997年底开始一直居住在讼争房屋，并向房管所交纳租金，房管所不表示异议的事实，进一步地可以认定原、被告之间发生的是房屋租赁合同的转让关系。即原告将权利和义务一并转让，转让后就与讼争房屋不再有任何关系。秦己根据与房管所之间的租赁合同，对该房屋的占有属于有权占有，因此，当陈戊要求其返还房屋而妨害其占有时，秦己有权行使占有妨害排除请求权。

3. 占有妨害防止请求权，即所谓“消除危险请求权”。占有人不仅可以在妨害确实发生后除去，而且可以在有被妨害之虞时，要求除去危险因素，从而防止妨害的现实发生。

四、占有人与回复请求权人间的权利义务关系

所谓回复请求权人，指依其对物的权利可以向占有人要求物之返还的人。如果占有人与回复请求权人之间存在租赁合同关系、借用合同关系或质权关系等法律关系，则可依该法律关系界定二者间的权利义务关系。《物权法》第241条规定：“基于合同关系等产生的占有，有关不动产或者动产的使用、收益、违约责任等，按照合同约定；合同没有约定或者约定不明确的，依照有关法律规定。”第242～244条分别规定了占有人的损害赔偿义务、原物和孳息返还义务以及赔偿金、保险金、补偿金的返还义务。

（一）占有物的使用收益

无权占有人在占有期间，通过对物的使用获得收益，并可能收取天然孳息或法定孳息。我国《物权法》第243条规定："不动产或者动产被占有人占有的，权利人可以请求返还原物及其孳息，但应当支付善意占有人因维护该不动产或者动产支出的必要费用。"该条关于孳息返还义务的规定，并未区分善意占有和恶意占有，因此，即便善意占有人也必须返还孳息。

（二）对占有物所支出费用的偿还

占有人在占有标的物期间，可能因占有物的维护、改良等支出费用。我国《物权法》第243条规定："不动产或者动产被占有人占有的，权利人可以请求返还原物及其孳息，但应当支付善意占有人因维护该不动产或者动产支出的必要费用。"与上述传统民法的一般规则相比，该规定有以下特点：①未规定恶意占有人对必要费用的求偿权，如因此而认为恶意占有人无此项请求权，则对其不公平；②未涉及善意占有人对有益费用的偿还请求权问题，构成一项法律漏洞，需要将来的法律予以填补。

陈甲诉陈乙侵害房屋所有权纠纷案[1]

【案情简介】

原告与被告是同胞兄弟，1946年，原告出资委托被告在丙县大致坡圩北街修建一连两进房屋一处。房屋建成后，原告口头委托被告代管。被告在代管期间，从1960年起以月租金10元将此房出租给县商业局大致坡营业部使用。同年，此房的屋顶、门窗等被台风刮坏，营业部要求被告维修，或者由营业部自修后在房租中扣除维修费用。被告因无钱维修，提出将此房卖给营业部，并写信通知了原告。

被告自愿与营业部订立买卖房屋契约，营业部在买房前仅报告过大致坡公社同意，未报经县人民政府批准。后营业部被撤销，将此房移交给第三人大致坡供销社使用至今。1987年，原告得知此房被代管人陈乙卖出，即向法院提起诉讼，请求被告返还房屋。

【审理判析】

法院经审理，依法作出判决：陈乙应当返还因买卖房屋而得到的700元，营业部

---

〔1〕"陈德俄诉陈德群侵害房屋所有权纠纷案"，载《中华人民共和国最高人民法院公报》1992年第3期。

应当返还陈乙的房产。

【法理研究】

本题涉及不动产返还原物请求权和费用偿还问题。

《物权法》第243条规定："不动产或者动产被占有人占有的，权利人可以请求返还原物及其孳息，但应当支付善意占有人因维护该不动产或者动产支出的必要费用。"这一规定，旨在保护物之权利人的合法权益，使其享有合法权利的动产或不动产不受非法占有，从而维护物权法律关系，保证物的占有秩序。

本案中，陈乙只是代管陈甲的房屋，无权出租。因此，承租人对该房屋就构成无权占有。但是，本案还有一个比较特别的情节，因为此房的屋顶、门窗等被台风刮坏过，营业部在占有该房屋期间，曾对其进行过维修，无疑，这是对不动产的添附。因此，陈甲应当付给本案第三人县大致坡供销社房屋修建的费用，因为县大致坡供销社是营业部被撤销后的权利义务承受人。

（三）占有物毁损灭失的赔偿责任

占有人在占有期间，因过失造成占有物毁损、灭失的，如依照一般侵权行为的规定，占有人须对权利人承担完全的损害赔偿责任。但是，在占有人为善意的情况下，应减轻或免除其赔偿责任——占有人仅以因灭失或毁损所受利益为限，负赔偿之责。

我国《物权法》承认了这一对善意占有人的优待规则。其第244条规定："占有的不动产或者动产毁损、灭失，该不动产或者动产的权利人请求赔偿的，占有人应当将因毁损、灭失取得的保险金、赔偿金或者补偿金等返还给权利人；权利人的损害未得到足够弥补的，恶意占有人还应当赔偿损失。"

第三节　占有的取得、变更和消灭

一、占有的取得

（一）占有的原始取得

占有的原始取得，是指不依据他人的占有而取得对某物的占有，即占有人基于事实上的管领力而原始取得占有。

因占有的原始取得纯粹为事实行为，故行为人有无行为能力、有无取得占有的意思，均非所问。占有的原始取得的标的物，依各国民法，包括动产与不动产。同时，占有人不必亲自为之，可以由占有辅助人代替为之。原始取得的占有，一般为直接占有。

（二）占有的继受取得

占有的继受取得，是指基于既存的占有而取得的占有。占有的继受取得，分为占有的移转继受取得与创设继受取得。占有的移转继受取得，指就他人既存的占有，不变更其原状而受让取得。占有的创设继受取得，指就既存的占有再创设占有而取得占有。

二、占有的变更

本书中占有的变更是指占有的类型的变化。通常，占有的变更的类型有：①善意占有变为恶意占有。即善意占有人在已经知道或应当知道其占有没有合法依据时，善意占有变为了恶意占有。②他主占有变为自主占有。即他主占有人向使自己成为占有人的人表示了所有的意思。③有权占有变为无权占有。即占有人丧失本权后仍然占有。

三、占有的消灭

占有的消灭是一种事实状态的消灭，而非权利的消灭，所以物权消灭的原因，如混同、抛弃等并不当然就是占有消灭的原因。占有的消灭就是对物的事实管领和控制的丧失，通常这需要通过具体事实、法律关系以及社会观念认定。

（一）直接占有的消灭

1. 直接占有人对物的管领力丧失，即导致占有消灭。我国台湾地区“民法”第964条第1款规定：“占有因占有人丧失其对于物之事实上管领力而消灭。”管领力丧失又分为基于占有人之意思的丧失，如抛弃占有物和非基于占有人之意思的丧失，如占有物被偷窃或遗失等。如《德国民法典》第856条第1款规定：“占有因占有人放弃或者以其他方式丧失对物的实际控制而终止。”

但是，管领力行使障碍不能成为占有消灭的原因。我国台湾地区“民法”第964条第2款规定：“管领力一时不能行使的不认为占有消灭”。《德国民法典》第856条第2款也规定：“占有不因在行使控制时遇有按其性质为暂时的障碍而终止。”2. 管领物灭失，自然导致占有消灭。

（二）间接占有的消灭

间接占有消灭的原因一般包括三种情形：

1. 直接占有人之占有丧失导致间接占有消灭。这种消灭原因主要是因为直接占有与间接占有之间的特定关联。例如，甲将某物委托给乙保管，在保管期间，乙擅自出售给丙，在满足善意取得的情形下，丙取得该物的所有权而为自主占有和直接占有，那么甲当然丧失间接占有。但需要注意的是，直接占有的变更可能导致多层间接占有的发生，而不是间接占有的丧失，如在前例中，如果乙只是把保管物出借给丙，那么乙则成为该物的间接占有人，而甲的间接占有地位也并不丧失。[1]

---

〔1〕［德］鲍尔、施蒂尔纳：《德国物权法》（上册），张双根译，法律出版社2004年版，第132页。

2. 直接占有人以公开的外部可认识的方式不承认上级占有之存在。例如，证券市场上，客户委托券商在独立的账户内进行投资管理，但是后来券商挪用了客户账户内证券，那么客户对其账户内证券的间接占有即为丧失。

3. 返还请求权的消灭而导致间接占有的消灭。例如在所有权保留买卖中，甲将出卖物交付买受人乙，但保留所有权为甲所有直到乙付清全部货款，那么此时甲为间接自主占有而乙为直接他主占有，而在乙偿付全部货款时，则取得买受物的所有权，而甲丧失以所有权为基础的间接占有。

跋

《物权法案例重述》，正如《物权法》本身的出台一样，可谓好事多磨。为了满足即将退休的我的一点心愿，经过本人所指导的几届研究生的不懈努力，现在终于完稿了，可以说，一次理论与实务的严谨对接，终于在法律人集体智慧的火花爆发之中产生了结晶。

《物权法》制定、颁布、实施的过程中，社会各界的争论从未停止过，然而法律的生命力终究应当在实践中获得，作为一名法学工作者，我始终关注着法律与实务的衔接。伴随着网络技术的发展和普及和各种网络搜索工具的普遍应用，只要知晓任何一个案件的关键词，在网络上几乎能毫不困难地找到每一个业已发布的真实案例的有关信息，这并非一件困难的事情。特别是最高人民法院《人民法院案例选》中的各种案例，一旦公布，随即就充斥于当今各式各样的法律网页之上了。

从做学生时跟着张佩霖老师编著《通过案例学版权》，到自己当了老师组织教研室的同仁完成了一本流传颇广的《民法案例精析》，再到随杨振山老师从事《民商法实务研究》丛书的编撰，自己担当了几本书的副主编，我更发现：在案例书籍编撰中，由于当初人们收集整理案例之际，往往随意编造或裁剪，以图适合自己撰稿的需要，且由于当时著述均不太重视注释的规范，因而即使讨论的就是真实发生过的典型案例，编选者也极少注明其来源或出处，以至于当读者在研读中一旦需要溯本求源之际，往往陷入一筹莫展的境地。

本人留校从教以来，一向比较重视案例教学，并逐步认识到注释规范的重要性。故在总结学习和研究案例教学的一些体会之后，我始终认为：一方面，案例研究在法学教育中具有重要的地位和意义。案例研究是法律学习目的所决定的不可或缺的内容，是学生在法律学习中的必不可少的方法，更是法科学生的基本功。另一方面，正确地分析案例还是法学理论学习效果的检验标准。学习法律的学生决不能仅仅专注于法律条文的分析，更不能只对现行法律条文穿凿附会，而应当在法律条文之外，对社会现状、社会变迁、社会发展趋势，有相应的了解，而要做到这一点，研究各种案例便是最便捷的途径之一。

我以为，学习法律的学生，在将必要的社会科学作为基础课的同时，在学习各种法律学科的过程中，都应以各种方法注重对典型案例的研析。换句话说，案例研究在法律方法论的研究上也不可或缺，无论是普通法系遵循先例的判例法传统，还是大陆法系三段论的逻辑推理方式，事实上都离不开案例研究。判例在民法渊源中占有重要地位，英美法中有对判例法的优先适用规则，成文法国家判例有对制定法的弥补作用，中国古代也有“律例并用、以例辅律”的案例法。

2007年《物权法》颁行之际，我应法律出版社的邀请，组织学生将多年的有关研究成果撰写成为《中国物权法要义与案例释解》一书。在书中，可以说一个案例即是一篇微型法学论文，每篇文章分为三个部分：案情简介、审理判析、法理研究。在案情介绍部分，选取最能说明某个民法问题的典型案件；在审理判析部分，根据我国现行立法和司法解释，寻找适用于本案的法律规定，对本案的处理意见进行法理上的理论逻辑批判；在法理研究部分，对本案所涉及的一两个核心或疑难问题进行较为深入地分析、研究，概括出处理类似问题的一般原则，达到不仅知其然，而且知其所以然的效果。

正是由于这本书通俗易懂，系统直观，以其较高的实务参考价值，深受广大学生和法律实务界人士的欢迎，5月出版，10月就再次印刷，并需要再版。不言而喻，其业已得到了市场的承认。鉴于《物权法》颁行后出书的仓促所带来的在所难免的缺点，在参与法律出版社2007年5月版《中国物权法要义与案例释解》编撰的基础上，我组织同学进一步整理我的物权法讲义及多年所收集整理的真实案例，尤其注意对《人民法院案例选》中的典型案例进行归纳、整理，完成了《物权法案例重述》，该书系中国政法大学出版社编辑出版的“民法案例重述”丛书之一。

在朱庆梅同学毕业后，其后的研究生们特别是天津的在职研究生强美英，在她毕业后则由我的博士研究生孙莉同学，与时俱进，对法条所对应的案例进行更新与调整，同时也对注释进行了更加规范的补正，前后历时三年，才最终完成此稿。

我的学生追随老师的思路，不断进取，为本书的统稿及审校，付出了努力。随着我国《物权法》的颁行，有关物权纠纷之审判实践会迅速开展，案例得不断更新，这使我们要进一步完善《物权法案例重述》草稿的内容，作为一个必不可少的环节，当然离不开大量文字整理与资料勘校工作。孙莉同学在接手了这一具体任务后，长期默默无闻地做了大量具体工作，才使本书最终得以付梓。总而言之，本书是我所带领的这一学术团体共同创作的结果，参加本书编辑撰稿工作的人员包括：姜涛、石文墨、高健、王帅、李晓梅、唐荣娜、何欢、刘志强、马贞翠、舒翔、李志娜、高婷、彭民、杨兴辉、孙晓鹤、施洪新、李淙、康淑娟、彭义刚、朱庆梅、李艳、温宏杰、徐天静、黄杨、李平、武建峰、扶晴晴、